潘文华

(1886—1950)

1944年冬加入中国民主同盟

抗战时期任第28集团军总司令

民国时期曾担任重庆市首任市长

新中国成立后，任西南军政委员会委员

潘文華

潘夕潮 著

群言出版社
Qunyan Press
·北京·

图书在版编目（CIP）数据

潘文华／潘夕潮著 .— 北京：群言出版社，
2014.8
（民盟历史文献）
ISBN 978-7-80256-593-7

Ⅰ. ①潘… Ⅱ. ①潘… Ⅲ. ①潘文华（1886 ~ 1950）
—传记 Ⅳ. ① K825.2

中国版本图书馆 CIP 数据核字（2014）第 151647 号

责任编辑　张天放
封面设计　群言艺术设计中心·胡蔓青

出版发行　群言出版社（Qunyan Press）
地　　址　北京市东城区东厂胡同北巷 1 号（100006）
网　　站　www.qypublish.com
电子信箱　qunyancbs@126.com
总 编 办　010-65265404　65138815
发 行 部　010-65263345　65220236
经　　销　全国新华书店
读者服务　010-65262436　65276609
法律顾问　北京市君泰律师事务所

印　　刷　北京画中画印刷有限公司
版　　次　2014 年 10 月第 1 版　2014 年 10 月第 1 次印刷
开　　本　880 × 1230　　1/32
印　　张　17.25
字　　数　357 千字
书　　号　ISBN 978-7-80256-593-7
定　　价　50.00 元

前　言

中国民主同盟成立于1941年3月，正值抗日民族统一战线遭到国民党独裁统治破坏的危难之际。民盟以贯彻抗日主张、实践民主精神、尊重思想自由、提倡依法治国为政治纲领。民盟凝聚了当时绝大多数进步知识分子和社会精英，可谓群贤毕集。在不同的历史时期，黄炎培、张澜、沈钧儒、杨明轩、闻一多、李公朴、梁漱溟、史良、胡愈之、楚图南、吴晗、费孝通……这些民盟前辈精英们纵横捭阖、开阔放达，本着知识分子的人文良知和社会责任"奔走国是"，在政治、经济、军事、外交、教育、社会等领域都提出了明确的纲领和主张，将平等、民主、自由的思想播撒在中国的土地上。

在那苍黄翻覆、陵谷变迁的大时代，在那风云变幻、波澜壮阔的动荡岁月里，历史的浪潮将中国民主同盟，将有志于民族振兴的贤良才俊推上了风口浪尖，他们在改变中国命运的同时，也改变了自己的人生轨迹。他们为历史的进程，为国家富强、民族振兴和民主政治的进步做出了卓越的贡献；他们将自己的荣辱与民族存亡紧紧地联系在一起，为中国的民主、繁荣奋斗了一生，为后人留下了许多宝贵的精神财富；他们关于新民主主义社会的探索，至今仍具有巨大的影响和现实意义。

在和平盛世的今天，为了保存这珍贵的历史财富，为了让后人记住先辈们的独立之精神、自由之思想以及他们为国为民、励精图治的奋斗事迹，我们通过多年的精心准备和积累，出版了《民盟历史文献》丛书，这不仅仅是追忆往昔、缅怀先贤，也不仅仅是为了从学术研究的角度去厘清历史、臧否人物，更重要的是：通过回顾那段曲折的历史，传承民盟与中国共产党肝胆相照、荣辱与共的真挚感情；纪念民盟先贤为新中国做出的巨大贡献；呈现近现代中国社会的嬗变和进步知识分子的爱国情怀；同时也是为了民盟薪火相传、与时俱进的需要；为了让那些隽永传奇的人物和可歌可泣的历史再现后人的眼前。

路漫漫其修远兮，吾将上下而求索。《民盟历史文献》丛书的出版，是对先贤们多党合作历史的尊崇和传承。

《民盟历史文献》编委会

序　一

潘文华将军是一位传奇式人物。他1886年出生于四川省仁寿县龙泉山脉二峨山下一贫苦塾师人家。六岁丧母，继后父亲又被疾病夺去了生命。年仅十四岁的潘文华为了生存背井离乡，只身来到省城成都，先当学徒，尔后从军。他以一种超人的吃苦精神，练就一身硬功夫，枪法剑术，擒拿格斗，上房越脊，都在全协名列前茅，人称“潘鹞子”。不久，被推荐免试进入四川陆军速成学堂，与刘湘、杨森、唐式遵、王缵绪等同窗共学。

1909年，川边巴塘发生叛乱。潘文华随军入藏，任副排长，在巴塘一带作战，生擒头人哈巴龙，升为排长，继任连长。1911年，武昌起义的消息传到西藏，他与郭元珍等同盟会员率部起义。失败后，回川在川军第三师任营长、团长、旅长。后又追随四川陆军总司令刘湘，任第二军第二旅旅长、第四师师长。1927年，他随刘湘响应广州国民政府北伐，第二军被改为国民革命军二十一军。以后的川军混战中，他几乎无役不从，在有名的“下川东之战”、“二刘大战”中，为刘湘打败对手杨森、刘文辉立下了汗马功劳。

抗战爆发后，潘文华毅然率部出川抗日，任第二十三集团军副总司令、第二十三军军长。在著名的广德、泗安战役中，他亲临前线指挥，给不可一世的日军以沉重打击。周恩来曾评价：“广泗一战，举世震惊。”

潘文华曾集军政大权于一身。从 1927—1935 年，兼重庆首任市长八年。他修马路，建电厂、水厂、钢铁厂，开办重庆大学，收回王家沱日本租界，大力进行市政建设，为重庆人民办了不少好事。

潘文华将军虽然长期在旧军队任职，却不断接受新思想。早在 1908 年就与同乡唐式遵等在军校参加了同盟会，从事反清革命活动。抗战爆发后，长期与延安保持着联系，并多次与中共高层毛泽东、周恩来、王若飞等会晤，直接同中共中央建立了声气相通的统战关系。

潘文华将军是一位审时度势、深明大义之人。1949 年 12 月 9 日，在彭县率部起义，避免了一场大的战役，促成了川康和平解放。1950 年 6 月，毛泽东主席任命潘文华为西南军政委员会委员。

潘文华将军所处的时代，决定了他不可避免地具有局限性。在长达二十余年的四川内战中，他纵横巴蜀，身经百战，名噪西南。但连年的军阀混战，也给老百姓带来了灾难。

在潘文华将军身上，仁寿人的性格体现得十分充分，可以说是仁寿人性格的缩影。他特别能吃苦，意志坚强；敢于离开故土闯天下，创事业；讲仁讲义，情系家乡，无论走到哪里，官做多大，都没有忘记“我是一个仁寿人”。潘文华将军为他的家乡仁寿做了不少好事，修成仁公路、办文华中学、赈灾济民、批条子减壮丁等义举，家乡人民都永远不会忘记。

潘文华将军的一生非同凡响，理当流芳后世，为其立传，以昭示来者，这是一件幸事。作者站在历史的高度，尊重客观史实，反映时代主流，运用纪实的语言真实地展示了潘文华将军叱咤风云的戎马生涯，再现了潘文华将军所经历的那段纷纭复杂的历史。

读此书，犹晤前贤，定会启迪后生。

中共仁寿县委

仁寿县人民政府

序二　永远的丰碑

潘文华将军是民国时期川康地方实力派军政首脑人物之一。他出生于四川省仁寿县一个贫苦的塾师家庭，六岁丧母，十五岁失去父亲，十六岁便参加清末时期的新军，从此开始了职业军人的生涯。

在几十年波澜壮阔的军旅生活中，潘文华从一名普通的士兵逐渐成长为国民政府陆军二级上将。作为一名具有强烈民族自豪感和历史责任感的高级将领，每当国家和民族面临危亡的紧急关头，潘文华将军总是顺应时代的潮流，站在时代的前列，以国家民族的利益为重，以中国的前途为重，以川康两省人民的福祉为重，置个人安危于度外，突破重重障碍，历尽艰难险阻，投身于国家民族的洪流中，将自己的命运和前途融入国家的独立和民族解放的宏伟事业中。

从参加同盟会，响应武昌起义，到推翻清王朝的腐朽统治；从请缨出川，奔赴抗日前线，到指挥保卫南京前哨战；从团结川康、联合中共、防蒋图存，到反抗蒋介石政权，率部起义，加入人民解放战争的滚滚洪流。潘文华将军凭着一颗热爱国家、忠于民族的赤诚之心，为国家的独立和民族的解放建立了不朽的功勋。

早在1908年，潘文华尚在四川陆军速成学堂求学时，就深受革命先行者孙中山民主革命思想的影响和启迪，与同学中的志士仁人一起秘密加入同盟会，冒着生命危险，开始从事反清革命活动。在他们秘密小团体的金兰谱序中，写有“炎黄华胄，岂戴胡儿天子”等激烈反清词句。

1911年，武昌起义爆发后，正率部远征雪域高原西藏的潘文华，从英国人手中看到《泰晤士报》所载武昌起义成功，南方各省纷纷独立的消息，以潘文华带队官为首的革命党人毅然率领所部官兵在地处亚东的江孜县宣布起义反正，响应武昌起义。拉萨西南各处起义军纷纷向江孜的潘文华带队官集中，形成了与拉萨互为犄角的两大起义中心，极大地声援了武昌起义，从根本上动摇了清王朝在西藏的统治。

1912年，潘文华率领所部义军离开西藏取道亚东，辗转印度、缅甸，历经千辛万苦回到四川，先后在川军任营长、团长和独立旅旅长。1921年，潘文华率部投奔患难知己、同学，时任川军总司令和四川省省长的刘湘，刘湘喜得良将，遂委潘文华为川军第四师师长。从此，文武兼备、忠厚仁义的潘文华追随刘湘左右，成为刘湘集团最核心的高级将领。在四川军阀惊心动魄的大角逐中，潘文华先后参加“一、二军之战”、“讨贼之役”、“统一之战”、“刘、杨驱袁”、“两次下川东之战”以及“二刘大战”等。潘文华多次担任独当一方的总指挥，率部转战巴山蜀水，无役不从。他九死一生，为刘湘最终统一四川立下了汗马功劳，被誉为“巴蜀战神”。

1927年下半年，潘文华由重庆商埠督办公署督办改任重庆市第一任市长，在长达八年的市长任期中，他不怕困难，艰苦奋斗，雷厉风行；他殚精竭虑，规划重庆，开拓创新。他组织拆城墙，修马路，开辟新市区；他创办重庆自来水厂，新建重庆电力厂，修建中央公园（现为人民公园）；他创办电话所，整顿消防队，兴建码头，试办轮渡和公共汽车；他协助刘湘，具体筹办重庆大学，为川东数十县莘莘学子办起了这所至今闻名全国的高等学府。潘文华市长在关系市民生计的水、电、通讯、交通等市政建设上开创了许多先河；他高瞻远瞩，规划重庆市的格局，为重庆市后来的发展和重庆市成为国民政府的陪都打下了良好的基础；他在规划、管理、建设重庆市的许多方面上的重要建树，深受后人赞誉和敬仰。特别是1928年“五卅”惨案后，日本加紧对中国的侵略，以潘文华市长为首的重庆市政府以非凡的胆识和气魄，毅然收回被日本霸占了二十多年的王家沱日租界，洗雪了国耻，维护了国家的主权和尊严，大长了中国人民的志气，使重庆市民无不欢欣鼓舞，扬眉吐气。

当“七七”卢沟桥事变爆发后，东北沦陷，平津危急，华北危急，日本侵略者的铁蹄践踏祖国的大好河山，在中华民族面临生死存亡的关键时刻，身为第二十三集团军副总司令兼二十三军军长的潘文华上将请缨出川。在成都少城公园誓师大会上，他慷慨陈词：我们一定要血战到底，收复失地，把日本侵略者赶出中国去！做到胜则生，败则死，不成功，便成仁。他随身携带川康父老赠送的大锦旗“为国干城”，率川军第二纵队沿长江东出夔门，雄赳赳，气昂昂，奔赴抗日前线。

在战火纷飞、硝烟弥漫的苏、皖、浙战场，潘文华将军亲自组织指挥保卫南京前哨战——广德、泗安战役，打响了川军出川抗战第一枪，同时也揭开了安徽抗战的序幕。他率领装备简陋的几万川军子弟兵与日本精锐牛岛师团的陆海空三军浴血奋战在太湖西岸的广德、泗安战场。川军将士不畏强敌，以血肉之躯，前仆后继、视死如归，打出了“草鞋兵”的军威。广德、泗安战役歼灭日军数千人，缴获大量武器装备，打破了日军不可战胜的神话，沉重打击了日军的嚣张气焰，从战略上有效迟滞了日军速占国民政府首都南京的罪恶企图，保障了南京国民政府中央机关的安全撤离，为参加南京保卫战的国民党中央军主力完成战略集结创造了有利条件。但是广德、泗安战役，潘文华将军的部队也作出了重大牺牲，144师中将师长郭勋祺将军英勇负伤，145师中将师长饶国华将军壮烈殉国，表现了川军将士精忠报国、气吞山河的英雄气概。广德、泗安战役不愧为国民党军队正面抗日战场以弱胜强的光辉战例，正如当时随军战地记者挥泪口赞云："广、泗军威震，义胆挫敌酋。成仁昭大节，英名自千秋！"

正当潘文华将军率部转战于苏、皖抗日前线时，噩耗传来，川军主帅、第七战区司令长官、四川省主席刘湘猝逝于汉口。一时间，抗日大后方——四川群龙无首，人心惶惶，川局动荡不安。在此危难之际，深孚众望的潘文华将军被从抗日前线紧急召回成都，被川军将领拥戴为甫系集团当家人，并很快出任川康绥靖公署副主任、第二十八集团军总司令、川陕鄂边区绥靖公署主任。潘文华将军继承"甫系"后，识大体，顾大局，不计个人荣辱得失，主动团结刘文辉、邓锡侯两将军，迅速稳定了四川的局势，巩固了抗日后方基地，从兵员、物资、后勤等方面有力地支援了前方的抗战。

与此同时，潘文华将军坚定地继承刘湘的遗志，在刘湘生前与中共建立的抗日民主统战关系的基础上，继续保持并加强了与中国共产党的密切联系和亲密交往。在他的司令部聚集了一批中共地下党员和民主进步人士。他还特别提出了"团结川康、支援抗战、联合中共、防蒋图存"的政治主张。

在这段时间，潘文华将军还先后多次同中共中央副主席周恩来以及董必武、王若飞、林伯渠、博古等中共领导人亲切会晤，深入交换意见。交往中，潘文华将军深受启发和帮助，他拥护中共持久抗战的方针，反对国民党政府向日本妥协投降的政策；他赞成中共中央提出的团结抗日，一致对外的主张，支持推行和建立广泛的抗日民族统一战线。特别是潘文华将军同中共中央副主席周恩来在成都彻夜长谈，明了了政治方向，增强了前进的信心和力量，并开始直接同中共中央建立了声气相通的统战关系。后来在中共中央周恩来副主席的直接安排下，潘文华将军司令部有了中共特使唐午园、甘树人以及钱松甫夫妇的红色秘密电台。

在抗战的相持阶段，国民党政府掀起一股股反共浪潮，疯狂捕杀共产党人和进步人士，潘文华将军甘愿冒着极大的风险，以自己在军政中的特殊地位，千方百计地保护了一大批共产党人，他甚至不惜亲自给蒋介石写信担保或当面证明。诸如车耀先的秘书聂生明、延安中共中央派出的高级统战工作代表张志和，还有汪导余、苏爱吾、田一平、明昭等。特别是当民盟中央主席张澜遭受特务殴打，并受到暗杀威胁时，他挺身相救，极力保护，使特务不敢下手。

潘文华将军除与中共紧密联系外，还积极支持和参加国统区的民主运动。1944 年冬，由张澜主席监誓，他和刘文辉将军秘密加入了民盟组织，从此增强了西南的反蒋势力，也基本上解决了民盟的活动经费。在此期间，潘文华将军还利用自己兼任《华西日报》和《华西晚报》董事长的身份，大量安排进步人士主办《华西日报》和《华西晚报》，宣传民主，反对独裁；宣传抗战，反对投降；唤起民众，揭露阴谋；使“华晚”成为国统区的“民主保垒”和“文坛中心”，潘文华也因此被美国媒体称为“民主将军”。

在抗日战争的艰苦岁月，潘文华将军在效忠国家的同时，时刻不忘养育过他的家乡父老。1938 年 5 月，他指挥部队，跋山涉水，翻越高耸入云的二峨山，修通了全长近百公里的成仁公路，打开了仁寿山区走向外面世界的大通道。1939 年秋，他又先后出资在仁寿县文宫场创办私立“文华中学”，兴办小学、开办图书馆，以教化家乡子弟。每当仁寿家乡出现灾情、疫情，军政事务繁忙的他，总是倾力相助，甚至不惜紧急调回军需药品，支援家乡父老。几十年来，潘文华将军感恩回报家乡父老的高尚品德，邑人有口皆碑，传颂不已。

抗日战争胜利结束后，中共中央毛泽东主席在重庆举行国共和谈期间，亲切会晤潘文华将军，畅谈国内国际形势。潘文华将军利用自己曾八年担任重庆市市长的巨大影响，联络和团结各种进步力量，维护了国共谈判的良好氛围，使蒋介石不敢冒天下之大不韪，恣意破坏。

国共和谈破裂后，全面内战爆发，潘文华将军先后出任川黔湘鄂边区绥靖公署主任、川湘鄂边区绥靖公署主任和华中军政长官公署副长官等职，他始终把握部队，避免与解放军对消，坚持与共产党和民主人士保持密切联系。同时，一方面未雨绸缪，调兵遣将，收拢部队，等待时机；一方面积极联络刘文辉、邓锡侯两将军，秘密酝酿川康起义大事。

1949年11月初，根据中共中央副主席周恩来的指示，时任西南军政长官公署副长官的潘文华将军，为摆脱蒋介石的控制，悄然潜离重庆，回到了成都。在险象环生、血雨腥风的成都，他庚即与刘文辉、邓锡侯两将军秘密成立以他们三人为核心的川康两省起义决策指挥机关，联合川康一切反蒋力量，同溃退到成都的蒋介石、张群、胡宗南、阎锡山、顾祝同等进行着惊心动魄的殊死较量。他断然拒绝蒋介石送飞机票让他去台湾的要求，与刘文辉、邓锡侯两将军商定，率先冲出成都，摆脱蒋帮特务的监视和追杀。

在中共中央副主席周恩来和第二野战军刘伯承司令员、邓小平政委的精心运筹和直接指挥下，潘文华将军终于同刘文辉、邓锡侯两将军聚首彭县龙兴寺，高举义旗，于12月9日联名通电起义。在他们三将军的带动和巨大影响下，滞留川西的几十万国民党部队也追随起义，加快了解放大西南的进程，使川康人民免遭生灵涂炭，蒋介石在川康的统治最终土崩瓦解。

川康和平解放后，毛泽东主席任命潘文华将军为西南军政委员会委员，他虽身染重病，但仍然胸怀祖国、心系大西南，积极为大西南平叛剿匪、巩固边防、保卫新生的人民政权以及支援抗美援朝等献计献策。中共中央、中央军委、中央人民政府、中央政务院以及中共中央西南局、西南军政委员会、西南军区对潘文华将军的工作、生活和病情非常关心，给予了很好的安排。1950 年 10 月，潘文华将军不幸过早病逝，中共中央、中央军委、中央人民政府和中央政务院高度评价潘文华将军“川西起义，有功于人民”。

几十年来，共产党和人民政府始终没有忘记潘文华将军的历史功绩，每年 12 月 9 日，党和政府有关部门总要以各种形式举行“纪念刘、邓、潘三将军彭县起义”活动，缅怀他们为人民解放事业建立的卓越功勋。2005 年 9 月，在纪念中国人民抗日战争暨世界反法西斯战争胜利 60 周年的伟大日子里，潘文华将军的孙子、四川省民政厅副厅长王宇坤（潘锡煜）作为四川省省委、省政府选出的两名抗日爱国名将遗属代表之一，光荣地出席了在北京人民大会堂举行的“纪念中国人民抗日战争暨世界反法西斯战争胜利 60 周年”大会，受到党和国家领导人的亲切接见，并荣获中共中央、国务院、中央军委颁发的中国人民抗日战争胜利 60 周年纪念勋章。

潘文华将军的一生忠于国家、热爱人民；他饱经磨难，坚忍不拔；他百折不挠，矢志不渝；他忠厚仁义，虚怀若谷；他战功卓著，却不居功自傲；他身居高位，却朴实无华；他文韬武略，却礼贤下士。在巴蜀将星璀璨的历史长河中，他不愧是一颗耀眼的明星。他以高尚的德行情操和无穷的人格魅力为我们后人树起了丰碑，他给我们子孙后代留下的弥足珍贵的精神财富，永远激励和鞭策着我们不断奋进！效忠于祖国，贡献于人民。云山苍苍，江水泱泱，先辈之风，山高水长。

潘夕潮

2005 年初冬于成都新津南河畔

目 录

第一章　二峨山下苦孩子
成都药铺学徒工

仁寿地处蜀南，县域宽阔。龙泉山宛若一条苍龙自东北向西南斜贯境内西北部。逶迤于成都平原和川中丘陵之间的龙泉山脉，群山巍峨，峰峦横亘，绵延县内三百余里。龙泉山脉南行钢铁乡二峨山至油罐顶，又折经茨巴坳，到达灯塔乡的马鞍山。

在马鞍山西侧、二峨山下，有一个古老的文宫场。相传许多年前，有张文宫、周文宫两人居此经商，筹集资财，首次修建集市。因为周文宫、张文宫二人耿直无私，乐善好施，死后常为乡里人怀念，故乡人修文宫庵塑像以资纪念，场也因文宫而得名。

在离文宫场七八里远的文宫乡龙兴村二组的棕树湾，住有私塾老师潘在田一家。两岔河畔的潘家小院，依山傍水，绿树环抱。屋后，马鞍山森然耸立，青山如黛，满目苍翠；房前，弯弯两岔河，流水潺潺，滋养着两岸丰美的土地；红砂石砌成的拱桥似长虹卧波，横跨于两岔河上。河岸上，碧绿的菜畦，放歌的牧童，劳作的人们，还有那散落山脚的座座农舍，袅袅炊烟……棕树湾是那样的恬静祥和。

位于文官场的潘文华故居

1886年(光绪十二年)农历十月十六日清晨,当冬日的太阳冉冉升起于二峨山巅时,潘在田家的小院子突然传出了婴儿的啼哭声,潘在田和他的江氏夫人高兴地迎来了他们的第一个孩子,饱读四书五经的潘在田按潘家排行辈分"文、清、锡、孝……"给这个敦实的男丁取小名文生、字仲三,学名潘文华。

潘文华的父亲潘在田乃清末一穷秀才,屡试不第,自命功名无分,便在乡下设帐课徒,以赡家糊口。母亲江氏夫人生下潘文华的第二个妹妹后,不幸于1892年病逝。

慈祥的母亲去世后不久,潘文华一家便从乡下棕树湾迁居文宫场镇下街(现下街83号),主要靠父亲做点小生意维持生活。同时父亲潘在田还发挥笔墨之长,替别人书写文章、信函并代书状纸等,增加点家里收入。当时潘文华还不到六岁,便承担起了照看两个妹妹的责任。

不久他父亲潘在田续娶张氏夫人,先后生下两个弟弟,一个是潘昌猷,号文义;一个是潘世英,号文澄;后他又随父亲潘在田迁文宫场附近的高桥镇,就读私塾,但迫于生活困难,不久便辍学。

1901 年冬天,一场疾病又无情地夺去了他父亲的生命。隆冬时节,潘在田被安葬于两岔河边的马鞍山麓。下葬之日,突然天空电闪雷鸣,淫雨飘飞,送葬族人无不为这种反常天气震惊。据民间传说,潘在田正好被葬于马鞍山脉的龙口,才出现这种奇特的自然现象,预示着子孙中将出大贵之人。

至于潘在田下葬的这块风水宝地更有一段耐人寻味的说法。乡里人说是有一年春天,潘在田在马鞍山下的潘家祠堂操办清明会,潘家族人带着一年来丰收的喜悦到祠堂聚会,摆九斗碗,吃清明饭。

席间,有一仙风道骨的风水先生路过潘家祠堂,这时,桃花水涨,两岔河河水泛滥,行人被阻,风水先生伫立河边,唉声叹气。潘在田见状,立即前去邀请风水先生来祠堂一起吃九斗碗。在推杯换盏中大家谈古说今,海阔天空,无拘无束。风水先生见潘在田谈吐不凡,气度高雅,且仁义宽厚,礼仪有加,又精通文墨,饱读诗书,乃是一见如故,大有相见恨晚之感。

席后,潘在田又特意挽留这位风水先生在自家小院暂且住下,避几日再上路。虽粗茶淡饭相待,但其意浓浓,风水先生对潘在田油然而生敬仰之情。最后一日,风水先生邀潘在田陪他沿两岔河的马鞍山一带转悠,翻山坳,下溪涧,风水先生终于发现一处绝好的阴地，他悄悄告诉潘在田说：“你看这块阴地的龙脉走向，头顶马鞍，脚踏泥山，左有喳口石，右有老鹰站班。你身后葬于此，后人要发，定出帅才矣！”下山后，这位风水先生还嘱咐潘在田：“天机不可泄露。”潘在田心领神会地笑了。随后，这位风水大师便向潘在田告辞，飘然而去。

父亲过早去世，家中的顶梁柱倒了，这时的潘文华只有15岁，因为是家中五个孩子中的老大，从小在困苦环境中度过，所以格外懂事。

在继母张氏夫人的抚养下，堂叔潘秀峰见其颖悟过人，便热心资助他再上私塾，这样便又读了一段时间私塾，实在因家境困难，姊妹众多，生活无着，不得不再次中断学业，去投奔马鞍山下的族兄潘书堂学习武术。不到一年，又另学堪舆。不久，作为长兄的潘文华为了兄弟姊妹的生活，只好在二峨山下的文宫场为赌场当“走子”，跑跑路，催赌脚，得点小费帮补家用。

他继母张氏夫人脾气非常暴躁，丈夫去世后家无余财，自己一个寡妇拖着五个小孩，日子过得十分艰难，遇到不顺心之事，便把气出在孩子身上。潘文华在家里，无论怎样小心做事都讨不到继母欢心。加之家里生计越来越窘困，为了减少家中的负担，同时也为自己找个出路，他便想从乡下偷跑出来，到成都学手艺，当徒弟。

后来潘文华发达之后，绝口不提童年时继母待他不好之事，对继母张氏夫人非常孝敬，把她从乡下接到任所供养。他继母也不因为他当了大官便另眼看待，仍是使性子，发他的脾气，经常弄得潘文华非常难堪。记得有一年除夕，他继母为一点小事不如意，便大发雷霆，执意要连夜回文宫场乡下去。潘文华与夫人周普济再三赔罪，仍是不允，最后双双在客厅向继母跪下，足足跪了半个多钟头，他继母才答应暂时不走。潘文华当时很不愉快，对夫人周普济说："妈也太难将就了，不好侍候，如果她老人家实在要走，过几天让她回去算了！"夫人周普济为人贤惠，听他这样说，连忙跪下劝他："都是我这个当媳妇的没有把妈照顾好，你要怪就怪我，要撵就撵我，如果让妈走了，今后我咋个见人！"潘文华听了叹口气，便不再言语，事后对继母仍孝敬如初。

后来，在 1942 年 4 月，继母张氏夫人七十大寿的时候，潘文华和其二弟潘昌猷一起为继母张氏夫人举办盛大寿典，还组织合刻了宋本《孝经》、《金刚经》，并请谢无量作序，潘文华与其二弟潘昌猷题跋曰："惟孝之道，乃安身立命之本，明心见性之基。"并将《孝经》、《金刚经》合卷本礼送前来祝寿的客人。

潘文华对他两个同父异母弟弟也很关怀照顾。二弟潘昌猷，经他介绍进入金融界工作，后经营重庆银行和四川银行，并任董事长，还创办实业公司一百五十余家。几十年在金融界和实业界摸爬滚打，终于发展成为民族资本家，被誉为金融奇才和实业巨子。新中国成立后由香港移居巴西去了。三弟潘世英，经长兄潘文华帮助，于 1923 年考入北京法政大学学习，1927 年潘世英受大革命思想影响，满怀爱国热情，从北京南下广东参加革命工作。不久宁汉分裂，大革命失败，又经长兄潘文华资助送去日本士官学校留学。毕业后，回国在川军任营长，不幸英年早逝，潘文华又承担起弟媳及侄子的全部生活费用，关怀备至。当地人都说潘文华是难得的孝子贤兄。

1902年初春，年仅16岁的潘文华身背一个大南瓜与二叔潘贵成一道从二峨山下的文宫场，步行一百余里，风餐露宿，日夜兼程，途中仅以山泉解渴、南瓜充饥，好不容易到了成都。然人海茫茫，举目无亲，最不幸的是又与二叔在成都盐市口走散。潘文华流落街头，乞讨为生。在流浪中他终于回想起父亲生前有个好朋友贾金华——贾大爷在东大街一带做事，便挨户打听，真是功夫不负有心人，居然被他问着。

贾金华知道他家景况，见老朋友的孩子蓬头垢面，脸无血色，如此可怜，禁不住潸然泪下，无比怜爱地牵着潘文华的手，便将他收留下来。然后到处托人情、说好话，画押担保，送他到华兴街四和春中药铺当学徒。因此潘文华发达后很记贾大爷两次为他担保的情，特在仁寿县购买五十亩地馈送贾大爷养老，逢年过节都要将贾大爷请至公馆中待为上宾。

药铺老板见他因为缺乏营养，发育不良，身体瘦小，面黄肌瘦，看上去完全是个小孩子，还没有柜台高，也不敢教他抓药手艺，抓药对否，人命关天，所以只叫他干扫地、抹桌子、倒马桶、上门板等杂活，此外便是替师娘带小孩。因为白天店里要开门营业，所以他多数时间都是背着小孩在街上闲逛，这样混了一段时间。

但有一天，药铺师傅肠炎复发，前脚刚上厕所，后脚便跟来一位白发苍苍的老婆婆急着抓药，真是事不凑巧。平时就记不准这些小柜里中药名的师娘急得团团转，眼巴巴望着沿墙壁横竖着的一百多个小药柜，满头大汗，在柜台边背着小孩的潘文华机灵地对师娘说：“师娘，别慌，你来念处方，我来抓药。”无奈之中，师娘只好试试，师娘边念处方边观察着，只见潘文华手脚麻利，准确而利索地开关着几十个小药柜，抓齐了处方上的所有中药。师傅、师娘实际上还不知道，潘文华平时看师傅抓药，也就偷偷地注意将分柜药名烂记于心，今天终于排上了用场，又为师娘解了围，自己心眼里有说不出的高兴。从此以后，乖巧伶俐的潘文华很得师傅、师娘喜爱。

当时清廷废除绿营，建立新军，大省设一镇相当于师；小省设一混成协，相当于混成旅。四川因系特大省份，更兼有控驭康藏任务，特准成立第十六、十七、十八三镇。因为缺乏训练新军的军事人才，先只成立了一个混成协——第三十三混成协。

新军的服装系仿照外国军服式样，大檐帽，关刀式制服，按日本步兵操典列队训练，走在街上，很是神气，常常吸引许多儿童围观。华兴街离东较场不远，潘文华几乎每天都背着小孩跟在新军队列后面，撵到东较场看他们操练。特别使他感兴趣的是体操器械，什么单杠、双杠、平衡木、吊环、木马，都使他着迷。他把所有动作要领，看在眼里，记在心头，就背地里偷偷练起来，经常连饭也忘了回去吃，惹得老板娘骂他："不晓得是什么鬼把你魂勾去了！"

开始他还只敢在旁呆看，时间一长，却有些手痒难禁，趁当兵的休息时，便悄悄溜了过去，玩上几下。因为早已把动作要领看得烂熟，加之手脚伶俐，又曾在家乡的马鞍山学过武术，有些基本功，所以居然还玩得蛮像那么回事。

他这一玩不打紧，却引起了旁边几个士兵的注意。他们见他一个瘦弱小孩竟无师自通地把这些器械动作完成得如此娴熟，感到很惊讶。其中一个大个子班长（正目）便走过来向他问话，潘文华吓得背起小孩就想跑。大个子班长却很和气，笑眯眯地将他叫住，问长问短。当听说潘文华父母双亡，现在药铺当学徒，便对他说："小老弟，学徒弟有何出息，干脆跟到我们当兵，干不干？"潘文华一听，喜出望外，因为他最羡慕那套军服，便用手指着那班长身上问："我当兵发不发这个衣服？"班长笑着说："当然要发！"潘文华忙说："我干！我干！"说罢背着小孩就要回去告诉老板。班长忙把他叫住，问明中药铺的地址后，对他说："这事我亲自去跟你们老板谈。"

当那位班长找到潘文华的老板，把来意说明后，做小本生意的老板本来就怕兵，不敢不允，便答应下来。因为旧时当兵吃皇粮也要找保，于是潘文华又把贾金华大爷请来，仍由他第二次作保，送潘文华去当兵。按当时新军制度，两个班长可有一名随从，即勤务兵，于是大个子班长便将潘文华补了一名随从的名额，领来一套军服，剪去一截后给他穿上，从此潘文华便开始了他的军旅生涯。

作为随从，每天除下操之外，还要给正、副班长打洗脸水、洗脚水，打打杂，跑跑路。因为从小过惯了苦日子，潘文华很快就习惯了军队的紧张生活，每月有二两饷银。那时物价便宜，他省吃俭用，年底还能剩点钱给家里寄去，这样不知不觉地在军营生活了两年。

第二章　军体助教“潘鹞子”
陆军学堂反清斗士

两年过后,18 岁的潘文华由随从升为二等兵,饷银也增为四两银子。军队生活虽然艰苦,但总算能吃饱饭,加之他刻苦锻炼,竟由一个瘦弱小孩成长为英姿勃发的精壮小伙子了。不久,潘文华又升任上等兵。在两年多的训练中,他能吃苦,肯用心,已精于国术,各项器械,枪术剑术,擒拿格斗,上房越脊、飞攀城墙都在全协(清军制镇等于师、协等于旅)名列前茅。他可从几丈高的城墙上飞身跃下,然后徒手攀上,再跃下,反复多次,面不改色,可见其技艺之精湛。

当时锡良任四川总督,标榜推行新政,1904 年在凤凰山军营召开全省运动大会。潘文华作为军队选出的代表,在开幕式上表演器械体操。只见他上台后,一阵翱跃腾挪、挥刀劈剑,动作犹如天空中飞翔的鹞子,既轻如闪电,又迅如流星,令人眼花缭乱、目不暇接,博得了满堂喝彩。他刚健娴熟、精彩绝伦的表演,使总督锡良看得目瞪口呆,当下,便对身边的军官们说:“真是难得的人才呀!”由此潘文华引起了锡良总督的高度关注。

因为当时四川奉诏新设三镇，急需培训大量中下级军事干部，锡良正为此事发愁。看了潘文华的出色表演，他又特别对坐在他旁边的三十三混成协协统、四川陆军武备学堂总办陈宧（二庵）说："你不是说新成立的陆军弁目队没有体操教习，不能开课吗？此人技艺如此精良，是我大清难得之干才，何不令他充当教习！"陈宧见总督十分赏识此人，立即传潘文华上来问话。一问之下，才知潘文华只是区区上等兵，要当教习，太嫩了，资格不够。但碍于总督的面子，便当场破格委任潘文华为四川陆军弁目队体操助教，按中士待遇，从此，军体助教"潘鹞子"的绰号也就名扬军中。

潘文华成了四川陆军弁目队中最年轻的军体助教，每月饷银也增至十两。这弁目队绝大多数学员系在川内公私学校毕业生中或具同等学力的士子中招收，七百多学员中仅秀才就有二十来人，是个精英群体，真是人才济济。招考时曾宣称毕业学员按士官生待遇，这些学员多是热血青年，因为看不惯旧官僚的腐败作风，更兼对毕业后的待遇不满，前前后后以退学为名，闹了几次学潮。锡良为了安抚人心，便报请陆军部同意，开办四川陆军速成学堂，以满足弁目队学员的升学要求。

1908 年（光绪三十四年）春，清政府扩建新军，由于四川需要立即成立一个现代陆军师，受过现代军事训练的军官显得严重缺乏，急需培训军事干部，四川陆军速成学堂便应运而生，在原武备学堂地址上正式开办。

四川陆军速成学堂的宗旨就是要尽快为这个新成立的师提供下级军官，这时的潘文华福至心灵，感到这是一个既能读书上进，又能取得学历的绝好机会，便向协统陈宧恳求入学进修，经陈宧同意并特别批准免试入学，同时还兼任四川陆军速成学堂军体助教，这样潘文华既是教官，又是学员，双重身份的他更是对自己高标准、严要求。当时谁也未曾料到，这些速成学堂的学员后来竟形成了四川军阀中第一个大派系——“速成系”。刘湘、杨森、王缵绪、唐式遵等人都是由此出身，在后来的四川军阀混战和抗日战争中显示了这批学员的杰出军事才能。

这时锡良调任云南总督，陈宧因亏空军费三万多银元，正想一走了之。便从陆军小学工程处提调钟颖并讲好条件，由钟颖代为填还亏款，陈宧向锡良推荐钟颖接任自己的职务，然后腰缠万贯，随锡良去云南赴任。钟颖乃同治帝之甥，系满洲亲贵，其父曾任热河都统，因犯事充军来川，家资富有。这次只花三万银元便当上协统兼陆军学堂总办，倒也划算，乐得钟颖喜滋滋的。

清末朝政腐败，列强横加欺凌，民族危机日深。在当时陆军速成学堂学员中，反清革命思潮甚为流行，并组织了不少秘密小团体。这时在潘文华他们的反清秘密团体中，曾发生了件传奇般的令人震惊的事情。步兵科学员谢炯与炮兵科学员余龙私交甚笃。一次酒后，谢炯告诉余龙，他是太平天国英王陈玉成嫡孙。当初陈玉成被苗沛霖诱捕之后，其子即谢炯之父乘乱逃脱，辗转来川，佣工于岳池县回龙场。后入赘当地谢家，务农为生，谢炯乃依其母姓。谢、余二人密谋反清，先后将速成学堂学员中深孚众望的李挽澜、潘文华等二十多人联络起来，订金兰之交，结为异姓拜把兄弟。潘文华因与李挽澜最为要好，经李挽澜介绍，也参加了这一秘密小团体。参加结拜的弟兄有：罗伟、李树勋、潘文华、潘泽举、范猛、傅常、陈竹溪、李挽澜、李干、李雅材、杨栩、游泽浚、唐思渭、向成杰、吴震、毛诗、杨建业、何天衢、周云伟、党倜、傅绍基、李尧云等。

在他们的金兰谱序中,写有“炎黄华胄,岂戴胡儿天子”等激烈反清词句,并议定他们团体反清宗旨的金兰谱序言底稿由余龙保藏。余龙东存西搁,都不放心,便干脆揣在身上。谁知小心过度,反而出事,竟把谱序遗失了!那明目张胆的反清行为,在当时无疑是有杀头之罪的,故大家都很焦急,惊慌失措,惴惴不安。有人主张:必死无疑,不如悄悄离校,各自逃命去吧。潘文华却沉着冷静,主张静以观变,坚持不跑,但又提不出救命的方案。

正在紧张惊惧的时刻,有一天,同学中一个满人学员鹤龄突然来访,袖出请帖,便请谢炯、余龙、潘文华等人去他家吃饭。众人与他素无往还,又见所请之人全系谱上所载,不免又惊又疑。到底还是谢炯冷静,他分析情况说:“看来谱序必在鹤龄手中无疑。如果他有恶意,只需暗中交与官府,还容你我逍遥至今?事已至此,只好去他家吃饭,再作区处。”于是众人同去鹤龄家赴宴。

不出众人所料,金兰谱序言底稿果然为鹤龄拾得,他一读之下,又惊又惧,便揣回家去找其父商量如何处置。他父亲当时正任四川将军署协领,虽是旗籍官吏,头脑却还清醒,思想进步,为人正直,近些年来,清廷腐败,丧权辱国,人心倾向革命。他知道清王朝大厦将倾,已不日可待。如将此事出首,势必欠下大笔血债;莫若做个好人,为儿孙留下余地。便对鹤龄道:“你这些同学，都是非凡人物、巴蜀精英。世事茫茫，实难逆料。倘将来政局有变，大显身手的说不定就是这些人，此事万万不可泄漏，你要好好与他们相与结纳才是！”于是才有设宴相邀之举。

席上鹤龄父亲出面招待。酒过三巡，他从袖中拿出金兰谱序言底稿对众人说：“诸君都是年轻有为之士，将来前途不可限量，然做事应当小心谨慎为好。但此等重要文件关系着你们的身家性命，何儿戏如此？此稿幸而落在小儿手中，否则诸君俱危矣。”说完点火将金兰谱序言底稿烧掉，一场天大祸事，为之灰飞烟灭，满天阴霾，一时散尽，潘文华等涕泪叩谢。

潘文华后来忆及此事曾说：“当初多亏鹤龄父亲开明通泰，不然我们的脑袋糊里糊涂就掉了！同是速成学堂学员的任安全，后来到六十五标任上士，密谋策动新军起义，为队官王申命侦知，密报标统周道刚，虽有全标军士相保，仍被杀头示众。鹤龄父亲是满人，而王申命、周道刚却是汉人！事后自己思想便由敌视所有满人转变到反抗清王朝统治。”

四川陆军速成学堂只办了两期，由军事讲习所转入的60人为旧班，在弁目队里又考取大批学生，连同常务军送来的少数学生共二百余人编为新班。旧班在宣统元年暑期毕业，新班于宣统二年冬毕业。

开办时的总办为钟颖（旗籍），其后为徐孝刚、田应诏（湖南人，日本士官学校毕业）、吴钟镕（浙江人，日本士官学校毕业）等。1910年即行停办，正像那所开办较早并为许多第一代军人提供学习机会的四川省武备学堂一样，陆军速成学堂初期延聘的都是日本教官，后来，从日本军人学校回来的中国学生接替了他们的部分教学。

陆军速成学堂的课程全部是军事方面的，它的教育方式大多与武备学堂一样，分为步兵、骑兵、炮兵、工兵和辎重兵五种兵科训练，这些兵科的科长，都是日本人，酒井（大佐）为步兵科长，白井（大尉）为骑兵科长，粟屋（大尉）为炮兵科长，中村（大尉）为工兵科长，某中尉为辎重兵科长。技术、射击教官也是日本人。

以后，各兵科长也换用过一些由日本士官学校毕业回国的学生，如施承志（浙江人）、王家驹（湖北人）等。其他军事学教官及各兵科的队官、排官等则多以武备学堂毕业的（如王陵基、钟体道、吴国琦、王作沛、姜受益、杨吉辉、吴栋臣、龚伯恺、王禄昌、宁绍武、张思聪等）及北洋陆军速成学堂（保定陆军速成学堂以前办的）毕业的（如陈道五等）人员充任。

在这个学堂毕业的，有鲜光俊、周焯、刘湘、李树勋、杨森、许绍宗、陈厚望、陈檗、王缵绪、潘文华、唐式遵、傅真吾、郭昌明、乔毅夫、何畴、袁彬、李宏锟、李雅材、李挽澜、刘骏鸣、刘佛澄、余龙、吕辅周、王兆奎、胡春田、曾述孔、刘石渠、梁渡、吴行光、贺重熙、陈光仁、郑长泽、张斯可等。

毕业后大多数分发在陆军第三十三混成协（旅）充当排官或见习，少数派往陆军小学和陆军军医学堂担任学长。此外有于1913年冬考入北京陆军大学第四期的马嗣良、刘光瑜、贺国光、鲜英、罗伟、韩希愈等，在1928年考陆军大学特别班第一期的有李御良，“速成”生因参加辛亥革命而壮烈牺牲的有广州（黄花岗）之役七十二烈士中的饶国梁（大足人）、秦柄（广安人）两人。还有癸丑（1923年）之役，密谋在泸州起义响应熊克武、杨庶堪讨袁,事泄被周骏杀害的李哲(三台人)。

在陆军速成学堂的后期学习中,孙中山倡导的民主革命思想正在广为传播,潘文华受其影响,便与同学中的志士仁人李挽澜等一起加入了孙中山领导的同盟会,开始秘密从事反清革命活动。

当时英帝国主义侵略我国西藏的活动日益加剧,威胁利诱,无所不用其极。更兼清廷腐败无能,致使达赖由反英转为亲英,西藏形势,危机四伏。这时,川边巴塘发生变乱,清廷急调川军三十三混成协入藏至拉萨驻防,以资震慑,限年内到达。钟颖奉诏之后便在成都调兵三营,并于雅安、泸定等地又募兵三营组成一协共两千余人,由步、骑、轻、炮兵种混合编制,服装、武器皆为新式。各营军官在陆军速成学堂毕业生中调用,潘文华被选调四川新军第三十三混成协第一标第二营任副排长,随钟颖大军进藏。

第三章 远征雪域高原西藏响应辛亥武昌起义

1909年(宣统元年)6月,潘文华随钟颖大军挥戈西进。这次入藏官佐多系陆军速成学堂学生和教官,第一标第一营营长为陈庆,第二营营长为张葆初,第三营营长为陈修梅。潘文华随部西征,任第二营张葆初部副排长,当时进藏的速成同学还有毛诗、唐式遵、马德洪、王贞杰、邓应云等二三十人。

川军沿途击退藏军及武装喇嘛层层狙击,为减少遭遇战,避免将士不必要的伤亡,川军乃取道历归驻藏大臣管辖之三十九族地区前进,翻山越岭,披荆斩棘。川军终于在1910年2月12日抵达雪域高原拉萨,40名马队首先进入拉萨市区,14、15两日,步兵第一营、第二营紧随跟进,17日,钟颖率炮队营到达,至此,川军全军成梯次开进拉萨市区。

当时驻藏大臣为联豫,乃一腐败顽固的满人官僚。帮办大臣为温宗尧,二人面和心不和,私下相互攻讦。达赖见川军将到,便于正月初二在布达拉宫约见温宗尧,当面保证撤回阻拦川军的藏兵,恢复对驻藏大臣的供应,恳请温宗尧转达朝廷,奏谢封赏。温宗尧亦当面保证川军到日，严明纪律，不扰地方，诸事和平处理，不杀喇嘛，尊重达赖教权。

谁知第二天，川军前锋骑兵队抵达拉萨，为炫耀军威，列队入城时，在城西琉璃桥遇见藏人贵族彭康公及僧官孜仲闯道。川军怒其无礼，竟开枪将孜仲打死，将彭康公击伤。驻藏大臣对死伤人员虽抚慰有加，给予医药，但市面惊扰，人心不安。达赖喇嘛闻讯恐遭危险，连夜率少数亲信轻装逃往印度，投靠英帝。联豫得报，派兵追至曲水，不及而返。英国人安居达赖于大吉岭，招待周至，指使策划，反抗清廷，达赖感激，变仇英为亲英，这一来更加深了西藏局势的危机。

事情发生后，联豫与温宗尧各执一词上奏朝廷，互相诿过。朝旨切责联、温二人办理不善，并将温宗尧开缺。联豫以温宗尧既去，无人掣肘，更持有川军武力为后盾，办事更加专横跋扈，举止乖张失措，致使藏局愈为动荡不安。仅以波密事件为例，可见其行事之悖谬。

波密处工布之东，昌都之西南，地势险要，物产丰富，气候较为温和。土王噶朗，号诩波密王，自称汉人苗裔，屡败藏军，藏人不敢治理。当地民风剽悍，崇尚武功，因见赵尔丰经营川边，所部边防军骁勇善战，便自愿投顺，要求设官治理。这本是巩固川边，安定西藏的好事。谁知联豫却从个人私利出发，竟以“恐惹外交麻烦”为词，加以反对。

原来他见达赖出走，自己手中又有川军这支武装，便打算在西藏改土归流，设制行省。因此私下盘算，倘允波密投顺川边，岂不是缩小了设省后自己管辖的范围？于是便一面急电赵尔丰，要其缓办接受；一面派人前往波密招降。谁知波密人素来轻视联豫，当下严词拒绝。联豫恼羞成怒，竟下令钟颖率兵向自愿内附的波密进攻。钟颖随带步兵一标（三营）、炮工兵各一队，以陈渠珍为前锋，越过冬九，谁知，钟颖轻敌冒进，在日贡山遇伏大败，退守鲁郎。联豫将其调回撤职，软禁于札什城，另委左参赞罗长绮统军进剿。

罗长绮率军抵波密，整军反攻，节节胜利。潘文华在这次战役中奋勇作战，一马当先，带队冲锋，攻击前进，夺取春多寺，直捣波密腹地，收复波密各部，波密王葛朗闻风逃避于白马岗，潘文华率部穷追不舍，一鼓作气，杀向白马岗，厮杀半日，终于生擒波密王葛朗于白马岗，取得川军平叛的重大胜利，潘文华以战功升任排长，旋任连长。

这一仗，军事上虽然胜利，但政治上却大失人心。更为荒唐的是，压平波密后，联豫因害怕英帝干涉，便采取将痛脚伸到隔壁的办法，又致电赵尔丰，竟要求重将波密划归川边。视军国大事直如儿戏一般！正在扯皮之时，辛亥革命爆发，形势发生巨变。

1911 年武昌起义爆发后，西藏与内地消息阻绝，邮电不通。驻藏川军本已风闻四川保路同志会闹得很凶，如今见邮电俱断，估计是出了什么大的事变，一时人心浮动。

这时驻藏大臣衙门右参赞钱锡宝的女婿张某，因其在钦署担任洋文翻译职务的关系，从英国人手中看到《泰晤士报》所载武昌起义成功，南方各省纷纷独立的消息，大吃一惊，急告其岳父钱锡宝，与联豫共商对策。不想消息走漏，当日便传遍拉萨。驻藏川军下级军官多为革命党人，士兵几乎全是哥老会成员，顿时闻风而动，共推郭元珍以大同保障总管的名义，掌握发动指挥权。

在总首领郭元珍等带领下纷纷宣布起义，响应辛亥革命。但因为缺乏有力领导及统一行动，加之内部仇杀械斗，又没有处理好与藏人的民族关系，更无法得到内地支援。当时达赖在英帝支持下卷土重来，纠集数万藏军及朵朵（武装喇嘛）围攻义军，起义最终陷于失败。

潘文华当时已升任连长，正领兵百余人驻防地处亚东、日喀则和拉萨往来要冲的江孜，闻风立即率领全连官兵宣布起义反正。拉萨西南各处义军纷纷向江孜集中，形成与拉萨互为犄角的两大起义中心。这样，江孜潘文华带领的义军便成了达赖集团首先要打击破坏的对象，因而拉开了川藏两军的武装冲突。

于是在1912年二三月间，返藏的达赖喇嘛得英、印支助，由达赖亲信——亲英集团首脑人物监色朗噶等回藏组织武力驱逐满汉官兵和破坏革命武力的进攻，指使藏军先围攻孤立于靖西、帕克里两地的川军，待其缴械后，再率众围攻江孜。

江孜原驻有力量较大的常备藏军，今更有监色朗葛的指挥与后援，与川军对峙，急欲伺机攻击江孜的起义部队潘文华部。适逢日喀则义军开回江孜集中，江孜藏军即开去一部分前往挑衅截击，并设伏于崖岗附近险寨之内，川军队伍通过此地时，即开枪射击，企图消灭这支队伍。不想，交火之后，川军武器精良，训练有素，更兼身陷死地，倍增敌忾之心，反将藏军击溃，毙其官兵多名，余众不支缴枪投降，又俘虏多人，川军将降兵押回江孜经审讯后，枪毙多名，并将降兵队官斩首示众。

于是汉藏两军战斗全面拉开，潘文华率领义军迅即攻占了藏军据点，但因水源被截断，难以持久，后又攻占了倚山为固的造纸厂防御。这时监色朗噶统藏军及胁迫的数万藏民铺天盖地而来。潘文华沉着冷静，从容指挥，亲率义军英勇反击，击退藏军多次猛烈进攻，一日之内尽克藏军在江孜城内的剩余据点。监色朗噶经英帝补充枪械后，又纠合大量人马，但不敢强攻，只对江孜取围困之势。身处险境，潘文华为避免力量分散，遂将部队收缩集中在造纸厂坚守，等待拉萨援兵。

这时江孜与拉萨交通已被阻断，拉萨义军正全力与拥有五千多喇嘛的色拉寺作战，又因内部意见纷纭，无法援助江孜。潘文华所率义军虽有新式武器，战斗力强，但困守造纸厂，粮弹俱缺，无法坚持。其间藏兵已包围潘文华部三日，虽多次猛攻，但均遭惨败，对义军颇存畏惧之心，于是监色朗葛请英国驻江孜商务委员麦克唐纳和尼泊尔驻藏代表拉巴哈达少佐出面调停，议定和约四条，由藏方付银元九千五百块，作为义军全体人员取道印度回内地的费用，并保证礼送义军全体人员出境，但义军枪支弹药应缴予藏方不能带走，潘文华以弹药耗尽，已无力再战，为保存革命势力，当机立断，接受这一条件，自己带领起义部队步行离藏取道亚东返回内地。

第四章　艰难归国　受助于危难之际

1912年4月初，根据与藏军达成的和约，潘文华将缴枪所得之款与义军官兵平分，每人仅获六十来元。出境印度后，多数义军官兵乘船经海道回国。潘文华因历年薪饷存余寄回仁寿养家，无钱买船票，便与少数同伴取道缅甸，步行回国。一路之上，备尝艰辛，形同乞丐。后在缅甸遇到一队云南马帮，便结伙翻越“野人山”回国。

行经中缅边境某地，见一原始森林，路旁堆满当地人砍伐的原木，年深日久，已布满青苔。堆堆原木，首尾相接，长约里许。潘文华一行便将行军锅靠在原木堆上，生火做饭。不料水还没有烧热，所靠原木忽然抖动，将锅掀翻，竟是一条足有尺多粗的巨蟒！原来这条巨蟒头尾插在其他原木堆中，身上布满青苔，被潘文华等误认为是一段原木了。看着巨蟒蜿蜒爬走，大家面面相觑，惊叹道：“好大的蟒蛇呀！”倒是那些马帮见惯不惊，笑着说：“这还不算大，前面不远，死过一条巨蟒，那才吓人，起码有五六尺粗，几十丈长，尸体腐烂后，方圆十里恶臭无比，弄得我们七八年不敢从此过路。下午上路，便可见其尸骨。”

午饭后，潘文华和同伴们重新上路，果然在十余里外看见一巨蟒遗骸。白骨皑皑，七零八落摆了半里路长，仅肋刺便有酒盅粗细，令人毛骨悚然！

第二天上午到达中国边境上的一个小县城，潘文华一行与马帮分手。因盘缠用尽，他们便到县衙要求资助。不料县长亦是四川人，听说他们是由藏内返的川军官兵，只见潘文华一行小伙子衣衫褴褛，瘦骨嶙峋，形如枯蒿，顿生怜悯之心，便立即吩咐衙役安排他们洗漱，找好住宿。中午，又热情设宴相待，真是他乡遇老乡，两眼泪汪汪。

席后，那位县长再三挽留潘文华等留下任职，潘文华与其中四个同伴思家心切，婉辞不就，其余同伴便留了下来。

第二天县长送潘文华等五人一笔盘缠，由他们回川去了。他们一行五人经昭通等地来到川滇交界的盐津县后，改走水路，由老鸦滩渡口乘船，沿关河而下，直赴宜宾。

舟行到宜宾所属柏树溪时，水急滩险，篙师失慎，撞在礁石之上，木船被骇浪打为碎片。全舟客人，除潘文华一人外，全葬身鱼腹。时值农历六月，潘文华因旅途劳困，只穿一条内裤酣卧船舱。梦中仿佛已到家中，忽闻继母大声呵斥，霍然惊醒，恰是船破之时。潘文华被抛入江心，因为不会游泳，是旱鸭子，连呛几口江水，也是命不该绝，忽漂来桅樯一段，他连忙紧紧抱住，载沉载浮，顺流冲出五十余里，遇一浅滩，始脱险上岸。身上除几处皮肉划破外，且喜未受重伤。但所着内裤亦被急流冲去，赤身裸体，狼狈不堪。因当地人烟稀少，无处乞告，只得赤体孤行。想到同行四人俱已遇难，不免伤心落泪，对着空旷的山谷，潘文华满怀悲愤，仰天长叹："上苍有眼，天地之广，何容不下我等兄弟矣？"然而此时山谷空鸣，河水滔滔，松涛阵阵，大地无言，唯有一只雄鹰搏击于苍凉而阴晦的天际。

遍体鳞伤的潘文华沿江艰难地行走了十来里路，忽见路边的山坳间有一独立茅草农舍，屋门虚掩，便潜至屋侧摘取两片大芭蕉叶，以草系之，遮蔽下体，然后上去叩门。不想门开处，竟探出一位十七八岁姑娘的头，头上扎着乌黑的大辫子，粉红的脸蛋，眨着水灵灵的大眼睛，见潘文华这般模样，又羞又吓，急忙退回屋内，将门紧紧关上。潘文华等在门外，将自己乘船遇难，走投无路前来求告相助的话讲了一通。过了一会儿，那姑娘便从门缝中扔出一条长裤，并说自己父母都赶场去了，家中无人，要他在屋檐下等候。又听潘文华说几日尚未吃饭，饥饿难当，忙去灶下烧火做饭。片刻工夫，便将香喷喷的米饭做好，用一矮桌端出，放在屋檐下面。潘文华道谢一声，不敢抬头，狼吞虎咽地大吃起来。

眨眼之间，潘文华已将饭菜一扫而空，这时姑娘的父母也赶场回来了，看见一个一脸英气、浓眉大眼的小伙子站在自家门前，很是诧异，当听潘文华说了自己落水遇难经过，很是同情。忙叫自家姑娘取出一件半旧蓝布衫与潘文华穿上，又取一吊铜钱相赠。并告诉潘文华说，目下宜宾城外真武山上驻有新军队伍，可去投靠。潘文华千恩万谢，告辞村姑一家踽踽而去。

一路之上，村姑一家的音容笑貌不时浮现在潘文华的脑海中，潘文华暗暗发誓：倘若将来得志，一定要报此厚恩。不久他又当了新军的连长，便派人备款前往酬谢村姑一家。可能仓猝之间对地名方位记忆不清，先后派去三人回来竟说当地并无这样人家。

几年之后，戎马倥偬的他又曾亲自前往彼处相访，虽然河湾风景与记忆无异，却不见当日农舍。再询之本地父老，都说此处从来没有过如此人家。他后来常对人言："余平生无一负心之事，只此番受人大恩，无由报答，未免长怀歉疚。"后来竟有友人将此事引申到迷信上说是仲公乃大贵之人，系天上星宿下凡，此乃观音菩萨化身相救云云。话虽不能置信，但潘文华晚年信佛，尤其是担任重庆市长时，在纯阳洞建金刚塔，又为迁坟作佛事祈祷等，这事应该也有一定影响吧。

第五章　内江血战　力挽狂澜
退寄陕南　投奔刘湘

1912 年仲夏,潘文华赶到宜宾真武山,才知当地驻有四川新军一连,连长不但是四川陆军速成学堂的同学,而且恰为当初在校结拜秘密小团体中人。相见之下,很是亲热,便留潘文华住下,各道别来情况。那位连长告诉潘文华说,他们团体中李挽澜现在钟体道(遒庵)第三混成旅任营长,很有办法。潘文华与李挽澜在陆军速成学堂读书时一向要好,可谓同窗挚友,情深意笃,便决定去顺庆(南充)投奔于他。

到了顺庆,昔日同窗,久别重逢,彻夜长谈,李挽澜不忘旧情,将潘文华留在营部候差,不久便正式当了连长。李挽澜在四川陆军速成学堂时,才华横溢,风流倜傥,是同学中公认的领袖人物,那时刘湘深藏不露,显得平庸,并不为人所知。李挽澜毕业后仕途也很顺利,二十多岁便当上旅长。因此后来许多人都说,倘不是李挽澜阵亡太早,以速成系领袖身份出来收拾四川局面的很可能就不是刘湘了。

不久,孙中山先生被迫辞去临时大总统之职,袁世凯窃国称帝，蔡锷等由云南起兵护国，于川南一带与袁世凯军血战。钟体道本与刘存厚默契，对讨袁之事，暂持观望。经在籍的进步党人张澜极力策动，也于顺庆通电独立反袁。适逢袁世凯倒台，钟体道便升任第三师师长，李挽澜升任团长，潘文华随之升任营长。

这时，蔡锷因喉疾赴日就医，由黔军戴戡护理[①]四川省长，滇军罗佩金护理四川督军。刘存厚打出“川事川人自了”的旗号，联合钟体道、周道刚等三师人马，先后发动“刘罗”“刘戴”之战，逼走罗佩金，逼死戴戡，登上四川督军宝座。云南督军唐继尧本视四川为自家征服之地，便组织“川、滇、黔靖国联军”与刘存厚等全面开战。

1918年，李挽澜已升任旅长，潘文华升任团长。李挽澜和潘文华率队与滇军顾品珍部在内江激战。李挽澜亲自督领炮队在城郊白塔寺高地发炮攻城，顾品珍部金汉鼎旅以每人奖银元十块，组织敢死队一排偷袭李挽澜的白塔山炮兵阵地。李挽澜不幸当场阵亡，消息传开，全旅溃退。在这千钧一发之际，团长潘文华挺身而出，收拾余部，一举反攻，将内江打下，遂被任命为代理旅长。

战事结束后，潘文华含泪为同窗知己李挽澜旅长治丧，并亲自护送灵柩回李挽澜原籍巴中安葬。在以后的几十年间，潘文华一直不忘关照李挽澜的家人，李挽澜的儿子李明镛在世伯潘文华的关怀、培养下，先上了华西大学，后就读于国民党中央陆军军官学校，毕业后即在潘文华司令部任参谋。

---

① 护理，即代理。

潘文华在川北巴中县安排妥李挽澜旅长丧事后，随即返回部队，不料，吴震接任该旅旅长，潘文华仍任团长。

这场战事，最后以刘存厚等寡不敌众，败退陕南，投靠陕西督军陈树藩而结束。潘文华自谓一生有两个知己，一个是阵亡的李挽澜，一个是后来的刘湘。

刘存厚、钟体道率部遁往陕南后，北洋政府改称刘存厚所部为“国军”二十一师，钟体道部为二十二师。几万大军逼处汉中一地，寄人篱下，处境很艰难。因系陕军地盘，无法随意征派粮饷，钟体道师所领少量饷械，又多被刘存厚克扣，日子更不好过。潘文华平生麻将打得极好，更兼有一绝技——一副牌打上几圈之后，便能将竹面纹理暗记于心，因此百战百胜。此时竟靠打牌赢钱来维持一旅之众的开销，这也算军阀部队中一大奇闻了。

同槽无食，时间一长，刘存厚、钟体道矛盾加剧。1918 年冬，刘存厚便打算趁钟体道部演习之机，利用宴会阴谋击毙钟体道，兼并钟体道师。不料事不密，被钟体道临时发觉逃席，钟体道得到陕军旅长王鸿恩等掩护逃脱。刘存厚遂夺占钟体道所部。之前，四十三旅旅长吴震病故，团长陈廷栋撤职。刘存厚遂致电北洋政府，将钟体道撤职。因为刘存厚在电文中盗用潘文华等人名义，谓钟体道侵吞部下军饷，故钟体道对潘文华也生误解。潘文华此时尚任钟体道师四十三旅八十六团团长，闻讯此变故，义愤填膺。一来不愿被刘存厚兼并，二来又得不到钟体道谅解，左右为难，痛感如此下去决无出路，遂将该团及八十五团之一部拖走，拉回四川。

1919 年，潘文华将部队拉回四川驻通江、巴中等地，投向靖国联军第七师师长颜德基,颜德基委他独立旅旅长,但不发任何粮饷,让他就地自筹。潘文华开始还担心部队无法维持,殊不知通(江)南(江)巴(中)一带,物产非常丰富。这块地方盛产银耳、党参、天麻、黄连等名贵药材和桐油、茶、漆、贝等土产,并且还大种鸦片,因为交通不便,土匪猖獗,无法运出。潘文华把情况摸清,便将部队分开,武装贩运这些土特产到三汇、重庆等地出售,大赚其钱。又因当地历年广种鸦片,潘文华又通过征收烟税,收获甚丰,全旅用度顿时阔绰起来,当时所部军官打牌,他赢银元竟用秤称!因此都视此地为“世外桃源”,乐不思归矣。

这时,南方政府委熊克武为四川督军,整个四川政局仍非常动荡,战伐仍频。滇黔联军为控制川政,又勾结吕(超)、石(青阳)、颜(德基)、黄(复生)、卢(师缔)五部发动“倒熊”之战。刘湘当时拥兵(川军第二师)一师,坐镇合川,联军方面以三十万大洋收买他参加“倒熊”。刘湘当面答应,谁知收钱之后,翻脸不认,却参加到熊克武一方来。熊克武、刘湘初战不利,节节败退,引兵退守保宁(阆中)一带,聚集力量,又派人与刘存厚联系,准备反攻。

1920年春,刘湘新败之际,粮饷困难,军用困乏,几乎断炊,非常焦急。刘湘与潘文华不仅是四川陆军速成学堂同学,而且一向感情素笃,常有信使往返。潘文华听说同学刘湘退集阆中,饷粮窘迫,便即时以八匹驮马装载白银三万五千两,派兵一排护送,翻山越岭,历尽艰辛,运往阆中馈赠刘湘。身处逆境的刘湘得此接济,无异于雪中送炭,患难之际见真情,刘湘不胜感激。原来潘文华考虑到自己仅一旅之众,无所依傍,终非久计。又见刘湘虽然兵败，但他用兵行事，气度不凡，是个成大器的人，便借速成学堂同学的关系，前来施以援手，这样便为二人今后合作共事打下了坚实基础。

1920年夏，熊克武整编川军，但懋辛为第一军军长，刘湘为第二军军长，刘成勋为第三军军长。不久熊克武、刘湘与刘存厚联兵反攻，将吕超、石青阳、颜德基、黄复生、卢师缔五部打败，并把滇黔联军全部撵出四川。掉过头来，为争夺督军位置，熊克武、刘湘又合并向刘存厚开战。刘存厚抵敌不过，率少数卫队再度逃往陕南。他丢下的部队由邓锡侯、田颂尧、刘斌带领，退往保宁一带。因他三人皆系保定军校出身，便形成了川军之中所谓的“保定系”。

刘湘（1888—1938），民国时期四川军阀。曾担任四川省主席，十分重视四川当地的社会经济、文化发展，为抗战时期西南后方的经济建设奠定重要基础。抗战爆发后，刘湘曾亲自率军出川抗战，1938年病逝。死后追授陆军一级上将

他们以号称三师之众，挤在保宁一地，困居阆中，粮饷困难，便都虎视眈眈地把目光投向通南巴这块肥肉。当时正值罂粟收割之际，为抢夺烟税，田颂尧、刘斌以“饥兵就食”为名，气势汹汹杀将而来。潘文华兵少力单，自知一旅难敌三师之众，不是邓锡侯、田

颂尧、刘斌对手，只得忍气吞声，放弃即将到手的烟款，于 1921 年春主动率队放弃通南巴，退往川东，离开这块“世外桃源”，投奔刘湘（刘湘字甫澄，所属自称甫系）而去。

当时刘湘被推为川军总司令，兼任四川省省长，正在扩充部队，见昔日患难知己同学潘文华归来，更是喜出望外，千军易得，良将难求，遂委潘文华为川军第四师师长，令其驻防合川。

潘文华因速成学堂同学关系，为人忠厚，智勇兼备，没有野心，深得刘湘倚重，逐渐成为刘湘最亲信的将领和刘湘集团最高级的核心人物，被刘湘视为心腹股肱。

在以后四川各派军阀错综复杂的角逐中，无论境遇的顺逆，潘文华始终追随并忠于刘湘，他统领的师一直是刘湘的基本主力部队。从 1922 年 6 月爆发的“一、二军之战”起，其间历经“讨贼之役”、“统一之战”、“刘、杨驱袁”、“第一次下川东之战”、“第二次下川东之战”，到 1933 年结束的“二刘之战”止，这十余年四川军阀混战的历史阶段，潘文华在刘湘率领下，转战四川各地，无役不从、出生入死，屡建奇功，乃至多次担任独当一方的总指挥。

即使后来，蒋介石图川，分化瓦解，封官许愿，金钱收买，无所不用其极。唐式遵、王瓒绪、杨森、王陵基等人，都纷纷输诚，只有潘文华不为所诱，一直追随刘湘，始终忠心不二。故刘湘死后，潘文华被川军将领推戴为“甫系”领袖，继承刘湘衣钵，受到蒋介石排斥打击。

第六章　“一、二军”之战　百折不挠　东山再起　封植威将军

在四川军阀内战史中，一、二两军之战可谓惊心动魄。所谓一军，是指川军第一军，军长为但懋辛，以熊克武为领导，属于广东国民党体系。所谓二军，是指川军第二军，军长为杨森，以刘湘为领导，系依附北京政府的军队。

1920 年，熊克武统率所部将滇黔军驱逐出川，熊克武为纠集川军，在作战前曾经宣言：“俟对滇黔战事结束，决心辞去督军职务。”于是不久熊克武即遵守诺言辞去督军，但他实际打算做一个幕后主持者，因而刘湘被推主持四川军民两政。这样刘湘得熊克武的扶持，由各军联合办公处公推为川军总司令兼四川省长，并当即根据熊克武的意旨和省议会的请求，宣布四川自治。军队方面，以但懋辛任川军第一军军长，杨森为第二军军长，新任刘成勋为第三军军长，各师重新编组，计：

第一师师长　喻培棣（第一军但懋辛部）

第二师师长　唐式遵（第二军杨森部，原刘湘部队）

第三师师长　邓锡侯(省联军)

第四师师长　潘文华(第二军杨森部,原刘湘部队)

第五师师长　何光烈(第一军但懋辛部)

第六师师长　余际唐(第一军但懋辛部)

第七师师长　陈国栋(省联军)

第八师师长　陈洪范(中立)

第九师师长　杨森兼(杨森原属部队包括傅常独立旅)

第十师师长　刘斌(省联军)

独立旅旅长　魏楷(第二军杨森部,原刘湘部队)

第一混成旅旅长　刘文辉(与省联军、刘湘部均有关系)

第二混成旅旅长　张仲(第一军但懋辛部)

第三混成旅旅长　李樾森(第二军杨森部,原刘湘部队)

第四混成旅旅长　袁斌(第二军杨森部,原刘湘部队)

第五混成旅旅长　张成孝(第三军刘成勋部)

第六混成旅旅长　刘炳勋(第二军杨森部,原刘湘部队)

第七混成旅旅长　蓝世钲(第三军刘成勋部)

第八混成旅旅长　郑经武(第一军但懋辛部)

陆军第二十一师师长　田颂尧(省联军)

陆军第二十二师师长　唐廷牧(省联军)

川边镇守使　陈遐龄(中立)

四川边防军总司令　赖心辉(省联军)

刘湘执掌四川军民两政后，与熊克武猜疑日深，故暗斗亦日益激烈。刘湘就新职，应在成都（省会所在地），方符体制，熊克武曾电邀刘湘到省就任。刘湘的秘书长杜少裳说："重庆为四川重镇，绾毂西南，又为经济中心，在此割据时期，当以重庆为事业基地，不可远离基地，受人控制。"张斯可亦云："熊克武虽下野，如我们同住省门，凡百措施，自必向熊请示，且我们的军队，分驻重庆附近，如到成都就职，万一变起仓卒，何能应付。"刘湘本人亦谈："熊克武，我是搞不过他的，但我决心不让重庆。"刘湘的旅长李樾森更表示："非要一军交出下川东主要防地——如万县、奉节等，不能就职。"经刘湘与但懋辛洽商，熊克武以既将刘湘举出，若不承认他的请求，将给他人以话柄，因令驻军让防。尽管如此，但刘湘仍不离重庆，只在重庆就任新职。熊克武明知刘湘是一个劲敌，这次以军民两政许他，本出于不得已，今后如何对付，当徐徐相机想法。刘湘亦知熊克武是劲敌，很难对付，要稳把四川军民政权，必须另找靠山。刘湘在四川的成长，本来一贯是受北洋系的培育，于是便暗中派其亲信张斯可为驻北京代表，与北京政府勾结。

熊克武、但懋辛以刘湘依附北京政府，对实行四川自治毫无诚意，势成尾大，殊难合作，遂联合各军密作布置，当由一军代表喻华伟（即喻培棣），三军代表蒲泽东（刘成勋的参谋长），川边军代表萧伯豪（赖心辉的参谋长）及邓锡侯、田颂尧、刘斌等三师长的代表田伯施等，经常在鼓楼南街喻华伟住宅商谈川事，大要为：（一）交换情报，加强合作；（二）对刘湘在川的措施一致表示不满；（三）在熊克武领导下共同反对刘湘。熊克武、但懋辛与各军的联络既有进展，乃商由刘成勋派其旅长洪幼三赴保宁慰问邓锡侯（因第三军兵少，防地较多，邓、田、刘等部兵多防地狭小，偏处一隅，饷粮维艰），向邓锡侯表示，愿让绵阳、绵竹、安县、德阳四县，交邓锡侯驻防；昭化、广元、剑阁，交刘斌驻防；田颂尧部则可全驻阆中及通、南、巴各县。当时邓锡侯在阆中，正一筹莫展，闻悉洪幼三言，有如枯木逢春，大感好运到来，当嘱其部队陆续开拔，并应赖心辉之约，与洪幼三驰赴德阳孝泉，同赖心辉密谈。邓锡侯、赖心辉原系刘存厚部营长，很想互相依靠，于是同赴成都，刘成勋盛宴欢迎，熊克武等均在座，觥筹交错，谈笑风生。各军联合共倒刘湘的策划，大体已告完成了。

刘湘与熊克武既相离异，号令只及所属各县，措施稍有不当，各军即纷电责难，刘湘感到形势日非，穷于应付，遂于1922年5月1日通电辞职，文有“樵山钓水，遂我初衷”等语，并移居重庆王家沱日本租界义新纱厂，受日本军官佐佐木的保护，名为辞职，以和缓各军压力，实则仍是退居幕后，积极备战。刘湘于6月20日，亲赴下川东夔门、万县等处劳军，在奉节与士兵讲话：“因你们不愿打仗，所以我要辞职。”士兵答云：“因你们克扣军饷，所以我们不愿打仗，如你们不克扣军饷，我们便愿打仗了。”刘湘云：“你们的军饷，一定按时发放。只要你们愿打仗，我随时都可以复职。”刘湘并对部下密示，胜算要靠北军来援，尚须有待，只有加强准备，不可与一军马上开战。

杨森就任二军军长后，与速成同学曾子唯、吴行光、喻孟群等密组新二军系（此数人极不为刘湘所信任），急欲发动战争，扩充实力，并乘机取刘湘而代之。曾子唯又密与李樾森相勾结，拟先乘一军不备，悉锐进攻，速战速决，一举击溃一军主力。杨森于是遂将作战命令下达，才向刘湘报告。刘湘大愕，李公度（总司令部的政务处长）当云："不能与一军轻启战端，杨森等如此骄横，你必失败无疑。"李樾森云："杨在为你打天下，如战胜，功归于你，战败，由杨负责，你又何必大惊小怪哩！"

刘湘心中自然同意李樾森的说法，当淡淡指示："熊、但用兵诡诈，不可轻敌。何光烈与我有默契，不可进攻顺庆，以免牵动何师，反增强一军兵力。"杨森既决定进攻一军，战机便一触即发了。

这时，一、二两军各师大体分布情况为：一军余际唐师驻达县、梁山，张仲旅驻开县，何光烈师驻顺庆，喻培棣师集中忠县、垫江一带。二军的杨森师驻泸州，潘文华第四师驻合川，唐式遵师驻重庆，李樾森旅驻万县等地。

1922 年 7 月 9 日，杨森宣布：只向一军作战。并发告士兵书，有云："田横五百，尚强海岛，少康三千，启夏中兴，本军有七十营之众，岂有不能消灭长衫军人乎！"（因熊、但系文人统兵，故称长衫军人）杨森所部李樾森第三混成旅首先进攻忠县，一军的喻培棣师不战而退，随即由垫江进攻梁山。九师（杨森）全部由泸州出发，赶赴垫江、梁山。杨森亲至垫江督师，10 日进占梁山，14 日占达县。九师复由梁山向大竹出锦屏铺，抵佛耳岩，与但懋辛部第一师激战一天，但军退渠县，并将主力集中顺庆、营山，缩短防线，以待决战。

23 日第二军连取渠县、广安、岳池。27 日二军九师全部与李旅（李樾森旅）及潘文华师的郭勋祺团等部追抵顺庆，在中滩桥、杜家岩一带，与一军主力第一师（喻培棣）、第五师（何光烈）、第二混成旅（张仲）各部，展开激战。但懋辛等亲临指挥，冲杀三日，二军不支，向后挫退。唐式遵率部进攻营山，与余际唐师、邓经武旅、陈兰亭旅激战于静边寺，余懋修旅（余际唐的旅长）率七营侧攻唐师，团长饶映辉阵亡，唐式遵师亦大败。于是第二军各部纷纷溃退。

8月1日一军克渠县，2日向旅（但军向康衢旅）克达县，5日一、二两军激战于佛耳岩，二军又败。6日一军克梁山。正当一、二军在渠县地区决战时，省联军刘斌的十师，则绕道遂宁进攻合川，与二军第四师潘文华部一度激战，潘文华率全师官兵以逸待劳，固守合川，以坚固的城防工事为依托，灵活指挥守城官兵，抵御刘斌师的疯狂进攻。经过一昼夜的攻守拼杀，虽给刘斌师以重大杀伤，但终因寡不敌众，没有外援，粮弹无法补充，而联军各路人马又潮水般涌来，潘文华师伤亡颇大；在二军各部先后败溃的情况下，潘文华奉刘湘电令，不得不率部向江津撤退，当时潘文华师仅余郭勋祺一个整团和吴彦荪残存的几个连，共约人枪二千余而已。刘湘自知大势已去，乃将潘文华师这一残部整编为十四个连，责令郭勋祺率领，当面托孤给刘文辉，望其代为掩护保存。潘文华只身返仁寿老家，所部随由刘文辉改编，其中700余人开赴青神依附陈洪范师长，编为独立支队。

刘文辉这时是二军的第一混成旅旅长，他率全旅由宜宾开赴重庆，到达之后，刘湘即以刘文辉为重庆卫戍司令。刘文辉与邓锡侯同是保定军校学生，在邓锡侯等部迫近重庆时，刘文辉特亲赴老关口欢迎，并表示慰劳，大拉其同学关系，可谓输赢都有糖吃。

刘湘最后于8月7日以在野之身，移驻重庆南岸王家沱日商义新纱厂暂避。7日杨森通电离渝东下。12日一军张仲旅克万县，18日张旅进至奉节。适北军张汝明旅赶来应援二军，已有一团在奉节登陆，杨森特设盛宴洗尘，并曾派李樾森所部守大城寨（距奉节三十里），不意时值大雨多雾，一军有兵一连轻装来袭，经拖板间道冲进夔关，枪声四起，杨森军和客军立即溃乱，四散逃命，杨森奔出南门，觅得木筏一只，渡过南岸，时近傍晚，赶到代溪，搭上二军原停泊之小火轮，行李文件，丧失罄尽，孑然一身逃到宜昌，状极狼狈。

刘湘虽避居重庆王家沱义新纱厂，但通过刘文辉这一渠道，仍能与有关方面取得联系，他曾暗中派人向其旧部高级将领潘文华等传达"各自图存"的指示。延至8月26日，二军全面失败，残部退出川境，刘湘自觉不可再在重庆存身。经刘成勋、刘文辉出面疏解，取得各方同意之后，才带着随身仅存卫队梁国华连，通过刘文辉、陈洪范和刘成勋的防区，安全返回大邑县安仁镇老家。据他自己说："此后将'樵山渔水，息影乡园'。"

1922年8月，因第二军战败退居大邑乡间的刘湘，虽遭到几把家底丢尽的重大挫折，但他毫不气馁。在闭门乡居几经思考之余，对今后的作法心中已有了初步打算。他深信"失败是成功之母"这一格言，为了开拓更为远大的未来，那就必得要从失败中去总结经验和吸取教训。刘湘在总结出的经验教训中，得到两点重要启示，即是对川内今后应多结友、少树敌，对北京中央应表示投靠，争取支持。

杨森战败离川后，残部寄驻鄂西，本人则进一步向吴佩孚投靠；吴佩孚允助杨森俟机打回四川，并不断给以补充。至于刘湘及其残存的潘文华、唐式遵两部，亦与吴佩孚和杨森不无联系。及“一三、边”与“三、七、二十一”之战发生，杨森认为机会已经来临，立即请求吴佩孚实践以前诺言。吴佩孚亦认为这正是插入四川的良机，于是，除发给杨森汉阳步枪两千枝和大批子弹、现款外，并派赵荣华率北军一师又三个混成旅由鄂西、黔军袁祖铭率五个混成旅由黔北、北军第七师吴新田会同刘存厚部由陕南，及甘军张广建、川边军陈遐龄等部，分头援助杨森回川。

1923 年 2 月中旬，杨森军将驻在川鄂边界的一军独立旅杨春芳买通，突将二混成旅张仲部击走后，占领了万县，北军随之源源入川。3 月 26 日复进占梁山（即今梁平）。此时下川东空虚，杨森即以部分军队乘轮，主力经垫江、长寿向重庆进逼。

川战的逐步扩大，给刘湘再起创造了极为有利的条件。于是刘湘密令原第二军退驻叙永山区的唐式遵师的刘光瑜旅和寄居陈洪范篱下的潘文华部潘佐团（即刘湘前在重庆付托刘文辉照应的郭勋祺团，被后者吞并未遂，掩向陈洪范防区暂避风险，改为潘佐任团长），趁杨军西进时脱离原地，向重庆集结整顿补充。及见杨森军向重庆撤退，战局逆转，刘湘为了收拾局势，便不得不亲自出马来重振旗鼓了。北京政府鉴于川情复杂，认为刘湘尚有一定的潜力，将来不无可供利用之处，因此于 7 月 28 日任命刘湘为四川清乡督办。

7 月 30 日，又东山再起的潘文华带领重新掌握的旧部偕邓锡侯、杨森等将领联名通电，拥护刘湘出山，并极力推举刘湘为四川善后督办。实际上潘文华率旧部早已奉刘湘之命在泸州以下长江南岸,与一军方面的吕超、石青阳、汤子模等部进行战斗,借以分散熊克武军的兵力。

9月24日,刘湘到了重庆,当天上午即在袁祖铭的公馆内与高级将领潘文华、邓锡侯等人会晤,并召集守渝各部师、旅长开会,重新部署防务。至此,下台约近一年的刘湘,又登上了四川的政治舞台。

二军系取得胜利后,刘湘、袁祖铭仍皆回驻重庆。1924年2月14日,北京政府特任命潘文华为植威将军,中将级。1924年3月29日,北京政府任命袁祖铭为川黔边防督办。5月26日,北京政府宣布裁撤四川督军,特任刘湘为川滇边务督办(其余任命从略),还封刘湘为甫威将军。

第七章 任讨贼联军右翼总指挥 奋力驱逐黔军袁祖铭

1926年时，重庆为刘湘、袁祖铭合驻，在组成倒熊联军之前，双方关系尚称融洽。但熊克武一倒，刘湘先既拒绝袁祖铭的划叙、泸地区为黔军防地的要求，又复自食原许倒熊以后成都兵工厂于三月内为袁祖铭造枪五千支、弹一百万发的承诺，于是仇怨滋生，渐成水火，终竟闹到两不相容的地步。

这时的重庆及其附近，已驻有刘湘的主力潘文华、鲜英、李雅材、兰文彬及张华封等师旅，刘湘本人因善后会议未完事件犹待处理，故尚滞留成都。黔军原来的两师一警卫旅，分驻重庆城内外，不意1926年1月28日，袁祖铭突增调黔军四个团入城，并在浮图关、两路口和外围磁器口、歌乐山等地配备重兵，一时人心惶惶。重庆各界深惧重罹战祸，乃分推代表向刘湘、袁祖铭两督署请愿呼吁和平。袁祖铭装作接受民意姿态，佯与刘湘驻渝将领和高级幕僚潘文华、钟体乾等人协议：重庆城内留少数军警维持秩序和两督署卫队外，所有川黔各部均于1月30日移驻城外。刘湘部队正移防时，袁祖铭先于1月29日支持何金鳌夺回已被鲜英接收改编的第十师,该师绝大部分投向袁军。1 月 30 日,复派兵攻击潘文华的城守卫队,将刘湘的督办公署占据,并接收所有军、警、行政、财务等机关。

鲜英在部众哗变时,仅率残部约一个营去与兰文彬师靠拢,然后一同冲出通远门,且战且走,经白市驿向西沿东大路退至资阳集结待命。其余刘湘部则分别退到璧山、垫江等地。袁祖铭欲图一举消灭刘湘主力部队的目的,并未完全得逞。

袁祖铭占领重庆的当天,曾致电刘湘及善后会议,诡称:“鲜英部队发生事变,中外人士虽惊恐一时,幸无损失。”并请刘湘“迅速善后”。31 日再电刘湘,反说刘湘有意逐客,以图文过饰非。而事实是袁祖铭有意开启战端,决定采取西守东攻战略,企图以掩耳不及之势,横扫下川东,封锁夔门,拒绝杨森返川,进而紧靠吴佩孚,使在四川他是吴佩孚所支持的唯一对象;回头来彻底消灭刘湘,主宰川政,以遂其“川滇黔三省巡阅使”的妄想。

刘湘猝闻渝变,一时几无所措,经反复考虑、分析,决定为今之计,只有切实联合杨森,才足以压制袁祖铭。在熟筹深思之余,感到前所拟议的合作条款,诸多不足,因此再向杨森进一步提出具体办法:下川东部队完全交杨森指挥,补充、补给由杨森负责;上川东郭汝栋、白驹等原属杨森六部,由杨森转令听刘湘统一指挥,补充、补给由刘湘负责。当即密电驻汉代表乔毅夫,嘱将以上办法向杨森提出,并欢迎他速回川主持讨袁大计。另再密电万县潘文华等高级将领,告之已决定与杨森合作,要他们联名致电杨森表示欢迎,请杨森即日莅万调度指挥,今后决定唯命是听,乔毅夫向杨森转达刘意后,杨森对乔毅夫表示,对于刘湘所提条件，完全同意。

杨森原不无刘湘与袁祖铭都是自己的对头人之感，但他深知当前如不表示同刘湘合作，则无法进入夔门，不能进入夔门，则一切皆无从着手，故只得权与刘湘相结，其思想深处实蕴藏着“俟消灭袁祖铭后再和刘湘算账”的打算。于是一面请求吴佩孚接济饷款械弹；一面准备立即赶回万县站住脚跟，以便收回旧部，扩充地盘。

2 月 8 日，杨森任命潘文华为讨贼联军第一路左翼总司令、唐式遵为讨贼联军第一路右翼总司令；李雅材为讨贼联军川军第二师师长、王陵基为第三师师长，张邦本为十二混成旅旅长，杨国桢为独立旅旅长。另又派人回川分向王正钧、何金鳌和上川东郭汝栋等六部传达意旨，告以一俟在汉洽领经费、械弹到手，即行回驻万县，命皆整装待命。

2 月 12 日，潘文华在万县通电就任杨森委任的新职，以示拥戴。同时潘文华、王陵基等将领联名电请杨森回驻万县，愿供驱策。

此时，大部黔军迅速向下川东推进，何厚光、李晓炎、刘辅卿等部开始向忠县、丰都、垫江川军进攻。潘文华、王陵基等前线部队，被迫向梁山、万县、云阳、奉节等地退却。黔军于 2 月 16 日占领丰都，18 日占领忠县。

刘湘鉴于下川东战况逆转，而杨森尚未成行，为了稳住阵势，一面密电潘文华师长联系下川东所有川军，拼竭全力坚守万、梁前线，俾使杨森回川，有地立足；一面用计缓兵，派郭昌明、颜仲卿代表赴渝与袁祖铭虚加委蛇。郭昌明、颜仲卿二人于 2 月

20 日抵渝，经往返协调，同袁祖铭方达成四项“和议”：由袁祖铭电邀刘湘返渝，会商一切善后事宜；下川东彼此划出缓冲地带，避免接触；潘文华师所扣黔军械弹，战斗停止即装轮运还；将来夔、万由川、黔军合驻，但财政完全归刘湘方经收。这是刘湘在战局不利形势下作出的和平姿态。3 月 2 日刘湘在给重庆总商会会长曾禹钦的电文中，还假惺惺地以爱好和平、息事宁人自诩，他说：“人虽弯弓相加，我宁唾面自干”，刘湘这一着棋，袁祖铭竟未有所觉。

杨森弹款得手后，2 月 18 日启程离汉，在宜昌略事布置后勤转运工作（四川后在此设转运站），即于 28 日乘轮西上，3 月 1 日抵达万县。前面背离刘湘投靠袁祖铭的王正钧、何金鳌两个杨森旧部，在杨森策动下，此时又脱离袁祖铭，经垫江、梁山于 2 月 29 日开抵万县，杨森手中的资本已在开始增添。

杨森一到万县，即对刘湘、袁祖铭分别作了一些应付。他派周介眉为代表赴成都与刘湘协商如何讨袁，但对前面已同意上川东六部（杨森旧部）归刘湘统一指挥一事，则绝口不提。同时派黄莘收、向戴中、夏铸九三人赴重庆与袁祖铭款洽，表示今兹返川的目的“在整理旧部，追随玉帅（吴佩孚字子玉）讨贼”和转达“玉帅嘱与鼎公（袁祖铭字鼎卿）合作，并派有徐朝登前来促进相互关系，筹商讨贼事宜”的指示，故对川事决主和平。实际杨森此时积极以图者，意为先从刘湘、赖心辉手里收回旧有六部，然后再与刘湘合作共同对付黔军，为自己夺取下川东地盘。

驻防富顺、隆昌、荣昌、永川、大足已被刘湘、赖心辉收编的杨森旧属郭汝栋、白驹、吴行光、包晓岚、杨汉域、范绍增等六部，因早受杨森召唤，故杨森抵万县，该六部即联合宣言：脱离刘湘、赖心辉，归依旧主。杨森为使六部顺利来万县集结，特电求袁祖铭假道，并请予以支援。袁祖铭欲长占重庆，正好利用刘、杨争夺部队来扩大刘、杨之间的矛盾，遂如杨森之请，指定六部经由永川、璧山、江北、土沱(特为架设浮桥)渡嘉陵江，分向长寿的葛兰坊和涪陵北岸的鹤游坪、沿丰、忠和垫、梁以达万县。及六部东开时，途中果无阻碍。

成都方面得知六部异动，不仅刘湘十分焦急，即邓锡侯、田颂尧、刘文辉亦皆感不安。邓、田、刘三人曾联名致电郭汝栋等询问“移师”原因，郭汝栋等复电称：“系奉惠公命令，一致讨贼。”刘湘继再授意邓锡侯、田颂尧、刘文辉于3月21日再次去电劝阻，盼即停止东移，六部竟置而不答。自3月23日起迄29日止，历时一周，遂完全回到杨森的怀抱里去了。刘湘亟欲恢复他的根据地——重庆，认为当务之急是在逐袁，而逐袁就不能不联合杨森；杨森的背信弃义行径虽大可恼恨，但大敌当前，又何可因小失大。“两害相权取其轻”，故对杨森的此等作为只好暂予容忍。

杨森分别召回了旧部，实力日渐恢复，且对刘湘在下川东的部队，还可掌握指挥，约计此时兵力，当在八万以上。早在2月25日，杨森即在万县成立“四川讨贼联军第一路总司令部”，另重新任命潘文华为右翼总指挥，唐式遵为左翼总指挥；李雅材、王正钧等十一人为师长；吴行光、杨汉域等七人为混成旅长，加上唐、潘两部，号称拥有十三个师、七个混成旅和两个大队的武装。

不几天，杨森以“地狭兵多”为借口，要求袁祖铭的黔军让出丰都、长寿两县防地，当被袁祖铭婉言谢绝。旋杨森更以类似

“通牒”的形式致电袁祖铭,向袁祖铭提出两项要求:1. 让出丰都、长寿、涪陵、江北、巴县;2. 潘文华及郭汝栋、白驹、吴行光、包晓岚等部,原系由刘湘发饷,刘在渝所有收入既被袁代管。各部军费应请立即拨交,以充开支。袁祖铭见杨森咄咄逼人,知终必兵戎相见,于是一面予以回绝,一面积极准备应战。杨军方面,早已整装待命,“通牒”甫发,马上即从梁、万出发向长、涪移动。袁祖铭此时采取的战略是东守西攻。他首先向刘湘的友军赖心辉进攻,打算先将赖部解决,再集中优势兵力将刘湘的上川东部队歼灭。3 月 30 日,袁军向隆昌赖部李、范两旅和刘湘的许绍宗旅发起攻击,川军退守泸州。黔军旋对泸城三面包围,两军在泸城两岸形成相持局面。

川黔军战幕已拉开,刘湘认为火候已经到了,便及时以“四川善后督办”的名义发出“川军必须一致对外,方能避免生灵涂炭,结束战争”的通电。杨森尽先作了响应,并同样呼吁“以后本省军队,必须一致对外”。刘湘、杨森暗中进行已久的勾搭,至此正式公开。

下川东方面,全听杨森统一指挥。杨森存心取巧,他以下川东刘湘的潘文华部为前锋,即让他们发挥“饿马奔石曹”的作用,又可坐视其与黔军对消,自己的部队则跟在后面拣落地桃子(防地)。即命潘文华、杨国桢等部为第一线进攻部队;以自己的部队为第二线进攻部队。

袁祖铭见四面皆敌,形势十分不利,然又不愿放弃重庆,仍希图在东守西攻战略中侥幸取胜。站在刘湘方面的刘文辉,首于 4 月 25 日向驻叙南六属之“川黔边防军总司令”吕超部加以袭击，27 日攻占庆符，29 日以后，连续攻占高县、筠连、珙县、兴文、长宁，刘文辉一举而达到夺取叙南六属的目的。吕超奉袁祖铭电令，率残部退驻合江。

在刘湘、杨森部署已定后，刘湘的师长兰文彬即于 4 月 20 日率先发出讨伐袁祖铭的通电。继之刘、杨、赖三部的师旅长潘文华、王陵基等亦联名声讨袁祖铭。川军各部预定在 5 月 5 日向重庆发动总攻。

事态发展至此，袁祖铭感到军事上受敌东西夹击；政治上亦遭到四川人民的反对，各方面都在表示送客，尤其是川中耆宿张澜、邵从恩、罗纶、叶茂林等人代表四川地方势力以电责袁。现在，袁祖铭面临的局势，又和当年滇黔军一样，如不撤走，是不会有什么好下场的。

袁祖铭正进退维谷、无以为计之际，适湖南发生唐生智（倾向广东国民政府）与叶开鑫（后台是吴佩孚）之战，吴佩孚电袁祖铭率部赴湘，"共平湘乱"。谭延闿亦派有代表来到重庆，欢迎袁祖铭部赴湘援助唐生智，并表示愿为接济开拔费用 50 万元。袁祖铭见去湘尚有可为，离川之心乃决。

再说上、下川东川军原定 5 月 5 日同时发动进攻，但实际是在右翼总指挥潘文华的精心筹划下，提前一天就开始行动了。

下川东方面，右翼总指挥潘文华指挥右路大军的前锋于 5 月 15 日便占领长寿。黔军被迫转入张关、铁山既设阵地，坚韧抵抗。潘文华指挥小股部队正面佯攻，吸引敌主力，自己所率主力悄然迂回，隐蔽前进，在逼近黔军铁山、张关阵地时，突然从东西两侧发起攻击，一时间，枪炮声震耳欲聋，弹雨纷飞，激战两天两夜，黔军受到潘文华主力部队东西夹击，尸横遍野，无力支撑，遂全线崩溃。

至18日，张关、铁山正面黔军，入夜复向后撤，总指挥潘文华亲率川军前锋跟踪追击，不给黔军以喘息之机，黔军丢盔弃甲，狼狈溃逃。这时杨森所属均自后随潘文华第一线推进，兵不血刃地就占领了黔军遗留下来的大量地盘。

随后，下川东川军又在右翼总指挥潘文华的率领下分向垫江、丰都挺进时，袁祖铭自度失败已成定局，如果对重庆还恋栈不舍，弄得不好，就会闹到全军覆没！因此，黔军于5月19、20两日，即全部退出重庆城区，驻守南岸。袁祖铭本人则于20日上午十时乘汽艇过江至海棠溪。

5月20日下午，上、下川东川军收复重庆。右翼总指挥潘文华率部浩浩荡荡首先入城，并分电刘湘、杨森，请即“克日莅渝”。同时决定以旅长郭勋祺兼城防司令，还责令郭勋祺负责维持秩序并搜索黔军残敌。

24日，黔军师长吴传心在南岸用电话同潘文华总指挥交谈，希望川军高抬贵手，放他一马，五日内不必攻击压迫，黔军获准潘文华总指挥同意，于25日从南岸一带全部退尽。截至5月28日，南岸已无黔军踪迹。到6月上旬，所有黔军全部退回贵州。不久，袁祖铭以北伐军左翼总指挥名义率部开赴湖南，1926年农历除夕，为唐生智的师长周斓杀害于常德。

6月6日刘湘由成都出发回到重庆，成都秩序交刘文辉维持。临行发出通电，说川省已无黔军踪迹，严令潘文华等川军将领不得越境穷追。自此以后，重庆始完全为刘湘独占。

第八章　两次下川东战役助二刘鼎立四川

1927年6月，杨森进攻武汉，从仙桃镇败退回川以后，亦欲整顿自己的部队，拟将老大将领代以少壮，而杨森所重用的则多属亲私，不是“杨家将”，即是“广安帮”。这就使一些资格较老的师、旅长感到自危，内部渐失稳定。杨森过去一贯受吴佩孚扶持，吴佩孚失败逃川，杨先将吴安置于奉节白帝城，嗣因南京国民政府发出缉吴通令，乃于1928年1月将吴接到万县，旋再迁吴于自己防区边缘的大竹。杨森如此庇护吴佩孚，这又使蒋介石颇感不满。

刘湘见杨森危机四伏，遂认为此正是有隙可乘之时，因叫张斯可常去涪陵勾连杨森的师长郭汝栋，诱使其背离杨森。同时又授意教导师师长潘文华常邀杨森的另一师长范绍增来重庆一同吃、喝、玩、乐，进而与范绍增结为同生死共患难的金兰兄弟，亦不外是想把范绍增从杨森那边拉过来。另外又利用原设在重庆大阳沟宣公馆的“丙演军事学会”，接待杨森部来渝的各级军官，对之多方示惠，相机进行收买，大挖杨森的墙脚。“丙演军事学会”是刘湘指使潘文华等速成同学于1926年成立的，该会名为标榜刘湘、杨森合作，实际乃刘湘欲借该会联络杨森部速成同学感情，挖杨森的墙脚而组织的。

早在1927年12月22日，南京国民政府即电刘湘、赖心辉、杨森，令一体严缉吴佩孚，如有宽纵，以通敌论。1928年1月6日，南京国民政府复以杨森袒庇吴逆，冀燃死灰，着即免去本兼各职，听候查办。所有该军部队，即交由第六路总指挥刘湘、副总指挥刘文辉接收，其二十军军长职务，并准遴员请简。至此，刘湘认为除杨时机已到，便开始着手组织“四部倒杨”。所谓四部，即赖心辉、郭汝栋、范绍增和吴行光（亦杨军师长之一）。

经过一番勾串，到了2月下旬，潘文华便利用范绍增为他的父亲做六十大寿的机会，邀“四部倒杨”将领一同来到长寿，暗中开了一次倒杨秘密军事会议。到场的有刘湘的全权代表潘文华和杨森部郭汝栋、吴行光及赖心辉的代表李宏锟，潘文华代表刘湘向与会高级将领讲了四点意见，大要为：

一、明确指出这次作战，是秉承中央查办意旨行事，讨杨为的逮吴，是申罪致讨，师出有名，必操胜券。

二、杨森既已沦为待罪查办之身，在杨军官兵中，上下级关系已经不复存在，大可免除以下犯上顾虑。对组织“讨杨逮吴联军”，建议请赖心辉兼任总司令。因为去年12月中央发布缉吴电令中，赖心辉是受有任务的。

三、杨森已被免去本兼各职，其二十军军长一职，前经提请中央以郭汝栋升任，已于1月27日发表任命，但联军组成还需要相当时间，似可暂缓公开就职；其川鄂边防司令一职，拟请简派范绍增兼任;其第六路前敌总指挥一职,拟请简派赖心辉兼任。另还拟请以吴行光兼任二十军副军长。务希大家团结一致,以便取得胜利:

四、讨杨联军的组合和行动,从策略上考虑,刘湘拟暂不公开出面。当前除为联军充当后勤外,并负责联系南京方面以取得中央的支持,同时发动舆论,以助声威。所有六万武装,即是联军的坚强后盾。

潘文华的这些意见,大家都表示接受。当经推出范部的罗君彤及郭部的肖毅肃二人负责起草联军编组、集中和战略展开计划,待机发动。

长寿会议后,四部赓即积极进行准备,部署战略开进。到3月15日,布置已渐就绪,郭汝栋便在涪陵正式通电就任二十军军长,取代了杨森的职位,一时形成杨森、郭汝栋在万、涪间相持的局面。联军因行动迟缓,延至4月底始正式发出讨杨通电,赖心辉的李宏锟、范子英两师,亦系此时才进入涪陵、长寿地区。在赖、郭、范、吴四部对万县形成战略包围,于5月10日前后进至忠县及垫、梁间的云锦铺时,杨森发觉自己行将陷入联军包围圈内,遂立即放弃万县根据地,将主力向开江转移。

5月17日,范绍增部和平"占领"万县。刘湘以为大功告成,即日电呈中央,谓已击溃杨森。电中大意为:"……湘为遵奉钧命,解除反动(武装),爰令郭军长汝栋,督率范、吴、何各师进攻万县,期在短期解决,以便统一指挥,早日北伐……已于镍日攻克万县,杨森率残部向奉节、开县方面溃退。……"5月22日,南京中央电令刘湘及川军各将领协同截堵杨森,勿予收容。

正在重庆、南京高奏胜利歌曲之时，战场形势突然大起变化。5月18日，在开江任市铺附近天子店联军与杨军的大决战中，杨军大获全胜，联军却惨遭败北，后竟节节溃退，势已不可复振。所谓四部联军，其中之吴行光师，全被杨军消灭。赖心辉部师长李宏锟被俘，残部退回江津；郭汝栋则失掉涪陵根据地，退集綦江、南川；范绍增实力虽折较少，但防地尽失，只好退入刘湘防区，受刘庇护。杨森之所以未敢乘胜穷追，则是一因自己部队亟须休整，再因力量充足的刘湘雄踞上游，不能不有所忌惮，故而暂时收兵，双方遂进入休战状态。

刘湘在幕后操纵指使的这场战争，从这年4月下旬起，至6月下旬止，历时两月，基本结束。刘湘不但毫无损失，反而坐收渔利，得到了范绍增师的全部武装和江北一线防地。

杨森收复万县、进驻涪陵后，置撤职于不顾，仍继续当他的二十军无冕军长。不久，南京政府复予追认。经过此次战役，杨森对刘湘怀恨更深，时思有所报复。郭汝栋初虽得到一个军长头衔，后却损兵失地，退驻刘湘防区内的綦江、南川，尽管刘湘常小有补助，实亦于事无补，因对刘湘失去信心并感到不满。尤其是赖心辉遭受损失很大，因防地仅有江津、合江两县，收入有限，不但无力补充，即现状亦颇难维持，寻思刘湘策动四部倒杨之初，曾许为坚强后盾，而在四部败退之际，杨军虽挥戈进取，其势已属强弩之末，此时刘湘正好出兵侧击，配合联军，共歼追兵，必可大操胜算，乃刘湘竟自按兵不动，遂致造成败局，如此背信弃义，何可再与共事，故对刘湘亦是怀恨在心。此时的刘湘既为仇者所恨，又为亲者所痛，势亦孤矣。

第一次下川东战役甫告结束，各军之间又在开始酝酿八部同盟，挟其优势兵力，以图反对刘湘，攻夺重庆。所谓八部，即杨森、刘存厚、赖心辉、郭汝栋及（邓锡侯所属）李家钰、罗泽洲、陈鼎勋、黄隐。于是加强活动，四处串联，卒组成“国民革命军四川同盟各军军事委员会”（一般称曰同盟军），10 月 10 日在遂宁成立，推杨森及李家钰、陈鼎勋为正副主席。赓即组织同盟军，公推杨森兼任总司令。后还订立“四川同盟各军公约”十条。同盟军中以杨森、赖心辉、罗泽洲三人最为积极，他们动员很快，出兵亦多。

刘湘察觉四面是敌，身陷包围之中，处境日趋险恶，便针对客观情况立即采取相应的对策。他的做法是先运用政治手段化敌为友以缓和局势，减轻压力，然后再集中优势兵力，对主要敌人予以各个击破。

在刘湘玩弄政治手腕的过程中，同盟军方面的进攻部署大体已告完成。12 月 14 日，刘湘得到情报，知道罗泽洲正率所部六个旅，加上属邓锡侯直辖的谢无圻、刘莅冰两个旅，共约兵力二万，自大竹、邻水方向向江北推进。此时刘湘为了探明杨森方面的情况和争取时间，特派与杨森有师生关系的王陵基搭乘法国兵舰前往涪陵，佯为主张刘湘、杨森合作而来，借以延缓杨军行动。杨森登舰同王陵基见面，言下对刘湘怨毒甚深，实无调和余地。王陵基来去匆匆，与杨森虽未长谈，但却探出杨森的防地辽阔，兵力驻地分散，要集中到长寿前线，根据判断，至快亦须在 18 日以后。临别时王陵基对杨森说：“子惠，还是言归于好的好，希望你来重庆见面。”杨森说：“待我打到重庆再见。”

罗泽洲当时认为，刘湘防地西迄资中，东至江巴，是一条长达数百里的狭长地带，地盘小，只有巴县、璧山、江北三县，当时人们俗称刘湘为“巴壁虎”。兵力只有潘文华、唐式遵等四个师，势单力薄。必得留兵守备，不可能把全部兵力集中于江、巴地区，因此遂决定抢先打入重庆，以便多占利益。罗泽洲预封自己为重庆卫戍总司令，并预委他的旅长陈鸿文为重庆市长，甚至就职布告都已先行印好，只留日期待填。

大战临近，这时据有川东、川北大部的杨森欲袭取刘湘，便纠集几个师的兵力，联络一些小军阀气势汹汹杀奔重庆而来。刘湘处境极为困难，王陵基慑于联军优势，主张议和，而潘文华临危不惧，沉着应对。实际上，潘文华早已成竹在胸，因此，积极主战。他缜密考量，分析敌情，认为李、罗防区较近，威胁不大，杨森部是主力，只要集中优势兵力消灭杨的主力师，其势必退，杨退，李、罗就不敢动了。刘湘采用潘文华主战的战略构想，先集中力量痛击杨的主力师，然后再回头对付杨森。这时潘文华便请缨献计，率领本部人马主动出击。

刘湘为了先发制人，作出 12 月 17 日拂晓攻占部署如次：以第三师为左方师，以潘文华师为右方师，各配炮兵一营，以利攻击敌据寨堡；以第一师（缺第三旅又两个团）位置于两路口，为总预备队，统限 17 日晨 2 时以前完成攻击准备，拂晓向古路坪、茨竹场及统景场、明月场、称沱场之敌发起攻击，进出于茨竹场、称沱场以北之线。17 日，刘湘在江北一碗水设总指挥所，本人亲赴前线指挥。同日，重庆宣布戒严，断绝两江水上交通，以武装警察维持城区秩序。另还调驻木洞之范绍增部，限令于 18 日上午

8时以前在一碗水附近集结待命。

17日拂晓，潘文华师首先发动进攻，一经接触，即发生激烈战斗。潘文华部以优势炮火，猛烈轰击罗泽州部所占据的寨堡；罗军沉着应战，反复冲杀，双方死伤枕藉。经过整天激战，罗军受创甚重，罗部素称能战的旅长陈鸿文脚部受伤，罗成章旅被歼灭过半，王元虎旅接连失利、狼狈不堪。入夜战况始转沉寂。次日晨，潘文华挥师再度猛攻，罗军渐渐不支，但仍拼死鏖战，延至十五时全线动摇，被迫向邻水方向撤退。这时刘湘立即下令命范绍增部乘势猛追，19日克邻水。次年1月2日又攻下大竹，嗣即停止进攻。

罗泽洲向邻水方向败退的18日傍晚，刘湘在一碗水总指挥所据报，杨森先头部队已接近长寿。刘湘认为罗部已被击溃，打垮杨森就更是有了把握，因此便很为高兴地说："要他来才好！"赓即命令第一师兰文彬旅掩护主力，变换方向，迎击西进的杨军。另又下令：19日拂晓，第三师向铁山坪西麓张关以左地区前进；潘文华师向铁山坪西麓张关以右地区前进，均限当日十四时到达。

杨森的看法同罗泽洲一样，亦是认为刘湘不可能集中兵力于江北地区进行决战，故存心让急于先人重庆抢夺利益的罗泽洲与刘湘军先作两日对消，然后便可轻而易举地去收取渔人之利。他一误于不协同罗泽洲军并肩前进，再误于兵力分散，对主战场的铁山坪只使用了四、九两个主力师，约计不过一万六千人，甚至到了19日午后前卫已在张关与潘文华师接触，他的后续部队还正在梁、垫道上行军。

12月20日拂晓，双方正式交锋，潘文华师和唐式遵师在江北奋力夹击杨森的先头主力师杨汉域（杨森之侄）师。潘文华师攻势凌厉，双方反复拼杀，伤亡均甚重大。战至中午，杨军逐渐转为守势，潘文华师继续猛攻，潘文华率部苦战两昼夜，左臂负伤，仍坚持指挥战斗。期间，潘文华仅以几只红薯充饥，危急时，草草包扎一番，身先士卒，杀入敌丛。最后杨汉域主力师整师被潘文华部打败缴械，杨汉域师长仅孤身逃匿，在潘文华师的追逐之下，最后杨森军全线溃败，争先恐后地向长寿、葛兰场逃跑，但继续遭受到潘文华师致命性的打击。潘文华师攻占长寿等地，为下川东之战彻底打败杨森创造了有利条件。至此大局已定，胜利属于刘湘，从此在四川军阀混战的战场上，一帆风顺，莫可与敌。

23日，重庆宣布解禁，江面恢复交通。27日，刘湘一面电请南京政府讨伐杨森、罗泽洲、赖心辉；一面令王陵基率第三师分批轮运到忠县登陆，陆续向万县推进。1929年1月7日在梁山城附近与杨森军遭遇，杨森仓皇率领残部逃窜，最后避入罗泽洲防地借驻，后竟不可复振。

刘湘为了表示二刘确属合作，在取得胜利之后，特以刘文辉领衔，于1929年1月12日通电公告川中战事经过，大要如下：

文辉与湘合力出兵东道戡乱，业将梗概通电奉闻。……溯此次罗泽洲及杨森、赖心辉等称兵，擅组所谓同盟军者，实缘中央明令四川设立省府及裁编委员会。该等性成跋扈，不乐引绳，以为裁委组织、省府设置，举其平日拥兵固割地称雄之技，均无所复得施展，遂不惜勾结内外，轻发乱端……现罗部已大部惩创，节节败退，窜回广安。赖部亦经会攻，溃入黔境。其杨森所部，并经击破，不复成军。文辉与湘奉命分长省府、裁委，而平日推心置腹，仍野心之难驯；临事瘏口哓音，终消弭之乏术，抚循战垒，引咎奚穷，毖后惩前，有不能得已者：川省府及裁编委员会，如明令早颁，组织夕就，则政有维系，纲维毕举，觊觎净绝，揠戢奸谋；旅外各委，既经迭电欢迎，仍多迟缓其行，而失意之徒，遂谓有隙可乘，以至同恶相济。因循酝酿，既往何追。川省万恶之源，原为割据，四民同病，厥在多兵，欲出全川于水火，完成国家之统一，舍将省府编委、魁期成立，别无他道。除陈报外……特电披陈。

1929 年 1 月 15 日，南京政府令免杨森本兼各职，听候查办，并令刘湘、刘文辉偕潘文华等共同负责善后事宜。是役，刘湘略地 23 县，掌握了长江进出口的夔门，收编杨森近三万部队并缴获大量武器，还把郭汝栋纳为附庸。此后的四川，在一段时间内遂成了二刘的天下。

第九章　重庆督办与首任重庆市长

1891年(光绪十七年)重庆开埠之后,英、日、美、法各国纷纷来重庆设领事馆,开设公司、洋行,办教堂、学校,促使重庆的民族资本开始萌芽和发展,使一些民族工业和商业相继开办起来,与外资进行竞争。如1891年开办的第一家森昌泰火柴公司,1900年的涂山煤矿,1906年的鹿蒿玻璃厂,1909年的川江轮船公司等。1904年还成立了重庆总商会,重庆已实际成为长江上游的重要工商城市。

但由于受到旧体制的制约,还不能改府为市。到辛亥革命后,废府留县(巴县),原府台衙门由总商会买来办公,并在附近各街开辟商业场,使下半城成为当时最繁盛的商业中心。

随着生产力的进一步发展,重庆工商界和地方绅耆,都有设市的迫切要求。但又由于当时正是四川军阀防区割据时期,连年内战,你争我夺,几无宁日,对城市只顾搜利,遑论建设。直到1926年6月,刘湘又以四川善后督办名义回驻重庆,把重庆作为他的根据地,局势才稳定下来,这时设市的时机和条件才告成熟,刘湘乃于1926年6月,即决定改市政公所,恢复成立重庆商埠督办公署,以素有革新重庆之议的第 33 师师长潘文华任督办,负责设市及进行建设的筹备工作。

7 月 19 日,潘文华正式任督办职务,8 月 1 日正式办公。公署设督办 1 人,会办 2 人。督办名义上由中央政府委派,在中央政府尚未统一时,督办由四川最高级行政长官委任。督办综理全埠事务、对内对外有完全权责;会办襄理一切事务;公署下设收支局、工务处、财政处、公安处、总务处、新市场管理局、江北办事处等机构。重庆商埠督办公署组织机构设置情况如下图:

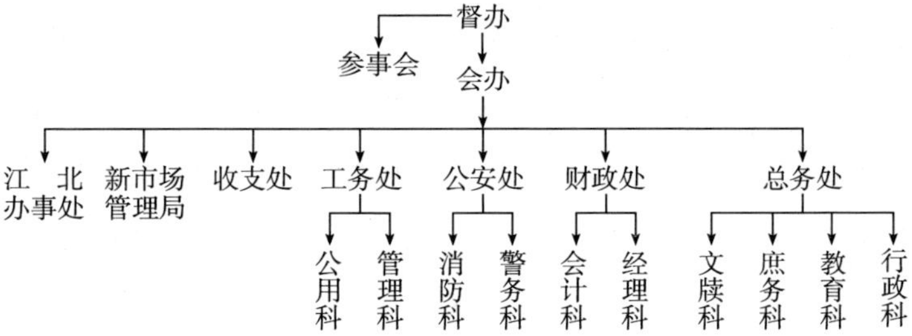

督办公署的行政职责是:商埠内各项规则的制定、修正、公布;公共财产的维持、取缔及处分,房屋土地的调查、登记及使用,规定房屋土地等级及其租赁;街道、桥梁的建设,新市场的开拓及其土木工程等项;交通、电力、自来水、车船、肩舆及其他公用事业的经营管理;航务、码头及保险、堆栈事项;征收各项税捐及国家或地方税费的收支;水陆警察和保安团的监督指挥及其他保安事项;教育及自治事项。

重庆商埠督办公署的建立,标志着重庆市建制的诞生,使重庆城市成为了一个区域性的自治团体,有利于重庆城市自身的快速建设和发展。同时,也标志着重庆在城市现代化管理方面迈出了历史性的重要一步。

潘文华于1926年7月受命重庆商埠督办公署督办之后,即开始物色人才,建立机构,召开会议,抓紧对重庆基本情况进行详细研究和全面规划,积极开展重庆设市有关各项准备工作,这是重庆建市准备工作的真正开始。

1927年上半年,督办公署成立了重庆新市区管理局(后改为迁坟事务所),潘文华督办委派旅长郭勋祺为局长,并布告市民,正式开辟新市区。同时,创办《重庆商埠月刊》,督办潘文华在创刊词中说:“数月以来,对各项建设要政……无不殚精竭虑,积极进行,以孚市民之期望,至于经费,几经筹划经营,月可收入三万余元(银圆)。”

1927年9月,潘文华以督办公署名义呈请川康边督办公署改重庆商埠为重庆市。理由是在国民政府控制的地区内,上海、南京、广州、杭州等商埠均已改为市,并取得了显著成绩;重庆商埠督办公署是经北洋政府所核定,“本埠现隶革命旗帜之下,似应援照改市,俾归划一而免分歧”。

11月1日,第二十一军军部准其所请,将重庆商埠改为重庆市,设市政厅,下设财政、公安、工务、民生等局,改委潘文华任重庆市市长,指定重庆上下游南北岸三十华里为市区,但无明确边界。潘文华市长开始拟订《重庆特别市暂行条例》30条,报国民政府申请以重庆为特别市(按当时市制,有特别市和普通市两种),因当时重庆人口只有30万左右,与特别市条例不符,未批准。

潘文华又召集各局处和市参议会召开联席会议，推派代表李西庸、宋绍曾赴国府请愿以重庆为特别市。旋奉国府文官处公函云："所请确定重庆为特别市一案，已交内政部拟议，俟四川省政府成立后，再行核办。"1928 年 7 月 3 日，国民政府同时颁布了《特别市组织法》和《市组织法》，《市组织法》规定：市直隶省政府不入县行政范围，凡人口满 20 万的都市得依所属省政府之呈请暨国民政府之特许建为市。这样市正式成为一级行政区划，8 月，市长潘文华再次召集各局、处长及市参事会开联席会议。鉴于重庆为西南重镇、商务繁盛，人口日增，拟暂照普通市组织法成立市政府。会议一致议决通过，并修改条例呈请，于是国民政府决定按照《市组织法》批准建立重庆市。由此，1929 年 2 月 15 日，正式成立重庆市政府（省辖市），重庆正式建市，以潘文华为第一任市长，下设秘书处、财政局、工务局、公安局、社会局、教育局、土地局、团务局、市金库，设官分职与特别市相同。其范围除巴县城区外，还包括江北县城附近（即今江北区嘉陵江出口处一带），并由江北办事处改为江北市政管理处。因南岸居民渐多，又增设南岸市政管理处。是年，重庆市人口共计 232993 人，45038 户（南北两岸人口未计在内），从而开启了现代重庆地跨两江，鼎足三分的先河。

刚任市长的潘文华认为："以重庆市区 30 余万人口，仅以高低斜曲之十三四平方公里面积容之，其拥挤情事，自难避免，若非另图新区，均无法解决此困难问题也。"潘文华市长深感重任在肩，忧心如焚，常常食不甘味、夜不能寐。

这时重庆的市政建设方面，的确问题很多，困难重重。两千

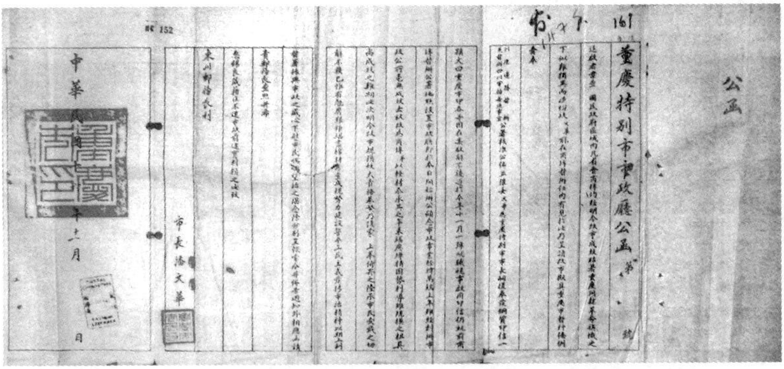
公函
重慶特別市市政廳公函
市長潘文華

潘文华到职任重庆市市长的公函

多年的重庆古城，虽然在1891年根据中英《烟台条约续增专条》辟为商埠，但长期受半封建、半殖民地掠夺的影响，以及近十多年军阀内战的破坏，一切都显得保守落后，仍是一个老样不变的旧城市。

重庆位于长江、嘉陵江汇合处，是川、滇、黔门户，是这几省土特产品集散码头，是外省外国货物进入的总口子和转销站，交通便利，商贾辐辏，人口众多。中国在甲午战败以后，徇外人的请求，把重庆定为对外通商口岸，工商业务更趋活跃。但市区狭窄，房屋年久破烂，街区凌乱，市容不整，实不适应当时新形势的要求。

这座古城又三面环水，一面靠山，过江无桥，无轮渡，用木船过渡，水路虽有舟船之便，但陆路交通则相当崎岖，只有一条老大路，出通远门经兴隆街、蓝锅骑石（枇杷山）、两路口、鹅项颈、上佛图关，走石桥铺、白市驿，到璧山接东大路。其余七星岗、观音岩、枇杷山到两路口一带都是棺山坡，为重庆历来埋死人的地方。

因此,长期以来人们普遍认为这个重庆城,前面有水拦住,后面有山挡住,是个没有发展前途的城市。所以30万居民,长期住在城墙圈内的旧城区,生活条件很差,市政设施,听其自然,尽管开埠已近40年,重庆城区并未向外发展一步。全城街道狭窄,房屋矮小,三十多万市民没有自来水,长期靠人工挑水吃。同时没有民用电话,没有马路,没有公园。交通工具,城内坐轿子,城外坐滑竿,骑溜溜马。照明,只有一个小型民办烛川电灯公司,只能供微弱电灯1000多盏,其余全点煤油灯。卫生太差,行人在荒坡僻地随地便溺,大小两河码头未修,水上交通混乱等等。所有这些情况,真是千头万绪,任务艰巨,问题严峻,确实存在一个“难”的问题。

潘文华市长是经过很多困难坎坷的人,对上述实际情况,从不畏惧,而是直面各种挑战和困难,以敢为天下先的气魄,亲自带领有关专业人员,在充分调查研究之后,结合具体实际,根据既定规划,他发挥了不怕困难,艰苦奋斗,开拓创新精神,把筹备建市和市政建设工作同步进行,积极为重庆的市政建设开创新的局面。

自1926年下半年起,潘文华就具体开始规划。特别是1927年,潘文华市长将工务处改工务局后,重庆的市政建设始得以统一规划和管理,城市建设出现了新局面。他先从交通着手,再及水、电设施,修建中央公园,兴修码头设备,开拓街道马路,改进电话、消防等重要项目。并从1927年起,次第动工,雷厉风行,取得良好实效。从1926年下半年至1935年上半年,连续临近九年的市长任期内，潘文华先后为重庆的市政建设，完成了许多重要项目，为后来重庆市的大发展，特别重庆市能成为抗战时国民政府的陪都，以及当今重庆市现代化城市的建设奠定了厚实的基础。

拆城墙　修马路　开辟新市区

开辟新市区是潘文华最关注的重点项目，因为这个项目是重庆的创举，它的完成，将使这座古城面貌发生空前未有的变化。所谓新市区，是与当时城墙之内的旧城区相对而言的，因新市区全是在城墙之外的荒坡坟地上开辟出来的。

新市区的面积约八平方公里，比旧城区要大一倍，当时新市区计划开辟三条马路干道——中区、南区、北区三干道。第一条

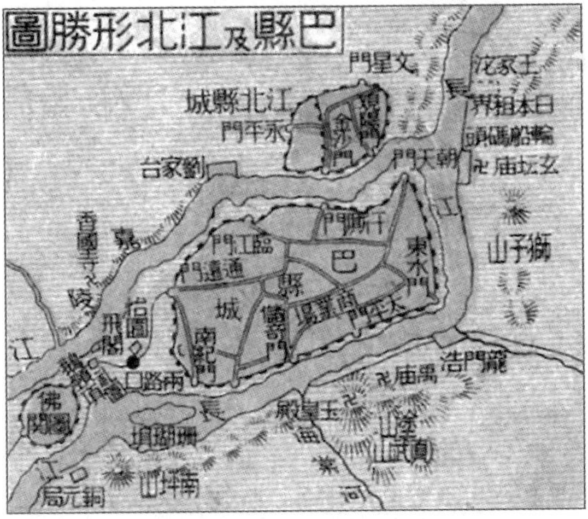

民国时期重庆地区示意图

是中区干道(即今天的中山一、二、三、四路),从城外通远门,经观音岩、两路口、上清寺到曾家岩;第二条是南区干道,从南纪门,沿长江经燕喜洞至菜园坝;第三条是北区干道,从临江门,沿嘉陵江经黄花园、大溪沟至上清寺。

当时订规划的时候,曾有人说:“城墙从来只能修,那么高厚怎么拆呢?通远门外一带成千上万的乱坟堡,向哪儿迁呢?沿途都是山岩坡坎,马路怎么修呢?”市长潘文华当时断然地说:“城墙再厚也要拆,坟墓再多也要迁,马路再难也要修。”这样才把规划定下来,这个规划符合重庆山城的实际,效果良好。

新市区从1927年下半年动工到1929年底中区和南区两干道完成,当时,开发重点摆在中区干道,沿马路两边隙地,租给群众修建房屋作商店住宅。并在上清寺侧修建陶园(又名莔园),在罗家湾侧修建适中花园(今中心二路),作为名胜,供人游览,特别是在掘挖乱坟荒坡时,遭到部分市民激烈反对,但潘文华市长并不以此气馁,一直坚持到底。他个人还带头在乱坟荒坡购置大量地皮,以期能带动这片荒废之地的繁荣,果然,后来地价大涨,他的个人财富也随之增加。

从此以后,新市区逐步形成街道,开始繁荣起来,为重庆市后来的发展创造了有利条件。在新市区的中区、南区两条马路干道完成以后,潘文华决定在旧城内开辟两条马路干道,分别与城外干道接通,以整顿市容,增进繁荣。

1930年,人们到重庆时,马路还是碎石泥浆路,两边街房极少,偶见小汽车驶过,询知是七星岗到陶园的游览车,单程每人收银元四角。再看陶园,园中有楼台亭阁,太乙精舍,有茶园、餐馆，有照相馆、旅馆，有荷花池、草坪等，占地约4000平方丈，游人甚多。

此后不久，中区干道房屋增多，街道形成。许多商店相继开设起来，如当时通远门外的金山饭店、嘉尔登茶园，黄家垭口的西笑豆浆店，观音岩的三飞车行等，使人大开眼界，城里相约出城游马路的人越来越多，重庆新市区就这样逐步繁盛起来。

与此同时，由第二十一军一师师长兼渝简马路总办唐式遵，负责由大溪沟经小龙坎、山洞、歌乐山、青木关到璧山的马路，已基本修建完工，接通了成渝公路，这样使川西平原和川中盆地几十个县的农副土特产品，源源不断地由公路大量运到重庆。

随着新市区的开辟和成渝公路的修通，不但对外改变了重庆2000多年陆路交通的困难面貌，而且城内也改变了上下半城的商业结构，使历来居重庆商业中心的下半城，开始逐步把繁荣地位让给上半城，到抗战时期，这个中心的转移就完全实现。

在新市区马路完工之后，从1930年起就动工兴修城内马路干道。当时决定在上下半城各辟一条马路干道与新市区马路干道连接。让上半城自七星岗经劝工局街(后来的民生路)、杂粮市、关庙街、都邮街、会仙桥、小梁子、小什字到过街楼为上半城马路干道，与新市区的中区干道连接。下半城自南纪门经镇守使街、段牌坊、新丰街、道门口、陕西街到过街楼为下半城马路干道，与新市区的南区干道连接。

这样使旧城区和新市区的马路连成一片，交通便利，市民称赞，认为这是重庆空前未有的创举，说明开辟新市区和兴修马路的规划和布局，是符合这个山城的特点的，虽然北区干路没有完成，但格局定下来，到抗日战争开始后，还是完全实现了。为此，市民们都称赞这是潘文华市长在重庆设市初期的一项重要贡献。

创办重庆自来水厂

重庆自1891年辟为商埠到设市时已近40年，竟然还没有自来水，当时全城市民的生活用水都靠用人力挑运江水供应，部分居民还自己下河挑水吃，坡陡路远，十分困难，如遇火灾，更苦无水施救。在历史上重庆曾遭几次大火，均损失惨重。当时大小两河每天靠挑水度活的在两万人左右，且水质浑浊，河水既不清洁卫生，而且有时水价又高，因此市民对用水一事，伤透脑筋，开办自来水厂早就成为市民的迫切愿望。潘文华在制订设市规划时，就决定创办自来水厂，解决市民生活用水的迫切问题。何况供水不便一直阻碍着城市的发展。素来重庆“负山为城、崖石层叠，凿井不易，低下处间有泉水，率臭秽不堪，全市饮水概系取之临江各城”。潘文华深知自来水厂关系到千家万户的生活，决心在开辟新市区工程的同时，即着手创办自来水厂。

根据《重庆一览》载称：重庆自来水之兴办，是在1927年开始，由当时的重庆商埠督办潘文华召集全城绅商集资筹办的。初为官督商办性质，预算股本金额银元60万元，因工程艰巨，大大超出预算，到1928年增为180万元，在市房产和税收中募集股金。

工程由华西兴业公司承包，机器设备向德国西门子洋行订购。并选定打枪坝为制水区，大溪沟观音梁为起水区。1929年2

民国时重庆城区江边挑水道

月，潘文华在观音梁举行开工典礼，1931年2月28日各项管道、机器、厂房、安装设备次第完成，开始由起水区向制水区输水，初步设10个水站开始供水。

1932年，潘文华撤销筹备处，正式成立“重庆自来水股份有限公司”，仍由市府派员监督。旋因公司管理不善，起水区机器发生故障，1933年改由市府接管整顿，再集资改善设备，于1934年2月才开始正常供水。从此业务好转，售水站增为20个，供水区遍及上下半城和新市区，月供水量约15万吨。

这样基本上解决了市民生活用水及工业用水问题。但重庆市贫苦大众，靠挑水为生的几及两万人，自来水公司成立，无异抢了他们的饭碗，断绝了他们的生活来源，乃群起反对，集众向市政府请愿。开初，市长潘文华派秘书长石体元出来向群众解说，但部分落后市民仍寻衅闹事，后不得已采取高压手段，由市政府警卫队逮捕了十多人，并打伤了二三十人，一些仍不理解的挑水工改赴二十一军军部请愿，后来，市长潘文华只好决定：自来水公司除在机关、工厂设立专管供应处，市民用水在全市设立十多个放水站，由挑水工人在放水站自由挑售，离河岸较近地区，不设放水站，仍照旧习办理，才解决了这场挑水工带头聚集请愿的风波。

1935 年该公司改组为官商合办的“重庆市自来水股份有限公司”。官股 20%、商股约 80%。当时重庆知名人士赵资生、温少鹤、胡子昂等，都先后任过公司经理，而公司董事长一职则从公司改组起到 1949 年重庆解放止，都一直由潘文华之二弟潘昌猷担任。潘昌猷时任重庆商会主席，重庆银行董事长，约占自来水股份有限公司股份额 60%。

扩大和新建重庆电力厂

据《重庆开埠史》及有关资料记载，重庆城的照明情况，在 1891 年开埠之前历来用的是植物油灯（菜油、桐油）。开埠之后，外国煤油（当时称洋油）源源不断运入四川，就逐步改用洋油灯。

1907 年重庆绅商刘泽膏、赵资生、李觐枫等，为抵制洋油，发展地方实业，发起集股创办“重庆烛川电灯公司”，集资 30 万元，向英商安利洋行订购全部机器，选定在太平门仁和湾建厂，并向商部呈准立案，取得 30 年专利权，成为重庆民办公用电力事业之始。

但这家公司最初只有 100 千瓦直流发电机一部，仅能安电灯 300 盏，供附近居民和大商店之用，后增购 400 千瓦直流发电机一部，可安装16支光的电灯16000盏，把线路延伸到上半城一带大街道使用。唯因当时设备简陋，管理不善，到1929年又遇火灾，烧坏部分机器，以致电力不足，光度微弱，且每天只能供电四五个小时。居民意见很大，要求改善设备，扩大供电范围。

潘文华任市长后，初因开辟新市区，兴修马路干道，对整顿电灯暂未进行。到1932年9月，他即饬令由市府接管烛川电灯公司，另建新厂。并成立重庆电力厂筹备处，他便亲自召集绅商会议，集资申洋二百万元，预计购三相式交流特备发电机3台，容量为3000启罗华特（千瓦），把江北、南岸两区用电包括在内（当时南岸从铜元局、海棠溪、龙门浩、弹子石等渡口及江北溉澜溪、江北城、刘家台、相国寺等地区，都划归市管）。

预算全部机器设备开办费用为申洋200万元，很快募股满额。全部建厂工程由华西兴业公司承包，市府潘文华市长派工务局留学美国学电业的傅友周负责监督。选定大溪沟古家石堡为新厂厂址（现大溪沟发电厂）。于1933年4月正式开工，到1934年9月底全部完工，10月1日即开始向全城区供电（包括新市区）。12月江北过河高压线架设完毕，亦开始向江北供电。唯南岸因当时架设长江过河线工程较大，留待以后架好再行供电。

1935年2月电力厂筹备处结束，正式成立“重庆电力股份有限公司”负责电厂的经营管理，潘文华二弟潘昌猷为电力公司常务董事。这时，供电量为每月路灯1035盏，居民供电8万盏，电力用户35家，比原来供电量大10倍左右。从此重庆照明得到改善，并为后来抗战时期以及新中国成立后的发展，打下良好基础。

另外，潘文华还以二十一军武器增补的需要，在重庆市建立较大的兵器修械所和冶铁工业，这又为重庆市的钢铁工业和兵器工业奠定了初步基础。

建中央公园

重庆设市之前没有公园，在1921年杨森任重庆商埠督办时，曾拟在后伺坡修建公园，未动工，川军内战又起，杨森撤走，继由川军第三师师长邓锡侯进驻重庆，改督办公署为市政公所，又以修建公园为名，发行市政建设奖券，但建园未行。

潘文华于1926年下半年担任商埠督办时，为了改善市民文化休闲生活，决定动用市政经费在城内修建一座公园，并于1927年10月动工，选定后伺坡一带荒丘僻地为园址，全园面积约一万多平方尺。因地制宜，精心布局，到1929年8月竣工，正式定名为“中央公园”（今市中区人民公园），随即对市民开放。

《巴县志》曾对公园进行描述说：“乍莳花木，兼畜鸟兽，以供游人赏眺，焕然一新。东北隅筑，‘金碧山堂’，一曰‘葛岭’，左有亭，曰‘小灵湫’，过此西行，有洞二，门垒假山，颜曰‘巴岩延秀’。南有‘中山亭’，其西南隅，建‘江天烟雨阁’和‘涨秋山馆’；大门进口有‘喷水池’、‘悠然亭’，并有中山像、阅览室、网球场、儿童游戏场、草坪等，有园林之风焉。”

这一描述，说明这个小小公园的布局，还是匠心独运。虽说不上怎么优美，但有此创举，令人耳目一新。

公园开放后，游人甚多，尤其在网球场看打网球的人多，主要是打网球的都是驻军高级人员，如师长范绍增，旅长郭勋祺等,都爱好体育打网球,市长潘文华也偶尔前去打网球。他们出门坐的拱杆轿子,4 个大班抬轿,几个弁兵警卫,在街上走得飞快,行人侧目,所以到公园打球时,惹人观看。

公园开放时,入园收费铜钱一百文,当时银圆每元换铜钱二十千文。因公园地当上下半城要街,上面大梁子,下面商业场,是行人必经之路。过路行人并不游园,也要收费,成了额外负担,深感不便,颇有烦言。于是有人在小报上写了一首打油诗说:

中央有地号公园,门禁居然森且严。
园中未贮杨妃履,也取游资一百钱。

不料市长潘文华见报后,即令市府转饬公园管理所,公园任人出入,马上停止收费。不合理的事情,报纸稍加讽刺,立即改正,从善如流,此风可长。

这公园在抗日战争中曾受轰炸,没有培修。新中国成立后改名人民公园,对园内水池、台阶景点进行整修,并适当加以绿化改建,原来景点多已不存,网球场改为溜冰场,新建文化馆、影剧院(大致是原金碧山堂旧址),并整修长亭茶园,建有小亭、草坪等,供游人啜茗息憩。如今每天在园内锻炼打拳和休息谈天者甚多,仍在充分发挥它的有益作用。

创办电话所　整顿消防队

重庆在设市之前,没有民用电话。但重庆在设市时已有电报局(1886 年设立),属川藏电政管理局管辖,但只管电报,不管电话。因此长期以来,城区各行各业的民用电话是个空白。早在 1913 年,曾由重庆警察厅购置 25 门磁石式交换机一部,附设厅内,分装于当时的九个区署,作传达治安消息之用。

1926 年重庆成立商埠督办公署,正式接管警厅。1929 年,重庆市政府正式成立后,潘文华市长才着手整理电话通讯业务。潘文华饬令市府工务局专司其事,成立市电话所筹备处,增设话机 100 门。同时,潘文华市长决定扩充电话,除饬市金库拨专款应用外,并募集电话公债 20 万元(银圆),修建电话所,购置共电式七百门交换机,长途乡村交换机及其附带设备。各机关商团,都争相申请安装电话,供不应求。

1930 年 9 月,总机及各区线路安装就绪,全城次第开始通话,市民称便,乃于 1931 年 1 月举行重庆大电话所落成典礼。

在城区电话所正式成立的同时,分别在南岸和江北敷设过河线,成立电话分所,南岸设 50 门总机一台,江北设 30 门总机一台,使南北两岸与城区声息相通,这是重庆市民用电话通讯史上的一个里程碑,但话机仍不敷应用。

1934 年,市府潘文华市长再拨款向上海中国电器公司订购交换机 6 台,每台 120 号,到年底扩充安装完成,各线分期通话。

当时重庆电话总所设长安寺侧,南岸分所设龙门浩普善堂内,江北所设江北市政管理所内,电话用户达 1151 号,抗战时期有所增加。

至于当时重庆的消防设施,潘文华市长也很重视建立消防队,由于没有马路,用的全是广东式轻便人力水龙。1930 年马路修通后，市府潘文华市长饬令购置了新式救火汽车两部，升降架2架，两种救火设施，同时并存，分别应用，不通马路地方就用人力水龙。

当时重庆消防组织，除公安局直属消防队外，还有各地区行业的义勇消防队和拆卸队，统由消防联合会管理。同时将全市划为8个消防区——东、南、西、北、中、新市、南岸、江北，实行分区救火制度。

报火警的方法，因未修火警台，就借用天主堂、若瑟堂、慈母堂、美道会4处教会的钟楼代司火警，每月由公安局津贴各司钟人银洋3元。报火警的方法是：发现火警（浓烟出屋顶），即急打钟数十下，稍停即报点，上半城打一点，下半城打二点，城外打三点，江北、南岸打四点，到火熄为止，一直处理无紊。

建码头设备　试办轮渡和公共汽车

重庆为四川水道总汇之区，凡川西川南货物，由长江运来，川北及川东北绥宣一带物产，由嘉陵江运来，川外货物由轮船运来，皆集中于重庆，然后分别转销省内外和西南各省，因此重庆成为长江上游和西南的经济贸易中心。

对于水上交通运输，码头设备，商品流通，货物集散，关系至关重要。但当时重庆受到长期军阀内战的影响，码头失修，货船停泊，货物装卸，秩序混乱，严重影响商品流通和商业发展，市政府成立后，潘文华市长决定修建码头设备，整顿水上交通运输，责成川江航务管理处专司其事，建立制度，加强管理，立即着手准备修建。因码头工程艰巨,连续修了九年时间,才先后完成各个码头的修建和改建任务。

据《重庆市一览》载:重庆设市时,重庆的川江防务,由二十一军刘湘的江防舰队负责(舰队有炮舰2艘名“巴渝”、“长江”,巡逻艇1艘名“绥靖”)。而水上交通治安秩序,中外轮船、木船、客货运输的检查、管理,则由川江航务管理处负责。

当时轮船航线,规定以重庆为中心点,分为上下两段,长江上游为上段,只能由华轮行驶,外轮不得行驶。长江下游为下段,华轮照常行驶,外轮可根据通商条约规定行驶。

轮船码头,城区大河4个,小河4个,江北4个,南岸7个。当时轮船码头,大小两河,南北两岸,中外轮船各按指定码头停靠。外国轮船码头泊位基本上都在南岸——英泊龙门浩,美泊玄坛庙,法泊弹子石,日泊王家沱,只有意泊嘉陵江口。

各个码头修建时间,根据《巴县志》叙述:“嘉陵码头和朝天码头是1927—1930年修建;千厮码头和太平码头是1930—1932年修建,金紫码头和储奇码头是1932—1935年修建。”这些码头修好后,使大小两河货船靠岸,货物装卸,都很方便,秩序良好,对水上交通运输管理,收到良好成效。

至于当时重庆南北两岸市民进城过江的交通方面,因长江和嘉陵江既无桥梁,又无轮渡,自古以来都是用木船渡江。市政府成立后,潘文华市长才饬航管理处,试办轮渡两处,一处由储奇门到海棠溪;一处由朝天门到弹子石。因系初办,轮船小,设备差,每次每人收渡资铜钱600文,其余大小两河各渡口仍用木船过江。木船编号有号码,船费及载容量,均由航管处规定,列表挂于码头,不准多收超载,码头有保安队维持秩序。

当时所订《重庆市各渡船载客价目表》规定木船分三等:一等载客16人,二等载客12人,三等载客8人。行船分洪水期和枯水期,远渡洪水每人收费600文,枯水每人收费400文(如黄沙溪到铜元局),近渡洪水每人收费400文,枯水每人收费200文(如临江门到刘家台)。其余各渡口照规定类推收费。

至于重庆城内和郊区的陆路交通方面,在未修马路之前,主要交通工具是轿子、滑竿、溜溜马。自开辟新市区,修通成渝公路之后,凡通马路地方,轿子被人力车(黄包车)和汽车所代替,交通工具起了空前变化。

1934年春,潘文华市长又邀请实业界知名人士参与集资开办公共汽车公司。何北衡、卢作孚均先后任过重庆川江航务管理处处长,他们对发展重庆交通事业很热心,参与组建公司,很快开业。共购置汽车5辆,1辆预备,4辆行驶。路线只有一条,从过街楼到曾家岩,分为三段。过街楼到七星岗一段,七星岗到两路一段,两路口到曾家岩一段,每段票价又分三种,零售每段铜钱1600文(约合银7分,当时银圆每元换铜钱二十至二十二千文);长期票每段为零售票的6折;股东票为长期票的6折。

城区人力车,也按规定分段行走,每段收铜钱800文。人力车由私营车行出租给车夫,每天每车收租银四角,租车连续满一月者,减收两天租金作津贴。

据1935年底市交通统计,当时重庆共有各种汽车153辆,其中营业汽车73辆,分短途和长途,短途出城到曾家岩,从过街楼到曾家岩,收银二元五角,从都邮街起收银一元五角;长途按四川公路局规定收费，自用汽车80辆，共计有人力车2499部，其中营业2472部，自用27部，城区已修成马路55.9公里，成渝公路除外。

重庆设市初期，潘文华市长积极修建码头设备，试办轮渡和公共汽车，不能不算是古城交通史上进行改革的一个良好开端。

收回王家沱日本租界　维护国家主权

甲午战争后，1901年，日本政府根据不平等条约，提出把重庆开为商埠，并蛮横地要求把重庆南岸王家沱地区划为日租界，清政府腐败昏庸，无法抗拒，样样照办，因此几十年来，王家沱成为重庆市的特殊区域，这不仅是重庆人挥之不去的阴影，也是国家的耻辱，一直为国人所愤恨。

1928年日本加紧对中国侵略，在济南制造了“五卅”惨案，全国风起云涌地掀起了群众性抗日运动，全国学生罢课，商人罢市，抵制日货。重庆市除学生罢课，商人罢市，抵制日货外，群众还要求收回王家沱日本租界，并到王家沱游行示威，情绪十分激昂。

潘文华市长在群众请求下，派市政府外事处负责人陶守诚向日本领事馆提出严正交涉，并警告说：“群众愤怒，难以制止，租界案为我政府军政力量所不逮，如不归还租界，政府对领事馆及租界日侨安全概不负责。”在这种情况下，日本领事馆感到以潘文华为市长的市政府当局和广大群众的压力。日本为保护其侨民生命财产，被迫答应交还王家沱租界，但需由市政府作出保护日本人生命财产的承诺。随着当时日本侵华加紧，“九一八”

事变后，租界内日商日侨相继撤走，租界全部收回。

这次事件在当时来说，来之不易，以潘文华为市长的重庆市政府顺乎民意，以极大的勇气和魄力，毅然收回被日本霸占了二十多年的王家沱日租界，洗雪了国耻，维护了国家的主权和尊严，大长了中国人民的志气，重庆市民无不欢欣鼓舞、扬眉吐气。

协助创办重庆大学

早在四川善后会议上，曾有在成渝两地各建一所大学的决议。成都大学已先开办，重庆还未办。当时重庆在刘湘防区统治下，有专科学校约十所，中学约十四所，小学约八十所，各种职业补习学校约三十所，唯独没有大学。因此，川东和重庆数十县的莘莘学子，读大学跑到千里之外，既增加费用负担，又很不方便，且重庆工商业发达亟须就地培育人才。

于是在 1928 年，重庆绅著宿老川东有识之士如朱叔痴（同盟会员教育家）、汪云松（重庆留法勤工俭学校长）、温少鹤（商会会长）、李奎安（原巴县议长）、李公度（二十一军政务处长）及沈懋德、吕子方、吴芳吉、彭用仪（都是当时成都大学川东籍教授）等，共同倡议在重庆创办“重庆大学”。敦请二十一军军长刘湘主持筹备委员会，得到刘湘全力支持。

8 月 4 日，刘湘函请各界知名人士二百多人参加重庆大学筹备会成立大会，刘湘主持会议并讲了话，会上聘请各界知名人士 55 人为筹委会委员，并在筹委中推选 13 人为常委，刘湘为筹委会委员长。

这时潘文华既是重庆市市长，又是重庆大学筹委会主要常委。他秉承刘湘意旨，具体协助配合推动重庆大学建校工作。当时，重庆大学常委会下分4个股：

总务股：李公度、刘荐存、潘文华负责；

设计股：杨芳龄、李奎安、温少鹤负责；

经费股：甘典夔、刘航琛、汪云松负责；

校务股：朱叔痴、吕子方、沈懋德负责。

各股分别积极进行各项有关工作，争取在秋季开始招生。筹委会一些刘湘认可的重要事情，刘湘不在场时，基本上都由市长潘文华向刘湘反映解决。比如选定菜园坝杨家花园为临时校址一事（今市中区菜园坝火车站），因该地早被二十一军的马队所占用，要求马队迁让搬走，又怕惹起军队反感。经商由市长潘文华向刘湘提出，马队顺利认可，并即日迁出，抓紧培修，为秋季开学创造了条件。

1927年7月，市长潘文华组织拟定筹备宣言，召开重庆大学促进会，一致通过在重庆筹办重庆大学。

1929年10月12日，重庆大学筹备就绪，在菜园坝杨家花园开学行课，发表《重庆大学宣言》，宣告重庆大学正式诞生，初期共计报收文理预科两班，学生45人。

12月23日，重大常务会讨论通过，推选刘湘为重庆大学校长，校委会议决定沈懋德为教务长，吕子方为斋务长，杨芳龄为事务长，彭用仪为图书馆主任，一面行课，一面寻找新校址。

民国时期刚刚落成的重庆大学

至于后来在沙坪坝选定永久校址的土地征购、建设新校舍以及学校常年经费的筹措工作等，市长潘文华都从中起到具体的策划、配合作用，收到巨大成效，但他不居功图名，忠心耿耿地协助刘湘完成创办重庆大学的光荣任务。

1930年又勘定在沙坪坝建永久校址，面积九百余亩，共需要建筑费十八万银圆，成立建校委员会，开始修建新校舍，经费由潘文华市长协调二十一军财政处筹拨。

至于学校的常年经费开支，由四川善后督办刘湘批准，在各县猪肉税中，每只附加一角，预计全年可收费八十五万元，定为重庆大学常年经费主要来源。

学校立案问题，一面由刘湘以新二十一军军长名义，呈请南京国民政府：原四川善后会议，成渝两地均应设立大学精神，成都大学早已创办定为国立，重庆大学亦应定为国立，请求转达教育部。一面由刘湘以重庆大学校长名义,呈请教育部备案。1932年7月,重庆大学开始招收本科大学生,并成立文学院和理学院。

1933年10月,沙坪坝新校址落成,重大本科各院系全部迁入新校址行课,从此重庆大学永远屹立在祖国西南,成为西南重要学府,为祖国培育了不少人才。如今重庆大学在重庆市政府的正确领导下,已发展成高楼林立,规模宏大,师资力量雄厚,现代学系齐全,实验设备先进,科学成果丰硕的全国重点大学。

民国时期重庆大学教学楼

当然,潘文华在八年市长任内,也利用其政治上的巨大影响力,扶持其二弟潘昌猷经营发展实业,奠定了潘家在重庆市的经济基础,自来水公司资本二百万元,潘股占百分之七十以上;电力公司的股本潘股也占到百分之三十几,这两大公司实际成为潘家的产业。重庆市银行改为商办重庆银行后,擅长金融业经营管理的潘昌猷任总经理,重庆银行也逐渐发展成为潘氏独资经营的私家银行。在抗战期间，蒋介石政权入川，潘氏兄弟更依靠一些特殊政治关系，使他们经营的企业得到更进一步的发展和壮大，潘氏经济实力更为雄厚，号称西南财阀，其资财已凌驾于聚兴诚银行老板杨粲三和金融巨头刘航琛之上了。

1935 年 1 月，蒋介石借口“剿赤”，在重庆市设军事委员会行营，由贺国光带参谋团入川，进驻重庆。同时又派特务头子康泽组织别动队于浮图关，在蒋系中央势力逼迫下，刘湘只好改组四川省政府，并把省政府迁到重庆。1935 年 6 月 14 日，重庆市市长潘文华遵照蒋介石关于军人不得兼任文职的电令，特致电刘湘，请求辞去重庆市市长职务。6 月 24 日，刘湘请蒋介石转行政院，简派张发果为重庆市市长，并获得批准。

第十章 “二刘大战”金戈铁马 荣、威逐鹿 决战老君台

刘文辉（1895—1976），民国时期军阀。曾与刘湘争霸四川，后败退西康，主政西康十年之久，人称“西康王”。刘湘死后，与潘文华、邓锡侯结盟，共撑川康大局。1949率部起义，1955年被授予一级解放勋章

1932年时的二刘实力，可谓旗鼓相当，难分上下。但川中各军皆与刘湘结盟，刘文辉四面受敌，显已处于不利地位。这里试抛开各军不计，仅就二刘双方兵力计算，刘湘拥有六个师（一、二、三、四师及教导师、模范师），三个路司令（川东边防一、二、三），三个独立旅，两个独立团和机关枪、炮兵、空军、海军四个司令，约共十二万人。刘文辉掌握有六个师（一、二、三、四师及川康边防一、二师）及炮兵、工兵、特

科、警卫、宁属屯殖、叙南清乡等六个司令，为数亦约十二万(1932 年战前的对比，1933 年再次决战，刘湘兵员多有增加，刘文辉则小有减少，但变化并不太大)。你有雄兵，我有猛将，你想把我吃掉，我想把你吞下，彼此磨刀霍霍，互不示弱地准备进行一场拼死斗活的大断杀。

1932 年 8 月，二刘之战前夕，四川各军兵力和驻防情况如下：

1. 二十一军军长刘湘兼任四川善后督办驻重庆，防地为重庆、巴县、綦江、南川、涪陵、长寿、垫江、梁山、邻水、大竹、云阳、开县、万县、奉节、巫山、大宁、忠州、丰都、石硅、酉阳、秀山、黔江、彭水、璧山、铜梁、大足、合川共 27 市县。(在鄂西防地未列)

第一师师长：唐式遵(驻重庆)

旅长：彭光汉　饶国华　杨国桢

第二师师长：王缵绪(驻重庆)

旅长：王润泉　刘光瑜　于　渊

第三师师长：王陵基(驻万县)

旅长：许尧卿　李圭如　张邦本

第四师师长：范绍增(驻邻水)

旅长：周绍轩　孟浩然　廖敬安

教导师师长：潘文华(驻重庆)

旅长：章安平　范子英　郭勋祺

模范师师长：刘湘自兼(顾问刘从云主持，号称所谓神军)

旅长:蒋尚朴　何克修　廖泽

机枪司令:刘炳勋

工兵司令:蓝义轩

空军司令兼海军司令:蒋　逵

川东边防第一路司令:陈兰亭

川东边防第二路司令:穆瀛洲

川东边防第三路司令:魏　楷

全部兵力约十万人

2. 二十四军军长刘文辉兼任四川省政府主席及川康边防总指挥

二十四军副军长:向育仁

驻成都,其防地有:南充、蓬溪、遂宁、潼南、江津、合江、永川、荣昌、隆昌、内江、资中、资阳、简阳、成都、泸州、富顺、江安、纳溪、叙永、古蔺、古宋、宜宾、高县、珙县、庆符、筠连、兴文、长宁、雷波、马边、屏山、峨边、峨眉、犍为、乐山、青神、眉山、彭山、丹棱、洪雅、夹江、新津、双流、邛崃、名山、雅安、蒲江、大邑、崇庆、荥经、汉源、天全、芦山、宝兴、泸定、越雋、冕宁、西昌、会理、盐源、盐边、昭觉、宁南、康定、九龙、甘孜、丹巴、道孚、炉霍、石渠、德格、白玉、邓柯、巴安、理化、乡城、德荣、义郭、瞻化、雅江共81市县。

第一师师长:张志和(驻江津)

旅长:徐光普　王治人　高育琮

第二师师长:林云根(驻内江)

旅长:林海坡　陈鸣谦　张志芳

第三师师长:夏仲实(驻内江)

旅长:余中英　李玉书　杨尚周

川康边防军

第一师师长:冷寅东(驻成都,兼川康边防副总指挥)

旅长五人:余如海　赵佩三　苏海澄

马叔帆　羊仁安

第二师师长:陈光藻(驻简阳)

旅长五人:王元虎　陈能芬　程资民

黄绍猷　杨庶戚(杨宗礼)

炮兵司令:徐孝匡

工兵司令:青翰南

特科司令:黄　鳌

宪兵司令:彭诚孚

警卫司令:邓叔才

叙南清乡司令:刘文彩

宁属屯殖司令:刘元璋

川康边防第一路司令:张熙民

川康边防第二路司令:傅渊希

川康边防第三路司令:刘丹五

独立旅长:田冠五　刘元瑭　邓国璋

全部兵力约十二万人

3. 二十八军军长:邓锡侯

驻成都,其防地为成都、安岳、广汉、金堂、新都、新繁、彭县、崇宁、灌县、郫县、温江、松潘、理县、茂县、汶川、懋功共16市县。

第一师师长:杨荣向(驻金堂)

旅长:孙铸颜　黄石子

第二师师长:黄隐(驻灌县)

旅长:刁文俊　刘荫穰　龚渭清

第三师师长:陈书农(驻安岳)

旅长:游宴如　孙幼农　王学姜

第四师师长:陈离(驻成都)

旅长:陶宗伯　陈　泽

第七师师长:马德斋(驻成都)

旅长:周绍芝　刘鼎钧

独立旅旅长:谢德堪

全部兵力约四万人

4. 二十九军军长:田颂尧,驻三台

副军长:孙德操(震)

行营设成都,其防地为三台、中江、盐亭、射洪、仪陇、通江、南江、巴中、阆中、苍溪、南部、昭化、广元、剑阁、梓潼、绵阳、绵竹、安县、罗江、德阳、平武、江油、北川、彰明、什邡、成都共26市县。

第一师师长:董长安(驻绵阳)

旅长:袁子泽　税梯青　杨哲远

第二师师长:曾南夫(驻中江)

旅长:廖太初　胡玉笙　秦奎元

第三师师长:罗迺琼(驻阆中)

旅长:谢庶常　万石君　陈宗进

第四师师长:王铭章(驻德阳)

旅长:锺光甫　李　望　陶童澄

第五师师长:黄正贵(驻广元)

旅长:覃世科　罗绍琳　邢季卿

独立师师长:刘汉雄(驻射洪)

旅长:王耀祖　杨选福

教导师师长:王思忠(兼四川兵工厂厂长,驻成都)

旅长:帅国桢　张瑞图

第一路司令:李焯如(驻南部)

旅长:刘鼎基　汪朝濂

第二路司令:何瞻如(驻苍溪)

旅长:王耀祖　杨选福

第三路司令:何瞻如(驻三台)

旅长:叶济时　马光

特务司令兼警卫旅旅长:田泽孚,驻三台

全部兵力约六万人

5. 第二十军军长:杨森,驻广安,其防地为:蓬安、渠县、广安、岳池共4县。

师长:喻孟群　白　驹　乔种泉

旅长:夏斗枢　杨汉域　杨汉忠　李朝信

刘治国　高　德　周税古　杨懋修

全部兵力约两万人

6. 二十三军军长:刘存厚兼川陕边防督办,驻达县,其防地为:宣汉、达县、城口、万源共4县。

第一师师长:刘肇乾

旅长:余光武　张烈光

第二师师长:廖震

旅长:刘耀武　汪剑泉

全部兵力约万余人

7. 四川边防军总司令:李家钰,驻蓬安、周口镇(系杨森让驻)。

旅长:李青廷　敖向荣　李宗坊　防绍棠　李注东

全部兵力约一万五千人

8. 二十三师师长:罗泽洲,驻武胜。

旅长:熊玉章　吴胜卿

全部兵力约五千人

1932年夏,刘湘在渝召集二十一军戍区教育会议,刘湘主持会议并致词说:“我统一四川后,先要发展土产,如荣昌烧酒房的泥金茶壶,隆昌的白猪儿,虽不依靠科学,亦能致富,闭关亦能自守。”何鲁时为重庆大学理学院院长,起立发言:“国家富强必须依靠科学,如不依靠科学,请问督办今天为何要穿西装呢?”刘湘顿时面红耳赤,随即退席,刘湘的这番谈话,企图统一四川的野心,便昭然若揭了。

刘文辉曾谈到他的思想在二刘之战前是“天变不足畏,祖宗不足法,人言不足恤”,不仅是想统一四川,进而割据西南,如派兵援助胡若愚回云南,并在贵州支持王家烈,且据有四川大部分富庶之区，“志趣非凡”，引起刘湘的嫉视，二刘互争雄长，终不免以兵戎相见。

中国几千年来的封建社会里，关于政权的争夺本有所谓“兼弱、攻昧、取乱、侮亡”，所用的方式，或为“吞食”，或为“鲸吞”，而方法主要在于分化或收买对方的内部。二刘在当时，也还是跨州带郡的军阀，自然不会例外了。如刘文辉对二十一军师长范绍增、旅长蓝文彬的收买，刘湘对二十四军的师长张志和、旅长陈鸣谦等亦有勾结，据陈鸣谦说先后用刘湘3赊万元。

四川在防区时期，军事政治的力量分为两大派系，即速成系与保定系。速成系以刘湘为首，主要成员为潘文华、杨森、王陵基（速成学堂教育副官兼日本教员的翻译）、唐式遵、王缵绪、张斯可、傅常、李剑鸣、郭昌明等。保定系分别以刘文辉、邓锡侯、田颂尧为首，主要成员为孙震、冷寅东、夏仲实、黄隐、陈书农、张志和、张为炯等。刘湘为争资州、内江及江津防地，对刘文辉颇有不快，张斯可建议在川应与邓锡侯、田颂尧联盟，以分化保定系，方能击败刘文辉。刘湘对此项策划殊乏自信，云“试图为之”。

刘湘曾于1931年，派师长王缵绪赴三台会见田颂尧，作一般性友好访问。适值余安民以向刘文辉要求未遂，转而为田颂尧奔走，为倡二十一、二十九两军合作之说。后田颂尧派师长曾南夫及李蕴鼎来渝洽商，刘湘田颂尧合作，便有进一步发展，并拟定对四川军民财等纲领与组织战地委员会等方案。邓锡侯亦派师长马德斋与张斯可恳切联系，张斯可亦代表刘湘分往三台田颂尧及成都邓锡侯报聘。自此三部合作，更趋紧密，结为联盟。

刘湘参谋长钟体乾、秘书长杜少棠、师长王陵基等均主张二刘合作（二十四军代表吴晋航即在负责联系）。钟体乾等以为二刘真的合作，实力超过全川三分之二，发号施令，谁敢不遵，如到适当时机，邓锡侯、田颂尧可向陕甘发展，刘湘可向西康发展，刘文辉可向滇黔发展，既可问鼎中原，又可减轻四川战祸，一举数善，实属上计。钟体乾以刘湘不听劝告，乃不辞而别，息影省门。至此，二刘合作的基础便荡然无存。

当时，刘湘的思想落后，迷信神道设教，先借神权来团结二十一军部属，并进而借神权来统一四川。遂利用妖人刘从云冒称神仙，设神坛以讲道，人道者先向真武祖师叩礼，然后转向刘从云谢恩，由刘从云赐以法号，以官附的大小而有等级之分别。

早在 1925 年，刘湘便在重庆经他的同学、部属刘佛澄介绍加入了刘神仙的孔孟道，道名玉宪。他随即介绍心腹将领潘文华（道名玉羽）、唐式遵（玉美）、王缵绪（玉道）、王陵基（玉豹）、范绍增（玉泉）等人加入。他们还被刘从云“调舟”到万县组织“事园馆”，由刘湘任馆长，潘文华任副馆长。重庆“静德馆”馆长是邓锡侯，邓锡侯是在资阳五风场入道的。“静德馆”道徒有贺国光、彭焕章、陈书农等。1929 年，刘文辉由刘湘介绍，在泸州加入，道名玉献。1933 年，杨森由潘文华介绍在成都加入，道名玉勇。其余二十一军营长级以上的军官加入的约有百分之九十，大小军人多以能人道为荣。

这时候的刘湘有何意想，则转托为刘从云的神旨作启示，要大家遵守奉行，不能违反天意。刘湘那时以神治军，刘从云成了他的军师，言听计从。而刘文辉、邓锡侯等，则借人道以耍神仙，利用妖人，以达到各自的企图。遂使道坛成为政治上纵横捭阖运用之所。如杨森与刘湘虽为速成同学，但势如水火，要杨森听命于刘湘，杨森决不屈膝，但转而向刘从云长跪顶礼。刘从云驻军南充时，杨森曾为妖人的坐骑黄鬃马亲佩鞍辔，因杨森亦在借妖人以要刘湘。而旅长廖泽更嘱其老婆做一双红缎绣花拖鞋以献给刘从云。当邓锡侯人道时，邓的旅长黄石子与刘从云勾结很深，妖人早即与刘湘决策，拉拢邓锡侯，包容李、罗、杨，以打击刘文辉。刘文辉虽人道较早，同为道友，但因互争雄长，利害冲突，刘湘乃借神权，以团结各方面作为击败刘文辉的一种政治权术。

战前，刘湘占有下川东各县，据守夔关（夔门等于四川的出海口），各军所购军需器材及有关物资，均必须通过夔门，在重庆经二十一军军实科审查纳税，发给证件，始能启运。但有关制造大炮的军需器材及有关物资，如钢料等，二十一军一概禁运。如项封锁，即在对二十四军的发展作有力的阻遏，而二十一军则可任意购买外国军火（如在日本和英国购买武器等），扩充武器制造，各军对此，啧有烦言，二十四军尤不满。

1931 年夏，刘文辉到渝与刘湘就有关重大问题进行商谈，期于交换意见，消灭矛盾，因刘湘为击败刘文辉，早已处心积虑，蓄谋已久，虽经几度密商，刘湘均抱敷衍态度。

1932 年秋，刘文辉为缓和局势，特请其长兄刘升廷（刘湘的大叔，等于族长，为刘湘所敬重）到渝晤刘湘，最后作恳切调处，亦以利害冲突，毫无结果，乃于 10 月 13 日搬用伦常大义来电责刘湘，指其不以家族为念，相煎过急。此电全文，当日报章多加披露。电中处处称刘湘为吾侄，一若父兄之在教训子弟。电中有云：

“近日道路传言，渝军将向成都进行攻击，并已分途并进，而其主事者，吾侄也！被攻则为文辉。”又云：“数日之间，遍传海内，各方劝阻文电，纷至沓来。蒋总司令介公于冬日专电诘责，其中所持理由，指陈利害，吾侄度已共鉴之矣。”又云：“党国艰危，川局俶扰，民生凋敝，共党潜滋，更不能妄起战端，甘为戎首。况川事非武力可贯彻，蒋公来电，大为明快痛切，然侄之必出于战者，何耶！”又云：“辉与吾侄，幼同门户，长共戎行，纤芥无嫌，耘锄无隙，自信无一负侄之事，无一不可对侄之言。”又云：“有谓吾侄之计划，系先使别人来攻，迫辉自卫，而侄遂据以入告，颠倒是非，假武装调解之名，掩主持战事之迹。……辉度吾侄，当不出此。”

这是刘文辉进行宣传战之第一招。

同日，刘文辉电呈中央（并通电各方）指责刘湘“鼓动战乱，竟于本月东（一日）日密令罗泽洲、李家钰两师突然大举越境称兵，攻击文辉驻军之顺庆李渡。……文辉懔遵明令，步步退让。……并阅二十一军教导师师长潘文华等窃捏多名之文电，创造规条，征求各军同意，目无中央，故不惜穷兵黩武，更已情实昭然。……恳祈迅颁严令，责成刘军长湘……勿得借口兴戎，扩大战局。”

10 月 23 日，刘湘从幕后挺身而出，通电斥责刘文辉，谓其反复无常，好乱称兵；并说为弭兵计，唯有倾身捍患，简励师徒，与友军左右提携，全力制止。其实此电发出之前，二刘之间早已进入战争状态，不过尚未拉开大幕罢了。刘湘这一电文，全文如下：

(衔略)钧鉴:

川政不纲,防区角立,军民交病,言之痛心。凡我袍泽,一日未卸戎行,即一息难免内疚。况复频年灾祲,内外多艰,即或愿为相违,未克同趋治轨,亦何忍操戈逐利,危害乡邦。不图月初警耗突传,竟有二十四军大部侵近武胜后,先攻罗师长泽洲、牵师长家钰之报。当即电饬李,罗两师退让,并遵中央迭电,劝告息争。乃百端疏解,舌敝唇焦,不特置若罔闻。尤复压迫不已,擅开兵衅,一意孤行。正踌躇间,复据川西南民众代表纷纷请愿来渝,佥谓该军假国防之名,勒派巨款,暗为内战之准备,漏夜催科,缴纳稍迟,刑法立至,恳速制止苛捐,消弭战祸,以苏民命等情。异口同声,情词凄恻。湘轸念民瘼,力导和平,不得已切电婉告,冀发天良。殊横逆之来,出人意外,该军不以国家地方为念,公然发表陈光藻、林云根、张清平等为各路前敌指挥,运调重兵,分头起衅,窥我防境,威胁百端,司马之心,路人皆见,军民咸愤,环请制裁。各军将领且于文铣两电揭陈该军军长兼省主席刘文辉历年在川事迹,并提出治川纲要,择地会商,各军均表赞同,该军拒而不纳,事实昭著,毋庸讳言。夫文电交驰,空言何补!湘忝任善后督办,奉职无状,引咎殊深。况与文辉公则同官,私则近族,年来凡文辉之一切不利乡邦悖谬行为,操纵时局,湘无不掬诚泣告,竭尽心力,为之斡旋回护,委曲求全。若谓别有苦衷,不妨据实以告,函电磋商,共计安定。今忽潜师见图,情同异国,垂涕而道,竟反复以无常,好乱称兵,更百口其奚辩!中夜椎心,穷极辗转,上念中央付托，未敢擅捐，近念全川民众，不堪再扰，既难情感，又难理喻，为弭兵计，唯有倾身捍患，以卫乡邦。用是勉从军民之请，衔血忍痛，简励师徒，誓与我友军左右提携，全力制止，用期缩短战争，早蹈和平。倘能促该军之觉悟，转趋正轨，善后有望，省政观成，虽白衣私第，负荆引责，所甘心焉。敢布衷曲，尚盼矜察，不胜祈祷。四川善后督办兼二十一军军长刘湘叩漾。

双方文电指责，调兵遣将，战云密布，大有山雨欲来之势。

10 月 24 日，两军正式接触，刘湘当日再发通电，首谓据教导师潘文华师长报称：今晨潼南、永川、江津及侵入巴县园明寺之二十四军，实行分头进攻，为正当防卫计，不得已与之周旋。接着说："窃湘奉职无状，调解无方，该军既阻遂宁之会，复侵本部之防，一意孤行，擅开兵衅，唯有勉从军民之请，联合各军、民众，予以制裁，促其觉悟。特恐传闻失实，谨电奉闻。"接着便是战火弥天。

二刘大战先是刘文辉在川北击败李家钰、罗泽洲等部，占有遂宁、南充各县防地，李退驻蓬安周口，并亲到渝求援于刘湘，表示愿受节制指挥，刘湘乃按月接济饷款。

1932 年秋，二十四军驻南充部队，有陈鸣谦旅、黄绍猷旅及林翼如旅，遂宁驻军为陈光藻师，林云根师；二十一军许尧卿师长指挥周绍轩旅、孟浩然旅进驻南充上游五十里的龙凤场，王缵绪率所部进抵潼南。南充的左侧为杨森、李家钰部，右侧为罗泽洲师，杨森、李家钰、罗泽洲以防地狭小，食饷困难，唯恐天下不乱，乘二刘矛盾发生尖锐，10 月 1 日，首先由罗泽洲部向南充的李度场进攻，打响第一枪，而战争序幕由此揭开。

罗泽洲部战斗力很弱，与二十四军稍一接触，即行退却。战争沉寂一星期，杨森、李家钰又率部进攻南充，仍然败退。陈鸣谦即电报刘文辉，刘文辉遂转电蒋介石中央，大意为“罗泽洲于 10 月 2 日首先进兵南充，轻启战端，而发纵指使，刘湘军长实不能辞其责，请予明令制止”。蒋中央虽曾一再电令制止，各军以利害攸关，置若罔闻。

19 日，刘湘方面及联盟各军的二层将领潘文华等，通电推举刘湘为川康绥靖总司令兼第四路总指挥，田颂尧为副总司令兼第二路总指挥，邓锡侯为第一路总指挥，杨森为第三路总指挥，请他们克日就职誓师，制止川乱。刘湘认为此乃一时激愤之论，碍于系统，未可实行。但总算起到了推动战乱、制造声势的作用。及至 24 日刘湘发出制裁刘文辉的通电，这就图穷匕见，除在疆场互拼死活外，已无别的任何选择了。

于是刘湘乃派潘文华为南路军总指挥，唐式遵为东路军总指挥，王缵绪为北路军总指挥，刘文辉亦派张志和为第一路总指挥，冷寅东为第二路总指挥，夏仲实为第三路总指挥，各率所部，驰往作战地区。

这场战争，刘湘与联盟各军合力并进，一直采取攻势。刘文辉开初偏重于防御，但因防线铺得太长，北起顺庆（分南充），东迄永川、江津、绵亘数百余里，以致兵力分散，难保无失。

战争开始时，1932 年 10 月，潘文华任南路军总指挥，负责向永川、自流井、富顺进击。潘文华率部进驻丁家坳，指挥郭勋祺旅、范子英旅，担任由璧山向永川出击的任务。潘文华率部在二朗坳一带，与二十四军彭诚孚、邓国章、徐廷章各部激战数日，进抵大安场，逼近永川城下。刘文辉驻防永川前线的部队是彭韩和邓国璋两个独立旅，彭韩任指挥。潘文华指挥部队数次进攻永川，均被占据有利地形的邓国璋击退，邓国璋是永川人，袍哥出身，部下也多是袍哥。

潘文华根据永川守军将领的个人情况，想出一条用袍哥关系挖对方墙脚的妙计，争取不战而屈人之兵。潘文华平时常请补一药房的补晓岚医师治病，并与补晓岚交情很好，于是潘文华向补晓岚谈及物色人去劝说邓国章倒戈之事，补晓岚就建议派重庆的袍哥唐绍武去，并说唐绍武与邓国璋都是袍哥，他们感情深厚，一定奏效。潘文华把此计谋告之刘湘，刘湘很支持，并说邓国璋如过来，给他个司令当就是。果然唐绍武去永川见邓国璋游说后，说明范绍增、陈兰亭都是袍哥投到二十一军后，受到优待情况。于是邓国璋与手下几个团长商量，都愿意投奔刘湘。

唐绍武回来向潘文华复命后，总指挥潘文华就下令进攻永川，按照约定，战斗打响，邓国璋部防线后退。邓国璋向后撤，彭韩部摸不清底细，认为情况紧急，亦随之后撤，到中途邓国璋部突然掉转枪口，彭韩部被迫退到内江。驰援永川的刘文辉部师长张清平，又与潘文华指挥的部队激战于放牛场、卢家岩、陈家场、大安场一带，由于邓国璋的倒戈，潘文华部的顽强阻击，张清平师被迫向隆昌退却。随之，潘文华率郭勋祺旅于 10 月 27 日占领永川，11 月 2 日又占荣县、隆昌。潘文华部旗开得胜，取得了初战的重大胜利，士气高昂，军威大振。

交战不几日，刘文辉部即作战略转移，下令全线后撤，退守沱江沿线，以资中、内江、富顺、泸州四县县城为主要据点，潘文华挟初胜之威，率部自后紧跟，一路攻击前进，所向势如破竹。11月5日，潘文华部攻克江津、潼南。11月8日，潘文华部又越过沱江，向富顺守军张志芳发起凌厉攻势，并很快进占富顺、自流井。

11月9日，潘文华率部向泸州城进发。泸州城与重庆城的地形相同，沱江和扬子江在城南汇流，三面环水，西有龙透关屏障，一面通陆，是四川有名与重庆并驾齐驱的两座军事重镇，号称“天生重庆，铁打泸州”，两地都是易守难攻的军事要地，历为兵家所必争。当时，刘文辉拥有川南大片富庶之地，泸州是其枢纽，也是他沿沱江的防御重点。泸州城郊构筑工事，江面搭有浮桥，并在沱江、长江交汇处馆驿嘴构筑炮兵阵地，设置水雷及其他障碍物。

这时，刘湘的唐式遵、王缵绪两师进抵吴家铺、园坝场，由潘文华指挥的郭勋祺旅主攻泸州。廖泽、蒋尚朴两旅及陈兰亭等部，由合江溯江而上，进逼泸州的望川山、云锦场；穆瀛州部抵泸州南岸的太安场。刘湘则率一个团驻泸州对岸风门坎，指挥他的海军、陆军、空军以及所谓神军进攻泸州。

早在10月28日，刘湘便出动飞机一架轰炸泸州，在市内街心花园及附近街道投下炸弹数枚，毁数间民房，伤了几个居民。他的军舰驶到罗汉场附近，向馆驿嘴轰击，准备一逞海、空军的威力。

刘湘连日在泸州城外，耀武扬威，出动飞机到泸城上空投弹，威吓守军和居民，并且撒下传单，把自己打扮成仁义之师：

本军伐暴，志在救民。师行所至，众庶欢腾。荣、隆、津、永，以次肃清。唯我泸县，未脱苛征。敌众凭险，敢抗义军。克日攻击，轰炸敌营。晴空霹雳，首碎肢分。奉告父老，立迁出城，数十里外，可保安宁。垂涕而道，其各凛遵。

11月9日，刘湘的飞机又飞临泸城上空，在馆驿嘴、钟山小关门、陈家坝投弹。停泊罗汉场附近江面的军舰亦向馆驿嘴轰击，潘文华部署章安平、范子英、郭勋祺等旅在泸州对岸五峰顶，沿东岸至胡市，将泸州围困起来。

刘文辉援泸的张志芳、高育琮、陈能芬旅均被刘湘部击退。刘文辉守泸城的两个旅长杨尚周、田冠五，盼援不到，在城内外加紧掘壕、强迫居民打通店、铺、住房，作为交通路线，准备死守，搞得百姓惊恐万状，痛苦不堪。

在泸州攻防战中，11月11日午后三时，刘湘的舰队司令蒋逵接到刘湘总攻泸州的命令，要他率舰只3艘，商船5艘，于本晚11时起锚，接运穆瀛洲部攻城，限令督战官夜间11时前到舰上督战。蒋逵接到这样的命令，真是丈二金刚摸不着头脑。川江水线，暗礁又多，夜间炮舰怎好行动？而且又无木船、舢板，如何接运攻城部队？蒋逵只得打电话向驻风门坎的刘湘请示，刘湘只说："只要军舰按时起航，其余的事不用管！"原来刘湘的命令，是刘神仙恰指的神算：刘湘统率的21军，今年是民国21年，本月是11月，今日是11日，又选择夜间11时。这样一来，只要21军在民国21年11月11日11时大吉大利之时，军舰按时到泸城，守军就会被神灵吓跑。封建军阀的荒谬无知，几乎造成"嵯峨"

号炮舰触礁沉没，舰上的官兵险些儿葬身鱼腹。自然，城内守军，仍坚守未逃。这是刘湘攻泸州荒唐的小插曲。

刘文辉以泸州重镇，恐失守后，有被中央免职的可能，本拟派三旅由宜宾驰援，又以道途迂阻，过河不易，遂告终止。刘湘亦以泸州得失，在军事上、政治上影响重大，故亲往督师，用陆、海、空、神围攻泸州，可是攻守约半月，付出了巨大的伤亡，而泸州城却岿然不动。

11月下旬，挺进泸州城下的潘文华采取"孙悟空钻进铁扇公主肚皮"的办法，运用"袍哥策略"，派其副官处长、礼字袍哥周瑞麟化装潜入泸州，动员礼字袍哥好友杨尚周的团长汪杰和田冠五的团长李宗璜倒戈，搞里应外合。三人密商，由汪杰、李宗璜分别击毙杨尚周、田冠五后，两人升旅长，合编一个师，以大袍哥陈兰亭任师长。周瑞麟潜回向潘文华报告，潘文华为维护军阀们的"法纪"，连忙制止说："我们都是带兵的，如团长打死旅长，便升旅长，将来何以服众？此例如何能开？"只同意他们倒戈拖队伍过来。

刘湘在有潘文华策动内应的情况下，加紧对泸州城的炮击和轰炸。又令兵舰运兵登陆配合潘文华部强行攻城，驻螺乡渡一带的守军，在飞机的轰炸下先自逃散。汪杰团又适时打开城门，潘文华率部乘势而下，杨尚周困守孤城，救兵无望；又见军心动摇，老百姓嗟怨，田冠五、杨尚周两旅不得已于12月21日向总指挥潘文华要求停战，并开城降顺。同时也只好致函刘湘总指挥部：

尚周此次扼守，实非所愿。俟中路（资中）退后，即行退让。连日本部伤亡连长二员，士兵数百，县长亦同时被大炮轰毙。三十名伤亡者均送本部，哭声震天，惨不忍闻！要求贵军少施攻击，俾全民命。

12月23日，田冠五、杨尚周派参谋、副官随同士绅阴雨仪等，连同旅居泸州的外籍人为代表，出城通过小市唐式遵的防地，到刘湘的行营，要求刘湘停止攻击，守泸部队愿受编遣。当天下午，汪杰即率全团官兵到龙透关受陈兰亭收编。二刘在泸州的攻防战，历时29天结束。

12月26日，刘湘进驻泸州城，令杨尚周旅移驻富顺，田冠五移蓝田坝接受改编。刘从云随刘湘进入泸州城，召见田冠五、杨尚周之后，他又玩弄妖术。他对刘湘说："我相田冠五和杨尚周，田是黄忠，杨是魏延！"实则，刘从云知道杨尚周是刘文辉的心腹，这次倒戈是不得已而为。田冠五原为滇军胡若愚旧部，后为刘文辉收编，非刘文辉亲信。刘湘依从刘神仙，升委田为旅长。杨尚周为唐式遵的闲职顾问。

泸州攻下之后，潘文华立即率部配合舰队，又顺利占领宜宾。

宜宾为川西门户，是刘文辉起家的老巢。刘文辉所搜刮人民的大量财富，多委托其兄、川南禁烟督察总处处长刘文彩经管。刘文彩在宜宾十年搜刮的财富，先运走一百四十万大洋到乐山，为作战费，其余运回大邑原籍。他赶制了四千五百多个装银元的木箱，每箱二千元，首批装了三百余箱，其余则用以装毫洋。甚至连泸州抚州馆盗来的两个古代镂空红砂石花缸，也一并运走了。

刘文彩退逃前夕，还派兵向宜宾人民勒派20万元，尚不能满足其贪欲，又明火执仗地挨户洗劫，将掳掠的金银细软，向乐山运走。他自知罪恶累累，逃走时怕宜宾人民惩罚，乃化装成洋人，在外国传教士的帮助下，乘坐藤轿，于11月25日拂晓前混出宜宾北门。行至麻柳场，仍被老百姓阻拦，挨了一顿痛打。

刘湘垂手而得宜宾，进逼乐山。并驱其主力转向荣（县）、威（远），寻求时机与刘文辉决战。

刘文辉的沱江防线被南路军总指挥潘文华率部突破后，其主力也向荣县、威远地区转移，准备在此与刘湘最后决一雌雄。于是，老君台大会战展开，其兵力布置如下：

二十一军总指挥潘文华指挥部队的有郭勋祺旅、章安平旅、范子英旅、许尧卿旅、廖泽旅、蒋尚朴旅及陈兰亭、穆瀛洲两部，担任由荣县攻击乐山的任务。

二十一军总指挥唐式遵指挥的部队为彭光汉旅、饶国华旅、杨国桢旅，担任由井研向仁寿攻击之任务。

二十四军总指挥冷寅东，指挥部队有徐廷秀旅、余如海旅、高育琮旅、赵佩三旅、熊次侯旅、刘元瑭旅及傅渊希司令。

二十四军总指挥夏仲实，指挥部队有余中英旅、李玉书旅、蔡海州旅、林海坡旅及彭诚孚司令。

二十一军军长刘湘驻自贡督师。

二十四军军长刘文辉驻眉山督师。

1932年12月10日，荣、威大战开场，双方参战兵力共达十万以上，其战斗之烈、牺牲之大，投入兵力之多，在四川内战史上实可谓空前绝后。

当时，仅刘文辉在荣县、威远战场就投入七万兵力，刘湘出动兵力五万。此时潘文华正率劲旅屯驻荣县，剑拔弩张。

首先，潘文华率五旅之精锐，以郭勋祺旅为前锋，攻城略地，至距乐山百余里之三江镇、五龙场、马踏井、笋子山与二十四军夏仲实部展开激战，相持五日，胜负未分。为加强潘文华部的进攻力量，刘湘把他的炮兵也搬到荣县。不甘示弱的刘文辉速派增援大部队对潘文华部实施人海战术，多路夹攻。

潘文华指挥左翼文昌宫、赖河坝之线，廖泽、陈兰亭等部受夏师的猛攻，势颇不支，向镇子场方面挫退。廖旅曾向潘文华告急，总指挥潘文华云："不许后退，如后退，即砍头相见。"潘文华又令蒋旅长云："此数万战士的生命，系于此战，应加劲扼守。"蒋旅长率三千余人拼命冲杀，阵脚始稳（蒋旅是所谓神军的主力）。刘湘以潘文华部担任正面攻击，虽有进展，但潘文华部由于攻击速度快，孤军深入，正处于主战场的突出部位，形势万分危急，在刘文辉重兵合击之下，有被围歼的危险。深谋远虑的潘文华当机立断，率部退长山桥、啸天岭一线，又令退至距荣县十余里的白石沟。

郭勋祺旅以啸天岭地势险峻，应在此奋战，不当再退，向总指挥潘文华汇报。同时刘湘来电话，刘湘以固守荣县、井研为战略要务，严令后撤，不得违误。而老君台在白石沟前面，守老君台之唐团亦正撤走。殊白石沟地形狭小，无险可凭，总指挥潘文华乃急令各部回师老君台，而刘文辉部紧追不舍。

这时冷寅东大部拥到老君台，潘文华抓住冷寅东部立足未稳的战机，指挥章旅唐团、朱团返师猛攻，朱负伤，战颇不利，又调范旅两团增援，范又负伤，许旅关团参加作战，亦未得手。最后潘文华乃飞调彭旅率两团驰援，反复冲杀，傍晚始将冷寅东部击退，但老君台仍为冷军据守，以老君台一点，双方使用兵力，约达三万人，血拼竟日，双方官兵战死上万人，战地横尸累累，触目惊心。潘文华以伤亡过重，遂令退守白石沟。从三江镇激战五天，中途撤退又拖数日，复经老君台之苦战，每团只剩数百人，部队零乱，饥疲过甚，范子英旅只集合千余人，困守白石沟，潘文华部虽然伤亡惨重，但仍然坚守住了老君台战略要地，稳住了整个荣、威战线的阵脚，为后来争取与刘文辉和谈创造了条件。

唐式遵师担任右翼，由井研向仁寿进攻，与二十四军主力冷寅东部在东林场遭遇，奋战三日，刘元瑭负伤，唐因受左翼后挫影响，奉命向仁寿松锋场撤退，又激战二日，退到荣县双古坟。冷部徐旅乘势冲人饶国华阵地，饶旅失利，经彭旅奋战，将徐旅击退，战局始告稳定。自是二十一军潘文华、唐式遵各部均退集荣、井固守，捍卫自贡。

刘文辉也以诈还诈，他派参谋长徐介卿同杜少棠到自流井见刘湘，表示接受和谈，要冷寅东在前线与潘文华谈判。冷寅东派人送信给潘文华，潘文华转报刘湘，刘湘嘱潘文华尽快与冷寅东就近协商结束战事的办法。12 月 20 日，冷寅东、潘文华协商停火的时候，潘文华总部驻荣县五里墩，傍晚忽闻二十四军王元虎、王治人两旅共 7 个团兵力旅绕道后方，由仁寿县松峰场经井研山区墨林兼程偷袭荣县，并攻入荣城，活捉了刘湘派的代表鲜英。士兵不认识鲜英，只把他身上的狐皮大衣扒掉便放走了。潘文华乃急调其手枪连驰往抵御，随又令郭勋祺旅一团赶往迎击。郭勋祺部在荣城与王元虎、王治人两旅激战。王元虎、王治人虽以奇兵攻入县城，但与正面冷军失却联系，又以为二十一军大队赶至，为避免包围，连夜退走。潘文华总部已收拾行李，如天明荣县县城尚未收复，则亦准备退却。

刘文辉以假和谈，实行对刘湘突袭的部署，事前未通知在前线的夏首勋、冷寅东。当冷寅东打电话至眉山向他请示时，正好刘文辉和他的无线电台台长姚仲良一起寻欢作乐去了，以致贻误了战机。冷寅东只好叫王元虎、王治人把队伍退出荣县战斗。

此时，王元虎、王治人两旅远遁，军心大安。这时潘文华已身染重病，但在生死攸关的大会战中，仍身抱重病躺在担架上，坚守指挥第一线，不退后半步。当战事不利时，妖人刘从云跑回威远原籍，大发脾气说："不依照我的计划作战，便是违反天意，违反天意又怎能不失败呢？"此时二十四军冷寅东、夏首勋两部在军事上虽占有优势，但以伤亡过重，同样饥疲，虽尚可鼓其余勇，确成强弩之末。老君台战役历时逾旬，双方都打得筋疲力尽，而最终胜负尚犹未决。在双方同感亟须整补、不堪再战的情况下，而二十八军黄隐师长在仁寿籍田铺率重兵向成都二十四军的后方进攻，陈鸣谦又在仁寿白斗镇方面倒戈，归附刘湘。因此刘文辉以后防危险，军心不稳，电令前线总指挥冷寅东与潘文华总指挥停战议和，始暂休兵。

鲜英从荣县逃脱后，衔刘湘之命到荣县长山桥策动冷寅东脱离刘文辉。刘湘之意,欲要刘文辉以川康边防总指挥名义,率三个师前往西康,其余部队由冷寅东以二十四军名义统率,直属于刘湘的四川善后督办公署,旨在削弱和瓦解刘文辉的军事力量。冷寅东表示今后尽力婉劝刘文辉拥戴刘湘统一川事,并居间斡旋,不使两军再以兵戎相见,婉言谢绝了鲜英的策动。这表明谲诈成性的军阀之间的所谓和谈停战,只不过彼此争喘息时间,伺机再战。

当双方正激战时,刘湘探悉夏仲实建议亲率五旅拊自贡之背,乘虚直捣重庆。原来,夏首勋部旅长张志芳在出兵时与家里通话,泄露了刘文辉绕道犍为,直扑自贡,抄袭刘湘的计划。陈兰亭部窃听电话后,及时增调部队堵截,两军激战于罗成铺,夏首勋部被阻。

刘湘最担心此一策划,乃急电命令重庆驻军(只有一旅,战斗力稍弱)在浮图关掘濠坚守,一面派刘文辉的亲家杜少棠持亲笔信到眉山刘文辉的总指挥部,向幺爸请和说:“从家族情谊出发,不应萁豆相煎!”一面急盼邓锡侯、田颂尧早日出兵,急于星火。殊不知邓锡侯、田颂尧按兵不进,大有作壁上观之势。刘湘很焦急,乃拟电邓锡侯、田颂尧,促即进兵,电文为“胜利在握,请速发动攻击,用竟全力”等语,并征询张斯可意见。张斯可云:“邓、田对此次战争,虽与我们联盟,系持卞庄子刺虎的态度(即两虎相斗,大者伤,小者毙),待交战双方筋疲力尽,他们自会出兵,坐收渔利,如电文所称‘胜利在握’,则邓、田以我还有余力回翔,尚须续持观望,我们便很难长拖了,应将电文改正为‘湘智力俱竭,势难支持,请立进兵,以免功亏一篑,同归于尽’,使邓、田知道我们的实情，已达两败俱伤之困境，邓、田必立即出兵，则刘文辉腹背受攻，不败何待？”刘湘一喜，即照张斯可意见办理。黄隐等部果然出兵，战局急转直下，使得闻名四川的老君台战役，得以迅速结束。并经刘湘部南路军总指挥潘文华、刘湘的秘书长杜少棠及刘文辉的师长冷寅东奔走折冲，两军于12月21日在老君台签订停战书，其主要内容如下：

1. 刘文辉前线部队移驻乐山属地笋子山及井研一线，其他部队今后仍在原地屯驻，军部仍回驻省城；

2. 刘湘前线部队移驻荣县属地白石沟、老林口、文昌宫一线。

3. 二十四军不得向邓锡侯报复，如进攻邓则刘湘决出兵援邓。

荣、威前线议和，老君台战役结束，二刘皆可喘息一时，两军形成隔岷江而峙的胶着状态。但1933年1月下旬，刘文辉回驻成都后，又与邓锡侯的矛盾日益加深。1933年5月7日，刘文辉密谋将邓锡侯扣押，一举解决邓锡侯部。周绍芝旅长探悉内情，向邓锡侯报密，邓锡侯借打猎为名，潜出北门，驰往新都。陈离来迎，邓锡侯告以刘文辉军将至，急作准备。陈离派兵一团，扼守毗河渡口。午后，刘文辉军大部拥到，沿毗河发生激战；毗河之战于是爆发。邓锡侯以兵力较弱，求援刘湘，并由黄石子陪同，亲赴资阳五凤场，与刘从云商谈，妖人掐指一算云：“毗河保证你可守四十天，刘湘决出兵援助。”刘文辉以毗河水涨，久攻不下，而刘湘部队，已分路出动，乃撤退新津，连续召集会议。

其时刘文辉兵力尚强，颇能负隅岷江，背城借一，乃以彭诚孚防灌县大河坝，刘文辉自驻新津（旋退雅安），林云根戍彭山，冷寅东屯眉山，张志和备青神，夏仲实守乐山。时二十一军孟浩然旅，邓国章旅及刘树成团率部进抵灌县，邓国璋与彭诚孚系属旧好，经派员商洽，彭觉大势已去，遂表倒戈，并令彭团调来船只，在大河坝渡口，迎接敌部过河，经石羊场到崇庆。傍晚石绍武旋来攻，与邓国璋等冲突数小时，石绍武不支败退。谢德堪率部驰抵崇庆，为争防地与彭诚孚发生争吵，幸邓锡侯、李剑鸣赶到，决定由彭暂住，事遂平息。

二十一军刘兆藜旅进至邛崃大塘铺，中山坪一带与王元虎师遭遇，王元虎攻势虽猛，旋亦败退。而邓叔才部在三江口与新津等处，复放缺口，李其相等抢渡过河，追到邛州，将石绍武俘获，就地枪毙。于是唐式遵师彭光汉旅在彭山塔子坝渡河人彭山，潘文华师在眉山王渡过河抢占眉山、丹棱，进克洪雅，王缵绪、陈兰亭在乐山篦子街抢渡占乐山。二十四军沿江部队已军心涣散，不战自溃。

时值盛夏，岷江水涨，潘文华率部收购大批洋油桶子及编竹筏，备作抢渡之需。刘文辉以西康粮食维艰，无法收留多军，其师长冷寅东、夏仲实飘然引退，许多部队分别被收编和遣散，潘文华收编了余中英、张志芳、林梅坡及黄克斋等部人枪两万，另有机枪六十挺，重炮四十门。

1933 年 8 月 16 日上午，刘文辉率幕僚唐英、汪紫渊、徐介卿、黄静渊等及一营卫队退到雅安。先退雅安的向育仁、刘文彩、文和笙及张富安、雷少成等前来迎接，将刘文辉的行营设在雅安原道尹公署花园（西大街）。刘文辉集中先后退雅安的炮兵司令徐思平、工兵司令青翰南、朱赢洲等部，尚有一万多人，企图死守雅安。

刘湘的“安川军”先头部队李注东旅追到雅河，在河东岸周公山上架起大炮，向刘文辉的行营轰击。刘文辉正躺在床上烧鸦片，一发炮弹击中刘文辉的床头墙上，刘文辉手中的烟枪被震落在地，当场打死、打伤弁兵郑佩之等三人，黄静渊腿部负伤，刘文辉也差点送了命。这一下，刘文辉及其随行人员慌忙搬人民房躲藏。李注东炮轰雅安，打死老百姓数百人，受伤者千余人。

再说刘文辉退到雅安，席不暇暖，各路追兵继至，于是又再奔荥经。这时他已面临山穷水尽、走投无路的境地，已在作丢掉残部、向外流亡的打算。毕竟刘湘还是顾念叔侄情分，不忍置刘文辉于绝路，更主要的是当时川北红军迅速发展，迫使刘湘不能不迅速结束战争，以便“回师剿赤”，于是便令各军停止前进，并还将占领雅安的部队调移名山、邛崃，让刘文辉回转雅安，继续生存下去。1933 年 9 月 6 日，刘湘、刘文辉联名通电，双方停止敌对行为。

这是民国时期四川军阀混战的最后一战。在这场战争中，刘文辉损失部队逾四分之三，丢失防地近五分之四，势已不可复振。刘湘取得重大胜利，为使全川归于统一奠定了根基。

第十一章　任四川“剿匪”预备军总指挥拒阻红军西进于通江地区

1933年10月，刘湘任四川“剿匪”总司令以来，初以为在进攻绥、宣后，可以直取通江，曾发出狂妄叫嚣，说是三个月内即可将红军肃清。但自作战以来，损兵折将，实力消耗极大。至1934年5月中旬以后，万源方面被阻于大面山以左石窝场地区，通江方面在镇龙关至刘坪地区之线又不能越雷池一步。红军方面亦正收缩阵线集结于通江、万源地区，逐步东移，威胁城口。刘湘深恐红军再出绥、宣，进袭下川东，直接胁迫到他的地盘，便妄图倾其全力，将红军击破于通江、万源，进而逼出川境，以延续其统治四川的局面。

当刘湘指挥五、六路军在绥、宣、城、万与红军激战时，一、二、三、四路邓锡侯、田颂尧、李家钰等部姗姗其行，并借口粮弹筹措困难，欲作壁上观。刘湘对此颇为忧虑，亟欲谋求对策。

1934年5月中旬，刘湘在成都召开所谓第三次“剿匪”会议，会上就把“刘神仙”（从云）抬出来，示意各军阀公推其为四川“剿匪”前方军事委员会委员长，进驻南充指挥各军。原来刘湘利用“刘神仙”为工具，自己先拜他为老师，四川各军阀先后也都拜在他的门下；此刻以老师出来指挥“剿匪”，各军阀当然要唯命是听了，这是刘湘自己打的如意算盘。

就在这次会议上，还制订了所谓“剿匪”第四期作战计划——即进攻万源（包括通江地区）计划。另又任命二十一军教导师师长潘文华兼任四川“剿匪”军总预备军总指挥。二十一军暂编第二师彭韩部、教导师三旅郭勋祺部、模范师二旅何纯五部均拨归潘文华统一指挥，并立即从原驻防地出发。

6 月初，总预备军总指挥潘文华和副总指挥彭韩陪刘从云到南充就任所谓四川“剿匪”前方军事委员会委员长，所有一至六路前方作战军队，均受刘从云指挥。此时刘从云发出了要在短期内“消灭”红军的狂言。他说神道鬼，以占卜推算来指挥作战，实际上加速了刘湘进攻万源的总崩溃，这是刘湘始料不及的。

为了实现刘湘的意图，6 月初第五路唐式遵、范绍增在宣汉举行会议，主张各异，或攻或守，举棋未定。6 月 15 日，红军突以大部兵力解放城口。城口守军为城、万警备司令之第一纵队王三春部，红军将该部驱逐后，乘胜向庙坝、双河口等地进攻。唐式遵得悉城口失守，手忙足乱，唯恐红军急图明通井盐区，从而南下开县、云阳、奉节、万县等地，与川湘鄂边境之红二、六军团会师，当即急调饶国华旅、汪杰支队、杨勤安独立团等部右移，以固右侧防线。

刘湘原令各路先事充分准备，于 6 月 22 日一致向万源、通江总攻，但因城口失守，情况发生变化，唐式遵即下令五、六两路提前于 6 月 15 日全线出击，以图阻止红军的进展。

各军未出动前，唐式遵先作了如下部署：

万源方面：

1. 二十一军独立一支队汪杰附二十三军独立旅范华聪部之邓团，由双河口向箭杆坪、大尖山、分水垭、甘蔗梁、甑子坪、猪院子大梁、曹家坝一带进击；

2. 城、万警备司令陈国枢部由八台山向天平山城区进攻；

3. 二十一军二师五旅刘光瑜并指挥四旅林毅部及一师一旅彭焕章部为主攻部队，由清花溪右翼白沙河方面向万源挺进，以夺取万源为目的；

4. 六路汪铸龙指挥所属之刘、周两旅，由清花溪本道向万源攻击，以协助主攻部队占领万源为目的；

5. 六路廖震师并指挥二十一军边防一路副司令吴锦堂部两个团向石窝场、高鼻寨地区进攻；

6. 二十一军独立第二旅杨国桢部集结于赵塘坝附近为总预备队，并派一部游击、警戒于刘光瑜、汪铸龙部与廖震部之间隙；

7. 二十一军一师二旅饶国华部及独立团杨勤安部续向右移，饶国华到达双河口后，即指挥最右翼范华聪、汪杰、陈国枢等部作战。

通江方面：

1. 二十一军三师许绍综并指挥警备一路司令王泰部、警备三路司令马云平部向镇龙关进击，进出于龙凤场、芝包场地区；

2. 二十一军四师范绍增部附边防一路司令陈兰亭部两团向刘坪、得胜山之线攻击，以占领通江，进出于红山堂、毛浴镇之线。

第四师左翼应与总预备军潘文华部及四路军杨森部密切联络。

这一次进攻，系城口、万源、通江三方面同时进兵。

城口方面：

独立一支队汪杰部于6月16日拂晓开始攻击，以一个团由正面向分水垭、箭杆坪进犯，以两个营由黄白湾向红军阵地侧击，迄正午将分水垭、箭杆坪、大尖山、甘菽梁四个要点占领。两三日后，又续向甑子坪进攻，遭到红军反击，伤亡颇大，遂溃回原阵地（营长死伤各一人，连、排长伤亡十余人，士兵伤亡三四百人）。6月20日邓团向前推进，经红军反攻，败回双河口。何团进至黄白湾、青岩子、野猫坪后，亦因陈国枢部已被击溃，退守八台山，后，治理整顿支队以两翼空虚，又退守女儿尖，王家坝之线。6月22日独立一团杨勤安部进占新八台山，即就原地对峙。

6月28日，二旅饶国华部到达双河口，29日即派四、五两团到石槽寨协助汪支队及邓团向前攻击。独立四团佟毅部早于25日到达糯口子、里二坝向蒙蒙溪、后坪进犯。边防第一路陈兰亭部的李宗煌团亦于29日到达明通井，即向三溪山、旗盖山进攻，并将两地占领，随即构筑工事防守。

此时唐式遵下令所有在右翼的范华聪旅、刘若弼旅、陈国枢司令、汪杰支队、佟毅独立四团等部均归饶国华统一指挥。

6 月 29 日，饶国华令汪支队及邓占山团于拂晓再向黄白湾，野猫坪、青岩子、分水垭等地进攻，战斗至午，红军向甑子坪、岔溪河方面退去，该线当被川军占领。

7 月 4 日，范华聪旅之王团进占厚朴梁、联盖山；杨团进占分水垭、大尖山；刘团进占笄嬷厂、茶垭子；王泰部进占三排山等地。嗣王三友团又由旗盖山进占二凹口、尖洞山；王三春纵队由高观寺进占老鸦口，一部由修溪口进占二甲寨，与王三友团联合进逼城口。

7 月 6 日，范旅之唐团攻下廉坝；王三春、王三友两部分向天马山、羊岸河、高家庄前进。自晨至午，在天马山、洗脚坡与红军激战，旋红军退蒋家坪、闹羊山。次日，王三友团进占闹羊山，并掩护王三春部于大渡口抢渡。红军迭向川军反攻，经多次肉搏后，旋向广线垭、长池垭退去。

7 月 7 日，红军放弃城口，王三春部与王三友团于当日正午进入城口县城。

万源方面：

6 月 15 日，五旅旅长刘光瑜指挥一、四、五旅及汪铸龙部之刘、周两旅向当面红军阵地进攻，并有飞机助战。一、五两旅进占鹞子寨、马鹿垭、红梓山（孔家山附近）、老鸦寨、麻姑石、耳山及香炉山山腹（以上地点在清花溪右前方地区）。红军入夜后大举反攻，敌一旅叶、周两团伤亡四百余人。四旅进占柳家堡、大罗山、珠宝寨、金条铺（石马河附近）。红军退守邱家梁、笋子梁之战。汪铸龙部周旅及五旅之杨团进战青龙观（在万源西南约七十里罐坝场正南、清花溪正北）、石垭子、八庙垭、牛背梁、大面山。红军退后坪附近之玄祖殿（在万源南六十里清花溪正前方本道上）。

6月22日，汪铸龙部刘旅协同五旅杨团向玄祖殿进击，激战一日，未取得进展。六路廖震师进占高鼻梁，后即协同二十一军九旅张邦本部攻击石窝场。6月25日，廖师陈岳旅于晨间推进至连盖坪；陶旅午前占领石窝场。红军向草坝场、朱家坪退去。廖师随即进驻大沙坝。27日该师进占苟家坪及摩天岩的一部分，红军退守五龙台、新店子、涌泉寺（在海音寺、黄中堡之间，在万源西南、距城二百二十里）。该师赓即协同九旅张邦本部向五龙台进击。

二十一军边防一路副司令吴锦堂部在6月25日占领宝顶寨后，又进占罗顶寨。29日再进占罗家寨、苦竹坪、猫跳岩。红军以一部扼守小寨子，大部退新店子。

6月28日，廖震师向五龙台推进，红军向草坝场撤退，其后唐式遵以该师急需整补，即令移驻石窝场、双龙场、大沙坝一带地区作总预备队，五龙台防务则交由边防一路司令陈兰亭部接防。

通江方面：

第三师许绍宗部，6月21日占领镇龙关、元顶子、粉壁寨之线。红军向草坝场、朱家坪、兰包场方面撤退。6月29日，七旅官团占领距赶场坝三里许的元顶山，九旅占领石帽山。6月底该师奉令右移(向万源方面移动),七旅开赴旧院坝,八旅开赴双河口(受饶国华指挥),九旅开赴石塘坝,师部即进驻白羊庙。

四师范绍增部周旅高、刘两团先于6月12日向当面红军夜袭,取得佛祖岩、三溪口、云龙寺诸阵地之一部。范绍增一面令周旅续攻三溪口,一面分兵进击得胜场。6月16日,廖旅进攻刘坪,范旅击中岭梁,均受红军阻击,仍退回原来阵地。范绍增认为刘坪方面不易进攻,乃令十二旅长孟浩然率黄、郑两团到巴陵寨协同周旅进攻得胜山,以期直达通江,夺取红军根据地。

6月17日,红军自动放弃刘坪。范旅曹团推进至麻石场。孟旅潘团经过街楼占领麻石场前方的陈子山、瓦尖山、高柳寨诸要隘,阻断红军交通。

6月21日,周旅之高、刘两团占领得胜山。红军向毛浴镇、硝口、熊溪口方面撤退。当晚二十二时,川军占领通江县城。红军撤出通江时,在安风场附近有一千余人被川军截断,情势危殆,但最后仍奋战突围而归队。

范师周旅进入通江城后,三、四路军之一部相继到达,李家钰说是他的陈绍堂旅熊团王营于23日午前七时占领的,杨森又说是他的杨干材旅于23日午后二时三十分占领的。各执一词,意在争功邀赏。刘湘亦电向蒋介石报功。其实红军仅因战略变更,退出通江,主力当即布置在通江城后以北之银鼎包、三花顶及乌烧背、关山梁、老鹰咀一带据险以守。

6月28日廖、孟两旅攻占印顶寨后,继占帆准寨。红军向高插寨、鸡公梁、乌烧背退去。7月4日,孟旅进攻高插寨,红军旅将该地放弃。

总预备军总指挥潘文华于6月初到达南充后,其先头部队即已抵达巴中、江口一带。6月下旬范绍增师占领通江后,该部即进至通江附近与范绍增部取得联络。7月4日,潘文华指挥彭韩部接替四师周旅防务。7月5日,潘文华与三路李家钰、四路杨森在兰草渡会商,决定于7月10日与李家钰、杨森两部及范绍增部协同进攻。当日午前四时,各路军先从左、右翼开始出击,激战至午,李家钰部突破红军三坪寨阵地工事一、二道,逼近王坪石墙,对红军形成包围。空军亦飞临王坪寨、三花顶助战。这时,预备军总指挥潘文华命令彭韩师拂晓向简家梁、银鼎包一带进击,随即占领简家梁,再前进至王坪寨右翼山脚突破红军三道工事后,即为绝岩所阻,无法前进,遂在该地相持。杨森部队从正面乘左右两翼迫近王坪寨时,即将三花顶、小寨子占领,其后即在小寨子附近与红军相持。

7月上旬,刘湘获得情报,红军正猛攻陕西之紫阳、镇巴,有向安康扩展模样;徐向前总指挥在东方军万源方面,政治部主任陈昌浩在通江以北指挥西方军。刘湘认为红军进兵陕西,势力已分,川军在万源方面的兵力已达十个旅以上,左翼通江方面范绍增师四个旅及陈兰亭部均已全数右移,王三春、王三友部已于7月7日占领城口,判断红军欲图向下川东发展已不可能。于是乃电令唐式遵迅即进兵,以期一鼓攻下万源,即使不能消灭红军于通江、万源以北地区,亦应将其逼入陕境。同时由"神仙"刘从云卜定7月11日为各路军总攻日期,说这一天是"黄道吉日"。刘从云下达的攻击命令,是用黄缎包裹由飞机分投各路总指挥部驻地的。

唐式遵奉令后，即令所属各部于 7 月 11 日遵令进攻，同时并作如下部署：

万源以东城口双河口方面，由一师二旅旅长饶国华指挥二十三军独立旅范华聪部、二十一军独立第一支队汪杰部、三师八旅刘若弼部以及王泰司令、王三春纵队、一师三旅王三友团、独立四团佟毅等部，担任右翼地区之攻击，以占领万源以东之花萼山地带，期形成对万源的包围；

白沙河方面，由三师师长许绍宗指挥（时许正生病由九旅长张邦本代）所属七、九两旅附独立一团杨勤安部，担任该地区之攻击，以占领万源为目的；

清花溪方面，由二师五旅旅长刘光瑜指挥一师一旅彭焕章部、二师四旅林毅部，担任孔家山、大山坡、大面山万源中路地区之攻击，实行中央突破以夺取万源。六路汪铸龙部之刘育英旅，即协同刘光瑜部作战。刘光瑜所指挥各部之攻击，为五、六两路的攻击重点；

岚垭场方面，由独立二旅旅长杨国桢指挥所部及第六路汪铸龙部之周少武旅、边防一路司令陈兰亭部，向大面山左翼助攻，以牵制红军；

第六路二十三军廖震师即移清花溪附近，随时准备加入本道正面之作战；

四师范绍增部将通江地区防务交由潘文华率领的总预备军接替后，所属四个旅即遂次右移秦家河、麻包山、镇龙关地区集结，策应万源方面之作战。

自 7 月初旬以来，范绍增师即奉命（向万源方面）右移，但因总预备军潘文华部及四路军杨森部迟迟未前来接防，故仍逗留在通江地境。7月中旬，四路军杨森部甫行接替通江前方简家山一线防务，即遭到红军进袭，失去简家山。红军乘势向通江挺进。范师正在右移途中，杨森、潘文华都要范绍增支援，范绍增因之派周绍轩旅协同潘文华总预备军彭韩师回援通江。经过三部配合作战，又重将简家山夺回。此后周旅折返万源赶场坝一带，其谌团则与右翼白岩洞之陈兰亭部联络，以徐载明部推进至启山。

7月下旬，范绍增部又奉命以廖开孝旅向喜神滩、新庙场、土门场、唱歌郎进击；以孟浩然旅经草坝场进击插旗山、朱家坪。廖、孟两部均被红军击退，仍在原地扼守。徐载明部向启山以北红军阵地进攻，红军向插旗山方面撤去，该部完全占领启山。周旅谌团向解家梁红军阵地进击，红军向兰包场退去，该部乘势跟进将太平坎占领。

当廖、孟两旅从两翼进攻均遭到红军坚强抵抗，左翼方面又迭接预备军总指挥潘文华请援的电报时，范绍增感觉形势不利，一面令前线各部赶筑工事，严防红军进攻；一面与唐式遵、潘文华往复电商，研究今后应是右移或是左靠。范绍增曾电唐式遵请酌调部队协助，时唐式遵部主力在万源方面迭受重创，亦只有嘱范绍增自行努力。范绍增本不愿到万源与唐式遵分担责任，遂以潘文华要其援助为借口，观望不动。

7月29日，范绍增师廖旅饶团拂晓进袭斗嘴子，红军据大寨抗击，旋红军向插旗山转进。当晚，红军一由斗嘴子分两路向太平仓左侧廖旅团阵地进攻，一由大东山分四路向观池垭前方孟旅谌团阵地进攻，天明均撤去。

8月6日，范绍增奉到唐式遵五日全线总攻的命令，即令周、廖两旅及五龙台方面边防一路陈兰亭部严密封锁铜观山、葫芦寨之线，同时令范、孟两旅联合在竹兴场附近之总预备军潘文华部李御良旅于7日拂晓向当面红军阵地进攻。7日正午，范旅由木廷寨方面攻占土门场，孟旅亦已占领石板店，并续犯鸡公梁、杨万山，进到山腹，即就地构筑工事与红军相持。

总预备军总指挥潘文华初派暂编二师彭韩部接防通江，继于7月15日又将通江城及以北之简家山防线交与四路军杨森接替。红军乘川军交接之际，一举攻占简家山，并直逼通江城下，经潘文华、杨森、范绍增三部协同作战，始将简家山重行夺回。潘文华认为红军此次反攻，攻击力量不弱，自已兵力虽不算少，但战斗力实在太差，乃电请刘湘将范绍增师留在通江，协同攻守。但因万源方面战局紧张，唐式遵迭催范绍增部右移，未得如愿。

7月22日，总预备军总指挥潘文华约同三路军李家钰部、四路军杨森部会攻懒板橙、蓑衣梁及简家山前方红军阵地，曾进占工事数道。后红军大部反攻，川军伤亡数百，仍退至原阵地扼守。24日，总预备军总指挥潘文华令彭韩师周旅夜间协同李家钰部再攻懒板橙、简家山前方一带，25日拂晓进占红军工事数层后，无再进展。周旅以城内杨团何营出城侧击，与红军相持于城郊。同日潘文华又指挥彭韩师之彭团向三花顶及简家山左前方进犯，杜团向蓑衣梁助攻，终因各军中、左两翼友邻部队不能齐头并进，红军遂以主力向彭团迭次反攻，并由毛浴镇增来千余红军以密集部队向川军猛冲。川军受到沉重打击，伤亡惨重，入暮败归原来阵地。这时总预备军总指挥潘文华重向刘湘提出要范绍增师支援的请求，得到刘湘的允准。

8 月 2 日，范绍增派副师长罗君彤到通江竹兴场会见总预备军总指挥潘文华，两人曾同赴团包子、高插寨一带视察，认为当面右起朱家坪亘兰包口、唱歌郎、大龙山至通江河边，红军凭山高地险、工事坚固扼守，右翼万源又久攻不下，红军似有诱使川军深入交通极为不便的大巴山区以消耗川军力量，待秋收成熟，然后大举进行反攻的迹象。前传红军有放弃四川以图陕西之说，以这时情况判断，殊少依据。且不面战线过宽，兵力已嫌薄弱，如直接进攻唱歌郎一带，则以纵深 90 余里，道路崎岖，障碍重重，困难殊多。潘文华、罗君彤商议后，决定先巩固阵地，实行封锁，待两翼有了进展，再图攻取。

8 月 7 日，潘文华指挥总预备军所辖暂编二师李御良旅由竹兴场方面出击，配合五路军范绍增师之范、孟两旅，向当面红军进击。范、孟两旅未取得进展，李旅以一部进出于秦家岭、王家湾、石板店、土寨子一带游击，仅与红军游击部队小有接触，旅亦撤回原来阵地。此后潘文华率领的总预备军直到五、六路军在万源地区总崩溃时，均无大的战斗。

第五、六路军唐式遵、刘邦俊所部，对万源地区的红军开始围攻以来，至 1934 年 8 月，历时四月之久，在以万源为中心周围百余里内，使用兵力逾二十旅，使用于万源正面的攻击部队先后达二百多团次，有时在一个狭小地区内曾同时使用几个团，在清花溪、白沙河并不宽广的地面上甚至使用到二十多个团同时进犯。但每次攻击,不管是探攻也好,佯攻也好,总攻也好,多半是受到红军的猛烈打击,伤亡惨重,最后以败退告终。因此由春末到秋初,各军在万源攻击战中,不仅毫无进展,而且损失很大,于是在战区附近各县大肆拉兵、拉夫来补充。以民夫来说,川军兵站有一百多个,以每队百人计,即达一万多人;其中病死、拖死及被虐待而死的,则不知有多少!再加以征粮派款,强收苛捐杂税。部分军人更是纪律败坏,奸淫掳掠,无所不为,早已弄得民怨沸腾,怨声载道。而军队内部士气低沉,官兵普遍厌战,最后必然溃败,已经成为定局。刘湘、唐式遵等面对危局,忧心忡忡,但始终束手无策。8月初见红军收缩阵地,集中兵力,已料到这是红军大举反攻的前奏,而川军屡遭挫败,实已无力再事进取,只得一再命令各部坚工严防,筑碉自固,完全改取守势,未敢轻进了。

正在刘湘、唐式遵焦灼万状,严令前线各军就地固守之时,红军出击已经准备就绪。8月10日晚,红军以主力向罐坝场正南方约十里许之青龙观敌军(六路军汪师周旅)两个团的防御阵地接合部,一举突破,川军全线溃败,立时四散奔逃。天明,红军完全占领青龙观阵地,随即扩大攻势,一面向纵深楔入,一面向两翼席卷。

由于汪、杨、刘、吴等部所守阵地先后完全崩溃,红军突破口愈来愈大。红军以主力跟踪追击,毫不停留,一把尖刀继续直向川军阵地心脏纵深插入,同时又以秋风扫落叶之势席卷两翼,至此,五、六路军防守阵地的中央突破口已达百里以上,整个防线就都告瓦解了。

唐式遵在石塘坝初闻败耗，还打算严令两翼固守，并抽调部队弥缝突破口，一面电范绍增派出一旅以上兵力星夜驰援，一面又急电刘湘请立即加派援兵。继之汪、杨、刘、吴四部相率溃退，红军愈向后方突入，川军在白沙河以左完全暴露，后方补给线将被截断，全军大有尽被包围歼灭的危险。随着前线各部节节溃退，红军先头追击部队已出现于石盆口一带，孟浩然旅被迫退到镇子垭、黄城坝之线；而清花溪以右的当面红军，乘中央突破之势亦向川军猛烈进攻，川军各部恐被消灭，率皆望风披靡，不待命令便自行撤退。这时唐式遵手忙足乱，十分沮丧，随即在石塘坝召集附近各师旅旅长开临时紧急会议，商讨对策，冀挽危局。许绍宗、赵鹤、李文柱、刘光瑜、林毅等参与会议，多主张迅即后撤，放弃中河、退守前河，将绥、宣委之红军，则红军追击自然停止；并引证第一次欧战兴登堡先脱离敌踪而后取得胜利的战例，目前应以远撤布防为宜。唐式遵犹豫不决，又同其亲信（参谋处长）罗洁莹密商，罗说："他们想苟安一时，避开正面，不顾全局，可以远离敌踪，退守前河，但你却不能这样做；因为绥定、宣汉两县城都在前河右岸，守前河就要放弃绥、宣，今一战而失重镇，即使今后战局好转，人必谓王总指挥（陵基）取绥、宣，唐总指挥失绥、宣，势将得到与刘存厚同样的结果；且前河水浅，到处皆可徒涉，各部已成惊弓之鸟，谁能保其固守无虞？一旦再有疏失，前途就更不堪设想了！"唐听信罗言，愤而拍案大叫："要我放弃绥、宣，万万不能！"于是命令右翼前线各部相互掩护总撤退，沿万源、宣汉间的中河布防；左翼由副总指挥范绍增相机与总预备军总指挥潘文华切取联络，以掩护左侧背之安全。各部在未奉到撤退命令之前，早已自由行动，纷纷后撤，及奉令撤退，则更争先恐后，各不相顾，谁也不愿掩护谁了。山路崎岖，羊肠小道本属难行，但有整个旅、团一昼夜间逃跑达二百余里的。川军半年来猖狂进攻所侵占的地区，仅一天一夜间即为红军完全克服。

截至8月下旬，红军已停止追击。红军主力分往陕南及向通、南、巴方面对一、二、三、四各路及总预备军各部进攻，五、六路正面压力减轻，才稍得喘息机会，慢慢稳住阵脚。

唐式遵在万源的总溃败中，被红军摧破的部队计有：六路二十三军汪铸龙部之周绍武一个旅；二十一军独立二旅杨国桢部与边防一路司令陈兰亭部三个团均残破不堪；二十一军二师五旅刘光瑜部被歼二分之一以上。其余右翼的一师一、二两旅，二师四旅，三师七、八、九旅，廖震师之两个旅暨其他各部，以及左翼的四师四个旅，均各有轻重不同的损失。当时估计，各部被打死、打伤、逃散、被俘的官兵约在二万人以上，至于械弹粮秣、辎重行李，那就遍地委弃不计其数了。

当五、六路军总崩溃消息传到成都时，刘湘以自己二十年来苦心经营起来的军队、赖以称霸全川的统治资本，大部毁于一旦，不禁惊愤交集，立即分别严电绥、宣前方各部，不准再行后撤，应与邻接部队密切联络，互相靠拢，以待援军；并令于令到之日，立即组成督战队，由驻在地的最高指挥人员，负责收容残部，不管是否隶属，均须听其指挥，如敢违抗，就地枪决。这样才勉强压住了各军的溃逃。同时刘湘电令潘佐、林梅坡两个独立旅，邓和、邓国璋两个路司令，立即各率所部昼夜兼程驰赴宣汉前方增援。一面又令总预备军总指挥潘文华在通江方面变更方向，与五路范绍增部密切协同占领江陵溪、巴陵寨、元山场之线，构成坚固的侧面阵地，以阻红军西进。

这时，红军先声夺人，四川的军阀、官僚、地主、资本家都大为震恐，纷将存款汇往上海，申汇暴涨，在四川交二百元，在上海只收一百元。在成都的官僚地主头面人物，在惊惶万状之中，于西御街安抚委员会召集会议，商议挽救危局办法。会上对四川"剿匪"军前方军事委员会委员长刘从云大加指责，认为军事失利，皆刘从云指挥谬误所致，决议以安抚会名义致电刘从云，要其自裁，以谢川人。前方各部亦纷纷攻讦刘从云毫不知兵，指挥不当，以致全军溃败；三师八旅代旅长刘若弼，曾电请刘湘杀刘从云以安军心。

第五、六路军在万源总崩溃的情况传到南昌后，蒋介石亦大为震惊，来电斥责，说什么即因地形关系进剿困难，亦应筑碉自固，防其进扰。……如有再行后退、牵动全局者，当以该主官是问。刘湘受红军沉重打击之余，既慑于蒋介石的压力，又感到各路军希图保存实力，互相观望，步调不齐，难于统一指挥。各路军粮、饷，虽各在其防区内自筹，但战时活动费及械弹补充，则须由"剿匪"总司令部拨给。蒋介石承认补助的饷粮械弹，又是口惠而实不至。同时四川人民的抗粮抗捐，则是此伏彼起，搜刮压榨，已渐穷尽。刘湘在上下交迫的情况下，计无可出，乃于8月23日通电辞去四川"剿匪"总司令及二十一军军长职务。

刘湘发出辞职通电到了重庆后，表面装作消极，既不到部办公，又避不见客，以示辞意甚坚。其实刘湘是以退为进，已在幕后开始进行一系列的活动。他首先派飞机把范绍增接来，对范绍增抚慰备至，并拨给大笔作战活动费，意在鼓励范绍增继续卖力，抗拒红军。另又派其妻弟周成虎、亲族刘树成携带大批慰问品到前线慰劳各将领，并运去大量械弹，充实各部战斗力量。此外，刘湘还严令下川东二十多县的县长集中团队，每县至少须调出地主武装一千五百人以上，开赴前线；另还须广募兵员，补充前方作战部队。同时日夜召集亲信幕僚，商讨准备今后的作战计划。刘湘还决定在近期到前方召开将领会议，并令二师师长王缵绪克速来渝，随同前往绥定、宣汉，视察战地情况，及参与今后五、六路的作战指挥。

刘湘知道他与蒋介石之间矛盾颇多，现又新遭惨败，各方多所责难，恐蒋与川中各军阀合力将其排挤，不好应付，故佯为辞职，以事缓冲。刘湘也知道蒋介石在江西正被红军打得焦头烂额，无力西图四川，而自己的实力，仍较四川各军阀为大，在当前的危急局势下，无人能继其任。因此又于9月8日电蒋介石表示“愿以在野之身，权支危局”，又说什么现绥、宣吃紧，三、四路复相继告急，决即驰赴前线视察整理，其能暂时稳定，以待“中央处置”。此时四川各军阀也自知谁也无力取代刘湘，刘湘以退为进，蒋介石终必加以慰留，于是纷发通电，挽刘湘复职；随着蒋介石亦同意刘湘购置生银及无烟火药，并允即行拨给补助的械弹军饷，又再令四川各军必须严格服从刘湘指挥。刘湘的意图已达，遂于10月22日通电复职，宣布即日赴开江前方督师，继续进行其围剿红军的战争。

第十二章　担任南岸“剿匪”总指挥 阻止中央红军北渡长江

1934 年 12 月初，刘湘偕同蒋介石所派参谋团团长贺国光由南京回到重庆，于 12 月 9 日召集住重庆附近团长以上的军官会议。刘湘督办署的潘文华、郭文钦、钟体乾、傅常、张斯可、乔毅夫等高级幕僚和参谋团团长贺国光、副团长杨芳毓等，都出席了这次会议。

刘湘在会上讲了一大通，他开口就说：“今天召集大家来开会，是因为有一个严重的军事情况，那就是朱德、毛泽东所率的红军，已由湖南分三路进入贵州东面各县。据他们的通电说，是要北上抗日借路过。我看他们是要进入四川与徐向前部队会合，扩大他们的川陕根据地。这样，则四川将遭糜滥，战事何日可了，于国家大局，于四川人民，均要受到莫大的灾难。为此，我们要事先作好防御计划，防止他们入川。我们判断红军动态有几种可能性：

第一案：走西秀黔彭方面出涪陵、北渡长江，与川北的徐向前会师，再由大小川北进攻成都；

第二案：沿川黔公路进攻松坎、綦江，直取重庆，然后与徐向前部会攻成都，但重庆地形艰险难攻，其可能性不大；

第三案：沿赤水河出合江，渡长江北上；或经古蔺、永宁出泸州北上，这一案的可能性较多。

第四案：经云南昭通，由大关再经老鸦滩、筠连等南六属地区攻叙府（宜宾）、江安、南溪，沿岷江两岸进攻成都，或退入康定，与徐向前部队集结在西康境内，依山据险，建立苏维埃政府；

第五案：若是在处处被阻之后，将渡金沙江经会理、西昌穿越大凉山区，走从前石达开所走过的道路；或据康定，或趋岷山东端，进入陕甘地区。

假使红军是按第五案行动——走西康这条道路，那么我们只须用一、两旅兵力扼守大渡河天险，他们就插翅也难飞越，必蹈昔年石达开的覆辙。”

刘湘接着说：“这不过是我的几个判断案，现决定：我的总部坐镇重庆，潘文华为前敌总指挥坐镇泸州。其余各路部队均已分别部署，一俟敌情明了后，再作最后调整。

今天开会的目的，是让大家知道这次战争的重要性，是我军存亡的关键，我们回去要立刻把部队整备好，每个战斗兵要带够一百五十发子弹，大小迫击炮、机关枪也要多带子弹，不够的，速到军械处配领，命令一到，立即遵令出发。”

刘湘又说：“红军的目的是企图北上，他们兵员不多，沿途都有损耗，后面又有我们大军跟追，如中途与我军遭遇，他们决不愿鏖战，必然逃避决战硬拼。但如暴露出我方弱点，他们将以全力来歼灭我们的部队。据富有军事经验的人员去江西参观后谈:红军作战指挥灵活机动,往往采用声东击西、指南打北,以强制弱、以多吃少、佯攻假败、诱敌深入,迂回包围、夜半奇袭等方式。过去中央各军屡遭挫败,就是忽略红军这些新型游击战术。大家务将此情传达所属部队,要随时侦察敌情,提高警惕。红军高级将领朱德、刘伯承都是川中宿将,军学渊博,深悉云贵川地形和各军的性能,如果稍事疏忽,随时将有覆灭之祸。”

刘湘最后说:“根据当前情况,兹派郭勋祺、潘佐两旅为总部的机动部队,作好应战准备,待命行动。不局限于川境防务,必要时将出川对敌。若红军来到川边,你们当全力以赴,迎头痛击,使之望而生畏,不敢入川,是为上策。我的治军要领是‘整、稳、拼’三字诀,就是:平时要整,临战要稳,作起战来要拼。大家要记录下来,作为我军的‘座右铭’。”

1935 年 1 月 5 日,中央红军突破黔军侯之担部防守的乌江防线,渡过乌江,7 日占领遵义,10 日再占桐梓。重庆大受威胁。刘湘当派模范师旅长廖泽率兵六团,进驻松坎,防止红军进入川境。

这时刘湘已调集六个师三个旅,计八十二个团,总兵力十万人左右。刘湘虽然慑于南北红军的声威,与蒋介石达成妥协,同意蒋介石派参谋团入川参与“反共”军务,但他对蒋介石的中央军也是忧心忡忡的。在他看来,如果蒋介石借追堵红军之机入川,川军“同红军作战的结果,幸而胜,也是替蒋造机会,若失败,那更不用说了。所以无论如何,要阻止蒋派兵入川”。要阻止蒋介石派兵入川的最好理由,莫过于中央红军不到四川来。因此四川军阀及富豪无不希望红军能在到四川之前就被消灭。这种侥幸心理在 1935 年 1 月的四川报纸《新新新闻》上几乎天天都有反应。然而,红军占领遵义,攻下娄山关,逐渐逼近四川,四川军阀的这些妄想一个个破灭了,刘湘堵截红军的战争部署便全面展开。

1 月上旬,蒋介石派追击军总指挥薛岳率十万以上的中央军跟追中央红军,直入贵阳。同时要刘湘立即调集大军,分布于宜宾至江津间的长江南岸,用以阻击中央红军。

1 月 12 日,潘文华过重庆到刘湘处汇报军情,刘湘和潘文华研究判断:中央红军后面有薛岳兵团跟踪尾追,湘军、桂军、黔军、滇军正向遵义推进,加上川军在川黔边的兵力,追堵中央红军的总兵力不下二十万人。刘湘分析中央红军腹背受敌,可能由松坎出綦江,在重庆附近渡过长江;或者经过川黔两省交界地区进入四川叙永、古蔺及高县、珙县、兴文、庆符、长宁、筠连等地,在泸州和宜宾之间渡过长江北上;也可能沿川滇边界大雪山西进。

潘文华与刘湘密语分析后,刘湘语气沉重地说:"当前形势严峻,实前所未有。现在我们决定北守南拒。处此危急存亡之秋,正准备推诚争取邓、田、杨、李、罗等部一致行动,以期共图生存。在北边,决定留下五万部队交子晋(唐式遵)使用,由子晋同邓、田他们精诚合作,坚决堵住红四方面军,本军主力则悉数南调,扼守川黔边境,万不得已,则必须尽全力坚决阻止红军渡过长江。"

"我一定守好川黔边境,不让红军入川。"潘文华似乎很有把握。

刘湘摇了摇头："可是问题的严重不在于红军，而在于中央军跟随红军之后进入川南，我们提不出任何理由加以拒绝。薛岳一进入贵阳，便把王家烈排挤到贵阳以外，这难道还不够令我们警惕戒惧吗！？现在南京派的参谋团来了，康泽的别动队伍分布全川，监视着我们，我们的处境十分不妙啊。"

说到这里，刘湘长叹一声："唉——我们同红军固然是水火不相容，但还有一个共同点——即都是蒋介石要消灭的对象。"

说到此处，刘湘沉吟起来："当然，红军更是主要对象。因此，我们还有运用余地，这是与过去对红四方面军作战不同的特点。我们真是要馨香祷祝红军把蒋介石的大军给我们带走，而不要带进四川。"

说着，刘湘站了起来："这并不是空想，从客观情况推断，是有可能性的。我们现在的原则是：黔北的红军只要不危及我们的政治生命，我们就虚与周旋，保存实力，决不对消；如果红军真要深入四川腹地，那就只有不惜忍受蒋介石的控制，与之硬拼到底，在同归于尽中去求幸存。目前关键在于黔北红军入川境的深度，特别是渡不渡长江，这是我们采取行动的分界线。"

刘湘走到墙上挂着的军用地图前，向爱将知己潘文华指点道："具体讲来，我们的做法为：涪陵以下，必要时暂舍给蒋介石，但重庆必须由我们直接保卫，我已作了必要准备，估计红军不会向此攻坚，看来问题不大。本军主力今后控制在荣、隆间机动位置，目的在于固守长江北岸。从江津到宜宾间的长江南岸，现在就完全由你负责。现有 9 个旅以上兵力交给你指挥，如情况需要还可随时增加，另外还派有舰队和空军与你们配合行动。一句话，就是要阻止红军进入川境。万一红军入境，如系假道他去，则开放进路，切不可截堵；如续向长江以北推进，则不惜任何牺牲，都要咬住不放，同时与北岸主力部队配合，坚决予以击走。”说完刘湘用满怀信任的目光望着潘文华：“仲三，这艰巨的任务就交给你了。”

“甫公，我明白你的意思，一定完成好此任务。”潘文华信心十足地回答道。

第二天，潘文华便离渝，到川黔一线布置军队去了。

1935 年 1 月 14 日，刘湘正式任命原四川“剿匪”军总预备队总指挥潘文华为南岸“剿匪”总指挥。在泸州设立了“南岸剿匪军总指挥部”，调集主力十多个旅、四十多个团分路向川南集中，在宜宾到泸州间布置长江防线，并派出 8 个旅分头向川黔边推进，其中部分兵力进到黔北地区。另调川南十二个县的地方武装组织联防，从川黔边至长江沿岸部署了四道防线，配合川军主力防堵拦截北上的红一方面军。同时令范子英为南岸“剿匪”第一路指挥，陈万仞为第二路指挥，廖泽为第三路指挥，郭勋祺为总预备队指挥。

1 月 15 日，红军首次与川军发生战斗，红一军团在黔北松坎附近消灭廖泽旅一部后占领松坎。

潘文华的南岸“剿匪”总指挥部在泸县设置后，1 月 16 日，刘湘偕同二十一军军务处长徐思平等，由重庆飞赴泸县，与潘文华总指挥紧急会商军务。由于中央红军动向不明，由重庆到宜宾，沿江防线太长，刘湘和潘文华颇感棘手。刘湘和潘文华为了给驻守泸县的章安平、范子英两部官兵打气，召集他们讲话，鼓励官兵努力作战。但刘湘非常心虚，怕老巢有失，当天就溜转到重庆去了。

接着，总指挥潘文华在泸县召集所属团长以上军官会议，研究中央红军的趋向。当时，根据二十一军军部刘湘的估计，认为中央红军已占领娄山关天险，据有桐梓，可能由松坎出綦江，威胁重庆；并由重庆附近渡过长江，与川北的红四方面军会师。因此，一部分参与会议的人主张，把重兵放在綦江、江津一线。会上，范子英等认为不然。他们对中央红军的分析：一是孤军长征，不会攻坚，不能持久战斗；二是中央红军后面有蒋嫡系军薛岳等部跟踪而来，不会到长江边上来腹背受敌。因此范子英等认定中央红军将走川黔滇边区进入四川的叙永、古蔺及叙南六属（高县、珙县、庆符、长宁、兴文、筠连），有沿滇、川边境大雪山西行的可能；也有可能在叙、泸之间渡长江北上，在自贡一带以盐业工人为发展对象，大量补充兵员给养。另据派到黔中的侦察人员回报，谓已侦知中央红军到达桐梓后，已丢下当面防堵的廖泽部队转向黔北移动，有佯攻温水、赤水而主力直趋川南的叙永、古蔺模样。

综合分析中央红军进军态势后，总指挥潘文华转报刘湘并同时决定：四川第六期军官教育团部署于重庆南岸，在李家沱至大兴场一线，依托长江，构成碉堡线；令张竭诚独立第一旅到綦江、南川布防，巩固重庆外围。当刘湘和潘文华又获悉，中央红军离开遵义后便以一部阻击进至松坎的廖泽部，红军主力则开向温水、赤水时，即令川军总预备队指挥郭勋祺率所部及潘佐独立第四旅由江津白沙赶往温水拦截。以第一路指挥、教导师第二旅旅长范子英所部三个团及边防第四路顾晓帆团，由泸州开赴叙永、古蔺两县防堵；以第二路指挥、第五师师长陈万仞率该师达风岗第二旅、袁如骏第十四旅，由涪陵船运合江，开往赤水堵截。教导师章安平第一旅亦由泸州取道合江，赶赴赤水方向。接着，廖泽被改任第三路指挥，奉命率该旅及穆肃中部密切注视红军移动情况，跟踪尾追。以独立第二旅旅长田冠五为侧翼指挥。又调任万县警备司令的第一师第三旅旅长刘兆藜部及周成虎警卫大队开赴叙永、古蔺协防。调担任成都警备司令的"模范师"第一旅旅长蒋尚朴及机枪一团团长梁国华开往宜宾，负责防守横江、滩头一线，拦阻红军西进。以边防第四路司令魏楷部进驻江安、纳溪，指挥沿江各县团防，加强河防。命令川江公安舰队司令蒋逵筹划长江上游江面防务，将原有 14 条舰艇并租用 4 艘商船，日夜游弋长江江面，分段防守，以防止红军由黔北乘隙而入……这样，刘湘和潘文华总指挥调集了十四个旅，四十三个团以上的兵力，在上自屏山下到奉节长达七百余公里的长江线设防，而以宜宾到重庆的长江两岸为重点。

18 日，川军侦知红军在土城附近。潘文华总指挥命令范子英旅由古蔺向土城方向挺进、章安平旅向赤水土城挺进。令驻防赤水附近之刘兆藜、达风岗、张竭诚等旅确保赤水一带，并以一部分别向土城边境挺进，各部协同围捕红军而聚歼之。该旅务与红军坚持战斗到底为要！郭勋祺奉电后，为了鼓舞士气，便立将刘湘分调大军增援合围的电示情况，抄转下达至各团营连知照。

中央红军是于 1935 年 1 月 19 日，分别从遵义、松坎、东皇殿等地向北、向西移动，朝土城、赤水方向前进。

1月20日，川军南岸"剿匪"总指挥潘文华的四十多个团沿长江布防就绪，堵截红军北渡长江，滇军则有十个团的兵力扼守叙永、毕节之线，防止红军从西南进入滇境。

1月22日，刘湘宣称："川南防务，已部署完竣。我一切计划，得以从容完成。我叙南金沙江、长江至老鸦滩最后预备线，亦已布置妥善。防剿战，主动在我。"在刘湘已对长江严密布防的情况下，红军要实现从泸州上游渡江的计划，必然会遇到较大的困难。这就是为什么红军与川军在黔北的战斗都不得手，为什么二月上旬红军的叙永攻城战又不能获胜的重要原因所在。

红军一渡赤水，改变从泸州上游渡江的计划，根本原因是由于潘文华指挥的川军的拦截和红军在黔北的战斗未能消灭尾追之敌郭勋祺部。潘文华堵截红军渡江的战略意图与红军1月20日的渡江计划恰好发生冲突，在川军坚固防守面前，红军放弃了与之继续硬战。

川军首领刘湘这种拒红军于长江防线之外的战略，早在1934年底就已决定。12月下旬，刘湘到重庆广阳坝二十一军第六期军官教育团讲话时透露：以后对红军的两面作战要采取北守南攻的方针，即采取以攻为守的方式对付中央红军。刘湘批评碉堡战太呆板，认为碉堡必须同机动部队配合才能发生效用。刘湘说：过去在川北对红军作战太被动，对西进的江西红军一定要采取攻势，在红军未入川境之前就要把他堵住，把这场战争推到省外去打。黔北后一系列战斗，证明了川军的凶恶，也证明潘文华这个总指挥在拦堵红军渡江时，忠实执行了刘湘把战争推到省外去打的战略意图。川军五个旅开进黔北，是刘湘防御中的戟，也就是所谓碉堡战太呆板，必须同机动部队配合才能发生作用的表现。但是，川敌刘湘把战争推到省外去打是有限的，刘湘与中央红军作战的根本目的，是阻止红军渡江。他虽然派出郭勋祺部作为机动部队进入黔北赤水、土城一带寻战，但仍然把封锁长江放在首位。

1 月 21 日，在中央红军前进的方向上，川军正抓紧设防。南岸“剿匪”军总指挥潘文华从位于泸县的总指挥部发出命令，命令第二十一军模范师一旅旅长蒋尚朴、二十一军边防第四路司令魏楷分段防守长江北岸，并划定了他们各自的防区。命令还提到：“总司令部正调遣兵舰，并配合装甲商船，汽划武装，必要时即派来分段游弋江面。”同时，潘文华总指挥又给所属各部下达命令：“本军企图联合中央大军于黔北乌江地带歼‘朱毛’残匪，但用兵之道宜慎，而剿匪虽在境外，后方险要关隘及大江北岸究应节节布置。”可见，潘文华总指挥旨在保证后方安全、防线坚固、完成兵力配置的情况下，才使用机动部队的。

1 月 24 日，川军在潘文华的指挥下，已于川黔边境布防，封锁长江沿岸，并派出 3 个旅，包括川军模范师郭勋祺旅向土城地域的红军尾追过来，企图与国民党中央军周浑元、吴奇伟部夹击红军。当日，潘文华总指挥又给驻守合江的陈万仞发去命令：“贵部主要任务在固守合江，策应赤水，但部队应推进至能兼顾习、赤之适当地区，并迅速侦明最近匪情，相机侧击之。”看来，中央红军与川军正式交锋的日子不远了。

1 月 25 日，红一军团先遣部队占领土城。

1月26日，红一军团一师先头团红二团向川黔边境的赤水县城前进。天快黑了，先遣部队到达赤水县城郊，由于赤水城坚固难攻，加之有大量川军防堵，红一军团先遣部队就在城外复兴场、旺隆场等地与川军一个师两个旅相持。与此同时，红一军团二师一部进至黄洞坡附近，受到川军章安平旅第三团阻击。中午，川军达凤岗旅按照潘文华总指挥的命令赶来增援，加之此前川军早已在黄洞陂道路的一侧筑有碉堡，在另一侧的小山顶上修了强大的工事，并用重机枪向红军猛烈扫射，红军三面受敌。红军与章、达两军展开了激烈的肉搏战、拉锯战，血染山冈、草木为之滚平。红军与川军激战了一整天仍毫无进展，便下令停止向赤水城进攻，改向猿猴（元厚）转进。入夜，红军在一日激战之后沿着赤水县城西南的山丛撤走。

在黎明前，郭勋祺持潘文华总指挥的电示登上关子门口向官兵宣读："已派范子英旅由古蔺，章安平旅由叙永，刘兆藜旅由赤水，达凤岗旅、张竭诚旅由合江、赤水间，分路向土城之敌包围而来，弟应协同汝必兄，将敌滞留于土城附近地区，俟各旅到达时，将敌一举包围而歼灭之。此是甫公和川人的盼望，亦是中央政府之目的，切勿违误是要！"郭勋祺读完电文后，问道："前线为何无枪声，是我们部队从别方面溃走了吗？还是敌人闻风脱逃了？"周参谋判断说："可能是敌人侦悉我大军前来包围之风先行逃跑了。不到一个钟头，前线纷纷来报，敌军已撤退了！"

27日拂晓，红三军团一路与川敌郭勋祺部在土城附近又展开激战，土城之战拉开序幕。

27日午后1时，郭勋祺率唐团长进入空荡的土城场，命胡秉璋将攻克土城喜讯急电刘湘、潘文华报捷。傍晚，刘湘、潘文华分别致电郭勋祺，表示祝贺嘉奖。

28 日晨，郭勋祺接潘文华总指挥电："据范子英旅长报称，红军由土城退走时，大部窜入古蔺以南与川黔交界的苗族地区。查该地区人烟稀少，给养困难，判断红军不可能在该处久留，其目的是否经云南出宜宾北上，或有折转向东入黔。除向甫公转报请示外，着即注意侦察为要！"

28 日清晨 5 时，土城激战打响了。这是一个血腥的星期日，中央红军与川军在赤水河畔土城以东地带展开了一场生死搏斗。

红三军团第五师首先向川军郭勋祺旅第七团在青杠坡的正面阵地发起猛攻。接着，红军又进攻银盆顶部郭勋祺旅第八团阵地，并以一部抄袭敌右翼第七团。

红军在土城青杠坡、风杆坝等地与川军激战了四五个小时。

中午过后，战斗更加激烈。

正在这时，川军郭勋祺亲率第九团和特务营、机炮营，加强了正面阵地，以猛烈的炮火向红军轰击。随即，郭勋祺以两个旅 6 个团的兵力进行反扑，突破了红五军团阵地，步步向土城镇进逼，一直打到镇东北面"大埂上"红军指挥所前沿。

时值中午，红一、三军团向川军郭、潘、廖各部发动正面猛攻，遇川军顽强抵抗。

当红二师开上阵地的时候，川军已占领了有利地形，红二师便在一个葫芦形的隘口中来回冲杀，无法展开，伤亡较大，红五团政委赵云龙也牺牲了。各部红军连续奋战数小时，直至黄昏仍未扩大战果。这时红军发觉对敌情判断有误。原来得悉川军是两个旅四个团约六七千人，实际是川军总预备队主力郭勋祺部和川军潘佐旅、廖泽旅、章安平旅、达风岗旅共约一万人。而且川军并不是不堪一击的黔军，而是刘湘、潘文华驻守宜宾的精锐部队，装备精良，弹药充足，控制交通干道，运输方便，熟悉地形，并且援兵不断。这些川军又善于走山路，有“山耗子”之称。他们占领有利地势，或居高临下，或凭险固守，以逸待劳。红军经过长途急行军，兵力少，装备差，不熟悉地理环境，所处地形又不利，只能仰攻，无回旋余地。

29日拂晓，红军各部“脱离接触之敌，西渡赤水河向古蔺南部西进……”

土城一战，川军颇感得意，蒋介石也拍手称快，川军与红军两败俱伤，蒋介石何乐而不为。当日，国民党《中央日报》就土城一战转载四川“剿匪”总司令刘湘31日电称：“据潘总指挥报告，匪第五军团已被我部郭潘廖各旅击溃，匪第三军团亦被我部郭、潘、廖、穆、章、达、港、刘各部包围击溃，前后毙匪五千余人，缴匪步枪二千余支，机枪六七挺，俘匪参谋长一员，毙匪团长欧阳君一员，毙匪营连长十余人。”该电文接着说：“收复土城时，我军与毛泽东部悍匪万余人，激战至烈，该匪军人数械弹，在匪中组为充足，连日顽强抗拒，我郭旅长勋祺，带队冲锋，往复肉搏，数十次，前后毙匪二千名，郭旅伤亡也极众，特立升郭为模范师长，并电军政部议叙。”《中央日报》在同一版面上还引四川省政府秘书长邓汉祥电文称：“我军攻克土城后，匪狼狈西窜，被我军沿途截击，迭予重创，匪损失甚钜，已不成股，扫荡肃清之期，当不远矣。”

川军南岸剿匪区司令部在后来的统计报告中称:“伤亡之官长百余名,士兵约三千多名,为川军剿匪以来未之有之剧战。”此时,川军南岸“剿匪”总指挥潘文华判断:“匪现以动摇,恐必向南六间道逃窜。”南六指四川省高县、珙县、庆符、长宁、兴文、均连六县,位于宜宾以南。看来川军总指挥部仍旧认为中央红军会通过南六地区从宜宾北渡长江。

潘文华指挥的川军在黔北对红军顽强阻拦,作战意图非常明显,就是坚决阻止红军靠近长江,进入川南。

此时中央红军一渡赤水。赤水河从云南镇雄县流经贵州的仁怀县、茅台场、太平渡、土城、猿猴场、赤水县进入四川之南。

总指挥潘文华旋奉蒋介石电告:“红军分几部向乌江西南之我军袭击后,又向我鲁班场、茅坝等方面袭击,在我改换方式向西南围攻时,该敌又转而向北逃遁,于二十七、八两日在仁怀县附近流动,其主力于二十八、九两日由赤水河的太平渡渡往西岸。”蒋介石电令又说:“敌可能畏我大军组成铜墙铁壁向其推进包围,故又转而西窜。除令大定方面的第三纵队迅速截击,并电刘督办派军分头堵截外,该司令应即率部迅向西追击逃敌,不得迟误为要!”郭勋祺部奉令立即出发,于30日午后抵达太平渡时,侦知红军早于一天半前渡河。遂率部迅速渡过赤水河西岸,这乃是郭勋祺部三渡赤水河。

是日傍晚,又奉刘湘电:红军再渡赤水河,有向我古蔺、永宁(叙永)等处流窜威胁川南之情势。除令潘总指挥,严饬驻赤水之刘兆藜、达风岗旅、古蔺之范子英旅、永宁之章安平旅向前推进,迎头痛击该敌外,该师长迅即率部追击前进,会同捕捉歼灭该敌,保障川南一带地区安全为要。

中央红军右纵队前锋红一军团第二师于2月1日进抵叙永,随即将叙永城围困,展开攻城战,而中央纵队和左纵队通过古蔺南部地区向云贵川三省交界处挺进。

叙永城地处川、滇、黔边要冲,是川南通往滇黔的咽喉,自古为军事要地,城墙十分坚固。叙永县城分东西两城,东城为商业区,城垣低矮,城外连接丘陵小山,东门通向古蔺。西城为行政机关所在和居民住宅区,城垣比较坚固,周围开阔,地亦较宽。西城外虽有大山,距城都远。东西两城中通一条小河,名永宁河,上有石桥两座,连接相通。从防务观点来看,西城容易防守,东城因地形复杂,红军来攻,容易接近。红一方面军要经过川南,并向长江靠拢,进而北渡长江,必须攻占该城。

守卫叙永县城的范子英旅,乃以重点布防东城,急忙修筑城墙工事,拆去城外房屋一千余家,征集民工筑成碉堡八座,与城垣互为犄角。并在城外红岩咀小山上修石雕两座为前进堡。沿城墙外设置侧防火力,挖掘护城壕,设置鹿再寨障碍和防备夜袭的照明坑。同时由县政府调集全县团队,择优编为五个“义勇大队”,每大队辖三个中队,除以一部协助范子英旅担任城防外,其余分住天池、洛窝、马岭、桂花场各要点,担任警戒,维护交通,如情况紧急,即向县城靠拢集中,协助守城。此外并成立军粮管理处,集中粮食,并征运邻县军粮到叙永囤储,又向全城商店筹款作为兵站费用。这些措施,弄得人心惶恐,怨声四起。

范子英旅在叙永县城把防务完成后,留周瑞麟全团及教二旅的两个连防守叙永县城,即转向古蔺前进。范子英旅到了古蔺县城,一面布置防御工事,一面分兵出外警戒:以顾晓帆团部队沿赤水河各要道路口警戒防御;以其第四团分住营盘山,使与叙永、古蔺成为犄角之势。范子英本人率其余兵力驻守古蔺县城。范子英旅的防御初告就绪,中央红军以渡过赤水河而来了。

范子英原来判断,中央红军如进取古蔺、叙永,必由仁怀渡赤水河径向古蔺进攻,或由仁怀渡赤水河斜插姚家坪、营盘山绕攻叙永、古蔺,故范子英旅防御主力。均摆向赤水河正面。但中央红军到达仁怀后,沿赤水河东岸向土城方向疾进,威胁赤水县城,已绕过范子英旅的防御正面。当时刘湘和南岸总指挥潘文华,认为土城已发生遭遇战,应设法咬着中央红军的主力,使外围部队向土城靠拢围攻。但中央红军向土城进攻的部队系作侧翼掩护,其主力大部早已从土城附近渡过赤水河,穿越官山老林,出叙永所属桂花场,径攻叙永县城,使南岸总指挥潘文华在赤水、古蔺的防御部队等于虚设。中央红军已从防御的间隙中绕出范子英旅之后,而叙永的攻守战因而展开。

当时,叙永的防御,系由范子英旅参谋长先智渊负责指挥,东城由周瑞麟团全部担任防守,西城由先智渊率领范旅留下的两个连及“义勇大队”五个大队防守。桂花场方面原派有“义勇队”一个中队在城外警戒。2 月 1 日,先智渊接该中队飞报,谓中央红军已越官山老林分数路而来,番号是第一、第三、第五军团,人数不详。先智渊当令该中队一面警戒侦察,一面向县城靠拢。2 月 2 日,中央红军先头部队已逼近县城,向西城南北门进攻,很快就攻占了北门外望城坡等小高地,当夜即将西城包围。

2 月 2 日拂晓时,中央红军又分兵包围东城,并分三路向叙永城发起攻击。争夺红岩咀高地及该高地的两座石雕,战斗甚烈。同时,中央红军对东西两城猛烈进攻,分若干小部队向城垣冲锋,守城川军亦拼命死守。双方迫击炮、轻重机枪均发挥密集火力,互有死伤。入夜,战况稍缓,中央红军改变了战术,当夜集中兵力用炸雷和优势兵力,一举攻破红岩咀的两座石雕,把守御碉堡的两个排的川军完全歼灭。此时东城形势更加危急,由于周团的刘营在该方面防守,火力比较强大,城外障碍物亦坚固,阻止了中央红军的进攻。红军在扫清外围后,多次发起登城冲锋,均遭川军火力压制。守城川军依靠坚固工事顽抗,并不时组织向城外红军反扑,红军与川军展开了激烈的争夺战。由于城防坚固,红军缺少攻城重武器,虽与川军血战整日,未能攻占叙永城。

当日午后4时,川军南岸"剿匪"军总指挥潘文华还于泸县总指挥部发电给他的三路总指挥范子英、陈万仞和郭勋祺,潘文华在电文中说:"综合各方情况,除有匪约三千人现在叙永城下与我周瑞麟团激战外,其人山大股似以化整为零,分道窜突,企图侵入南六地区;另一部则在桂花场以北,有由叙永、古宋上犯之样。"潘文华总指挥就此调整部署,他在电文最后叮嘱他的部下"匪情变化无常,各指挥务须斟酌当时匪情,相机处置,总以制匪不入南六县为主旨"。南六县均为四川地盘,"各扫门前雪"这一点,潘文华非常清楚。

次日,双方处于对峙状态,中央红军虽有时冲锋,不如头一天猛烈,但红军继续向守城川军发动攻击,掩护其他红军继续西进。川军南岸总指挥部总指挥潘文华得知红军猛攻叙永城的消息后，十分震惊，唯恐叙永被红军攻下，长江防线失去支撑点，急令川军8个旅附周成虎警卫大队火速奔援叙永，企图“截剿”红军于叙永地区。

2月4日，红军攻势更缓。当夜马岭方向突闻枪炮声甚密，守城川军判断必是己方增援军队赶到县城外围，已与红军接触。当用电台联系，始知周成虎大队已与中央红军接战，正向叙永县城驰援中。

鉴于红二师久攻叙永不克和川军部署变更的新情况，红军决定取消休整，迅速向西集结地域疾进。当夜，中央红军主力大部已越过叙永取道金鹅池、大坝向川滇边界渡赤水河过雪山向云南而去。2月5日，围攻叙永城的红军亦在拂晓前撤围而走。同日，潘文华总指挥调派的增援部队刘兆藜旅也赶到，叙永县围城攻守战遂告结束。

这时，总指挥潘文华指挥的川军大队人马已向叙永地区合围。教导师郭勋祺旅、章安平旅，模范师廖泽旅，第五师陈万仞部达风岗旅，袁筱如旅，独立第四旅潘佐旅，边防第二路穆肃中部，均先后赶到叙永县城。过了两天，滇军第三纵队指挥孙渡所率的三个混成旅亦由毕节赶到。同时，薛岳的先头部队一部分亦赶到古蔺地区，集结叙永的各方军队，在十万人以上。由于中共中央已率红一方面军主力巧妙地跳出川军包围圈而西去，川军围歼红一方面军于叙永地区的计划破产。刘湘以川军旅长刘兆藜回援叙永动作迟缓而给予处分，令其“戴罪立功”。

早在2月1日晨，郭勋祺突接总指挥潘文华电示略谓：“昨日午前，大树方面发现一股红军，与我行进中之章安平旅第一团一营在永宁南四十余里地区遭遇，敌向该营猛袭，在十余分钟内便伤亡官兵三十余人。该营营长潘清洲奋不顾身，努力拒止敌人。该团团长彭选高闻讯增援到达时，敌人已退却无踪。该敌突如其来，猝然而去，行踪飘忽，数量不多。判断必系敌人掩护部队，用佯攻姿势以诱使我军就地防御，掩护其主力乘隙窜入我江安、南溪、叙府等处而渡江北上。除电甫公外，该师长务期追上主敌，保持接触，使敌人不敢北窜。如敌直向西窜，则该师迅速取道古蔺，赴珙县城，占据川滇大道，扼险布防。该师长身在前线，随时侦明敌情，务须制敌机先采取主动，是为切要！”郭勋祺说："敌之主力还在我们当面，此必是其佯攻部队，红军可能别有企图，潘总指挥的判断我极端同意。便将此电转知潘、袁两旅，速追赴红军之右侧面，掩护川南，向古蔺前进。"

追击途中，郭勋祺复接潘文华总指挥电示："亦令率部在红军北侧面以障蔽永宁、古蔺一带安全，并驰赴珙县，扼守川滇大道，以障蔽南六属地区之安全为要！"此时红军正在黔北苗族地区以南向西前进中。郭即率部由黔北苗族地区向敌的北侧行进。经苗族所居的上官司、长官司等各地，道路崎岖，人烟稀少，许多苗人，均住居高山顶上，或住到半山的石洞中，当地人称这些不毛地带为官山老林。经古蔺时，郭勋祺与范子英旅长相会，互相交换了敌情判断后，始悉红军侦得川军设防甚严，不能在永宁、古蔺地区与我决战，故已转向云南扎西方面前进。

2月4日，正月初一，中国的传统节日——春节。蒋介石给中央红军的春节礼物是又一个四面包围。此时刘湘的川军沿川、黔长江两岸集中布防十多个旅的兵力，同时又以十多个旅尾随红军追击堵截。南岸“剿匪”军总指挥潘文华，这个春节当然也没过好。当天午后1时，他从泸州总指挥部给他的各路“剿匪”军发出命令，他在命令中说：“匪主力似已由麻线堡、洛窝、猫儿关，经两河口、大坝、建武，以趋高县、珙县或横江至叙城以南与我范、刘两部作战之匪系其一部。”因此，他命令川军分为左、右追击队前进，并留一部分军力“负责清剿古宋、叙永残匪”。他要求第三路军边防第二路司令穆肃中“着星赴屏山，担任金沙江上游防务”。根据潘文华的部署，川军还是判断红军主力会从南六县向北进军，从金沙江渡长江进入四川。而红军掉头南下，让潘文华用左右追击队夹击红军的企图彻底破灭了。国民党的如意算盘总不能实现，这在于他们的军事部署密电屡屡被红军破译。两天前，即2月3日潘文华做出的军事部署，当日已由红军野战军司令部破译后下发给各军团首长参考。破译内容之详尽、准确恐怕连潘文华看了都要吃惊。这个破译后下发给红军各军团首长的电文是当晚18时从石厢发出的。

2月5日，红军集结扎西，进行了整编。

当红军在扎西集结时，川军潘文华部、滇军孙渡纵队、中央军周浑元纵队纷纷向红军集结地区合围。红军于2月10日决定，迅速东渡赤水河，向川军力量薄弱的黔北地区进攻，以开展战局。

2月10日，红军全部集结云南威信时，总指挥潘文华为防止红军从宜宾的上游雷波、屏山之间渡江，当即命令陈万仞“速令刘旅由嵩坝向牛街推进，务在通盐津道上向右斜出，切实遮断，务使匪不能由盐津北窜雷屏为要”。此时川军为堵红军过渡，大军云集川南“大坝镇、古宋、高珙、建武、横江、叙永、古蔺及金沙江上游一线，屯驻兵力，达十旅以上”。

2月11日，潘文华的南岸“剿匪”总指挥部从泸州移驻宜宾，就近指挥所属各部。

以上情况表明，红军此时不但不能从宜、泸之间渡江，在雷、屏之间渡江也极其困难了，既然黔北战斗中川军潘文华部已表现出相当的战斗力，既然潘文华的目的在阻止红军渡江，而摆脱川军纠缠的有效办法就是放弃红军原定的计划，改寻其他入川途径。

2月11日，红军作出决定，命令各部队东渡赤水，即二渡赤水，重返黔北，歼灭黔军王家烈部。

挥师东进的中央红军，在2月14日继续向赤水河西岸挺进。对于红军从云南折返四川的行动，川军方面开始有所察觉。当日四川南岸“剿匪”总指挥潘文华在向他的下属发布命令时说：“匪在扎西附近，经滇军压迫，又侦知我郭勋祺、廖泽旅分头围攻，遂乘间于昨午、今晨回窜叙、蔺，现已到黄泥嘴、分水岭、海坝、树坪、黄盘山一带，正分攻该一带洞岩中。”根据这一情报，潘文华紧急调兵遣将，希望在叙永、古蔺以南地区围歼红军。这个电报是当晚七时潘文华从其宜宾总指挥部发出的。但对于中央红军从云南回师四川叙永、古蔺以南的真正战略意图，国民党方面还是摸不清。所以在昨天，国民党《中央日报》还在显要位置上大字刊登消息称：“川境匪已告完全肃清，南岸剿匪总部移驻叙府指挥。”还说中央红军入滇后“经各军截击损失极重”。

红军利用川军和中央军的不统一以及黔军的弱点决定发动

遵义战役。

遵义战役开始后，薛岳部对黔军迟迟不援固然是红军将王家烈击败的重要原因，川军潘文华部未能及时增援也是一个不可忽略的因素。游弋于黔北的川军郭勋祺部保持机动的目的，是监视红军的去向，以便一旦发现红军试图渡江的迹象时，能迅速前往拦堵。至于黔军是否受创，并不是川系军阀所关心的。

3 月 2 日，红军胜利结束遵义战役。此时川军总指挥潘文华才调郭勋祺率本部“向桐拌正安推进”。王家烈孤军作战，因而受到重创。不仅如此，刘湘对于进入四川“剿匪”的他省军阀部队也抱消极的态度。例如，2 月 25 日，孙渡率滇军入川时的狼狈处境，使他很觉愤然：“此次本不入川，因驻叙川军种种阻挠，遂致粮秣及滇币行使均感困难。”刘湘阻拦红军，排斥其他军队，把贵州作为堵截红军的战场，都服务于他所统治地盘不受侵扰。

当红军在 2 月 25 日，向黔军展开进攻之时，川军潘文华总指挥担心红军“为中路黔军所阻，重回西窜”，急令周虎成大队驻“江门不动”，魏楷部“坚筑工事，以资固守”。蒋介石为了在四川境内将红军“聚歼”，于 1935 年 3 月 3 日亲自坐镇四川重庆，到四川才三天，他就专门给刘湘和潘文华发去一封电报：

重庆刘总司令刘主席、宜宾潘总指挥：

庭密。据报前朱毛匪部窜川南时，对人民毫无骚扰，有因饿取食土中萝卜者，每取一头，必置铜元一枚于土中；又到叙永时，捉获团总四人，仅就内贪污者一人杀毙，余均释放，借此煽惑民众，等情。希严饬所属军队团队……爱护民众，勿为匪所利用为要。

蒋中正。鱼午。行参战。印。

3月8日，蒋介石再次发电给四川南岸“剿匪”总司令部总指挥潘文华，要求他“应严密封锁堵匪西窜”。到了3月16日，潘文华总指挥才电令在遵义附近的郭勋祺部“取道坛厂，由石板滩等处入川境，与陈指挥联合，准备西进，屏蔽南六县为要”。

刘湘为阻止红军入川、抱着“未尝不可以一拼”的想法，出动十四个旅以上五六万人的兵力、严密封锁长江，使用机动部队配合碉堡防御的战术，对红军矢力抗拒，加之川军战斗力较强，红军从泸州上游渡江的设想无法实现。然而当红军从川、滇边境再度回到贵州时，川军就不太积极了。尽管川军郭勋祺一直追着红军，但这种跟踪是有限度的。到3月13日，潘文华总指挥便命令郭勋祺率部“攻下遵义后，即暂行停止，扼要待命”。

3月19日，中央红军三渡赤水河，再次来川南古蔺地域，蒋介石确认中央红军将再次西进或北渡长江。因此，蒋介石于20日再次电令川、黔、滇各“围歼”部队迅速构筑碉堡，抽出周浑元、吴奇伟两纵队向古蔺地域追击。潘文华总指挥也根据蒋介石“围歼”部署，立即调动川军部队，调整部署：令刘兆藜旅及周成虎警卫大队急向叙永天池移动；令魏楷部转移桂花场；令周华成驻守古蔺城外；令田中毅率独立第三旅开赴合江，张竭诚率独立第一旅开赴江津，沿长江下段堵截；令陈万仞部仍防堵于叙永、赤水河镇一线，与滇军联防阻止红军西进，同时斟酌情况，准备于太平渡、二郎滩渡口袭击红军。

3月21日,郭勋祺部得到刘湘及潘文华总指挥电令:“有红军一部,由我前线设防部队的空隙中消逝,窜入永宁附近20余里的附城阵地向我方袭击。查永宁距泸县仅270里,为泸县及南六属的屏障,如永宁一失,则上川南皆因而震动。该师长即火速率部驰赴永宁增援为要!”这时郭勋祺正在古蔺西南面地区,立即放弃对当面之红军跟追,转向永宁急进。22日到达永宁时,红军又已退却无踪。郭勋祺部参谋长胡秉璋乃向县长先智渊侦讯敌情,始悉敌仅二千余人系向我作威力搜索。傍晚,蒋介石电令:“红军得知我大军在各路截击,又知后方无追击部队,便复掉头东进,可能将再东渡赤水河,向黔北、黔中觅突围出路。永宁既无敌人,该师可速向马蹄坳、二郎滩、太平渡跟追,勿失敌踪为要!”郭勋祺见永宁、古蔺、兴文、珙县均无敌情,确知红军已东渡,恐黔北有失,遂率部向东急进。

4月24日,奉蒋介石电令:“红军主力正向南盘江与第三纵队及民团遭遇,尤其在曲靖、沾益方面战况较为激烈,双方伤亡甚大,第三纵队的第七旅旅长龚顺壁负伤。该司令率部速赴昭通及其以南地区布防为要!”郭即率部经镇雄、板桥、杨家沟、龙街等处于4月28日午后到达。

26日,奉总指挥潘文华电:“总指挥部已移驻叙府(宜宾),并令模范师第一旅旅长蒋尚朴推进至筠连以南的老鸦滩布防。查蒋旅本系该师建制,必要时仍受你指挥。闻滇北空虚,谨防敌人乘隙北上,须严密注意!”刘湘亦电示:“红军已突破南盘江,孙渡指挥部及民团均遭损失,敌人正向昆明进迫。”据龙致舟(龙云)电称:“昆明附近有六个团以上兵力及二万多民团据险扼守,一俟中央军尾追到达，可一举歼敌于昆明近郊，但防止敌人向北逃窜，希转饬驻昭通一带贵军，严加堵截！判断敌人企图北上，对昆明系采取佯攻，则可能在短期内，即将北进。除令潘总指挥速调军防堵外，该师长务须择要布防，勿忽！”

5月3日，又奉总指挥潘文华电示：“据龙主席、薛总指挥等情报：敌在昆明以北各县中，采取游击战术，忽东忽西，时有时无，企图以奇袭方法，夺取民团武装，足见其力量不大，不过行动敏活，使我防不胜防。我各纵队决于明晨全线同时围击，以吴奇伟、周浑元、孙渡三纵队分别向敌总攻，卢汉指挥民团在各部出击之后，对嵩明、寻甸、沾溢、禄功等县进行清扫。李韫珩纵队正向宣威、东川之敌进击中。判断敌军受此猛攻必向北逃，查昭通为滇北交通要冲，除令模三旅向昭通大道挺进布防外，并命穆肃中、张竭诚两旅驰赴屏山沿金沙江上游设防。仰该师长务须注意截击逃敌为要。”

5月5日，郭勋祺部奉总指挥潘文华急电：“据飞机通报，红军大部队正由会泽沿礼河两岸向巧家方向急进，已与防守巧家的二、三千民团接战中，红军兵力有增无几，攻势甚猛，不到半日，民团已纷纷向巧家溃退。红军部队正在巧家附近渡江中，但船少人多，似需二三日始能全渡。已分电龙主席、薛总指挥派队速追，务须击灭红军主力于江畔，或乘其半渡而击灭之！查金沙江上游水势虽急，但仍有不少渡口可通，应饬追击部队先行占领要点，或呈请委座转令西康刘文辉主席火速派队驰赴金沙江北岸严加防堵，以免红军部队进入西康，据有凉山一带复杂地区，致增我军围歼之困难。该师长应随时注意敌情变化，侦察具报！

若其便衣钻入该部后方袭扰，主持以镇静，抽出兵力予以肃清。如委座迳令你部前往巧家截堵，应兼程前往，以免该敌渡江进入康省凉山地区徒增我军困难。已令蒋尚朴旅迅速经大关向昭通前进，归还该师建制等语。”

当晚，另奉总指挥潘文华电示：“据两日来飞机侦查通报：约有敌军三四千人已渡过巧剥匕岸，尚有一部正在渡江中。又根据金沙江上游的落雪、马鹿塘、绞车渡等渡口，亦有敌人纷纷渡江；北岸并无国军防守，我追击大军亦相距甚远，敌将平安进入康省。除电呈委座外，该师已进到巧家，可暂留鲁甸一二日，视敌情变化再夺！”郭勋祺奉电后，当即在鲁甸设防休整待命。

不久，又奉总指挥潘文华电：“据飞机通报：连日来分路进追之我中央军均被红军后卫部队所迟滞，红军大部便由巧家、落雪、马鹿塘、洪门渡、绞车渡、龙街等渡口先后渡过金沙江北岸，并将安通、黎溪等处占领。有一股已抵会理近郊，正与在城郊防守部队接战中。由巧家渡江之敌，已占宁南、新街、会东地区，该几处似无防守部队。判断敌可能分攻会理、西昌等处。我中央部队均为敌后卫部队佯攻所牵制而滞留于金沙江南岸，我方飞机三架不断沿江侦察，未见扫射。除令穆肃中、张竭诚两旅速赴雷波山棱岗据险布防外，甫公已令王泽濬旅由乐山取捷道赶赴富林，受刘文辉节制指挥，在大渡河北岸设防扼守。查会理、西昌是由康入川之必经要道，历来是军事重镇，又是康省富庶之区，为红军所必夺。但其兵力不大，不会两处同攻，如红军由宁南、普格直攻西昌，守会理的重兵必蹑其后，判断红军必先攻会理。如占领会理，则武器弹药及各种军用物资均能得到补充。

据廖旅长报称，该旅已到达昭通附近，即归你师就近指挥！”

12日，蒋介石电示：“敌自8日午后向会理城围攻以来，攻势激烈。守城之刘元塘旅长督率三团之众，坚决御敌，其妻儿和该部眷属均一律不许撤走。他和该旅三个团长日夜分段巡逻督战，誓与会理城共存亡。所有官兵亦奋勇抵抗，兢兢业业，各尽其职。城墙先后遭敌爆塌两次，官兵争相塞堵缺口不退。经我空军张大队长率战斗机协同地面部队的射击阻止敌军攻城，同时将城墙缺口修复，我同龙主席在会理上空亲眼目睹。查刘元塘旅长所部官兵这种百折不挠的守御勇气，英勇战斗的精神，殊堪嘉尚。当即手令，升刘元塘为中将旅长，并令张有谷大队长载运奖金向城内空投，以资激励，特此通报表扬。”

17日，蒋介石又来电指示：“红军围攻会理达七昼夜，虽然猛烈抵抗，该会理至今城池巍然屹立。敌自知力拙，又查悉我三路渡江大军逐步逼近，乃于十五、六日向西昌通往大渡河方向北窜。除令刘甫澄总司令及潘文华总指挥速派部队协同刘文辉部队扼守大渡河外，该司令所属各部着即开回四川乐山、名（山）、雅（安）地区，归还建制，从事休整待命！所遗滇北防务，已令龙主席派队担任等等。”

刘湘、潘文华亦同时电示：“红军在会理撤围北上，因此大渡河防务情况益趋紧张。委座即令该师长赴乐山归还建制，集结全师，从事整顿，着令模范师第一、三两旅先赴夹江、乐山待命，该师长即率潘、袁两旅经大关、筠连、叙府赴乐山集结整训为要！”

中央红军在川、黔、滇边地区与川军潘文华部发生大小战斗

23 次，1935 年 1 月 17 次，2 月 9 次，3 月 7 次。这些战斗除土城战役、叙永攻城战和 2 月 19 日的战斗是红军主动进攻外，其余战斗都是川军攻红军。很明显，1 月下旬不到十天时间里，红军与川敌作战的次数超过了二三月之和。也就是说，中央红军放弃从泸州上游渡江的计划后，川军的进攻就减弱了。保卫重庆，防止红军北渡长江是总指挥潘文华的作战目的，"推到省外去打"是刘湘和潘文华施展的以邻为壑的手段。手段的运用是不会超过目的本身的。因此，当红军在遵义大捷后，积极寻找进行三渡、四渡赤水的时机，总指挥潘文华就以警戒的姿态代替了进攻。

刘湘同蒋介石的矛盾和斗争，虽然没有影响他守卫长江的决心，但毕竟限制他与红军作战的规模。刘湘的目的既然是阻止红军渡江，既然是防止蒋介石的别动队乘机入川，既然是保卫川南六属，既然是维护重庆的安全，在红军不再准备从泸州上游渡江，而运动于赤水的东岸的时候，刘湘对红军的威胁就大大减弱了。也正是由于总指挥潘文华拦堵红军时作战规模的有限，使红军在整个四渡赤水期间较少地受到川军的攻扰，从而实现了自己的战略意图。

第十三章　担任南路“剿匪”总指挥拦截红四方面军东进成都平原

1935年9月，红四方面军由阿坝回师，首先击破杨森主力和丹巴、金汤的刘文辉的两个旅，然后分两路南下，形势顿见紧张。此时天全、芦山居于战略最重要地位，倘天、芦有失，就将直接威胁川西平原。刘湘立即进行军事部署，除派教导师长杨国桢率部驰赴芦山、模范师长郭勋祺率部驰赴天全防堵外，同时命新任的二十三军军长潘文华为四川南路“剿匪”总指挥，简称“南总”，总指挥部设名山县城。

南路总指挥潘文华执行刘湘对红军制定的北守南攻方针，随即率南路总指挥部机关驻守名山，统一指挥天全、芦山前线两个师为基干的七个旅。进驻名山后，潘文华立即召集所属团长以上军官会商，研究红军的趋向，拟定作战指导方针。他在会上确定的指导方针：天全、芦山防御的目的，在拒止南下红军于天、芦、宝西北山岳地带，保卫川西平原；胜利不要远追，失败可适当转移阵地，保存实力，但必须尽一切努力，迟滞红军于名山以西地区，以待增援，更应随时注意红军由锄把河方向进扰。根据总指挥潘文华制定的作战方针，芦山、天全前线各师迅速作出如下防御作战部署：

1. 教导师在芦山城附近的防御配备。芦山至双河大道，在绵亘不断的芦山岗和曹山岗西麓，大道以西迄宝兴河为起伏的丘陵地，形成一长凹隘路，形状像一唢呐口。

该师据以上地形编成侧面袋形阵地。据说这是杨国桢采用第一旅参谋长李承魁所提方案编成的，并吹嘘阵地犹如“常山之蛇”。

杨国桢当时是以教导师第一旅（缺独立营）占领芦山岗西斜面，跨城北大道亘小溪流之线为右地区队，以第一团为右第一线团，团由右以第二、第一营的顺序为第一线，第三营为预备队，位置于右第一线后；独立第一旅第二团占领小溪流右岸亘宝兴河左岸之线为左地区队，以第二团为左第一线团，因其横跨本道，派出胡文俊连位置于双河场南约三公里的隘口为前进部队，位置于芦山城南郊，以一部控制铁索桥，保护师后方交通。二旅位置在阵地的右前方。师部驻在芦山城内。

2. 模范师在天全城的防御部署。天全分新、旧两城，新城在西，旧城在东，城南架有浮桥，大岗山位于城西北，三方悬岩绝壁，地形险阻，为入康要隘，经十八道水可到灵关、宝兴。

郭勋祺以天全地险兵多，顾虑较小，主要注意宝兴方向。兼之郭勋祺因“有功”由旅长升任师长，滋生骄傲情绪。既轻视红军，更瞧不起友军。因此他在天全的防御部署是：以他战斗力较强的袁治第一旅（三个团约五千八百人）派在远离天全二十公里的灵关附近，向宝兴机动防御；以第二旅在天全之大岗山占领防御阵地。

以第三旅为预备队，位置于可以策应一、二两旅的分水附近。该师的直属部队驻新城，师部驻旧城。一开始就形成兵力分散。

唐明昭第二旅（两个团）在大岗山的防御配备，是以徐元勋第四团占领大岗山附城一段为主阵地，派一部在左侧走廊小山上跨本道编成在大岗山侧射火网掩护下的后退阻塞据点。以刘绍斋第六团为预备队，位置于通天、芦、宝、雅三岔路的十八道水。唐的旅部驻大岗山东斜面山腹。

“边总”二十四军一三六师第四旅袁国瑞所部在紫石关防堵，宛然成了唐旅大岗山阵地的前进阵地。

该师在师长郭勋祺和旅长唐明昭督率下，对大岗山阵地和走廊地带的阻塞据点，在其西、南、北筑有坚固的工事。并以师直属部队在两城要点构筑工事。郭勋祺曾夸口说：“纵有红军数万，也难飞越天全。”

这时杨森的前方部队被回师红军击败，经大维、盐井坪向南溃退，红军跟踪追击。10月中旬，红军占领宝兴，续向芦山前进。

11月4日上午，红军主力突然出现并登上芦山岗，集中火力对潘文华部教导师阵地进行侧翼包围，展开猛烈进攻。同时以一小部向双河场南侧胡文俊连的前进阵地攻击，胡文俊连一度接战，即由凹道向芦山主阵地撤退，企图吸引红军主力由正面进入袋形阵地；红军亦以小部兵力佯追。此时，川军第一线各部队，正全神贯注准备应付当面的红军，不料红军主力突在芦山岗高地出现，好像飞将军从天而降，集中一点向教导师一旅一团陈康营猛烈攻击，川军遭此意外，全线震惊！特别是陈康营受到直接打击，阵线动摇。团长朱果即以预备队任吉辉第三营从右翼增援,求得暂时稳定。但红军兵力续有增加,近迫激战,机枪声、步枪声、迫击炮声、手榴弹爆炸声,响震山谷,双方伤亡很大。激战至午后,往复冲杀,陈康、任吉辉两营及迫击连终被红军击溃,崩下火线,官兵各自逃命,有的经过城南铁索桥,有的凫水,纷纷向飞仙关后方逃跑。

朱果的两个营既被击破,阵地伸出的右臂经红军砍掉,章安平利用夜黑、战斗暂缓的机会,改换原向西而向北部署:以第二团代理团长李长烈指挥第一团残存的胡克俊第一营和第二团第三营为第一线,以第二团第二营为团预备队,第二团第一营为旅预备队,分别位置于第一线中央后和左右,与红军在芦山岗高地彻夜对峙。

5日晨,芦山岗的红军向李团正面攻击,重点指向一、三营接合部,实行中央突破,在晨光熹微中,展开了猛烈的攻守战。红军攻势很锐,李长烈团也顽强抗拒,因第一线伤亡过重,几经动摇,先后得到团、旅预备队的加入和机炮火力的支援,又复稳定下来。激战至5日中午,刘营渐次不支,红军迭有进展,红军一部迫近城垣。此时,杨国桢同张竭诚到城楼观战,杨国桢要张竭诚亲率第一团出击,张竭诚口头说:“老子与他拼了!”同时把军帽一甩,却倒在行军床上不动,杨国桢也只好任其表演。

刘营被压迫,左翼接近城垣,自然依托城墙形成守势钩形;而红军的进展却暴露了右侧背,受到左地区队罗忠信团的炮火、机关枪的侧射,刘营得此火力支援,又一度稳定。加以国民党空军到阵地上空低飞向红军投弹和扫射,同时又受到地面侧射火力的威胁,第三营正面略有恢复,战况渐趋缓和。甫入夜,红军不断以小部队进行侦察性的活动，一接触即退去。章安平旅伤亡过大，经过两天激战和一宵彻夜，饥疲交集，士气大馁。特别是5日晚间，城中突然大火，是杨国桢不甘把完好的芦山城委之红军而放的火，更引起全线官兵惶恐不安。只因红军在这夜起就没有进逼，从而转入对峙状态，章安平旅才得一度喘息。夹着尾巴准备逃跑的杨国桢也暂时呆下来，迨拂晓才派人参加居民群众的救火，但城中心的四条精华街道已化为灰烬。

6日晚，章安平旅奉潘文华总指挥之命将对峙的战斗正面交梁国华旅接替后，率残部到城南铁索桥右岸为师预备队，并准备占领收容阵地，掩护师部和梁、张两旅的撤退。章安平旅乘夜交代任务，脱离战线，率残部转到右岸，完成掩护阵地的占领。7日，芦山岗阵地仍继续对峙。

而天全方面红军之另一部在金汤击溃“边总”余如海所部之刘元琮旅，以迅雷不及掩耳的速度，突于11月5日击破紫石关“边总”之袁国瑞旅后，红军跟踪追击，在同日15时其先头部队到达大岗山阵地前，即向徐元勋阵地进攻。总指挥潘文华派郭勋祺亲赴该山南端官道上的大桥督战。

其时被红军击破之袁国瑞旅纷纷溃下，郭勋祺为稳定阵地，督其回夺前面小高地，曾一度开枪阻止，不准该旅退过大桥，袁国瑞本人亦面受郭勋祺训斥。徐团与红军战斗约两小时后，天渐入暮，战斗暂停。

郭勋祺命令手枪营派队阻止袁国瑞旅溃兵后退，以防夜间与红军混杂不清。郭勋祺回城后，一面叫唐明昭加强注意大岗山阵地；一面令预备队廖泽旅派凌谏衔第九团到天全城增防。

袁国瑞旅残部完全失去战斗力，不仅不到小高地增防，反于是夜潜行绕过天全，逃向雅安。

红军在当天半夜星月微明下，以一部由大岗山西南侧攀登岩壁，爬上大岗山，正当徐团第二营营长周曼生营部，守卫兵士并未发觉，还在两间大房子内烤火弄饭，遂被包围缴械，周曼生当场被俘。同时红军拿下官道上的阻塞地点和大桥，便陆续登上大岗山与徐团激战。红军另以一部跟随袁国瑞旅溃兵尾行，得到农民协助，竟于拂晓前，找到渡河点，潜涉雅河，攻占城南浮桥，以极猛勇的威力，向新城的模范师手枪营进攻，立毙连长王永显以下数十人。红军随即攻入旧城，占领模范师师部。郭勋祺对此仍不甘心，除本人率其手枪营残部，于6日8时左右退到天全东面五公里的梅埂山冈外；还一面命凌谏衔恢复天全城；一面命唐明昭旅肃清大岗山红军。

凌谏衔团在9时左右达到天全城附近时，见周围工事皆被红军攻占，地险城高，乃配合唐明昭旅，向已站稳大岗山南端之红军仰攻。当时试图先消灭大岗山之红军，以孤天全之势，再以全力收复天全城。激战在大岗山顶展开，反复冲杀，伤亡累累。午前11时郭勋祺正在梅埂调集廖泽旅全部企图收复天全城时，忽奉潘文华总指挥的命令，收缩战线，放弃天全。随之，天全城陷落。郭勋祺即决心退飞仙关河东集结部队。一面电袁治旅退出灵关，经十八道水向飞仙关转进，一面令廖泽旅向飞仙关退却，同时令唐明昭旅坚守大岗山现阵地，掩护远达四十公里以外撤下之袁治旅，通过十八道水，遂次向飞仙关引退。郭勋祺师部由梅埂经始阳退飞仙关，到时天已入暮。

唐明昭旅奉命坚持原有阵地，掩护凌谏衔团撤退，直到当天傍晚唐明昭一面派曹产伯营向红军侧面佯攻，一面令刘、徐两团遂次向飞仙关撤退，于当夜12时后始全部撤离阵地，7日午前12时退过飞仙关浮桥，于当日16时拆毁浮桥，截断了天全的交通。

天全城已失，红军迫近芦山城下，潘文华总指挥紧急用电话报告刘湘。经刘湘同意后，潘文华总指挥命令前线部队转移到夹门关、莲花山、伍家垭口、蒙顶山、金鸡关之线占领新阵地，构筑新的防线，拒止红军东进，屏蔽川西平原。

11月7日晚，杨国桢师师部同张竭诚、梁国华两个旅陆续撤退过河，即将铁索桥破坏，芦山战斗至此结束。

当日深夜，杨国桢由芦山城南岸率师部和张竭诚旅自芦山城后撤时，不是遵照潘文华总指挥的命令退向夹门关以南的新阵地，而是自行经飞仙关向名山退走。这一来就开放了正北面，暴露了潘文华的总指挥部机关所在地名山县城，也放弃了锄把河，直接威胁着通向成都平原的邛崃要地。

原来，已经相当残破的李长烈团，7日晚奉杨国桢命令，由芦山南岸经五家垭口到二斗岩，找寻石照益旅，并掩护石照益旅的退却。李长烈团沿途探寻石照益旅消息，约在9日午后，行至二斗岩半山，突与红军遭遇，当以先头第一营夺取制高点，第二营向右逐次展开，加入战斗，立被红军各个击破，纷纷向东南逃走。当第一旅战斗不利时，李长烈即以第三营占领收容阵地，掩护该团撤退，可三营竟先逃走。李长烈最后仅掌握机枪两个排和三营一个连向南撤退，红军跟踪追击，该团以机枪扼险掩护，被英勇的红军夺去路易式机关枪两挺。李长烈退至莲花山，入夜天雨，山路崎岖，找不着通往名山的路径，只闻名山方向枪声甚密，循声摸索前进，饥疲交集，又怕碰上红军。不意行至距名山不远的徐家沟，已陷入红军在两侧高地构成的机枪火力封锁线。李长烈最后剩下数十人，二、三两营残部已向百丈关方向逃去。

也是7日晚上，郭勋祺以一、三、二旅的顺序，利用夜行军向金鸡关前进。郭勋祺部第一旅和第二旅虽按照潘文华总指挥的命令于8日15时左右分别到达金鸡关东侧及蒙顶山边金风寺，第三旅尚在行进中，正准备在蒙顶山、金鸡关占领阵地。郭勋祺正拟下达命令，时已薄暮，突传芦山失陷，即仓皇失措，神智迷惘，草草下一命令，叫三旅离开公路。这时红军大部已插向伍家垭口，郭勋祺顿感右侧背受到威胁；当又匆忙下令部队离开公路以南，向东南总岗山转进。郭勋祺本人则亲率手枪兵一排、幕僚数人，连夜撤往洪雅。

这样潘文华总指挥精心计划布置的新阵地和第二道防线，这就完全告吹，从而敞开了成(都)雅(安)大道。

情况急转直下，前线杨国桢和郭勋祺两个师一退不可收拾，一片混乱，行动失控，特别是伍家垭口的开放，使红军乘胜直逼名山，潘文华的南路"剿匪"总指挥部被迫不能不转移位置。至此，潘文华的天、芦防线被打破，两个师七个旅中，被红军歼灭达三个旅，伤亡、被俘近两万人。设在名山县城的潘文华南路总指挥部只得于11月10日上午向邛崃前方十五公里的大塘铺转移。

总指挥潘文华在准备转移之前，急调从芦山退到雅安姚桥的张竭诚旅到名山城北三道堰阻击由五家垭口来的红军，调蒙顶山的梁国华旅驻守名山县城。在梁国华旅未到前暂由李长烈团第一营临时收容起来的流散官兵二百余人守备。

张竭诚旅约在11月9日晚，奉潘文华总指挥的命令去三道堰，拂晓前以第二团第三营姚桂五为前卫，向三道堰前进，行至二道堰突与红军二十五师遭遇，当以一个连占领右翼两个碉堡，激战约两小时。红军以主力由左翼埂子包围，该旅后续第一团展开一个营向埂子的红军攻击，立被红军击溃。右翼碉堡旋被红军攻占，姚桂五营亦被击溃。全旅顿成惊弓之鸟，张竭诚旅绕过名山城纷纷沿公路以南逃去。其最后一个连被红军截断去路，逃入名山城内为李长烈团之苏营收容。

梁国华旅约在11月10日正午进驻名山城。潘文华总指挥部转移，全城风声鹤唳，草木皆兵。在一个下午，城内忽然"扯地皮风"（惊呼讹传）说红军进了城，梁旅的守城官兵一度惊慌乱窜，弄清楚红军并未来，才安定下来。红军很快就包围了名山，在城内的梁旅想撤离也不可能了。

天、芦失守，红军向邛崃推进，刘湘调援兵不及，适三路李家钰率四个混成旅就防西昌，途经百丈被阻。潘文华离开名山的当天上午在百丈同李家钰碰头，以保卫李家钰的家乡——蒲江为词，要求李家钰部协同防守百丈至夹门关，以待增援。李家钰进既不能，只好同意。潘文华当晚宿营黑竹关。

模范师长郭勋祺被红军击溃跑到洪雅后，电话向邛崃刘湘报告经过，受到刘湘的申斥，叫他收集所部到蒲江敦厚场待命。郭勋祺的随行幕僚一致主张与其到后方听候查办，莫如收集部队到前方立功。郭勋祺追随潘文华二十余年，关系很深，一面派人到总岗山附近之马宗岭等处找寻部队，一面只身跑到黑竹关。

同一天的傍晚,郭勋祺在黑竹关与总指挥潘文华见面,潘文华加以慰勉,并把指挥阻击的任务交给郭勋祺。

一周来的天、芦防御战至此告一段落。潘文华的南路总指挥部所辖前线的2个师7个旅中,被红军不同程度歼灭的有3个旅:独立第二旅(三个团)全歼灭,伤亡、被俘约五千七百人;教导师第一旅(两个团)伤亡70%以上,约二千八百人;模范师第二旅(两个团)伤亡、被俘45%左右,约一千八百人;共伤亡、被俘约10300人。

13日,红军九十三师向蒙顶山前进,并逼近名山县城。守军梁国华旅前两天在芦山刚吃了败仗,军心未稳,进名山后又见潘文华的总部已转移,更是惶恐。13日,风闻红军已到蒙顶,官兵惊慌失措,不战而走。红军九十三师于当日占了名山县城。

刘湘此刻除飞电调派部队星夜驰赴名、邛战场增援外,自己也亲自出马率同机枪、炮兵司令,赶到邛崃前线同潘文华共同指挥。

当红军右路进攻天全,中路进攻芦山时,左路红九军二十七师于11月6日至13日兵分三路向邛崃、大邑进军。一路(七十六团、八十一团)从芦山大川出发,经木梯佬进入邛崃的新民、油榨等乡;一路(七十九团)从大川出发北进,经横山岗进入大邑的双河场、天车坡一带;一路(八十团)从芦山公议场出发,翻正西山进入邛崃的高兴、何家、火井等乡。红军先后攻占了"四川剿匪第一路"邓锡侯部前敌指挥杨秀春率领的林翼如、卢济清、黄润泉、陶宗伯、刘乃铸、杨晒轩等六个旅所有阵地,迫使川军之主力退守锄把河,刘乃铸旅退守邛崃夹关东侧的王店一带。

同时又有一部红军围雅安、下荥经、攻汉源,尤其是红军主力,乘杨国桢、郭勋祺两师之败,北经伍家垭口南下,西沿成雅公路向东挺进,使南路"剿匪"总指挥潘文华拒止红军于天、芦以西计划完全破产,声威所播,震撼了刘湘和四川军阀各个集团,特别是刘湘的政治心脏——成都。刘湘在给三台第五路军总指挥唐式遵的电报中,曾惊呼"南路紧急,'匪军'大股有直趋成都之势"。刘湘当时判断,红军势在指向成都平原,危急存亡,迫在眉睫。因为当时红军曾喊出"打向成都平原吃大米"的口号。所以刘湘才一面亲赴邛崃前线设立"行营",一面集中优势兵力,下定决心要与红军一拼,决一雌雄。

早在11月9日,刘湘和潘文华分析战场态势后就发出如下电令:

原封锁岷江上游的范绍增第四师,除独立旅范楠轩留驻茂县外,其分驻灌县、汶川、威州、理番的周绍轩、廖敬安、孟浩然三个旅,同日梯次向邛崃兼程前进。

三台五总唐式遵,速率所部星夜向邛崃北路增援(唐式遵奉令后,先遣彭焕章第一旅驰赴邛崃,其余第一师两个旅和第三师向邛崃北境,兼程前进);

边防第一路陈兰亭部到洪雅集结待命,二十三师熊玉境旅和第五师袁如骏旅,到丹棱集结待命;

"二总"孙震所部五个旅,迅由绵阳出发,到洪雅集结待命。

以上调集各部加上"一总"前敌指挥杨荣向六个旅;"三总"李家钰扼守夹门关四个旅;"四总"杨森调洪雅地区整补的六个旅和雅安以南二十四军刘文辉的六个旅,先后参加作战部队,以旅和路司令计,共在五十个以上(还有独立团营未计入),总兵力达二十余万。

刘湘还顾虑红军丢开正面，由北翼直趋成都，特邀省府秘书长邓汉祥至邛崃指挥部，他对邓汉祥说："军事情况紧急，手边部队已经用光，你回成都立即组织警备部队、警察武装和民团，抢时间修葺城垣，以便凭恃环城碉堡，保卫成都。"这反映出刘湘当时的，心情紧张到何等程度。

从 11 月 16 日开始，潘文华总指挥又率部展开对名、邛地区战场要点的争夺战。至 23 日止，川军先后夺回百丈关、夹门关等处要点，打通新店子至名山公路，名山城方告解围。

百丈关(今百丈)，位于名山至邛崃之间的公路上，是雅安通往成都的必经之道。这段公路以北五公里内和公路以南基本上是小丘陵区，多为耕地，沟渠纵横。

时值初冬，绝大多数是种上小春作物的旱地，仅有少数的冬水田。百丈关至黑竹关、治安杨间，地势比较平坦，只有靠近百丈关的挖断山是横断公路的一座浅山。这一带无险可守。公路以北五公里以外，就是山区了。

百丈、黑竹、夹关一线守军，是川军李家钰部的四个混成旅共 12 个团。红军综合各方敌情及俘虏所供情况，认为立即进攻百丈是不利的，因李家钰部在红军右侧背有很大威胁，决定先打夹关的李家钰部。

11 月 13 日，红三十军八十八师二六四团从五家口向百丈关右侧背邛崃县的太和场、夹关进攻。李家钰第一混成旅李青廷部的戴松如、李克源团和第五混成旅的吴长林团(由李青廷指挥)在三角埝、天车坡、夹关一带防守。

当日晚，红二六四团在农民向导的带领下，走丛林小道，向天车坡守军发起突然袭击，很快把戴团一个营歼灭。接着，红军乘胜夜攻，打败了戴团守二道桥的另一个营。戴松如慌了手足，率残部仓皇向南逃走。红军随即猛攻夹关的李克源团，李团不支后撤，当晚，红军占了夹关。旅长李青廷随预备队吴长林团在14日拂晓经王店刘乃铸旅阵地，得刘旅的掩护，才向蒲江县境退去。红二六四团乘胜追入名山境内，又猛攻李家钰驻守在观音场、廖场一带的部队，逼使李部向蒲江方向败退。红军打退百丈关左侧李家钰部之后，才开始向百丈进攻，截断名、邛公路。夹关一仗，李青廷旅伤亡、被俘800人左右，红军缴获步枪三十余支、路易式机枪两挺。红军伤亡四十余人。

在邛崃西面，李家钰溃退以后，刘湘和潘文华先以王泽浚旅反攻夹关失败，继派潘佐旅反攻，也被红军击退。红军相继占了油榨沱、水口场，先头部队抵白鹤山，直接威胁了刘湘的"剿匪"总部所在地邛崃县城。刘湘和潘文华担心红军会截断桑园镇后方联络线，该镇距邛崃县城二十里。因此，采取应急措施，飞调驻守大邑之佟毅旅向鱼岩前进，抽出王泽浚旅到水口一带防堵。刘湘和潘文华在催促援军廖敬安旅的急电中说："前方已成混乱，该(你)旅赶赴桑园镇布防。"

11月14日，红军分三路向新店、黑竹、百丈关一线进攻。红八十八师二六五团、二六八团在左，攻朱场、中锋；红二十五师在中，攻万古、一颗印；红九十三师在右，兵分两路，一路沿公路打新店，一路沿总岗山向蒲江县挺进，直捣李家钰的老巢。这一路红军到了蒲江大兴场，与李家钰驻守蒲江的部队发生战斗。

16日拂晓四时，红二十五师七十五团由一颗印出发，向百丈关的守军进攻，清晨6时占领百丈关，将李家钰驻守的一个旅两个团全部击溃。红军遇上由新店退下之川军模范师和教导师的残部。据俘虏供称，该部在鹤林场、黑竹一线。二十五师指挥员立即命令七十四团、七十五团分两路向百丈关东北追击。七十四团走公路左侧，于当日12时左右占月儿山，与川军唐明昭旅对峙良久。川军数次反攻未成，黄昏时分，红军全团出击，将唐旅击溃，逼近鹤林场。七十五团沿公路追击，也于12时左右占挖断山，午后2时许即占黑竹关。郭勋祺令该师第三旅旅长廖泽率部反攻百丈，廖以第八团余岱部为前锋，刚一出发即与红军追击部队相遇，双方在黑竹关西侧展开激战，双方伤亡都很大。川军被击溃，廖泽又令九团凌谏涵部侧击红军，凌团也被红军击溃，伤亡惨重，川军营长肖秀良被战死。午后5时左右红军连占治安场、王店了。

红军迅猛穷追，川军几个旅的人马高度密集，非常混乱。红七十五团一营人连攻百丈公路沿线二百多个碉堡。这天下午，红军仅沿公路的追逐战斗中，就毙伤川军千余，缴获步枪百余支，军用品甚多。

16日，在大塘铺的南路总指挥潘文华极为震惊，令潘清洲独立营在大塘铺南侧小丘陵地带占领弧形阵地，直接布置警卫。前方败兵和行李、辎重、马匹涌向潘清洲营阵地前面，混乱不堪，交通为之阻塞。

下午，潘文华总指挥亲率何鸾特务营，到潘清洲营阵地前缘督战，饬令官兵返回前线。随即命令将行李、辎重、马匹向公路两侧移开，让出驰援部队的进路。他们紧张地等待了半天，才等来了援军范绍增师周绍轩旅先头部队。当周绍轩旅先头跑步通过大塘铺，17时到达治安场时，正值廖泽旅濒于崩溃的最后挣扎时刻。周绍轩旅即在该场的西端迅速展开，与红军接触时，已黄昏，双方对峙无进展，改变了紧张局面。已经在准备退往十里桥的南路总指挥潘文华才松了一口气而稳定下来。李家钰过早率部逃走，不仅一度造成潘文华的南路"剿匪"总指挥部有累卵之危，就是夹门关以北的形势也很不妙。

17日，潘文华部未大动，只有少数部队接收红军阵地。红军得知川军正从邛崃沿公路增援，集结部队约六七个旅，夹门关之川军从下面又开始反攻。根据当时情况判断，直向邛崃大路攻击已对红军诸多不利；潘文华总指挥已将兵力集中，并已形成纵深配备，工事坚固；加之夹门关正面又在红军侧背，足智多谋的潘文华可能指挥部队会乘红军主力在前，侧后空虚，发起反突击，配合名山境内之部队，红军将有被包围的危险，因此，红军总指挥部决定主力向百丈关左右靠紧，坚决打川军援兵并抄夹门关之后路。

当天，红军九十三师奉命以小部监视名山之川军，并令在蒲江大兴场的部队火速退出与李家钰部队的战斗，转向北，直插治安场投入黑竹关的战斗，并以一部从马岭、红星进入百丈关增援，红军八十八师对付鹤林场方面来犯之川军，红军二十五师守观音场。

是日晚红军攻打鹤林场一带川军。红八十八师擅长夜战的"夜老虎"团——二六五团，出其不意地摸到长满松树的狭长山冈，先打川军之先头部队。团长邹风明，团政委黄英祥带着两个营，顺着山冈向前打，指挥员们挥舞着大刀，直插川军深处。打到天亮时，将川军彭焕章旅的一个先头团击溃，二六五团控制了几处险要阵地。

18日，潘文华指挥的川军以六七个旅二十个团左右的兵力在飞机大炮掩护下，由北、东、南三面向红军在百丈关附近十余里的弧形阵地反扑。鹤林场方面的川军以两、三个团的兵力群集反攻。红军则以几十挺机枪火力阻击，川军伤亡惨重。从夹关方向攻击观音场之川军，也被红二十五师击退。

同日，潘文华指挥的部队沿公路从正面增援的是周绍轩、廖敬安两个旅。周绍轩旅在前，以飞机、大炮火力掩护，向红九十三师的黑竹关阵地反攻，激战约两个小时，川军一直进到距百丈关约八里地的挖断山附近。后红军增援部队赶到，向周旅猛烈反击，将其打退，红军转为追击。周旅急调预备队在飞机、大炮的掩护下稳住阵脚，双方即在鳝鱼桥、挖断山之间展开激战，形成拉锯争夺。红军兵力虽有增加，但周旅也投入全旅兵力，红军失去挖断山阵地，撤回百丈关。周旅连夜赶筑工事，与红军对峙。

19日，川军廖敬安旅以三十一团谢浚部并增配迫击炮连为第一线，三十二团饶正钧部一个营从右侧掩护，支援谢团战斗，三十团的两个营和旅的独立营随谢团之后，在公路右侧向百丈关推进。

是日拂晓，谢浚团就开始向百丈关红军阵地攻击。百丈东侧桥头，红军占有川军所筑的碉堡群，阵地相当坚固，双方激战自晨至午，红军打退川军数次进击，给川军以很大杀伤。谢浚采用“拿钱买命”的办法，以二十元一人，挑选了一百余人组成“敢死队”,同时命迫击炮连及重机枪集中火力摧毁和牵制红军碉堡阵地,以“敢死队”冲破百丈关红军桥头堡垒防线,进入百丈关内。红军由百丈关的北侧高地出击,力图截断川军后援,但被廖旅掩护部队阻击,未能成功。关内红军与川军近身肉搏,血肉横飞。战至午后 3 时许,川军逐渐不支后退。

适有川军战机飞临百丈上空,狂轰滥炸,盘旋扫射,谢浚团在廖泽独立营的支援下,乘机反攻。红九十三师战士只顾及隐蔽,以防飞机,因而顾不上地面川军,结果百丈被川军攻入,红军伤亡很大,撤出百丈。谢浚团在百丈镇内夺得红军三十三军政治部红旗一面。川军谢浚团第一连连长王廷章率该连追过关外约一里路的陈家山,适有红四军十师师长陈锡联率部增援赶到,一阵冲杀,王廷章当即阵亡,川军士兵大多伤亡,只剩二三十人,红军见谢浚团无后续部队,乘机反攻,红军又夺回百丈关。

20 日,百丈关已无险可守。川军在飞机大炮掩护下,先后调集八十多个团的兵力对付红军 15 个团。两军对峙,激战七天七夜。红军虽予川军以重创,歼川军一万五千余人,但自己损失也很大,伤亡近万,主力受挫。

百丈战斗后,潘文华指挥的川军主力集于东面名山、邛崃、大邑一带,薛岳部六个师在南面雅安及天全以南一带,李抱冰和刘文辉一部在西面康定、泸定一带,筑碉封锁。红军这时东进南出均不可能,处境极为被动,不得不在天、芦、宝地区休整并准备过冬。由于所控制的地区物产不丰,人口不过数十万,红军的兵员、被服、粮食补充,均发生极大困难。

由于潘文华总指挥又逐步控制名、邛战场,基本上堵住了红军东进。到 11 月 20 日前后，所调集的增援部队已先后到达。这时重庆行营主任顾祝同及参谋长贺国光忙于 17 日一同来到邛崃，与刘湘和潘文华密商所谓“进剿方略”，要刘湘和潘文华于最短期间，将“匪”完全围歼。这仍不外是想要假手刘湘兵马来消灭红军，纵使不能完成，亦可使刘湘与红军互相对消。但刘湘和潘文华并没有照蒋介石“方略”办事。刘湘和潘文华所奉行的方针是：摆开阵势，扎稳阵足，既须硬打才能把红军送走，又不作围歼打算以避免过度对消。红军一日不走，则持久一日，决不强求所谓“最短期内”的速战速决。

11 月 24 日，刘湘和潘文华下令总攻，虽然展开主力，实未齐头并进，只是由各师派出部分兵力分别进攻。左正面南路总指挥潘文华指挥第一线模范师五个旅、第四师三个旅、梁国华一个旅，以后加入陈兰亭五个团和预备队不完整的四个旅，当面集中在五家垭口。

当天总指挥潘文华指挥袁治旅攻占中峰场、洪川店、甘溪沟。红军向朱家场、莲花山退去。

12 月 5 日，总指挥潘文华命令廖泽旅攻抓子山红军阵地：该师以第八团团长余岱指挥该团、配属独立营和第九团一个营，计五个步兵营。又由陈基旅拨给两个机关枪连及模范师一个手枪连。从潘佐佐旅的左侧进攻，山势很陡，正面又窄，使用不了大的兵力。红军层层工事做得很坚固，攻了两天无进展。大约在 8 日上午，该团以一个营由陡坡虚张声势的仰攻，以优势的机炮火力从侧面高地制压，适蒋空军集中投弹猛炸抓子山红军阵地，该团乘机攻上抓子山。双方伤亡都大，红军退守代通庵高地。

12月8日，南路总指挥潘文华又指挥郭勋祺师、范绍增师之各一部在蒋空军配合下，攻占二斗岩、莲花山。

12月11日，“南总”潘文华指挥郭勋祺师之一部占领太和场，红军退守木老观音高地。该师廖泽旅向五家垭口推进。

经过多次战斗，至12月下旬，各部小有进展。时当岁暮天寒，高山积雪甚深，红军主力开始向西北山区转移。潘文华率部在12月中旬逼近天台山、五家垭口后，亦未继续再进，双方在对峙中形成冬眠状态。

至此，刘湘和潘文华的紧张心情，始渐转向和缓，12月27日，乃由邛崃回到成都度岁。

1936年2月11日，“南总”潘文华部陈基旅攻占石碑岗。孟浩然在蒋空军配合下，攻占五家垭口。红军向宝兴退走。

2月12日，“南总”潘文华指挥边防一路攻占蒙顶山、罗家山、人字山之红军阵地，红军向宝兴退走。

2月14日，“南总”潘文华之一部占领芦山岗。红军向宝兴退却。

2月15日，“南总”潘文华指挥孟浩然旅之一部占领天全城。

2月17日，一路杨秀春师占领大川和甘子山。五路王纯一旅之赵逸泉团占领公议场。王泽旅占领箭杆林、廖家岗、高山岗。佟毅旅进至新山附近。周重生旅占领正西山、中宝山、宝胜场。“南总”潘文华命令郭勋祺师之一部进占青龙场。陈基旅控制五家垭口。边防一路陈兰亭部进占三益场。至此红军全部撤离战场，向懋功方向引退。

这时，红军的防线不断被潘文华指挥的川军突破。前有强敌，后无根据地。红四方面军南下前（1935 年 9 月）有六十五个团和一个骑兵师，约八万人，在南下后不到半年的时间，已锐减到二十八个团，四万多人了。许多指战员都意识到，再这样拖下去非把部队拖垮不可。张国焘迫于上下内外的压力，也不得不承认“难以在此与敌人长期周旋”。全军被迫于 1936 年 2 月 11 日开始陆续撤离天全、芦山、雅安、宝兴，再次翻过夹金山，经达维、懋功、丹巴向西转移去康北。

不久，攻势再兴，红军主力相继撤退，川军尔后攻击进展较快，至 2 月中旬，红军全部撤离战场，逐步向懋功方向退走。刘湘和潘文华派出饶国华师自后追击，2 月 22 日，在小关子与红军殿后部队一度接触。23 日，总指挥潘文华命令饶国华师进至宝兴，继续跟追，实际是尾随红军之后，送走红军，一直送到懋功，迨是年夏间红二、四方面军甘孜会师、离开四川为止。

从刘湘和潘文华此回总攻部署和历时三个月的作战经过来看，充分说明刘湘和潘文华不愿与红军作“决战性”的对消。当右翼“一总”的杨荣向师以五旅之众于 1935 年 11 月 10 日占领横山岗后，一直呆到次年 2 月 17 日在红军主力撤退的情况下，才占领大川和甘子山，左翼的“二总”孙震，亦系以五旅之众于 1 月 31 日占领金鸡关、尧桥一线，但既不向飞仙关、陆王山、芦山岗迂回，也不向蒙顶山红军之侧翼进攻，反而转为筑碉防守。这种在红军两翼做着包围姿态，并不要求合围，而以自身主力由正面进逼，不惜旷日持久，付出最少代价来将红军“送走”的战略，可以说用心良苦，但刘湘和潘文华毕竟实现了自己的目标，而蒋介石叫顾祝同、贺国光向刘湘和潘文华面授的“方略”，到头来却完全落空。

第十四章　慷慨悲歌:胜则生,败则死
誓师擎旗:为国干城

1937年,"七七"卢沟桥事变爆发第二天,中共中央向全国发出通电指出:"平津危急!华北危急!中华民族危急!只有全民族实行抗战才是我们的出路!"全国人民迅速掀起了抗日救亡的热潮,要求国民政府对日宣战!

8月7日,四川省主席刘湘,奉国民政府电令,乘机飞南京,当天下午2时,刘湘飞抵南京,又在机场发表谈话:"决以川康人力、财力贡献国家。"蒋介石闻讯,立即约刘湘见面,并向刘湘说:"我晓得你今天来,故决定今晚开国防会议,请甫澄兄务必参加,一切事情,我们另外约时间再谈。"

参加蒋介石召开的最高国防会议,晚间刘湘在会上发言:要抗战才能救亡图存,才能深得民心,要先攘外才能安内。抗战,四川可以出兵三十万,提供壮丁五百万,供给粮食若干万石。刘湘的讲话语气激昂,得到全场赞许。

正当国防会议进行期间,8月13日爆发了淞沪抗战。于是,国民政府任命刘湘为第二路预备军司令官,邓锡侯为副司令官。

蒋介石以国民政府军事委员会委员长的名义,命令四川出兵抗战。

接着,国民政府军委会任命了许多战区司令长官。刘湘被任命为第七战区司令长官,兼二十三集团军总司令,所辖二十一军军长唐式遵、二十三军军长潘文华均为副总司令。指定的战区在平汉铁路线上,右与第一战区相连,左与第二战区相接。第七战区长官部初定设在河南省许昌。刘湘决定先组成战区司令长官部,在汉口设第七战区办事处,由战区副官长陈松云任办事处主任,刘湘特委任经马叙伦、晏阳初两人推荐的进步人士郭春涛任第七战区秘书长。

刘湘很快与川军将领潘文华等协商,完成组建第七战区的战斗部队。第二十三军军长潘文华率所辖部队编入第七战区。

按照作战部署,二十三军由第二十三集团军副总司令潘文华率领,从东路川鄂大道出发,沿长江东下,经武汉北行至许昌集结,后又向宜昌集中,准备增援平汉铁路前线。潘文华的二十三军部队在作战、训练、装备等方面是刘湘部队中数一数二的,这是刘湘的基础部队。

8 月 27 日,刘湘召集军长潘文华、唐式遵、王瓒绪及第七战区参谋长傅常会商,并向他们说:已取得蒋介石同意,第七战区出川各军统归战区指挥,不得分割使用,希各军长知照。8 月 30 日,川康绥靖公署开会决议:出川抗战部队,限于 9 月 5 日前开拔。

9 月 5 日,四川各界十万民众欢送川军出川抗敌大会上午 9 时在成都少城公园(今人民公园)、大光明电影院举行。

成都少城公园内人山人海、战旗飘扬,会悬挂着不少巨幅横标:“欢送出川将士奋勇杀敌!”“欢送出川将士收复失地!”“中华民族解放万岁!”

“四川省各界民众欢送出川抗敌将士大会”在这里举行,出川抗战部队官兵代表、各界民众代表和大中学生上万人参加大会。

刘湘、邓锡侯、潘文华等川军高级将领身着整齐戎装,张澜、徐申甫、陈益廷、尹仲锡、刘咸荣等著名人士,肃然坐在主席台上……会场充满庄严、肃穆、悲壮、激昂的气氛。

尹仲锡、刘咸荣是省城著名的“五老七贤”之一,德高望重。尹仲锡颤颤巍巍地对刘咸荣说:“现在要实行‘战时总动员’,可惜我们年迈老朽,动不得了,不能疆场效力了!”

刘咸荣翘起胡子也连声叹道:“是呀是呀!”

大会由“抗敌后援会”常委陈炳光主持。民主人士张澜最先致辞说:“日寇发动侵略战争不得人心,我川军将士只要坚持长期抗战的决心,发挥我川人吃苦耐劳的特长,奋勇当先,必能夺取最后胜利!”

接着刘湘、邓锡侯等将领导发表热情洋溢的讲话,第二纵队副司令员兼二十三军军长潘文华在少城公园大会慷慨陈词:“我们一定要血战到底,收复失地,把日本侵略者赶出中国去!做到胜则生,败则死,不成功便成仁。”

顿时,整装待发的川军队伍中雷鸣般地呼起口号:“为民族存亡而战,不负家乡父老!”

全场民众掌声四起,也响起排山倒海的口号声:“全川民众誓为出川抗敌将士后盾!”“欢送出川将士保卫祖国!”“欢送出川将士为国争光!”

全场掌声如雷。张澜感慨万千地对身边的尹仲锡、刘咸荣等人说:“刘、邓、潘三位将军的讲话,刚毅不屈、视死报国。你们看呀,上万民众热血沸腾,实在令人振奋!”

中下级军官(营、连、排长)的代表李召南雄赳赳地上台致答谢词:“国家民族存亡关头,我等出川抗战,不成功便成仁,誓为民族解放马革裹尸、战死沙场!”

女大学生邓名芳上台,热情洋溢地致欢送词:“我们四川女同胞,誓和全中国两万万女同胞一起,全力支持中国抗战!”实验小学年仅十岁的小朋友杨照明,也流着泪水上台发言……

雄壮的军号、锣鼓声中,“抗敌后援会”代表向刘湘、邓锡侯等赠送写有“秉钺鹰扬”的大锦旗,向潘文华、孙震等赠送写有“为国干城”的大锦旗,向16位师长赠送写有“抗敌先锋”的大锦旗。接着,四川大学师生向出征将士赠送毛巾2000张;妇女会向出征将士赠送手巾250打……

会场演出“保卫卢沟桥”话剧。全场的人从将军刘湘、潘文华到伙夫小兵,从尹仲锡、刘咸荣等名流到推车卖浆的小商小贩……全融入一种令人热血沸腾的爱国救亡气氛中!

几十万川军士兵,很多人为家人预留下遗嘱,身穿破旧的军衣、短裤、草鞋,手握“老套筒”步枪,背着大刀、斗笠、背包……第一纵队沿川陕公路北上,第二纵队顺长江东下出夔门。

装备窳劣的川军,告别了打内战,从此奔赴伟大的抗战前线!

第十五章　指挥保卫南京前哨战
打响出川抗战第一枪

川军第二纵队为刘湘嫡系部队，在纵队副司令员潘文华率领下，第二十三军于1937年9月1日先后从四川驻地出发，由水路乘轮船，出夔门，经宜昌、汉口，由长江东下，开往前线。首先奉命从万县乘轮船出发的是第十三旅田冠五部，经宜昌到湖北老河口和襄阳，接替第十一军团长上官云相部队的防务。其余部队按指定路线步行到重庆、万县后，分别搭轮船出川。当时因船既小又少，部队多，等候轮船和转搭轮船耽延了时间，直到10月下旬至11月初，川军第一四四师、第一四五师、第一四六师、第一四七师才先后到达汉口。第十四旅和第一四八师到达较迟。

初冬时节，纷纷的大雪，从天空飘飘洒洒而下，雪花无声无息飘入江中倏地溶入波涛，唯沿江两岸一派的雪景使潘文华将军双眉紧锁，从船舱行至甲板上放眼辽阔的长江。江水汹涌澎湃，他从胸前擎起望远镜，遥见汉江关已隐约显现出朦胧的轮廓，他的眉头锁得更紧更紧了……

这时一四五师师长饶国华正沿着轮船看望躺在甲板上的士

兵，他们紧紧地挤在一起，拥着单薄的夹被、抵御凛冽的寒风，身子还是不住地颤抖。饶国华俯身询问几名士兵："冷吗？兄弟们！"士兵们回答说："报告师长，有点冷。"饶国华心儿酸酸，他咬着嘴唇，力图不让感情失控，点点头。一个约莫20岁的小川军掀开薄被，挺立胸脯："报告师长我们还要好久才能打日本鬼子？"饶国华将军露出光彩的目光："快了，快了，今天就要到武汉了，我们再转火车就上前线了。"饶国华回到船舱，副官饶质彬捧来一杯热茶："师长，甲板上风大，你喝点热茶，暖和暖和身子。"饶国华将军沉默无语。饶质彬副官退出船舱，他明白师长不担心川军抗日的士气，最烦恼的是补给。古时有兵马未动、粮草先行之说，现在是军士上了前线，在这寒冬腊月兄弟们还只有两件单衣，几双草鞋，一只套筒枪。既无棉衣御寒，给养要靠中央调拨，无飞机大炮、装甲坦克。饶国华率领的一四五师，五个团一万多川军兄弟处境艰难。三个友邻师也和一四五师官兵一样，凭着不驱逐日寇，誓不还乡的壮志，保卫秋海棠的大好河山的英雄气概出川抗日的。刘湘统率十万川军东出夔门，潘文华部是十万之师的先头部队。

饶国华望着热茶出神，蓦然立起身来，旋风般地奔出船舱，直往前舱而去。他掀门而进，第二十三集团军副总司令潘文华抬眼一望，放下正在研读的《史记》，他用大拇指和中指将白金镜架往鼻梁上移了移："弼臣有事？"饶国华挺立身子，一副中国军人的威仪向潘文华副总司令行了个军礼："总司令，今天就要到武汉了，天寒地冻，兄弟们还没穿上棉衣，越往北走越冷呀！"副总司令潘文华请饶国华坐下，捧过一杯热茶，这位戴着椭圆形眼镜的儒将缓缓地说:“甫公爱兵如子,他先期到了武汉。给养问题,他会给委员长交涉的,不给足够的粮饷,这仗该怎么打呢?不用着急,到了武汉一切就明白了。现在全国老百姓抗战热情这么高,真是万众一心,共赴国难,驱除日本鬼子,还我大好河山。”对于潘总司令的慷慨陈词,饶国华却凄然一笑,饶国华能说什么,带兵打仗,最实际的是穿衣吃饭武器弹药。

潘文华冒雪登上甲板,饶国华紧紧相随。汉水、长江浩浩渺渺掀起汹涌巨浪,北风呼呼,潘文华、饶国华二位将军立于船头,潘文华上将托着雕花烟斗凝望武汉,饶国华中将紧握佩枪,真有风萧萧兮易水寒,壮士一去兮不复还的英雄气概。

船抵江汉关。十万雄师急如星火赶到武汉,装备十分简陋的草鞋川军却给武汉三镇的老百姓以鼓舞,他们终于看到了一队一队的中国士兵就要开赴前线,去打日本鬼子。武汉的市民有钱的出钱,有物的捐物。副总司令潘文华心潮起伏,感慨万千。当他想到国民政府军政部对川军不冷不热的态度,心中产生了一种不祥征兆,他难猜委员长此刻是什么心思,南京政府对日本人的侵略有何良策?

11 月 10 日,川军前卫部队潘文华部一四四师到达汉口时,潘文华接到刘湘长官部驻南京办事处发来的河北、河南、山西等省的作战地图,并转达刘湘的命令,大意如下:我军赓即乘平汉路火车,到新乡、博爱、荥泽、花园口集中待命。该师(一四四师)集中新乡、博爱。

第一四四师师长郭勋祺中将遵照指挥官潘文华命令,于 11 月 11 日率部队由汉口出发,该师先头部队唐明昭旅已到达新乡、博爱;师部直属部队及黄伯光旅,12日由汉口出发。后续部队的一四五师、一四六师、一四七师陆续由汉口出发,开赴指定地点准备作战。这时,原任第二纵队副司令兼第二十三军军长潘文华升任第二十五军军团长,潘文华作为前敌指挥官由汉口赴郑州。

潘文华在抗战时期的题字

一辆北上的列车,告别武汉三镇、龟蛇二山,喘着粗气,渡过长江,驶向江汉平原。武汉民众送别川军将士上前线那激动人心的场景,仍萦绕在饶国华的脑海里。在武汉三日,饶国华率领的一四五师未曾从国民政府手中领到一根棉纱,却从武汉老百姓手中接过近五千套征衣和棉被,虽是杯水车薪,却产生了官场情如纸、民情厚如山的印象。将军激动了,他决不让日本鬼子的铁蹄蹂躏大好河山。

车到郑州,一场突然的军事变故,改变了饶国华一四五师北上抗日的行程。在车站,潘文华将军在稀落的雪花飞舞中迎候着晚一步到达郑州的一四五师师长饶国华。

潘文华时任二十三集团军副总司令,因另一副总司令唐式遵还没到达前线，总司令刘湘又病卧武汉，军中千斤重担由他一人承担，三小时前他抵达郑州时，一纸加急绝密电报从南京到了河南，蒋介石电谕二十三集团军回师南京勤王，捍卫首都。

日本人点燃侵华的战火，从山海关外蔓延至辽阔的华北平原，扬言三个月消灭中国。牛岛师团在海陆空的卫护下，踏海而来。11 月初从东海岸边金山卫登陆，强占吴淞口海关要塞，上海失守沦陷。南京政府蒋介石坐立不安，他未曾料到，日本人不仅是绿林响马，还是一伙海盗，以此速度，要不到几天南京便危若垒卵了。牛岛师团气势汹汹而来，是要完成对国军战略性的包围。正在蒋介石调兵遣将之时又传来苏、常二州相继失守的消息。蒋介石不承认国军天数已尽，设法保住其精锐。日本人有战略性包围计划，他也有战略性转移策略。偌大一个南京——中国首都岂能拱手相送给日本人！蒋介石飞往武汉召见了在武汉汉口医院治病的七战区司令长官、二十三集团军总司令上将刘湘，让川军担负掩护国军做战略性转移！

刘湘在万国医院通过无线电波，把这一道命令拍发正在行军途中的他的挚友潘文华。

11 月 12 日，刘湘到达南京，向前来汇报战情的潘文华军团长谆谆告勉，说："调你仲三来担任保卫京畿外围，这是很难得到的报国机会。今天大敌当前，关系国家存亡，务必展我川中子第兵的特长，圆满完成保卫首都的光荣任务。"并让潘文华军团长带回《告第七战区全体官兵书》转发。

原来当松沪沦陷时，蒋介石在此役已使用二十二个军的兵力；对广德、泗安一线的防御，实无军队抽调。经蒋介石同刘湘商议，调刘湘所部分防广德、泗安，以保卫首都的外围。潘文华对日本人的侵略是抱着“胜则生、败则死”想法的。潘文华以兵贵神速之势，遂分令全部共五师、两个旅约五万人，限期集中广德、泗安一线，分布如次：一四四师师长郭勋祺，担任左翼，由泗安向长兴推进。一四五师师长饶国华担任右翼，固守广德。一四六师师长刘兆藜属右翼，守广德。一四七师师长杨国桢守泗安。一四八师师长陈万仞守泗安。独立第十三旅旅长田冠五、独立第十四旅旅长周绍轩守广德。

时唐式遵未赴前方，刘湘以二十五军军团长潘文华代理二十三集团军总司令，负责指挥广德、泗安的战役。

第23集团军副总司令、23军军长潘文华上将在泗安十里岗前线指挥所

11月12日淞沪沦陷，苏、常相继失守。潘文华率部由溧水、溧阳及芜湖等处开赴广德、泗安应战。潘文华与刘湘商妥军事

部署后，经由芜湖、宣战遄赴广德。这时，郭勋祺师长前往向潘文华汇报军情。待部署停当，潘文华便在广德召集了战前军事会议，将军们按时赴会，企望聆听潘文华副总司令的真知灼见，打好出川第一仗。会议厅里，气氛肃穆。副总司令潘文华上将身披黄呢大氅，在苏皖两省军事地图前，向将军们分析时局、讲述战略意义。

会上，饶国华向潘总司令和在座将军陈述一己之见："当今形势，固然敌强我弱，这仗打起来很是艰苦。自古道：天下兴亡、匹夫有责。决不能因为中国人内部事情影响到对日本人侵略国土的抵抗。"饶国华感到人们在听他的主张，思潮如泉涌，认真分析敌我时局。他说："安徽广德与浙江泗安边界相连，历为战略要津。太平天国为捍卫南京，由堵王黄文金率领重兵扼守泗安、广德一线，使清朝勇将鲍超未能越广德一步，相持一年有余，南京被满人由此南下攻破，鲍超也未能得到广德。它说明广德是南京的大门之重要。再则我们精诚团结，号令统一，虽是草鞋川军，士不可辱的。我饶国华以身相许，何事又不可为呢？"

饶国华冷峻地向在座诸将军立下誓言，一字一顿："国土沦丧，同胞被杀被辱，作为军人，贪生怕死是极大罪恶。我饶国华愿以死殉国，宁为玉碎，不可瓦全，决不负民众的恩德。"会场上群情激奋，杨国祯、陈万仞、田冠五、周绍轩将军纷纷赞成饶国华将军主张，怒斥日本辱杀我同胞的血腥罪行，力主抗日消灭倭寇。

因上海失守，士气不免沮丧，潘文华的参谋长杨炽认为蒋介石借抗战之名，以消灭杂牌军，应稍战即退，保全实力。有的人说："中央军尚抵挡不住，我们这些地方军又得不到装备武器，现在还有使用旧式双筒枪的,咋个得行嘛!"郭勋祺一向主战,当即向前敌指挥官潘文华表示,大意为:"敌沿太湖进兵,势颇披猖。为国家民族安危,只有在此奋战,寸土必争,予敌(日寇)迎头痛击,使寇遭受重创,才能振奋人心,然后逐步退却。如不战而退,则寇军势焰方张,我们要退亦无法退了。"潘文华在四川各界的欢送会上,曾当众预立遗嘱,有"胜则生,败则死"的壮语。潘文华深以饶国华、郭勋祺诸将军的谈话为然,当即指示应奋力决战,不得后退。军事会议结束,川军士气高昂,纷纷迎敌而上,陆续开拔前沿阵地。

潘文华副总司令以郭勋祺部为前锋,由泗安向前推进。郭部距长兴40里,即与敌寇大队遭遇。

11月13日下午6时,潘文华部队第一四四师刚到新乡下车,便接到长官部参谋长傅常以刘湘名义下达的电令:"该师(一四四师)赓即乘平汉、陇海、津浦车到浦镇。"14日,全师到徐州换车,15日,师部先到离浦口仅有五里的浦镇,部队陆续到达。郭勋祺于15日晚过江到南京,川军其他师长均已到达。他们受到军委会的招待,住进首都饭店。蒋介石一一接见,给每个师长送一万元,使不少人拿着钱在南京尽情玩乐。第一四七师师长杨国桢、参谋长胡志潜玩得连全师部队出发了也不知道。这次只有独立十三旅旅长田冠五没有率领部队到南京,他仍率部由老河口、襄阳步行到郑州转新乡。田冠五部到襄阳时,蒋介石曾派飞机去接他到南京。武汉行营主任何成浚也派高参前往劝说田冠五服从蒋介石的命令,将部队带到南京去。田冠五婉言谢绝,表示只听刘湘之命。

郭勋祺到南京铜银巷刘湘驻京办事处，见到参谋长傅常才知道刘湘还未到南京。改变战场、调动部队的命令是傅常遵照蒋介石的意旨下达的，蒋介石也明知南京守不住，为了所谓的“国际观瞻”便把刘湘的六个嫡系师，调到南京城外来和日军拼消耗。这是蒋介石在抗日战争中消灭非嫡系部队的惯用手法之一。

11 月 18 日正午，傅常又将蒋介石的命令，以刘湘的名义发给驻浦镇的潘文华部第一四四师，命令一四四师于 19 日由浦镇出发，过江出中华门，到溧水集中待命。还发给了江苏、浙江及皖南的作战地图。一四四师遵令于 19 日从浦口过江，出中华门，一路经前卫巷到溧水，另一路经江陵到溧水。第一四四师于 20 日到溧水，遇见参加淞沪战役撤退下来的川军杨森部和刘雨卿部，才知道后撤部队的混乱情况，大家都为拱卫南京的任务担心。21 日又接到蒋介石令傅常以刘湘名义缮发的命令：“该师（一四四师）赓即开赴溧阳前线，在戴埠新芳桥一线，占领掩护阵地。”

刘湘在 11 月 20 日经陕西飞汉口，原打算转许昌组建第七战区司令部。一到汉口他知道自己的部队已转调南京一线，便立即同战区副参谋长余中英乘船于 22 日到南京。当刘湘得知第七战区从南京下达的拱卫南京和占领掩护阵地的两道命令，是蒋介石命傅常下达的时候，十分生气，对傅常大发脾气。刘湘已看出蒋介石在夺他的指挥权，深感不安。刘湘认为：调川军来拱卫南京是可以的，但要把邓锡侯、孙震、李家钰等三个军一齐调来，不能把七战区的建制部队分割使用。于是，刘湘亲笔拟电，调邓、孙、李三军立即来南京，共同保卫首都。电报发出后，才知邓、孙所部已调往二战区作战；李家钰军已调归一战区指挥。刘湘这才进一步看透了蒋介石是借抗战之名来消灭川军，这是蒋的既定政策。刘湘决心把对川军的指挥权拿回手里。

这时正当第十三旅田冠五部奉刘湘之命到达南京，蒋介石派人叫傅常仍下令调田旅到溧阳，而刘湘却下令叫田冠五旅开到广德、泗安方向布防。恰巧这时又传来日军已从浙江金山卫登陆，在浙江境内与中央军激战的情报。刘湘见此紧急情况，即召集傅常、余中英，参谋处长周从化，兵站参谋长戴高翔商议。刘湘的计划是拟以皖南的黄山和浙江的天目山为第七战区根据地，部队经常进出于沪杭路、京杭路、京芜路和京沪路，切断日军交通线，威胁杭州、上海、南京等地的日军后方；在将来收复失地时期，川军便可以先占领这几个重要城市。于是，刘湘决定将部队部署重点放在泗安、广德方面，担任堵击自金山卫登陆的日军的任务。

由于广德地处要冲，直通南京、安庆、芜湖，又连接杭州、无锡，还设有空军基地，抗战一开始，便成为日军重点攻击目标之一和国民党固守的重要外围阵地。因此，敌我争夺广德之战，已势在必行，不可避免。

刘湘将他防守广德、泗安的上述部署计划送蒋介石审阅时，蒋知守广德、泗安是拱卫南京的重要组成部分，又见浙江方面自己的嫡系部队节节败退，他又找不出理由拒绝刘湘，只有批准刘湘的作战计划。刘湘便借机将川军的指挥权拿到了手。

11 月 22 日，日军依仗其优势兵力占领了上海，然后兵分三路会攻南京，其中一路日军由湖州经长兴向广德进攻，企图直趋芜湖，直逼南京，截断南京守军的退路，以配合其他各路日军围攻国民党首都南京。

“守一城、捍天下”，坚守广德外围阵地，才能拱卫南京。于是，刘湘亲自在11月22日下午5时，下令调五个师、两个旅、五万余兵力，集中坚守广德、泗安一线。并委派二十五军团军团长潘文华代理二十三集团军总司令负责指挥广德、泗安之战。其实力部署是：一四四师郭勋祺部由广德、泗安向长兴方向推进；一四七师杨国祯部、一四八师陈鸣谦部把守泗安镇；一四五师饶国华部、一四六师刘北藜部以及独立十三旅田冠五部、十四旅周绍轩部坚守广德，形成泗安、广德两道防线。

潘文华又对一四四师令：

1. 敌军已在浙江金山卫登陆，正向浙江境内侵犯。

2. 我们有堵击该敌之任务，重点保持于广德、泗安方面。

3. 该师（一四四师）现在京杭国道长兴、宜兴间占领阵地，右与泗安、广德一四五师切取联系，左与宜兴一四七师切取联系。

同时，刘湘决定将第七战区长官部设在芜湖，即派副参谋长余中英率领参谋人员到芜湖组织成立长官部。

刘湘命令刚到前线的唐式遵协同潘文华率二十一军、二十三军，经句容县分道向溧阳沿太湖西岸宜兴、长兴、泗安、吴兴一线，构成第二线阵地带，以阻击入侵的日军。

担任前卫的潘文华部一四四师师长郭勋祺，在11月23日统率全师由宜兴到达长兴县附近时，遇见淞沪战区前敌总指挥陈诚。陈诚曾任峨眉山军训团教育长，郭勋祺在训练团受训时，两

第23集团军副总司令、第23军军长潘文华(左一)上将率川军精锐部队到达泗安〔旅长达凤冈(左二),副官处长周瑞麟(左三),参谋处长陆涤生(左四)〕抗日前线阵地

人很熟悉。陈诚对郭勋祺说:“该师务要彻底掩护向南京背进各部通过,仍须一面在长兴附近的李家巷、新塘间,竭力抵御由吴兴方面尾追我军之敌;一面由太湖西岸布防,构成三角形的坚固阵地,尽力拒阻由太湖截击我军的日寇。我奉命在宜兴附近指挥你们川军作战,坚决在抗日的第二阵地带上与日寇鏖战到底。”

郭勋祺亲眼看见由长兴前线李家巷向宜兴撤退的蒋介石的中央军,分为四路纵队经过公路后撤。他们装备精良,头戴钢盔,脚穿军鞋,甚为整齐,是未经作战就后退的样子。川军官兵对这支不进行抵抗就后撤的部队很愤恨,但又有什么办法阻止其后退呢?郭勋祺还是照陈诚的命令:以师的主力沿太湖西岸的金村、夹浦、新塘一线布防,并以一部协同刘兆藜的一四六师在李家巷、新塘间向南构成阵地，拒阻由吴兴北上的日军。潘文华已令第一四五师在广德东面的界牌、泗安间构成纵深配备，以确保泗安飞机场；令第一四八师及十三、十四两独立旅在林城、红星桥到长兴附近东面协同第一四四师、第一四六师，西面协同第一四五师阻击日军。令第一四七师为总预备队，以策应各部队作战。

11月23日，日军牛岛师团即十八师团约四千兵力，加上伪满洲国的伪军，在飞机大炮的掩护下，由太湖分乘汽轮及橡皮艇百余艘，窜抵宜兴、长兴一带，分兵两路疯狂地开始进犯与广德交界的第一道防线泗安镇。

川军打响了出川抗战第一枪。

日军要占领南京，抢攻长兴是立足之地的第一城。师团指挥官牛岛是冒死进逼，孤注一掷的。10时许，日机一批接一批轰炸川军前沿阵地，弹片横飞，血与火迸裂。早一天时候到达长兴的川军还来不及修筑坚固的工事，只有在朔风中藏身于浅丘、豁壑躲避弹片袭击。十余批日机疯狂轰炸离去后，阵地上川军已被杀伤三四成。日本人终于出现了，猫着腰一队一队从芦苇丛中伸出头来，渐渐靠近湖岸，郭勋祺抓住了这个千载难逢的机遇，下令几十号兵吹响了冲锋号。川军如排山倒海地从工事里、掩体中、浅沟里跃身向起扑向敌人，郭师长扬起勃朗宁手枪，回头呐喊："兄弟们，冲啊！"川军如潮水般奔向太湖，一排一排仇恨的子弹划破了太湖的上空，射向日本鬼子，敌人刚下汽艇，立足未稳遭此沉重打击，一时晕头转向、伊里哇啦，号丧地在浅水泥泞中挣扎，太湖水血红一片，日本人倒下了，川军要让他们血债血还。

日军付出了惨重的代价，翌日调集了大炮、坦克，在四十架“零式”战斗机的配合下，直逼浙江与安徽交界的泗安镇，泗安镇是日军北上占领南京的通道，可南下江西形成对浙江的战略性包围。

11 月 23 日午后，长兴前方传来机枪声，日机在长兴上空盘旋投弹，以机炮猛烈轰击，同时敌军先头部队约一旅团冲到泗安，向中国守军潘文华指挥的一四四师郭勋祺部发动猖狂进攻。情况紧急，第二十五军团军团长潘文华命令郭勋祺部：由先到的张定波团的前卫营，在夹浦附近和公路两侧以旗警戒，掩护师主力由后方开进。随后令唐旅担任左地区方面的任务，占领殊砂领之线，迅速构筑工事阵地；令黄旅担任右地区方面的任务，占领南山之线，迅速构筑阵地；令唐旅唐映华团和师特务营作为师预备队，位置于金村后面森林中。第一四四师所占领的阵地是江苏、浙江交界的山地，山虽不高，可以依托，还有森林隐蔽，挖有较好的工事，所以官兵士气旺盛，要争取首战获胜。

25 日晨，与日军精锐牛岛师团的战役全面打响。日侦察机三架，向一四四师和一四六师阵地投了十几个炸弹后，朝宜兴方向飞去。然后是日军小部队向第一四四师阵地前的警戒部队施以火力侦察，未敢冒失进攻。下午得知长兴城已落入日军之手，第一四四师、第一四五师做好了迎战日军进攻的准备。幸好，郭勋祺留下了中央军炮二旅的两连山炮部队，配合川军更有力地打击日军的进攻。

26 日清晨，夹浦方面展开激烈战斗。川军守夹浦镇的一个步兵营打得很英勇，受伤官兵陆续送下来。一位连长被日军的枪弹击中，子弹从耳朵打进去，由面部穿出来，他还边说话边走下火线，可见当时官兵的斗志十分昂扬。到十点钟，日军步兵八百余人向一四四师和一四五师的阵地猛攻，装甲车也冲过来。守卫的两师部队待机不动，隐伏在两侧阵地的掩体里。当日军冲到一千公尺内时，川军才令炮兵对准日军开炮，隐伏部队的步枪、机枪一齐射击，当即打毁敌装甲车三辆，三个大队的日军完全被击溃。守夹浦镇的营虽然伤亡一百余人，但守住了夹浦镇阵地。

第一四四师据守着长兴东北的新塘、夹浦、金村一线有利地形，左边是太湖，日军的大部队不敢进犯；中间是公路，日军怕遭炮击也不敢轻易出动；右边地形复杂，川军就作为重点防守。27日早上，日军两架水上飞机，从太湖飞来向一四四师阵地投弹扫射，又向金村和一四四师师部投弹。然后，日军大部队从右翼发起进攻，下午3时，团长张昌德在电话上向师部报告："唐旅徐元勋团受敌人大部队攻击，战斗很激烈。徐团似已稳不住，已向后撤退，以致本团侧背受到威胁，不能支持。请想办法！"接着，团长张定波电话报告："敌人已向本团进攻。"郭勋祺根据两个团长的报告下令：张定波团死守阵地，唐映华团出发增援张昌德团，并电告旅长唐明昭要坚决督饬徐元勋团坚守阵地，不许后退。

日军的海军陆战队攻占太湖内的东西洞庭两山后，傍晚即以大批汽艇运日军，配备轻重机枪，向一四四师驻地夹浦后面金村太湖大道袭击。战况紧急，郭勋祺来到前沿阵地，督斥唐映华团长：要不惜一切，死力抵御，如日寇在你团防地内登陆，就将你枪毙！郭勋祺又转向另一阵地，当他越过公路正在爬坡时，埋伏在太湖边上的日军开枪射击,打中了郭勋祺的左腿。卫士忙为郭勋祺裹好伤,要抬他进医院。他不去,就坐在担架上督战。郭勋祺号令官兵们说:“国家养兵千日,用在一朝。你们胸章背面,印得有爱国家爱百姓。现在正是国家用你们于一朝的时候,也是你们爱国家爱百姓的时候。军人战死沙场,乃是幸事。望我各官兵,克尽军人天职,不畏艰难,杀敌致果,互相应援,固守阵地。如有擅失阵地者,不论职级大小,一律处以枪毙!”

郭勋祺身负重伤不下火线,坚持在阵地上督战,给官兵们以很大鼓舞。同时命令唐团立即进行夜袭,唐马上集结所部,乘夜向敌袭击,敌人惊慌失措,直到后来打退了敌人,给敌久留米师团以重创,汽车来接他才进医院,也才将师长职务交给参谋长林华均代理,去南京治伤。

接连几天的战斗,由于敌我双方武器装备相差悬殊,致使第一四四师伤亡官兵已达二三百人,重伤员抬不下来,轻伤员靠自己走下来,因每团仅有十到二十付担架,很不够用。全师的药品缺乏,连粮食也很少,老百姓都撤走了,拿钱也买不到粮食,部队每天只能开两餐饭。虽然如此艰苦,官兵们仍英勇作战,斗志坚强。第十一军团司令官上官云相得知一四四师处境困难,于11月27日晚,派出部队前来接防。一四四师在11月28日上午全部撤至张渚休息、整顿。下午4时,第二十五军团军团长潘文华命令:“该师(一四四师)能于本月30日以前到达广德。否则,尔后到宁国集中。”第一四四师按照潘文华命令向广德前进。日军乘机突破守军第一道防线继续西进,直逼广德的第二道防守阵地。

早在11月22日潘文华军团长已率直属部队一四五师、一四七师等部队到广德前线布防，唐式遵在广德后面十里铺的誓节渡设司令部，在潘文华军团长的后方。

11月23日，一四五师师长饶国华向潘文华军团长电话报告："我一四五师先头部队四三三旅到达广德，后续部队正由新乡向南移动。中央军主力大部已后撤到达目的地，仅有部分辎重尚在后撤中。"潘文华指挥的所部田冠五旅和刘兆藜的一四六师也于11月24日到达泗安镇，换下广东部队吴奇伟将军。

泗安镇在浙江省境内，地势十分平坦，仅南北有浅山，全镇分为上泗安、中泗安、下泗安，位于芜湖至杭州的公路上，距长兴约四五十华里，距皖东的广德有六十华里。

11月24日，守军一四五师师长饶国华奉潘文华之命掩护友军安全撤退，饶国华令先头部队四三三旅戴团推进至广德后，占领阵地。戴团与日军前锋遭遇，展开战斗，苦战三昼夜。饶师因武器太差，孟浩然旅尚未到达，因此兵力单薄，伤亡惨重。饶国华立即亲自前往广德以东的界碑、祠山岗等地部署兵力，挖筑工事，以固守广德和确保泗安飞机场的安全。

川军一四五师奉潘文华之命扼守泗安和广德。饶国华将军守泗安还有更重要的一层意义，泗安设有飞机场，一旦落入日本手中，对南京的威胁就更大了。

饶国华师筑起了工事，依牛头山、祠山岗为屏障，厉兵秣马誓与东洋鬼子血战一场。

26日日出东山，涂抹着血红的膏药旗日本飞机黑压压凌空飞来，把牛头山、祠山岗，上、中、下泗安镇炸成一片焦土，爆炸声响过之后，阵地上出现了暂时的寂静。尔后，从长兴方向的公路上，出现了一队队坦克像排山一样压过来。川军从未见过这庞然大物，用汉阳步枪频频射击，犹如隔靴搔痒。一队队坦克如入无人之境，长驱直入，卫士顾元兴向饶师长报告：“师长，咋个打？”饶国华略加思索：“腾开两厢让它进来，堵住步兵。”果然，坦克过后，日本步兵拥近泗安、一场激战眼看就要发生了，川军却呆了。在日本人面前是一群五花大绑的中国人。这一着棋太凶了，饶师长为难了，他不能在腾出两厢让日军长驱直入，也无法阻挡敌人杀伤自己的同胞。旅、团长望着饶师长。

“拼刺刀！”饶国华下了决心。

一阵高昂的冲锋号从牛头山、祠山岗冲上云霄。振奋、激励、数千川军把雪亮的刺刀插上枪尖，排山倒海的呐喊、复仇的火焰烧红了眼睛，冲向日本鬼子的队列。倏地，日本兵向公路两侧散开，他们没料到川军是拼命而来，日本兵的枪响了，冲在最面前的川军倒下了，倒在血泊之中。又一批川军冲了上来，肉搏开始了，刺刀撞击声、叫喊声，受伤的叹息声，声声振憾着在祠山岗上运筹的饶国华的心。两军对阵勇者胜，川军没有退路，没有侥幸、没有留恋、个个以勇敢、机敏、娴熟的拼刺在血肉横飞中求得一条生路，求得胜利。忽然，从长兴方向冲来一队日本骑兵，增援步兵。日本人利用马上优势，挥刀劈死了多少精疲力竭的川军，局势骤然发生变化，祠山岗下横七竖八地摆满了血肉模糊的尸体……

饶国华心里难受极了，近在咫尺的祠山岗下，千多名中国军人血染疆场。他转向旅长：“浩然，退回广德，泗安机场不能丢，不能让孑生孤军无援。请秉文立即去吉安，请刘兆藜增援我们，务必从左翼牵制和打击日本人。”

也只有这样了，不分散日本人的兵力，泗安、广德都危如累卵。何副旅长带着一个敢死队绕道向吉安去了。正欲撤退时，佟毅旅长带领一个团正面阻击日军，饶国华带领的孟浩然旅，傍晚时分才撤回县城。

夜，漆黑。饶国华已经是一天一夜未曾合眼了，他和孟浩然、佟毅商量好守卫广德的计划。只要苦守广德三天，中央军西撤就顺利完成了。他三人估计，日本人要抢占泗安机场，是想把它当成占领中国南方的第一机场，绝不会破坏它，动用飞机轰炸的可能性很小。只要日本不使用飞机大炮，刘孑生就能守住它。我们要增兵机场拖延日本人的时间。如果一四六师刘兆藜师长攻其敌军侧翼，牛岛腹背受击，我们掩护中央军撤退的任务就完成了……

刘孑生奉命连夜赶到广德。

饶国华见他进来略为轻松地点点头，说：“孑生，只把你辛苦了。”饶师长把保卫广德的实施战略计划告诉了刘团长：“你肩负重任，牛岛的目标盯着你，压力大啊，明早去两个营增援你们。”饶国华尴尬一笑，“我能调动的兵力，就这一点点了”。刘孑生明白师长心意，庄重地向师旅长敬了军礼转身出了指挥部，一阵清脆的马蹄声，由近及远，消失在无边无际的深夜……

饶国华站立在师部门前，他明白来势汹汹和武器精良的日本人对于川军而言，处于明显的优势。牛岛真雄想要占什么便宜，也要付出血的代价……

日军逼近界碑，守军一四五师师部特务连和一旅某营与伪满军的于藏山部及日军展开激烈的遭遇战，师长饶国华身负轻伤，仍亲临前线指挥，苦战半日，击退了敌军的进攻，夺回了一度曾被日军占领的泗安机场，固守了前沿阵地。

日军首次攻城未成，便于26日采取了大举强攻，日军出动装甲车、坦克向广德进攻。饶师官兵还未见过坦克和战车，纷纷往两侧后退。饶国华派四三三旅副旅长何秉文到吉安同第一四六师协商，请派兵威胁日军侧背，可是一四六师未及时派部队支援。

攻广德之敌约四千余人，并以飞机27架整天轮番轰炸，致使守军工事尽毁，城市变为废墟。28日，日军仗着海、陆、空的优势火力，挟其机炮之威力，用中央突破的战术，冒死进逼，日军的装甲车和坦克车开道，后面是装满日军的大批军车和大炮，沿着广德大道突破了林城守军的防线。潘文华率同饶国华师长、田冠五旅长等与敌激战甚烈，士兵奋勇，坚强抵抗。日军继续在空军的乱轰乱炸掩护下，突破了第一四五师守卫的泗安机场当面的阵地。

日本人已占领了泗安机场的东南和西南，川军的战壕工事被日军破坏，刘孑生团一千多名官兵浴血苦战相继英勇阵亡，剩下不足三百人了。刘孑生率领部队退至机场调度台和油库，拼死守住机场要害部位，万不得已，他决不让日本人捡到便宜。牛岛意在占领机场，泗安军用机场对日本人是太重要了。他怕中国军队孤注一掷毁掉它。日本人小心翼翼用钳形向一四五师守军进攻，没有采用包围，防止中国人走这一着险棋。守机场的一四五师的刘孑生团，在机场的边沿与日军恶战了一天。师长饶国华深知情势严重，当夜通电全师所属官兵宣誓说："国家养兵是为了保国卫民，人谁不死，死有重于泰山，有轻于鸿毛。今天是我们报国之时，要不惜一切的努力报国，以争取我川军为谋人民的利益而献身。”第二天，刘孑生团与日军在机场中展开肉搏血战，日机又对一四五师轰炸、扫射、刘孑生团长身负重伤，全团官兵损失四分之三以上。饶国华见机场不保，便命令准备将飞机的器材及油桶击破焚毁。这时日本人已冒死逼近了调度台和油库。刘孑生杀红了眼，他率领全团官兵已经抵抗了十多个小时，饥饿和劳累使他精力、体力渐渐不支。他见日本人冲向调度台来了，一手按着流血的伤口：“弟兄们，烧了机场，撤！”刘孑生一声令下，沈参谋一脚踢翻一桶汽油，横流满地，当川军撤离调度台时，他对准汽油“叭叭”两枪，霎时火光腾空再起，油库见调度台起火，旅即放火烧库。顷刻，泗安机场火光照耀如同白昼，浓烟滚滚，热浪逼人，人喊马嘶，枪声、汽油桶爆炸声，川军剩余部队在声浪中撤出泗安机场。

公元 1937 年 11 月 28 日，历史记住了这个日子，川军血战泗安机场，一千零二十多名壮士为国捐躯。

29 日凌晨，八七〇团团长刘孑生身负重伤，带领几百名官兵回到广德。饶国华一面安慰将士，内心却很犯愁，日本人没得到机场，将要疯狂地攻击川军。广德已成为日本人的主攻目标。守卫广德的川军不足 5000 人，除去伤残、后勤补给人员，作战兵员只三千多人。

不得已，只有全师后撤，广德失陷。日军便以主力沿吴嘉公路直趋广德。饶国华率四三三旅佟毅部刘团，拒日军于广德前方五华里的界碑。饶部官兵孤军困守，奋勇作战，前仆后继，死亡枕藉,形势十分危急。饶国华亲自赶到誓节渡向军团长唐式遵报告战况。唐式遵答复说:“广德作战关系重大,应决心与城共存亡,否则提头来见。”饶国华返回前线,继续坚持作战。

第一四五师饶国华部与日军苦战时,潘文华副总司令眼见战事十万火急,一面紧急报告刘湘说一四五师怕支持不住!一面亲赴前敌,指挥作战,这当然引起唐式遵的嫉恨,素来指挥灵活的潘文华在前线见泗安、广德俱已失守,经电话请示刘湘后,便下令:“田冠五独立旅从右翼、一四六师刘兆藜从左翼,包围泗安敌人。”这时,可惜的是第七战区副司令长官陈诚到达芜湖,改变潘文华的作战布置。他一面指挥吴奇伟部向徽州撤退,一面命令唐式遵、潘文华部队向黄山方面(太平)撤退。唐、潘二人将陈诚的命令转一四五师孟浩然、佟毅两旅。正在执行潘文华命令的田冠五已率部包围泗安的日军,他虽然未接到陈诚的撤退命令,但见孟、佟两旅已奉命撤退,也就停止了进攻。

刘兆藜师四三六旅旅长廖静安,八七五团团长潘寅久对师部不及时出兵支援一四五师表示不满。潘寅久要主动率全团打击日军。这时,一四六师刘兆藜部还未收到撤退命令,仍按潘文华军团长的原命令执行。26 日晚,廖旅潘寅久等团,由吉安阵地出其不意,突然向泗安日军进击,先以手榴弹轰击,继则使用马刀肉搏,白刃相向,杀日军如砍瓜切菜一般。日军仓皇溃逃,阵地上遗下不少血淋淋的日军官兵头颅,日军二女护士被俘,一名日军官来不及退逃,剖腹自杀。泗安镇全部克复。同时,占领广德的日军,经正面川军的猛压,以为后路被截,纷纷退出广德。这时第一四六师及从芜湖登岸的刘湘部独立十四旅周绍轩部赶到，一齐推向大小界牌一线。日军又来进攻，以坦克开始。刘师、周旅先将广德附近的桥梁炸毁，以阻日军坦克。日军又派坦克绕开炸断的桥梁再来攻击，旅长周绍轩命六四一团一营营长周镐荣率全营在道路两旁埋伏，准备打坦克。一队日军坦克果然大摇大摆地开来，他们知道川军无大炮，更有恃无恐，而川军对日坦克也并不示弱。连长胡云程抱着一捆手榴弹，跃出战壕，爬上坦克，从瞭望孔中将一捆手榴弹塞了进去。手榴弹一爆炸，日坦克被炸毁。接着，排长赵学桂又抱着手榴弹冲上去炸毁了第二辆坦克。胡云程，赵学桂都当场壮烈牺牲，成为英烈！日军坦克一炸毁，川军官兵冲出战壕向日军杀去，大败鬼子兵，战况空前激烈，就连敌寇也不得不叹服："这些草鞋兵能打仗。"

一四六师和独立十四旅在泗安、广德的几次战斗中，歼灭日军数千，其中击毙装甲车队长一名，缴获装甲车十几辆，载货汽车四五辆，载有日军呢军服、呢大衣、毛毯等物，卡车二十余辆，汽油数百桶，枪炮弹等军用物资无算。还缴获日军两门野炮，因未及时拖走，只将零件卸去。有的战利品难以运走，就一把火烧毁，弹药爆炸，火光冲天，"哔哔叭叭"响声不断，像是在热烈地燃放鞭炮，给川军庆祝胜利呢。

同时，刘兆藜师王团的便衣队，以最快的速度，跟追日军至东湖亭镇。日军退逃时遗下大批战马及防毒面具，便衣队占了东亭湖，除得到战利品外还俘日军 30 名。从缴获的日军文件中，才知道退逃的日军是从华北调来的松坦师团第三联队松其支队。

刘兆黎师直到第二天才知道撤退的事，遂全师而还。因为当时前方情况混乱，通讯阻塞，部队因撤退关系，大家都在行动中，好的战果消息并未发表，以致武汉七战区办事处和国民党中央，对这次战役和战况全然不知，但这次作战成绩，前方川军都已传遍。

11 月 28 日，胃病复发、且濒于危的刘湘被蒋介石派轮船移送汉口，住进万国医院，同时派陈诚为第七战区副长官并代理长官职务，未得展其保卫南京与敌一拼的豪迈抱负，即使在养病期间，每言此，犹不无耿耿。

28 日，界碑失守，一四五师奉潘文华之命退至祠山岗继续坚守反击，并发动群众将木棍、门窗、桌椅等物堆放在公路之中，设置障碍，阻击敌人。当日军进入祠山岗受阻时，几十辆军车像死蛇一样躺在公路之中，敌人纷纷下车清除障碍物。此时，饶国华师长抓住战机，一声令下："打！"埋伏在公路两边大松林等地守军顿时集中火力，猛袭日军。战士们手持手榴弹，跳上日军军车，炸毁装甲车。广大官兵抱着誓与阵地共存亡的决心，顽强抵抗，激战两天，揭开了安徽抗战的序幕。日军也损失了三十余辆军车，但终因守军寡不敌众，伤亡惨重，同时宣城到广德的交通被敌切断，增援无望。

11 月 29 日，已是山雨欲来风满楼了，昨夜机场的冲天大火，告诉广德人机场已经沦陷。全城军民加紧修筑工事，搬运弹药。

蓦地，在很远很远的地方，响起了隆隆炮声，饶国华掀开军事地图，他判断是吉安方向总司令潘文华亲自指挥的独立十四旅与日本人接上火了，枪声如火如荼，又传来新抗方向密集的枪声，饶国华欣慰一笑，自言自语地说："兆藜出马了。"他立即组织全师官兵，打好广德保卫战。

从太湖长兴至广德的公路上，日本人的坦克、炮车轰隆隆地开过来了。牛岛乘坐一辆吉普督阵。今日，他是报复而来。岗村电告他松坦师团松其纵队已从北平空运伞兵投入广德战场。牛岛有恃无恐，在广德弹丸之地，已投入六万多兵力，他要以多胜少，以“优”胜“劣”。占长兴，夺泗安连胜两仗，更使他飞扬跋扈。

牛岛真雄以坦克为前队，直冲广德县城，一辆辆坦克像乌龟一样，以钢铁之躯向川军阵地冲了过来。冲过了护城河。几天前川军不知坦克为何物，几仗打下让川军长了见识。不就是十多辆地乌龟！一营长周镐荣早把士兵埋伏在城门洞两侧，利用洞内光线暗淡，坦克冲向城门洞内，草鞋川军呐喊声四起，连长胡云程、排长赵学桂率领数十名川军，抱着一束手榴弹，揭开铁盖，五指套着导火索的铁圈，像山猴跃上坦克，敲烂护窗，将手榴弹塞进驾驶舱内，一阵阵震耳欲聋的爆炸声响了。胡云桂、赵学桂与日本侵略军同归于心尽，十几名川军勇士，有七名壮烈牺牲。刚才还是耀武扬威的庞然大物，顷刻间变成一堆废铁。此时，川军冲锋号响，密集的火力网把进攻的倭寇赶出了广德县城。

凄迷的月光给大地洒下了一层朦胧的橘黄色的光辉，战场上出现了暂时的死寂。

入夜，日军阵地上突然大炮轰鸣，如飞蝗，如箭羽，一发发炮弹在广德县城爆炸，猛烈的炮火压得川军藏身于战壕很难抬起头来。四五十架探照灯从东南、东北角交叉照射，在川军前沿阵地，天空中马达轰鸣，一队队零式轰炸机闪着五色指示灯对广德狂轰滥炸，响起了撕裂人心的爆炸声。日军凶狠的攻势，川军抵抗艰难。

此时，饶国华置生死于度外，命令饶质彬带一个连去守西城，饶质彬迟迟不动，叫了一声：“师长。”

“阵地要紧，快去！”

“你?!”

“师部还有二三十人，我没关系。”

牛岛在城外督阵，在狂轰滥炸后，他调骑兵开路，陆军随后，强占广德。

血与火、刀与剑、仇与恨交织。川军寡不敌众，被敌军挤压至西门一隅。

战斗在激烈进行。

卫士顾元兴又赶来报告：“戴团长弹尽，弃北门西撤！”

饶国华见广德从自己手中丢失，又失界牌，他命令未投入战斗的刘汝斋团全团反攻，刘汝斋竟不服从命令，偷生怕死，在千钧一发之际，未出兵而后撤，贻误戎机，以至影响全线崩溃。日军乘势于30日占领广德县城。

敌于30日进占广德。潘文华率部退守宁国、旌德、石棣、太平、青阳等处，以巩固皖南阵地。日军既占广德为通道，战略目的已经达到，遂舍弃川军，将主力直趋芜湖，以折断中国军队的退路，配合松井石根指挥的日军主力，围歼守卫南京的中国军队。

这时兄弟师旅在泗安、广德之战中均杀伤许多日军，为国立功。饶国华深感作为一师之长，对不起国家，对不起百姓。他出身行伍，秉性忠贞，而笃信佛学，持身勤俭，衣大布，食粗粝，律己严，待人宽，人称“饶菩萨”，恒慕文天祥、史可法。饶国华原属唐式遵，但对唐式遵极鄙视，团长刘汝斋系唐式遵亲信，恃唐式遵奥援，对饶国华常恶语相加，因刘汝斋不战自溃，广德失守，饶国华深感悲痛。

饶国华在奉命限期收复广德时，他已下定“与城为殉”（史可法语）的决心，亲率一营官兵反攻，终因寡不敌众，只好率残部退至距广德十五里之七里店，赓即被日军重重包围。日军不敢进逼，一再劝降。饶国华威武不屈，紧握雪耻刀对官兵讲道：“我从‘七七’事变发生之日起，就渴望能到前方杀敌，洗雪国耻，收复失地。‘八一三’事变后，国共合作抗日。我幸能如愿以偿，奉命出川抗战，引为平生快事。诸君还记得罢！？我们离川时，蜀中父老兄弟姐妹曾举行盛大仪式欢送。潘文华军长代表我们川军将士致答词表示：我们一定要血战到底，收复失地，把日本侵略者赶出中国去！做到胜则生，败则死，不成功便成仁。我们要牢记当时潘文华军长的誓言，绝不能在敌人面前屈膝示弱，给中国人民丢脸！”

当天晚上，饶国华在弹尽援绝、人马伤残、困乏已极的情势下，以守土无能，部属违命自责，觉得无颜以对国家，无颜以对刘湘；又因唐式遵掌握大权，痛感难期长处，便决意自戕。他深感惭愧和悲痛，沐浴后焚香祷祝毕，通宵不昧，洒泪给刘湘写了绝命书，书中有“本部扼守广德，掩护友军后撤集中，已达成任务。我官兵不惜牺牲为国效力，忠勇可嘉，深以为慰，广德地处要冲，关系首都安危，余不忍视陷于敌手，故决战共存亡，上报国家培养之恩与各级长官爱护之意。今后深望我部官兵奋勇杀敌，驱寇出境，还我国魂，完成我未意之志，余死无恨矣！刘儒（汝）斋不听指挥,以致兵败,职唯有不惜一死,以报甫公知遇暨川中父老之情”等语。

书毕,饶国华掏出怀表赠予身边的卫士顾元兴,并叫顾元兴去休息。

30 日凌晨 2 时,饶国华怀揣绝命书走出指挥部,拔出手枪,推子弹上膛,单独一人步入树林中,在极度悲愤中,盘膝坐于一大树下,举枪自戕,慷慨成仁,时年四十有四。

一代抗日名将饶国华血沃江南,为中华民族领土完整,奉献了年轻的生命。

嗣后,国民政府为表彰他的忠烈,特追赠为陆军上将,准予国葬。

第七战区副司令长官陈诚在芜湖对唐式遵、潘文华下令撤退后,他经繁昌、南陵、青阳、石埭到达太平。一四五师和一四六师在泗安作战以后,潘文华军团长也跟着从广德下来,因广德无险可守。随后,潘文华亲率一四四师、一四七师集中到太平。在太平谭家桥,一四四师参谋长林华均向潘文华军团长汇报了本师作战经过、郭勋祺师长负伤过程、第十一军团接防以及接到潘文华军团长命令本师按令行动等情况,潘文华军团长听了很高兴,笑着说:“翼之(郭勋祺的号)带伤,真是家常便饭,太勇敢!”

接着陈诚在太平小学堂召开了川军营长以上的军事会议。他讲评了金村、南山和广德、泗安的作战情况,认为这次广德、泗安战役第 146 师反攻敌人,预定的战术是后退两翼包围敌人,实际上是一翼后退包围,调动兵力和运用战术都很灵活,作战应当以此为例,并对潘文华指挥广德、泗安战役给予了高度评价。

广德、泗安战役是潘文华指挥川军千里跃进抗日前线向日寇打响的第一枪，同时还揭开了安徽抗战的序幕。装备简陋的川军将士同仇敌忾，不畏强敌，以血肉之躯前仆后继，勇猛杀敌，多次出现肉搏拼杀，寸土必争的激烈战斗场面，打出了军威。战役中，一四四师中将师长郭勋祺将军英勇负伤，一四五师中将师长饶国华将军壮烈殉国，表现了川军将士精忠报国、视死如归的英雄气概。广德、泗安战役，虽未能完全粉碎敌人的进攻，但使敌人遭受了重大损失，打破了日军不可战胜的神话，特别沉重打击了日军的嚣张气焰，从战略上有效地迟滞了日军速占首都南京的罪恶企图，保障了南京国民政府中央机关的安全撤离，为大军顺利西撤赢得了时间，为参加南京保卫战的国民党中央军主力完成战略集结创造了有利条件，为保卫南京京畿的准备和部署起到了极其重要的作用。广德、泗安战役是国民党军队正面抗日战场以弱胜强的光辉战例，永远彪炳史册！正如当时随军战地记者挥泪口占一绝，咏叹云："广泗军威震，义胆挫敌酋。成仁昭大节，英名自千秋！"

潘文华部陆续到达太平之后，蒋介石下令任命陈诚由第七战区副长官为代理长官，又令川军部队开往南陵、繁昌、铜陵、大通、青阳、贵池一带，担任对付芜湖、湾址的日军和守卫江防的任务。这时蒋介石趁刘湘患病住院之际，派陈诚夺了刘湘对川军的指挥权。

唐式遵早已暗中投靠蒋介石，早晚欲取刘湘而代之，但眼前必须隐瞒陈诚命令潘文华率部撤退的事，嫁祸于潘文华，将潘文华排挤走，才好升任集团军总司令和统率潘文华的各师。于是，唐式遵竟利令智昏向蒋介石打小报告诬陷说:“潘文华不尽职守,放弃广德、泗安……”

蒋介石正要借此打击病中的刘湘,便于 1938 年 1 月初以国民政府军事委员会名义下令对川军在太湖西岸一线作战的部队进行奖惩,实际是用以分化瓦解川军,其令大意如下:

一、第二十三军军长潘文华因人事关系,应变迟缓,暂行停职,着即回川重组第二十三军部队,出川抗战;

二、第一四七师师长杨国桢作战不力,着即撤职;

三、第一四四师旅长唐明昭临阵寡断,指挥无方,着即撤职;

四、第一四六师四三二旅旅长梁泽民,年老多病,不能在前线与官兵同甘苦,着予免职;

五、第一四八师师长陈万仞,指挥沉着,升为第二十一军副军长,但与第一四八师人事不宜,着调兼一四七师师长;

六、第一四五师师长饶国华,为国捐躯,除通令嘉奖外,并准在四川成都铸铜像树立,以彰英名;

七、第一四四师师长郭勋祺指挥有方,负伤后犹在前线督战,在敌人猛攻下,始终未失阵地,俟遇有军长缺时,迳先升迁;

八、第一四六师师长刘兆藜、作战努力,指挥适宜,记大功两次,遇有程式缺即酌情升任;

九、第一四五师四三三旅旅长佟毅应战沉着,指挥有方,着升一四五师师长;

十、独立第十四旅旅长周绍轩，指挥敏活，在日寇猛扑下，犹督率官兵血战，遇有缺即升迁；

十一、第一四八师旅长潘佐与日寇反复激战三月之久，敌弹两穿，犹在前方督战，着记大功二次，遇有师长缺时迳先升迁；

十二、独立十三旅旅长田冠五指挥沉着，督率官兵，血战三日之久，英勇可嘉，记名遇缺即行升任；

十三、第一四四师团长徐元勋作战勇敢，堪为官兵表率，升为一四六师三四八旅旅长；

十四、一四四师旅长黄柏光与日寇肉搏时，身负重伤，犹督战不退，猛勇可嘉，记名副师长职，遇缺升迁；

十五、一四五师团长戴传薪，作战有功，着升该师四三三旅旅长；

十六、其余有功人员，由该司令部分别授奖。

1938年1月1日，当乔毅夫、傅常、黄闿正在刘湘的病房里晤谈时，突然武汉行营送来了一个《日日命令》，其中一条说："第七战区司令长官兼第二十三集团军总司令刘湘所兼第二十三集团军总司令一职，毋庸再兼，遗缺由该集团副总司令唐式遵充任。"大家看了后都为之一惊，刘湘很难过，不禁感叹地说道："子晋（即唐式遵）要干，说一声嘛，由我们报上去多好。"傅常为之解释说："恐怕未必出于子晋本意吧。"乔毅夫冷笑道："兼不兼都是那么回事，一个命令去了，他（指唐）不动，下面照样动，有啥关系！"

恰好正在这时，被撤职的一四七师师长杨国桢到汉口看望刘湘。刘湘病中本来就烦躁，一见他就拍着床沿训斥："作战不力，你给我丢人，丢人！"

杨国桢大喊委屈："甫公，我是你速成学堂的同学，从当排长起就忠实追随你，打仗怕不怕死，你未必不晓得？我部拼命苦战，死伤过半实在不支才后退的，哪是啥子'作战不力'？他老蒋的中央军就没后退过嗦？这明明是老蒋拉一个打一个，要扶持'唐二瘟'，架空潘军长搞的鬼名堂嘛！"

杨国桢刚被撤职，满肚子委屈，一气跑回四川去了……

黄闳说："甫公得提防唐子晋独掌兵权！"

紧接着唐式遵竟厚颜无耻派人去逼刘湘交印，使病重的刘湘大为恼怒，因而病情加剧。

这实际是唐式遵为蒋介石输诚效力，勾结打击"甫系"搞的奸计。通过这一次"奖惩"的升降褒贬，川军在抗战中又进一步被蒋介石分化瓦解了。

正如一四四师参谋长林华钧于 1964 年 2 月与邓汉祥、余中英、田冠五三将军回忆起广德、泗安战役时，不无感叹地说："田冠伍旅长早就料到唐式遵这个人不好处，果然，后来唐以'放弃泗安'为由要处分田，竟把自己给过田撤退令的事忘了。但田有根据，不仅作战日志上记录了，而且有潘、唐两指挥官共同盖章的命令。唐拿不到田的过失，也就害不了田。

唐害不了田旅长，又去害潘军长。唐竟向蒋介石打电报说：'潘不尽职守，放弃广德、泗安。'蒋不问是非，竟将潘予以撤职处分。潘军长就离开皖南到汉口了，这是 1938 年 1 月初旬以后的事。潘文华走后，我们当时都不知道潘军长走是何原因。更不知道是为泗安、广德战事而遭到唐的陷害。应当说明一点:刘湘死后,蒋对四川的事情感到棘手,要潘军长回川协助处理,这才把对潘军长的处分撤销,潘军长是这样回到四川的。

关于在泗安、广德作战的撤退,是陈诚命令潘、唐执行的,连吴奇伟部队在广德的撤退,也是陈诚命令的。如果说潘有罪,那唐也有罪,因为一四五师、一四六师、田旅这几支部队都是接到潘、唐盖章转发陈诚的命令而撤退的。请问部队都撤走了,一个指挥机构又应不应当撤走呢?不撤走又去指挥谁人呢?很显然,这是唐在中间捣鬼陷害潘军长。唐为什么要捣鬼呢?我想大概是潘军长还有三个师的部队在皖南,唐想把潘军长挤掉,他当上集团军总司令后,潘军长的这三个师就可由他任意指挥了。当然,这当中也有蒋介石的阴谋,因唐可利用,潘军长却利用不了;唐是庸才,潘较高明;唐可以出卖刘湘跟着蒋走,潘军长则不会出卖刘湘,并要与刘湘一致行动以对付蒋。因当时刘还未死,蒋、刘矛盾十分尖锐,故不能不作这样看法。刘湘一死,潘军长的处分即得撤销,就更可以证明了。”

第十六章　抗日前线痛失川军主帅

1937 年 11 月 23 日，南京沦陷前，刘湘旧病胃溃疡复发，因刘湘经常喜欢吃炒沙胡豆、螃蟹等不易消化的食物，使胃病逐渐加重，酿成胃溃疡。

原来，刘湘从汉口到南京时，途中船泊芜湖港。他见阳澄湖螃蟹肥大、味美，便叫人买来吃了一顿。到了南京铜银巷刘湘驻京办事处住下后，办事处主任邱甲知道刘湘患有胃溃疡，还有爱吃的习惯，就特别叮嘱厨房别买螃蟹，因为螃蟹是凉性，吃了对患有胃疾的刘湘很不利。哪知刘湘已叫副官去买了螃蟹拿到他房里又吃，遂种下了病因。

次日傍晚，蒋介石曾亲偕张群、钱大钧至刘湘处探视，劝其出京治疗。而刘湘则誓言要与南京及前方将士共存亡。旋因南京已甚危急，京中军政要员纷纷撤离，张群前往告辞，刘湘已入昏迷状态。复传明日敌机将对南京进行大轰炸，刘湘的长官司令部人员当晚当亦撤往芜湖。

至 27 日晨，刘湘较清醒，其侍从主任副官曾某告以近日京中情况，刘湘向曾叹息数声说道："这也是国家之不幸。若我不病，想必京城最低限度可以多守几天,公私产业不知要救出多少。我现在只要能撑持,决赴前线督师,以负四川军民之望。”最后刘湘在昏迷中蒋命令将其护送至汉口就医。11月28日乘轮离京,30日抵汉口住入万国医院。及在医院初醒,尚不知身居何地,曾问左右侍从:“如何这样清静?”

这时,刘湘的主要侍从人员是参谋长傅常、经理处长刘航琛、驻汉代表邱甲等数人。刘湘在病中考虑到一时不能返川,前后方的军政应作重新部署。傅常等也恐刘湘死后失去权势,为巩固他们的权位,傅常等同刘湘商定后,采取了三个应急措施:

一、撤换唐式遵在前方的军职。刘湘认为唐式遵愚而诈,且与蒋集团勾结有据,对他甚不放心,遂下密令交给傅常,要傅常带人到安徽青阳借慰劳唐式遵部为名,相机行事,将唐式遵撤换。傅常行至半道,得悉刘湘病危,又恐唐式遵拒不受命,拥兵作乱,发动兵变,自己生命难保,就在深夜将刘湘的密令焚毁,随即返回汉口。

二、撤换邓汉祥的四川省政府秘书长,以傅常继任。刘湘以邓汉祥吃“两头望”(即两面派手法),一方面借地方力量,与国民党中央有所勾结;同时又挟此自重,且在川中各县布置与他有关的县训学生分任县、局长,以树党羽。刘湘对邓汉祥早已不满,所以有以傅常继邓汉祥的决定。乔毅夫赴汉探视时,刘湘曾问乔毅夫:“邓汉祥造得起反吗?”乔毅夫答:“我们在后方尚有军队十余万,邓那几个学生敢造反吗?如有异图,我们请他到绥署优待起来(拘押之意),不就完事了吗!”刘湘始默然。傅常素性胆小畏难,此项拟议也无形搁置。

三、以潘文华返川代理川康绥署主任和四川省府主席。傅常等与刘湘密议,电召潘文华返汉口,回川兼代绥、省两署职务。当时潘文华正率部在安徽青阳参加抗战,奉刘湘电令后即刻起程返汉,探问主帅刘湘病情。刘湘握着潘文华的手,仅呼“仲三”二字,即呜咽不能成声。

12 月上旬,刘湘病逐渐好转,已可由人搀扶去花园中散步及在草坪上晒太阳。除日向参谋长傅常、参赞黄罔询问前敌情况外,还能略看前后方发寄来的电报、信件,并接见少数亲近人士。此时各党派人士及社会贤达如董必武、张澜、沈钧儒等,都曾亲赴医院慰问,并畅谈有关抗日大计。

一次,立法委员王昆仑前往探视,谈到国民党宪兵特务与八路军后勤、宣传人员发生摩擦殊不利于抗战时,刘湘当即托王昆仑代笔草写一篇建议书,送呈蒋委员长,希望即时解决,并防止继续发生、发展。书中着重说到加强团结,加强对抗日军队的训练和武器装备,检查和总结前段时期抗战的战略战术方面的经验教训,最后为请求加强后方建设和军备,为长期抗战奠树基础。

12 月 29 日,刘湘的高级参谋乔毅夫自成都飞来汉口。乔此行使命有二:一是为向刘湘报告后方军政工作并有所请示;二是商量迎接刘湘回川养病。乔毅夫到后即同傅常、黄罔一道去医院见刘,乔毅夫将绥、省两署事务向刘湘略事报告后,接着便说:“鸹友(即钟体乾)、斯可、鸣阶、方舟他们都盼望你早日回川调养。”话犹未尽,刘湘即截住说:“毅夫,你怎么尽说这个,先谈别的好吗?”乔毅夫只得答道:“好,慢慢再说吧。”乔毅夫辞去时约定,从明天起,每日谈一次,谈完为止。

1938年1月1日，刘湘为重申四川支持抗战的决心，特发表元旦论文，题为《长期抗战中的四川》。原文节称：

今天四川的地位，是一天重要一天。四川出产丰富，人品众多，同时敌人万难加以威胁，确是今天最理想的抗战后方。尤其是国府迁到重庆以后，四川日益成为全国政治中心；而随战区之日益扩大，四川也将日益成为全国经济的中心。我相信整个四川是一致拥护领袖、拥护政府抗战到底的，同时四川也一定对于前方的给养补充作源源不绝的供应和牺牲。我诚恳地希望全国各方领袖以及全国同胞，大家来巩固充实这个重要的后方，作我伟大的中华民族抗战求存的根据地，使四川在政府领导之下，作我民族复兴的根据地。我深信有四川做抗战的一个忠实的后方，也是抗战到底和最后胜利的保证之一。

刘湘病中，有一个多月时间，不能提笔，即使家信亦叫人代写，直至1938年1月7日，始亲笔写成一信寄予夫人刘周玉书，从信中，不难看出刘湘病况及病中怀念家国的心情。原信如次：

贤卿妆次：

一病月余，痛苦难喻，除告侍从副官数次书函寄达外，顷头昏已减，试亲笔作函奉寄如下：一、余病景象，完全与上年同。所异者口中未吐血耳。现在仍然贫血，不能操劳，奈何！幸德国医生着手即认明为胃失血，故能逐渐起色，或者危险时期已过矣；二、军国情势迫切之余，余思虑失检，致旧疾突发，种种计划未能躬亲达到，不胜忿念。现在前方一切较生事务，虽仍常来电决定，但军事要点已失当机立断功能，斯亦无可如何耳；三、世哲、世英两儿明年读书，仍以考入较良中学为善。家中只延请徐老师、唐先生再为照料中文、英语，不必再聘多人可也。至三儿书名，兹为拟就‘刘康怀、号济般’，幺妹亦拟书名为‘刘蔚文（女儿家，不必有号）’，即盼照此改定为要。余久病思家念切，尤以三儿、幺妹久不见，殊愀然。但世乱不定，故迭次函阻来也。欲言至多，心神不及，只此后告，并询问合家平安。

1 月 7 日于汉口万国医院。甫澄手启。

刘湘病稍愈，每天已可在病房外间唱唱老军歌，到小院里散散步，或者信笔写写字。一天，刘湘在挥毫遣兴时，竟写下“思亲泪落吴江冷，望帝魂归蜀道难”这两句诗，足见其当时思归不得之情。这一墨痕，后被黄罔留藏，作为纪念。

1938 年 1 月 13 日，国民党《中央日报》刊发了冯玉祥、何应钦看望刘湘的消息。还专门提到与冯玉祥谈话时刘湘声音特别大，连门外卫士都听到了，与何应钦谈时，则默默无声，何应钦走后十分钟刘湘就开始吐血。

此日，正处大寒前夕，武汉的天空阴云密布，嗖嗖的江风中夹杂着浓浓寒意。在汉口万国医院，景象一片清冷，在一楼豪华单间 02 号里，刘湘穿着线条白衣，从床上坐起，伸伸双手。近几日他精神好了不少。推开后门走人花园，刘湘选了一处草坪坐下与贴身侍卫交谈。他身在医院心在战场,认真分析近来传回的消息。

川军正在开往前线。老蒋的精锐嫡系正准备撤往西南五省而将川军推向中原、松沪、江浙最前线。川军十几万人,训练还未到位,装备还未跟上,老蒋却命令冲在最前,大有项庄舞剑借日本人之手消灭异己之嫌。

老蒋利用了川军抗战决心。"七七"卢沟桥事变后第三天(7月10日),刘湘第一个电呈老蒋要求抗战,怕他不兑现又通电全国各省军政首脑一致抗日,主张全国总动员,此时的刘湘已偶有穿鞋难屈膝之病,幕僚们劝其不出川,建议由傅常参谋长出川代行指挥,但他仍带一半部队出川了。同年8月,在南京召开的国防会议上,老蒋进一步利用了刘湘的抗日热情,任命刘湘为第七战区司令官,命令全部调出川军凑够三十万与日军决战,再抓壮丁五十万以作后援补充。刘湘刚开始老老实实地执行,身体却突然闹了胃出血,只得住进了医院。

住院不久刘湘就得到消息说:老蒋刚刚下了手谕,他手下由邓锡侯任司令的二十二集团军一到宝鸡就被拨给了阎锡山,第七战区已有名而无其实了。

将近10点时,卫士来报告,冯玉祥将军在门外候见,刘湘回到病房,穿着便装头戴圆盘呢帽拄着拐棍的冯玉祥已进来。老友相见,分外亲热,两人是在反蒋斗争中结下的友谊。冯玉祥反蒋是出了名的,与蒋介石长期面和心不和,有时甚至面也不和。由于冯玉祥在国内威望甚高,蒋介石表面上接受中委"民选"封他为副委员长(第二把手),实则时刻戒备他、恨他。两人肚皮官司不断，冯玉祥见到刘湘精神很好，十分高兴。

冯玉祥叹了口气，建议刘湘安心养好病后去找老蒋要回七战区指挥权，如身体一时好不了可考虑借口养病回四川养精蓄锐。冯玉祥无限关心之中又流露了无限的担心，他反复劝刘湘时时提高警惕。刘湘点头会意，心想，已出川的十几万大军只好白白让老蒋整光了，老子还有十来万人在川内，训练后又是正规军，川军不会垮。想到此，刘湘激动地站起来大声说，“今天抗日，我出川军十多万！将来历史上我相信国人会知道我刘湘是什么人的！”说完，刘湘还对着冯玉祥笑了，伸伸腰摆出挺激动的样儿（这是卫士听到的和看到的，后来作了佐证）。冯玉祥很高兴，谈得更投机了。走时，又如此这般作了建议。刘湘不断地点头，决定采纳老友之建议马上回四川养病。于是立即给手下的乔毅夫挂电话叫他作安排。

下午1时30分，军政部长何应钦前来探访。刘湘一惊，又很快冷静下来，招呼、寒暄。何应钦慢腾腾地坐在冯玉祥坐过的沙发里问了一阵病情。首先解释了由于刘湘因病无法亲临指挥，总裁临时将二十二军团交阎锡山、二十三军交陈潜指挥，并作了抗战结束仍旧归刘湘的许诺。讲了一会儿，何应钦开始进入主题，谈及几件令刘湘汗颜的事。

第一件事就令刘湘心惊胆战！何应钦说刘湘手下副军长范绍增部团长潘寅久曾看见刘湘有一封给山东韩复榘的密信，内容是刘湘派王缵绪率兵驻宜昌沙市，想联合韩复榘、宋哲元，利用抗战之机，组成三角联盟反总裁，后刘湘派王缵绪亲自送到襄樊转韩。何应钦刻意通报似的特别强调道：韩复榘、宋哲元阴谋反总裁之事已得到证实,韩复榘在开封已被抓,总裁决定近期将其处死,对宋哲元也已派兵围剿。说着,一面诡秘地观察着刘湘。

听了何的话,刘湘虽然从头顶凉到脚底,但也很快就稳起了,因为此事王缵绪建议过,但自己并未写过信,谁都知道王缵绪是个投靠一个出卖一个的小人,即使他王缵绪想陷害自己,但他拿不出信,想到此,刘湘冷静了,轻轻摇头表示无此事。何应钦看着刘湘平静如常的脸,反而有些吃惊了:刘湘这小子不简单,有城府呢。没看出破绽。也顺水推舟:“此事就暂放一边去。”特意留了个尾巴。

见刘湘精神很好,身体也强壮,何应钦眼中闪过奇怪的光,那意思分明是:身体那么棒,为什么你称病不上前线?是怕死鬼还是另有所图?他又记起在“七七”事变后的南京国防会议期间,听说来参加开会的中共周恩来、朱德、叶剑英约刘湘进行过秘密会谈,刘湘下来后曾说过:此次来南京,会见了全国英雄豪杰,同我谈话最投机最有内容的是朱玉阶(朱德)。朱德交了一封毛泽东写给刘湘的信,毛泽东说延安想办一个图书馆希望刘湘资助。四川省财政厅打报告是一万元,结果刘湘批给了五万元,还说要同人家中共合作,得出点力嘛。何应钦委婉提了此事之后心里说:这更是说不清的无头案,这小子又会摇头了。但出乎他意料,刘湘却爽快表态:“现在是国共合作抗日。总裁也同人家合作了。原来川军围攻红军,有对他们不起之处,现在想弥补一下,表示不再反共。”

何应钦阴险地笑了笑,接着转弯抹角地扯出刘湘出川前,曾派张斯可、刘亚休去广西与中共及李宗仁、白崇禧签订了一个

《川、桂、红协定》(红,指的就是中国共产党),协定如果蒋介石不抗日仍打内战,就联合起来反蒋。又特别指出刘湘最近再次派张斯可去了广西,又派叶雨苍、王干青去延安和毛泽东商议合作事项。最近派去的蔡军识至今还在延安。何应钦谈及此事时,眼睛一直死死盯住刘湘,眼里闪烁着刺人的目光。没料,刘湘又很干脆地承认道:

“是有这事,这一切,都是为了抗日。现在好了,总裁带头抗日了。”

何应钦又问:“最近听说中国共产党要人罗世文曾在你手下的军事训练班当过教官,李一氓曾给你当过顾问?”

刘湘再次承认这是按总裁国共合作方针行事,联合一切力量抗日。何应钦沉着脸说,“你呀,有抗日热情是好的,但知其一不知其二也。”“何以见得?”刘湘问。但何应钦没讲,话头马上转了向:“对此次出川抗战,我想听听刘司令高见。”“从陕西直到江浙,川军在几千公里战线上与日军摆开了阵势,只要总裁多给些美式装备,定会给日军以沉重打击,保护好南京,完成我出川抗日之使命。”刘湘的语气里含了精锐部队不该撤往西南之意。

何应钦诡兮兮地连盯了刘湘几眼后,用指头点着额头沉思:日本是一流军事强国,打垮它可说是天方夜谭。总裁已经预见到了,中国必败,一些精锐也准备继续撤往西南。到头来,川军抵抗不了还得回四川。四川才是最后站得住脚的地方。但他没向刘湘讲,自知讲了刘湘也不赞同,只好又问:“将来如果退,你如何打算?”

“退回四川,扩充军源,加强装备,以图再出川驱除日寇!”

何应钦在心里冷笑:你的幺爸刘文辉是只老狐狸!调他做官不来,调他出川抗日也不来,公开闹独立。听说你们叔侄关系又搞好了,你的军队这次肯定垮了,回去之后你两人联合起来,总裁不得不忧啊!但他又没说出口,不高兴地抬头望望窗外。

刘湘发觉何应钦不阴不阳,话又深藏杀机,心中很不舒服,他不断咳嗽,痰中带血,心情沉重,好像有一把看不见的刀时刻刺在心上,他看出何应钦今天是善者不来。刘湘咳了一阵,胃病突然发作,不得已讲出想回四川去调养一段时间的事。同时也提到乔毅夫、傅常他们准备去借一艘炮舰运自己回川。没料,何应钦睁大了双眼并问:"乔毅夫是常去找中共的那个人?""不,不是……"豪爽的刘湘又知说漏了嘴,但已晚了,何则纠缠不休:"回川调养,为啥不请示总裁?你是七战区司令长官,今年才48岁,正当盛年,汉口条件比四川好,怎么会治不好你的病呢?我看你的气色比以前好些了。你怎能想到要回川养病呢?"何应钦问了一阵,见刘湘咳个不停,没回答他的提问,就不再问下去,慌忙看看表,表情严肃地走了。(此段刘湘与何应钦对话,刘当时的贴身卫士第二天对人流露过,但刘湘死后,此卫士便"失踪"了)。

13日下午4时,何应钦走了。刘湘把刚才的谈话又仔细过了一遍,心情相当沉重,就算何应钦知道这些事,但自己何必承认得那么干脆呢?写信与韩复榘、宋哲元联合反蒋一事,虽无实据,但如果王缵绪这家伙真要咬人,也有麻烦。又想起前些年反蒋之事,那时在川不怕,但此刻在病中受制于蒋,只要老蒋一认真便随时会招来大祸。想来想去还是觉得回四川是上策。于是刘湘马上给乔毅夫和四川刘文辉摇电话，摇了一阵，电话线却突然断了。卫士来报说，医院四周突然开来了军队，这时离何应钦走后尚不到10分钟。刘湘痛苦不已："这肯定是何应钦所为，我怎么要承认那些？我怎么这么糊涂？"他捶着自己的胸脯，有大祸临头之预感，胃突然痛了起来，喉咙堵塞，一张口，是口口鲜血……

刘湘这时强烈地感到了蒋介石调他出川并不真正是为了抗日，他终于明白何应钦说的知其一不知其二的含义。让冯玉祥言中了：利用日军消灭川军，为以后到四川消除隐患。当夜，何应钦回去汇报了与刘湘的谈话之后，连蒋介石也有些吃惊了，蒋介石踱到窗前思考了一阵说：有些事我们一直以为是谣传，没料刘湘都承认了。刘湘只要是中共盟友，抗日之后定是党国不共戴天之仇人。与韩复榘、宋哲元联成三角同盟之事，他没承认，是不是发觉有杀头之险而隐瞒呢？此事是王缵绪透露的，下来再找王进一步提供证据。不过，即使除去此条，他勾结共产党也够死罪了。最近想跑回四川，说明他的脑子不笨。他身强力壮，好好调养，胃病不难治好。才48岁，放虎归山与刘文辉一联合，我们以后去四川就难以治服了。说到这，蒋介石立即叫何应钦马上把顾祝同、陈诚、毛人凤等心腹找来。这天深夜，蒋介石在武昌召开了秘密会议。

早在抗战开始时，蒋介石就把眼睛盯向了西南。首都撤往重庆一事，日军刚破山海关，他已下了手谕，他在南京国防会议上就说过，重庆东有长江三峡阻隔，北有秦岭屏障，南有云贵高原保护，西有青藏高原，真是天然的军事要地，他早已拨款在西昌修了行辕，在重庆建了园林，他三令五申党国绝不能失掉这块战略要地。

在当晚的秘密会议上，蒋介石与几个心腹专门研究了刘湘的问题，因为四川王刘湘已成了菜板上的肉，老蒋要求大家把刘湘所干的事先认真回顾一下——1933 年命令刘湘围攻刘文辉，他只追到雅安就不追了，还让刘文辉在成都占了武侯祠。1934 年，刘湘在四川境内并未认真执行围追堵截红军之命令，并在川东抵抗不力，让徐向前打得溃不成军。在川西山区只尾随红军，等于把红军从雅安一直护送到懋功，让红军二、四方面军在甘孜会合。结果刘湘还谎报什么“灵关大捷”，骗了奖赏。1934 年 12 月任命其为四川省省主席，但他从未认真实施反共，反而与共产党打得火热。就在上任当年，还派张斯可去北平找冯玉祥，说总裁对他刘湘要阴谋，他处境困难，冯玉祥鼓动他联合一切力量反蒋。去年（1937 年）中央五届二中全会上，刘湘还搞了个书面提案，直接面呈于总裁，上面说“国家人才之受摧残，即元气之受损伤，尤痛切之”，要求解放言论，发扬民气，公开与总裁唱反调。何应钦去医院进一步摸情况，他却以回川养病之机准备溜掉。

这时蒋集团决不让刘湘再返川，以免国民党政府迁渝后的麻烦。而刘湘已自知很难脱离虎口，但以为有自备飞机一架，尚可乘以回川。于是，刘湘急电成都，叫派李宗仁、白崇禧代他买的那架速度最快的名叫“飞速号”的飞机，飞汉口接他。戴笠侦获这一情报后，派特务在重庆破坏刘湘的飞机，12 月 18 日，“飞速号”从重庆起飞，飞机飞到宜昌与汉口之间的潜江县境杨家湖上空时，突然爆炸坠毁。以致刘湘无法逃出汉口，最后终遭毒手。

刘湘为达到回川目的，又放风蒙骗蒋介石，说已身患重病，将不久于人世。刘湘便暗中派高级谋士张斯可用五万美金买通万国医院德国医生柯克，让其注入可休眠五天的安眠药，但此秘密计划被当时刘湘手下第二十九集团军总司令王缵绪得知，向蒋介石作了密报。

蒋介石越想越愤怒，他决心除掉刘湘了。几个心腹中，有人主张送军事法庭，有人主张派人暗杀，有人主张与韩复榘一道枪决，只有毛人凤缄默不语。蒋介石一直在沉默，他想：眼下刘湘是抗日先锋，战区司令官，与中共联合抗日之事眼下不大好指责，他的情况与韩复榘不一样，审判与暗杀会很被动，散会后，蒋介石留下了毛人凤，两人进行了认真密谈。当夜10点，毛人凤派人到万国医院把负责给刘湘打针的护士杨云霞秘密“请走了”。负责诊断的德国医生柯克和葡萄牙医生斯本也被“请走”。

于是蒋介石派人给这两个外国医生各赠送十万英镑。同样安排五万美金买的是可休眠五天的安眠药，另用十万英镑买的是一种叫做金粉砒酸的无色无味无反应的毒药，要这两个外国医生设法把这两种药同时注入刘湘身体里。这三人为特务收买后，并与国民党特务机关制定了给刘湘注射致命毒药的罪恶计划。

第二天，即1月14日一早，主治医生柯克和斯本早早来到刘湘病房，护士杨云霞也按时上班，像往日一样端着针药盘，只是戴着遮了半边脸的口罩走进了刘湘病房，按时给刘湘打了针。还受命将毒药水滴三点刘湘服用，但只滴了点药水，刘湘服用后，病势急转沉重。在刘湘病榻旁，姓陶的特别护士见此情状，气得用头撞医生。因刘湘曾赠送她一万元,并答应送她出国念书,二人又有相爱之意,故悲痛欲绝。

当天,刘湘吐血不止,吐后处于昏迷状态。而负责诊断的两位医生和打针的护士却“失踪”不见了。

1月16日,刘湘醒来喊人,无医生前来。他料知自己将很快死去,便咬着牙一面吐血一面又提笔写了一封信。全文如下:

> 余此次奉命出师抗日,志在躬赴前敌,为民族争生存,为四川争光荣,以尽军人之天职。不意宿病复发,未竟所愿。今后惟希我全国军民,在中央政府及最高领袖蒋委员长领导之下,继续抗战到底。尤望我川中袍泽,一本此志,始终不渝。即敌军一日不退出国境,川军则一日誓不还乡,以争取抗战最后之胜利,以求达我中华民族独立自由之目的。此嘱。

写完之后,刘湘再没醒过来。1月20日下午8时,护士杨云霞来了,两个外籍医生也来了,但见到的是刚刚停止呼吸的刘湘。在两抽柜上发现了刘湘一小时前在纸条上手书的两句唐诗:“出师未捷身先死,长使英雄泪满襟。”墨迹都还未干。这本是杜甫《蜀相》诗中的最后两句,对诸葛亮伐魏未克遽死军前寄以惋惜之意。移用于刘湘身上,其情其景,亦多相似,而刘湘自书之,盖亦感慨同深矣。

刘湘死后当天,国民党政府的电台和报纸同时向中外宣布为病死。

1938年1月21日，刘湘夫人刘周玉书乘飞机到了武汉，川军高级核心将领潘文华闻讯主帅被害，便马不停蹄地从抗日前线赶来了。在汉口万国医院，满身征尘的潘文华将军认真察看刘湘遗体，见主帅全身有紫青伤痕，满腹疑惑，眼中噙满泪水，刘周玉书见到遗体后失声大喊："他是被人害死的啊。"

1月22日，国民政府明令褒恤刘湘，追赠陆军一级上将宣布举行国葬。原令如此：

> 川康绥靖主任、四川省政府主席刘湘，才猷练达，器度恢宏。早岁绾领军符，维护地方，勋勤夙著。嗣膺兼圻主任，整军施政，悉洽机宜。尤于国家统一大计，竭诚匡助，卓识渊谋，至深嘉赖。近以奉命抗战，统率师旅，亲赴前方，筹策辛劳，宿疾遽增，遽闻溘逝，震悼良深。刘湘着追赠陆军一级上将，发给治丧费一万元，派内政部部长何键前往代表致祭。并交行政院转行从优议恤，生平事迹存备宣付国史，用示国家笃念功勋之至意。此令。

当天，刘周玉书、潘文华秘密将刘湘驻汉口办事处处长（负责看守刘湘）邱甲抓起来审问，邱甲交代说刘湘死后他去查过，医院有个姓陶的护士讲过，她看见两个外籍医生把一种无色药水抽进了刘湘治胃病的针药水中，这姓陶的护士接受过刘将军一万元读书费用。她便斥责那两人，还用头去撞两个外籍医生，但被扭住，接着杨云霞拿走了针药。潘文华立刻赶到医院找那两个外籍医生和杨云霞以及那个姓陶的护士，可都"失踪了"。

潘文华提出“尸检”，医院请示了蒋介石后拒绝进行“尸检”，说总裁有令：这对刘主席不礼貌，对党国不信任。1月24日，山东主席韩复榘被公开处死。没几天，连邱甲也找不到了。于是潘文华给刘周玉书出了一个主意说：如果蒋介石对刘主席无加害之心而且友好，刘主席死了，他会同意大儿刘世英该顺理成章接位，不妨去试一试。

刘周玉书便在当日向蒋介石提出由大儿刘世英接刘湘的位，川军将领也纷纷表示支持。可蒋却马上在武昌行辕召集秘密会议，下令立即撤了刘湘七战区司令部，并任命反共铁心人物张群为四川省省主席，同时鉴于刘文辉软硬不出川，下令建西康省，委刘文辉为西康省主席牵制拉拢其势力。于是，潘文华立即肯定：“刘主席被害无疑。”无奈之中，满怀悲愤的潘文华开始着手安排护送主帅刘湘遗体回川。

1938年2月7日，刘湘死后十八天，刘周玉书为丈夫“成服”时，在当众痛哭切切中，宣读了她两千字的祭文，死因一段如下：

> ……吾夫婴宿疾，然年尚富，体尚健，无事务以扰之，必不致于死；即事务繁重，能自暇逸，不必事事躬亲，亦不致于死；抑或不过自刻苦，营养稍稍适宜，亦不致于死；即均不能，而或不扶病誓师，远征万里，内外焦思，犹许不必致死；抑发病之时，或许周书飞汉赴疾，亦可稍缓须臾以勿死，而吾夫报国心切，不愿以儿女私情累及一切，又虑以前方危机累及薄命人，其意固佳，其情可感，而周书内疚神明，则长抱无涯之痛矣！

冯玉祥将军当年对此也曾说：

刘湘能从反动立场转变过来，以实际行动参加抗战，虽然为客观形势所迫，但这种明智果断的选择，是非常难得的。蒋方诬蔑他与韩复榘勾结投降日本，因韩被杀而惊恐致死，这绝对不符合事实。韩根本未准备投日，倘若他打算投降日本，绝不会把家眷财产都运到后方郾城一带；况且韩与刘的联络人是郭春涛，春涛决不会干出卖国勾当。我怀疑刘湘是蒋介石谋害死的。

不久后，刘周玉书给刘湘身前知己潘文华等下跪，声泪俱下地要求："刘督办是被蒋委员长毒死的，希望你们替他报仇啊！"

2 月 8 日，蒋委员长特电国民党中央常会，以"川故主席刘湘兼绾军符，历膺疆寄，翊赞中枢，忠贞自矢。去岁领师抗日，不幸赍志遽殁，勋在党国，宜有特典以昭矜式。拟请由常会决议，转函国府：予以国葬"。2 月 12 日，经中常会第六十七次会议通过。

2 月 14 日，国民政府明令国葬刘湘。令中说："川康绥靖主任、四川省政府主席刘湘，积劳病逝，业经明令褒恤，追赠陆军一级上将，并派员致祭在案。查该故主席矢志忠贞，功在党国，饰终之典，宜从优隆，应即特予国葬，以示政府崇德报功之至意。"

后因修建墓园费时较久，直至 1939 年 9 月 19 日，始在成都举行国葬典礼。

1941 年冬，位于武侯祠南侧的刘湘墓园落成，占地一百六十亩，耗资一百四十余万元。墓园聘著名建筑专家杨廷宝为总工程师，华西兴业公司承建。墓园仿明清帝王形制，大门系牌坊式，共有三道门，大门上书“刘故主席墓园”六字，落款为“潘文华敬题”。

大门内一条二十米宽的大道从中笔直贯穿南北。道旁是塔形柏树，每株都悬有木牌，标名为潘文华、张群、邓锡侯……手植。

整个陵园建筑群造型气势宏大，肃穆庄严。可以说是民国以来，除孙中山陵墓外，只有此陵和东北张作霖陵墓相媲美，号称“南刘北张”。

第十七章　悼主帅　独怆然而涕下
危难中　受命甫系当家人

国民政府军委会治丧委员会指令陈杰少将为护灵专使。

1938 年 1 月 28 日，武汉天寒地冻、雨雪纷飞。陈杰率 40 人的护灵队，护送刘湘灵柩从汉口码头登上“民勤轮”。江水滔滔，轮船溯江而上，2 月 4 日上午 9 时抵重庆朝天门码头。

国民政府考试院院长戴季陶（四川广汉人）着长袍，神情肃穆地在码头主持隆重接灵典礼。汽笛呜呜长鸣，戴季陶恭迎灵柩上岸。一面大白灵旗为前导，上书：“中国国民党中央执行委员、一级上将、川康绥靖主任、四川省政府主席刘司令长官讳湘字甫澄之丧”，后面有刘湘半身戎装遗像。灵旗在山城寒风中呼呼飘响……

戴季陶领头，由英法德各国驻重庆领事，各机关、军队官佐及民众代表等组成迎灵队伍。灵柩由身着白衣白帽的 32 名杠夫前后左右合抬。长蛇般的迎灵队伍鸦雀无声缓缓行至重庆商会礼堂安灵公祭。

2 月 5 日，成都少城公园也举行有 13 万人参加的追悼会。

2月9日晨,第三战区司令长官顾祝同主持启灵,送灵队在成渝道上野哭路祭、行行停停,足走了半月,2月24日到成都,灵榇停放督院街省政府礼堂。公祭5天后,送到文殊院暂厝,并举行葬礼。

蒋介石发布公告,除明令悼唁外,特派国民政府内政部长何键前往成都代表致祭。

灵堂内,摆满了花圈、挽联、挽幛。内中以刚从日本归来的郭沫若送的挽联尤为著名,将刘湘比为中唐西川节度使韦皋,让四川转危为安:

治蜀是韦皋以后一人,功高德懋,细谨不蠲,更觉良工心独苦;

征倭出夔门而东千里,志决身歼,大星忽坠,长使英雄泪满襟。

此时,甫系集团如大厦将倾,刘湘生前的谋士,战将形容哀戚,垂首肃穆。何键身着笔挺光鲜的陆军上将服,臂上配一朵白花,他朝堂中黑漆油亮的楠木棺材望望,然后在陪祭人的主持下,首先将国民政府明令哀恤刘湘的讣告念一遍后,便拖长声音,一字一顿叩念早已拟就好的祭文:

川康绥靖公署主任、四川省主席、刘故国上将湘近以奉命抗战,统率军旅,亲赴前方,战略转移汉口城,不幸筹现辛劳,宿疾剧增,暴病乘鹤而去,神州大地悼忠魂。呜呼哀哉!……

突然,一阵号啕大哭声伴以激烈的吵骂声刺破灵堂。那是刘湘夫人——人称刘甫婆的刘周玉书,一身白色缟素,手拿哭丧棒,牵着两个幼子从刘湘的棺前踞起身,举起“哭丧棒”便朝灵堂内垂首而立的刘湘旧部打去。

灵堂一时大乱。

刘湘手下的师长范绍增,这位日后名闻天下的传奇军阀首先挨了刘甫婆几棒。接着,唐式遵、王陵基等也被劈头盖脸一阵乱打。几位师长一见这阵势,忙绕着灵堂躲藏。念经的和尚吓得丢下木鱼就跑,情急之下,“咚”的一声撞上供桌,只见果品、点心洒满一地,灵牌子摇摇欲坠。

刘甫婆扔下哭丧棒,一屁股坐在棺材旁,青丝覆面,涕泪交织;“龟儿子些,挨炮眼的,狗都还晓得护主人。你们跟着督办(刘湘曾任四川善后督办)出川抗日,日没抗倒起,还把督办给活活抗死了。你们只顾升官发财,天哪! 督办的两个娃儿咋个办吗? 我们孤儿寡母今后又咋个办吗? 呜呜呜……”

灵堂外前来参加公祭的人一下炸开了锅,交头接耳,场面非常尴尬。

“刘夫人,”何键气得脸铁青,只好走下祭坛,俯身对刘甫婆说道:“刘故国上将公忠体国,不幸于抗日前线乘鹤西游,蒋委员长,国府上下,全国民众并同我本人,万人悲痛。现在,国民政府蒋委员长特派我来主祭……你,你,这样子大闹灵堂,不大好吧!”

“何部长!”刘甫婆止住哭,霍地起身,悲愤地说道,“少给我依呀呜呀的。刘督办好端端一个人,活生生的出去,硬邦邦的抬回来。人是咋个死的？天知、地知、你知、我知。现在说什么都不管用了，你们总得讲点良心，给他的后事安排好。”

“那自然！那自然。刘夫人但请放心。”何键一听，急着收场，忙不迭地点头。

“那好。”刘甫婆把头一犟，一把拉过长子，蛮横地说：“督办的长子世英，顶他老子当四川省主席，世哲还小起码封个少将。另外，督办的墓要修得像南京的中山陵一样，在成都办个甫澄中学，全川开追悼会，好好纪念督办一下。”

“刘夫人，”何键一听，喃喃自语，“这怎么行，儿子顶老子，那是世袭，是封建，现在是民国，讲民主。”

刘甫婆一听，忙揽过两个儿子，复又跌坐地上，放声痛哭，“甫澄呀！你死得好惨呀！不明不白的，我们孤儿寡母该怎么办！”

“刘夫人，”何键皱皱眉，有些无奈地说，“你但请放心，刘主席的葬礼一俟结束，本人转告蒋委员长，想必你这些要求会兑现的。”

这时，一些官员忙上前一起劝说，并承诺为她联名上书蒋介石，女眷们也走上前扶的扶，拉的拉，刘甫婆方被劝住，一场哭灵的闹剧总算暂时收了场。

当时，刘湘是以第七战区司令长官的身份领军出川抗日的，除去邓锡侯四十五军、孙震四一军、李家钰四七军外，其真正约束的部队有潘文华的二十三军、唐式遵的二十一军。

刘湘的葬礼结束后，第七战区参谋长傅常、总参议邓汉祥（又兼四川省政府秘书长、代行刘湘主持川政），此二人为刘湘倚重的谋士幕僚。二人并同刘湘的另一中将参议钟体乾和一批师、旅长主持大局，经过一番激烈争论，拟推举潘文华为甫系集团继承人。

刘甫婆得知后，质问邓汉祥等："听说选潘文华来继承督办？"

"夫人，"邓汉祥恭敬地答道，"甫帅生前最钟爱仲三，汉口去世时又有遗训……"

"什么遗训？"刘甫婆把手一舞，眼一翻，"我咋不晓得，不要以为督办不在，你们就欺负我们娘儿母子。"

"夫人何出此言？"邓汉祥一脸尴尬。

"不用你们扯来扯去，理不清。"刘甫婆一锤定音，"就由督办的大儿子世英继承。"

"万万使不得。"邓汉祥大惊失色，忙赔着笑脸劝道，"世英尚幼，常言道主少国疑，邻人易侵。至少，目前他还不合适。"

"不合适？东北那个张作霖死了，不是由儿子张学良继承吗？现在刘督办不在了，四川省主席当然该由他儿子来继承。"

"夫人？"

"我不管！"刘甫婆又使出了泼劲，"过两天我就牵着儿子上汉口去找蒋委员长。"

经刘甫婆这一搅，刘湘手下的军、师长如王陵基、王缵绪、唐式遵等趁机起哄，一起争夺继承权，闹得乌烟瘴气。

无奈，邓汉祥只得婉转相劝，好不容易才哄住了刘甫婆。

此时，蒋介石早对刘湘遗留下来的权力真空垂涎不已，便开始将刘湘带出川的部队分割肢解。

潘文华得知情况后，忙从苏皖抗日前线风尘仆仆地赶回成都，摆在他面前的却是内外交困的烂摊子。

出师未捷身先死。没想到刘湘会猝死在抗战前线，刘文辉闻知噩耗后也立即赶来成都参加刘湘的公祭大会。

刘湘生前创立的武德学友会，白花挽幛，一派肃穆。跨入大厅，便是灵堂。一世枭雄刘湘着上将军装，目光阴郁、似笑非笑，立于墙上那硕大的玻璃框内。

潘文华、邓汉祥、刘甫婆等神情哀戚，相对无言。

"念天地之悠悠，独怆然而涕下。"刘文辉撮上三炷香，朝刘湘遗像深深一揖，然后对众人说道："我是化敌为友而来，遥想甫澄草创之初，文辉尚幼，叔侄二人行旅军中，白日同出操课，夜晚抵足而眠。名为叔侄，实则如同手足一般。稍后，甫澄贤侄资助盘缠，鼎力推荐，文辉才得以考入保定军校，毕业回川后，又蒙甫澄贤侄不弃，收容军中，委以重任，文辉这才在军中小有成就。延宕于后，叔侄交恶，兵戎相向，盖因文辉年轻气盛，徒分御外之力，终酿成一朝之祸，千古之羞。经略西康后，甫澄不计前嫌，不但内政屡屡支持，还主动与我修好。今逢抗战，国家民族正是用人之际，不想，甫澄贤侄劳累军中，沉苛日增，出师未捷身先死。呜呼哀哉……"

"自乾。"

"刘军座。"

"幺爸。"

灵堂中甫系集团的人显然被这番话感动了，潘文华等一齐招呼着刘文辉。

“幺爸……”刘甫婆踮着小脚，碎步上前，恭敬地扶着刘文辉坐了下来。

“贤侄媳，”刘文辉坐下台，安慰她道，“甫澄仙逝，幺爸不胜悲痛，还请你节哀顺变。”

“哎……”刘甫婆叹口气，鼻子一酸，流着泪道：“督办活生生的人出去，结果硬邦邦的抬回来，哪个想得到嘛！”

“你不必太难过，以免呕坏了身子。眼下要紧的是保重身体，将两个孩子抚养成人，这样，甫澄九泉之下才会瞑目啊！”刘文辉接着便直言相问，“听说大家拟推仲三为甫澄的继承人，你要站出来说话哟。仲三跟随甫澄，无役不从，忠心耿耿，为人正派忠厚，选他是最合适不过的。”

“幺爸，”刘甫婆显然平静多了，“甫澄一走，丢下我们孤儿寡母，我是担心……”

“有啥担心的！”刘文辉把头一摇，“在座的都是甫澄旧部，他在世与不在世，大家对你们母子都一个样。再说，世英这孩子年龄尚小，不堪约束部属，又不会统治驾驭之术，如何挑得起甫澄留下的担子。此刻，蒋介石巴不得内部分裂，乘机坐收渔利，难道你愿意看见甫澄辛苦创下的基业被人为地毁掉吗？”

一席话，循循善诱，刘甫婆默不出声。邓汉祥、钟体乾以及一些师旅长趁热打铁，晓以利害。刘甫婆总算明白了事体，并爽快答应推举潘文华为刘湘继承人。

然而，潘文华虽被甫系集团推举为继承人，但他的日子并不好过。

潘文华指挥苏皖广泗战役，川军以劣势装备抗击日军，浴血奋战一月，师长饶国华战死，另一师长郭勋祺负伤，一些成建制的旅团被打垮，广泗战役川军先败后胜，但付出了重大代价。适逢刘湘新故，蒋介石又趁机发难，将失败责任推与潘文华，潘文华怏怏回到四川。

蒋介石紧接着发布张群为四川省主席，将第七战区的二十二、二十三两个集团军分割，调邓锡侯二十二集团军赴山西介休、娘子关一带，归属阎锡山第二战区，将李家钰四十七军调往山西长治，归卫立煌指挥，其他后续部队则由顾祝同三战区兼并。

刘湘生前创立的军事组织武德学友会经过深思熟虑和激烈争论，排斥了唐式遵、王陵基、王缵绪夺权的企图，一致公推潘文华为刘湘之后的继承人。

但是，蒋介石会认可吗？

“自乾，”刘湘生前倚重的幕僚，省府秘书长邓汉祥问计刘文辉，“我们准拟推仲三来当家，现在议决一两点，一是坚拒张群入川，逼老蒋收回成命，二是与你和晋康两部取得联络，彼此关照，互为依存。”这亦是甫公生前意愿。

“仲三当家，我支持。”刘文辉爽快应承道，“那晋康有什么看法呢？”

“他在山西前线，”邓汉祥不愧为刘湘的智多星，交游广泛、信息准确，“我们已与他通了气，他坚决支持仲三，还特地让我们问询你，有些事，也请你来做主。”

“做主？我不敢当。”刘文辉沉吟一下，“但是，仲三当家是合适的。只是老蒋垂涎川康已久，现今甫澄又走得突然，千头万绪，乱繁如麻，稍有不慎，便会招致灭顶之灾。”

“就是!”邓汉祥接过话,忧心忡忡地说:“张群主川、甫系部队被分割,仲三去职,王陵基、唐式遵、王缵绪又想来争权,刘甫婆内中一搅,事情不大好办。”

“自乾,”心情郁郁的潘文华一直闷坐一旁,这时站起身插进话道,“实话实说,我们两家过去有误会,但现在大家已经捐弃前嫌,不念旧恶,就应该团结起来,共同对付老蒋。我们想求教于你,目前该咋办。”

刘文辉笑望他一眼,若有所思,然后说道,“要公开抵制。一是坚拒张群入川,请老蒋收回成命;二是组织成渝两地的民众,社团公开通电、造出声势;三是甫澄生前本兼各职坚决由仲三来承担。”

“妙!”邓汉祥望望潘文华等,激动得跳下座,“有自乾这些话,还愁事情办不成吗。我们已经拟好了一个通电,准备发往汉口,请军政部长何应钦、武汉行辕主任何成浚代呈。现在的关键是要由我们三家一起出面,联名通电。晋康都答应了,唯独缺你刘幺爸一家。”

“莫得问题!”刘文辉干脆地一挥手答应道,“天下未乱蜀先乱,天下已治蜀未治。如此一来,谅他老蒋不敢轻举妄动。但是,你、我、仲三、晋康都不宜出面,电文签名由下面的师旅长办就行了。”

风起于青萍之末。数日后,由刘、邓、潘三家师旅长联名的通电很快送至了蒋介石案头。电文如次:

甫公逝世,川中军政无主。值此困难重重,四川又为复兴根据地，日来人心惶惶，不可终日，汉奸土匪，纷纷蠢动，职等竭其绵薄，仅维现状。窃念贺主任国光，邓军长锡侯、刘军长文辉、王军长缵绪、潘军长文华素为川中军民所钦戴，恳两公转达中央遴委分掌全川军、民，必能抚绥军团，安理民众。职等后方有责，心所谓危，不避出位之讥，敢作刍荛之献。

电文中所提贺国光，乃是中央参谋团主任，是老蒋置于四川中枢的铁钉，蒋介石一看便知是陪衬。至于他所倚重的张群，电文中连名字都不提，反而公开提出刘、邓、潘、王等人来，这自然是公开拒绝张群之意。

第十八章　继承“甫系”重绾军符
团结刘、邓稳定川康

刘湘突然去世后，“甫系”的部队，除摆在抗日前线皖南的唐式遵、潘文华两个军外，留在四川的还有十万以上的正规军及三十个保安团的武装。因刘湘临终对川事没有遗言，一时群龙无首，人心惶惶。

这时南京已经陷落，蒋介石早已决定以四川为大后方，将国民政府迁往重庆。因此作为四川最大实力集团的“甫系”便首当其冲地成了他打击、分化的对象。而“甫系”集团为了自身的生存，便联合川康邓锡侯、刘文辉两部与蒋明争暗抗，先后进行了三个回合的较量。

第一个回合。蒋介石利用刘湘之死对川康的冲击波，于1938年1月21日便下令撤销第七战区及七战区长官部，22日即发表政学系张群为四川省主席，同时内定准备撤销川康绥靖公署，轻轻巧巧就将刘湘遗留下来的三个位置全部端掉。23日，张群发表谈话：“中央对于四川省主席继任人选，以本人系属川人，较悉川事，因使承之。值兹国难形势严重时期，兼以桑梓敬恭之

义,不敢固辞。川省连年灾歉之余,必先恢复人民之生产能力,一切国防重要之建设,方能次第迅速实现。”张群正秉承蒋介石意旨要走马上任,为蒋效力。

孰料,此令到蓉,刘湘的部属以武德学友会为中心,约请钟体乾、张再(张斯可)、彭焕章等会议,大家以刘湘新故,蒋介石既不派员来蓉慰唁,又不与有关各方商洽,即命张群主川,实属趁火打劫,意图宰割。因而群情激昂,决定反对张群来川,商定四川人要给蒋介石一点颜色看。

于是,当夜武德学友会便在成渝两地组织群众张贴标语、散发传单、大造反张舆论,并举行游行示威,反张活动声势浩大。军人中由彭焕章领衔,率同留守四川的十七名旅长:朱果、刘哲雄、刘树成、李子猷、周成虎、张竭诚、唐华等联名电蒋,以张群不洽舆情,请收回成命。这大大出乎蒋介石、张群的意料。

至于邓汉祥一见张群新职发表,就立即拟出欢迎的电文,省府各厅长均已签名,独保安处长王陵基拒绝签字。武德学友会同人闻讯大哗,有人主张将邓汉祥“搁平”(打死之意),经人婉言劝解,始告缓和。

武德学友会是刘湘军队里的核心组织,控制着刘湘的军事实力,当时刘湘部将领如周成虎师长,系刘湘的表舅,刘湘树成师长是刘的侄儿,还有师长彭光汉、五十六军军长郭昌明、师长陈兰亭、旅长严啸虎、李元宗、彭泽厚、宋时仙等,均系武德学友会重要骨干,统率着刘湘留在四川的七八个师的部队。同时,四川省政府保安处所辖十六个保安团的团长、大队长,亦多系武德学友会成员。这支武装力量所处的位置,又是抗日的大后方,他们反对张群主川，在日寇当前，外患紧急的情势下，蒋介石不能用武力来压服，蒋不得不慎重对待这件事情。

武德学友会过去由刘湘任会长。刘湘死后，领导无人，该会乃召集大会，推举继任会长，实际上就是要确定刘湘事业的继承人。当时王陵基、王缵绪均在成都，都想继承刘湘衣钵，争取当选为武德学友会会长。过去二王在峨山受训时，已与蒋有勾搭，并已暗中加入了复兴社，蒋亦盼二王中任何一人当选，便于控制四川。潘文华虽已护送刘湘灵柩回到成都，但在抗日前线被唐式遵诬陷而被蒋撤职处分，大伤颜面，情绪消沉，奉丧回川后，即杜门谢客，不问时事。二王私心窃喜，以为此次当选，有如坛子内捉乌龟，手到擒来。

殊不知武德学友会召开大会时，首先由二十一军元老派钟体乾发言，大意说：甫公（指刘湘）死后，这个班子，需要一个德高望重的人来领导，我个人意见，选一个平素甫公最相信者来继承他的事业，使他放心于地下等语。话音甫毕，师长刘树成起立高呼："推潘文华军长继任本会会长。"全场立即鼓掌赞成。宋时仙继续说："潘文华军长作领导，是我们的愿望，如有人反对，定是川奸，我们当共去之！"在这种情况下，二王也只好面红耳赤地同他们的喽啰蔡君识等勉强附和，拍了几声巴掌，离开会场。

早在刘湘生前，蒋介石便对刘手下将领以金钱收买、封官许愿等手段大挖墙脚。除潘文华始终不为所诱外，其他如唐式遵、王缵绪、范绍增乃至王陵基，都有不同程度的动摇。尤其是唐式遵、王缵绪，曾一度在蒋介石授意下企图发动兵变，搞垮刘湘。事情经过大致是这样：

1937年2月，蒋介石通过当年任西安行营主任的顾祝同搭线，派曾晴初来成都拉拢唐式遵、王缵绪策划倒刘。曾、唐、王三人在文庙前街王缵绪的公馆里密谋，曾传达蒋的旨意，要唐、王发难，许以事成之后，由他二人取代刘的“川康绥靖主任”和“四川省主席”职位。

向来以“愚而诈”著称的唐式遵，一心想抓兵权，便讽王缵绪说：“治易兄（王缵绪字治易）文武兼资，理民尤为所长，这省主席一职非君莫属！”人称“老乱”的王瓒绪平素爱写几句狗屁不通的打油诗，便以“文武全材”自居。听唐这一捧，他暗自盘算：自己手头有一个军，自己的亲家范绍增给唐式遵当副军长算半个军，兵权在握，不怕你唐子晋（唐式遵字子晋）诡诈，当省主席正好抓钱！于是便谈妥，由唐接手“川康绥靖主任”而王当“省主席”。

为了对付潘文华，唐式遵、王瓒绪、曾晴初便在潘文华手下以能战著称的师长郭勋祺身上打主意。本来郭勋祺乃潘文华多年旧部，潘文华当营长时郭勋祺便在其部当连长。唐式遵、王瓒绪、曾晴初何以会打起他的主意来呢？这中间却有一段缘故。蒋介石早就通过郭勋祺的从堂弟——黄埔六期毕业生——现任郭勋祺部警卫营长的郭文炯作郭的工作，郭文炯曾向郭勋祺试探说：“委座很看重您！中央此次必定统一西南，正好及时作出表现！”郭勋祺当即很严肃地追问：“你讲这个话，必有来头，须得老实告诉我！”郭文炯吐露：“这是‘同学会’通知我来自侍从室的消息，要我相机进言。”郭勋祺便告诫他说：“文炯！你太简单，缺少社会经验。我随潘仲公投奔甫公以来，备受知遇，决不能背离，这是做人的基本道理！再从利害上讲，某公（指蒋介石）专讲利用,不顾信义,人所共知。正因为有甫公在,才会看中我;如果我们团体一旦被消灭,我就失去利用价值。就是你本人,离开团体也没有出路!”最后又加重语气说:“这些话,你决不能向任何人透露,只需答复他们说已向我转达到了便是!”

郭文炯果然按照他的意思向“黄埔同学会”回话。于是蒋介石便误会为郭勋祺已动摇,至少是没有拒绝自己的拉拢。更加之不久郭勋祺到“峨训团”受训,担任连长(蒋介石任团长,陈诚任教育长),出操、上课、内勤都很积极,多次受到蒋、陈褒奖。进一步造成他们的错觉,认为郭勋祺有勇无谋,热心功名,可以利用。于是曾晴初、唐式遵、王缵绪便合谋将郭勋祺约到王家,许以升任军长职位,拉郭勋祺共同反刘。郭勋祺当面对唐式遵、王瓒绪表示:“唯两公马首是瞻!”将他三人稳住。转过背便跑去潘文华处告变,潘文华遂与郭勋祺同去向刘湘报告。

刘湘闻讯,震动非常。但考虑到唐式遵、王缵绪是自己手下拥有重兵的大将,此事如公开处置,难免不引起内乱而授蒋以可乘之机。经过与四大军师钟体乾、张斯可、乔毅夫、黄秋侠连夜会商,便决定对所属各军的团长进行全面轮换。造成唐式遵、王瓒绪对部队指挥上的隔阂,使其阴谋无从发动,才渡过这一危机。

事后,刘湘针对蒋介石在自己高干中大挖墙脚的搞法,采取加强掌握中层干部的反挖墙脚对策。在冯玉祥派来的汪导余、李荫枫、高兴亚、郭秉毅等人帮助下,以过去成立的联络感情为主的松散组织——“武德学友会”为掩护,成立以旅、团长为骨干的核心组织——武德学友会。刘湘自兼会长,用以切实控制部队。

所以，当面对刘湘之死引起的震荡和蒋介石接踵而来的打击时，“甫系”集团留川的三大军师钟体乾、张斯可、乔毅夫首先出面召开武德学友会紧急会议，一面下令留川各部队无武德学友会命令不准调动；一面发表川军将领数十人联名通电，力拒张群来川，并且上街组织武装游行示威。整个四川局势，愈加动荡不安。

蒋介石见川军反应出乎预料的强烈，且川军结成一体，不甘屈服，又在日寇大举进攻面前，武汉地区还吃紧之际，深恐事态发展下去，后方再酿出乱子，将令难以收拾，不敢也无力硬压“甫系”就范。蒋介石还顾虑到：四川已成为抗战的大后方，若是动荡不安，国民政府便无法在四川存在；再者，他的势力在四川还很单薄，还无力左右四川政局。于是便作出让步姿态，采取缓冲办法，一面与刘湘伤终之典特加优隆，一面对撤职留任负气来汉口的潘文华欲图加以利用。同时还宣布省主席由省府秘书长邓汉祥代理，川康绥署主任由省总参议钟体乾代理，又电召刘树成、周成虎赴汉，亲为抚慰；临行约宴，宋美龄亦出作陪，意在阳为笼络，以期分化川军。同时，傅常、刘航琛、卢作孚奉命回成都进行疏通，不仅无结果，武德学友会开会时有人还提出傅、刘、卢三人是汉奸；还有人说刘湘被蒋介石毒死是傅常下的毒药，主张杀傅常。会场空气很紧张。傅常等三人见事不妙，忙飞回汉口向蒋介石报告。这样只好将形势暂时缓和下来，双方较量进入第二个回合。

通过第一个回合的试探，蒋介石看出刘湘虽死，“甫系”留川武装仍是一支足以支配川局的力量。便决定采取釜底抽薪的办法，以抗日名义，逐步将这些部队挤上前线。于是首先将正在前线任二十二集团军总司令的邓锡侯调回四川，委以川康绥靖公署主任的高位。企图利用邓锡侯过去与刘湘的矛盾，假邓锡侯之手压制“甫系”，同时又可达到将邓锡侯与其基本部队分离的目的。

这“一石二鸟”之计，当然麻不到“不愧君侯是水晶”的邓锡侯。他清醒地看到随着刘湘之死，过去在川内出现过的“甫系”对自己的压抑已不复存在。蒋介石图川甚急，如不联合自保，整个四川地方势力都是人家案板上的鱼肉，只有任其宰割的份儿！特别是联想到这次满腔热血出川抗战，却被莫名其妙地调离七战区建制，支到山西阎锡山手下，成了没娘的孤儿。冰天雪地之中，士兵穿的是草鞋、短裤，竟无人肯补充被服，真是感慨良深！于是他就任之后，未经请示蒋介石，便以川康绥署的名义，任命王陵基为所辖极宽的宁、嘉、叙农垦总司令，主动向“甫系”要好。

刘湘一死，蒋介石见刘湘部将领一致拥戴潘文华，不得不改变策略，对潘文华大事笼络。于是蒋介石对潘文华便换了一副面孔，在汉口亲自召见，奖慰有加。蒋介石明白，“甫系”几员大将之中，潘文华为人老成忠厚，深得刘湘信任与部属拥戴，实在是处理目前四川棘手局面的理想人选。蒋介石又认为潘文华忠厚有余，才智不足，贪享受，无大志。在刘湘生前虽然拒绝自己的拉拢，但现在靠山已到，只要假以辞色，不难收为己用。因此，1月24日，在汉口特令潘文华与顾祝同同机飞回重庆，一路之上顾祝同对潘文华极尽拉拢之能事。顾祝同在重庆下飞机时，嘱托潘文华径飞成都，从中斡旋，同时，明令开复潘文华的撤职留

邓锡侯(1889—1964),字晋康,四川营山县人。陆军二级上将。1937 年率军出川抗日。1938 年至 1948 年担任川康绥靖公署主任。1949 年同刘文辉、潘文华率部起义脱离蒋介石政府。1955 年荣获一级解放勋章

任处分。

因此,蒋介石在任命邓锡侯的同时,又于 1938 年 3 月 8 日将远在抗日前线的潘文华召回,撤销以前对他的撤职留任处分,并于 4 月 13 日正式宣布提升他为第二十八集团军[1]总司令,兼川康绥靖公署副主任,晋升为陆军二级上将。让潘文华回川整顿"甫系",部属随时待令出川抗战,并策划调自己嫡系部队接管川军防地。

蒋介石的意思,潘文华心头当然也很明白。但这些天来,他脑海中反复出现的却是"七七事变"前夕,蒋介石以何应钦为主任,在重庆召开以收拾刘湘为目的的"整军会议",刘湘赴会之前与自己一番密谈时的情景。特别是分手之际,刘湘拉着他的手说的那几句话,一直在耳边回响:"仲三,部队我就交给你了!你要记住,蒋介石这个人无论他话说得好甜,绝不可信赖!只有联合与我们处境相同的力量与之周旋,才有活路!"

因此在与顾祝同一路之上,他采取虚与委蛇的态度和顺敷

① 见附录二。

衍。潘文华原对刘湘以忠著称，且系只身回川，再难逆众意，不仅未按蒋介石的意图用事，回到成都后，立即约邓锡侯、刘文辉到永兴巷植苑公馆中内书房密谈。面对蒋介石居高临下的压力，三方一致同意捐释前嫌，团结图存。邓、刘都表示支持潘文华出掌四川省政。潘文华从当时大局提出："甫公生前，王老幺（指王缵绪）就望到省主席这个位置，其人利欲心重，为了'甫系'和川康团结，还是推他来干为好，不然的话，他倒过去就麻烦了！"

本来王缵绪对省主席这个位置早已眼热多时，但也看出目下川康将领多数倾向于潘文华，自己已然无份，正在一边生干气。谁知潘文华竟主动推举自己出任，不由大喜过望。又听潘文华提出只要求安置一个省府委员名义，便满口答应，并说："仲三兄！你我真人面前不说假话，兄弟最多只当几个月过盘瘾，就还是去带兵抗日，这个位置，当然迟早该你坐的！"于是川康将领联名向蒋介石电请，推举潘文华担任"川康绥署"副主任，王缵绪任四川省主席。并商定由潘文华坐镇成都指挥策应，王缵绪等赴汉口活动。

四川省主席一职，蒋介石当然不肯轻易放手。1 月 28 日，蒋介石又给潘文华等发来一电（俭电），此电系发给重庆行营，叫行营代理主任贺国光译转，还要潘文华等转告在川师、旅、团长，原电如次：

……迭接诸兄及在川各将领来电……中央措置川事善后，自必一秉至公至正之方针，审酌地方与国家之需要，并顾兼筹，以期裨益抗战全局而安慰甫澄主任与战死袍泽之英灵。须知中央重视川政，固无不筹维悉当；而中央对我全川父老、袍泽及与甫澄主任多年患难相依之关系，于公于私，尤不能使一人一事之不得其所。甫澄之僚友，即中（蒋名中正故简称中）之僚友，浦澄之部属，即中之部属，爱护之诚，罔间始终。诸凡措置，必以对国、对川、对逝者、对生者均无遗憾为前提。……即机关或有更张，而人员必妥为安顿，只要服从中央命令，遵守甫澄遗嘱，则决不令甫澄所部有一人之失所而无所依托也。务望我全川军政长官，勖勉军民，晓谕部属……勿惑于谣言，勿懈其素志，一心一德，以大义为依归……

先前，蒋介石还曾考虑重庆行营主任顾祝同与川军各将领私交不错，便打算提顾祝同出任此职。鉴于发表张群主川一事，因川军强烈反对，弄得自己下不到台，便授意顾祝同先以个人名义向川军将领试试口风。

当时刘文辉坐镇西康，邓锡侯远在山西，潘文华留在汉口，唐式遵驻军皖南，成都又全系刘湘部军人控制，四川形成了内外团结一致的局面。顾祝同如何入川，在汉颇费踌躇。

那时潘文华正在汉口，因被唐式遵勾结国民党进行陷害，受到撤职留任处分，自己嫡系部队又均参加前方抗战，彼以忠于刘湘，对国民党各派系无甚特殊关系，新遭刘湘之丧，进退维谷，处境困难。黄应乾同潘清洲、戴高翔随潘文华同住扬子江饭店，一榻横陈，孤灯荧然，瞻望未来，良多感喟。

恰于此时，郭汝栋已成顾祝同嫡系亲信，郭汝栋与潘文华在川交谊最笃，潘文华经郭汝栋的负责保证，得到顾祝同的信任，立即撤销处分，并内定为二十八集团军总司令。蒋介石又对潘文华一再召饮，颇表敷衍。顾祝同、潘文华等几经密谈，顾祝同表示他如主川政，系过渡性质，将来决以全力扶植潘文华，并希望川军能多参加抗战。郭汝栋希望将来潘文华在川主持军政后，留守后防，将其参加抗战的二十三军与郭汝栋部的二十军合编为二十八集团军，由郭汝栋以副总司令负责在前方指挥，如此郭汝栋可在军事上成一单位。

嗣后潘文华以"甫系"军队保有团结，对郭汝栋的愿望婉辞拒绝。当时顾祝同、潘文华、郭汝栋三人在汉洽商决定后，同乘专机返渝进行活动。顾祝同、潘文华抵渝，即与成都有关军人王陵基通长途电话，据答："顾祝同如敢飞蓉，当以机枪大炮在机场欢迎。"顾祝同既不能到省，即嘱潘文华先期飞蓉，设法运用。

潘文华到省后与绥署代主任钟体乾及乔毅夫等经常商谈，得悉反张即是反蒋，如站在蒋方说话，定必遭到反对。潘文华以大势所趋，乃完全赞同军方主张。钟体乾以王缵绪是"老乱"，王陵基"粗暴"，唐式遵"瘟症"，均不可以有为，独潘文华忠厚仁义，连刘湘病重期间也电召潘文华到汉口，要潘文华回川兼代川康绥靖公署主任和四川省政府主席，遂决定扶植潘文华继承刘湘事业。除由川康绥署补发潘文华部欠饷 40 万元外，还拨 100 万元作为武德学友会基金。随又推潘文华任武德学友会会长，军人方面如彭焕章、刘兆藜、刘树成、周成虎等均向潘文华表示拥护和忠诚，自是潘文华在川根基始告稳定。

王缵绪因与蒋介石有勾结，早不为刘湘所信任，刘湘生前曾说笑云，他有三个禁令：一禁王缵绪的打油诗，二禁唐式遵谈马路，三禁蒲殿俊写大字。王缵绪与武德学友会同人不相和洽，而又热衷省主席一职，遂与潘文华深相结纳。一心想当省主席的王瓒绪主动找潘文华商议，要潘文华当川康绥靖公署副主任兼省府委员，而让他先当三个月的省主席，期满即率部出川抗战，省主席即由潘文华以川康绥署副主任兼理。王缵绪企图以此相引诱，求得潘文华的全力支持。为川康尽快稳定的大局，潘文华只好如此，便出面劝说武德学友会主要成员说："王瓒绪诡计多端，对二十一军的内幕知道得最清楚，如果不把他拉住，他必然倒向蒋介石方面做破坏工作，不如把省主席职位给王瓒绪，使他站在我们方面，减少麻烦。"于是潘文华派武德学友会代表彭光汉、刘兆藜到汉口向蒋介石报告，请任王瓒绪为省主席。同时密电告黄应乾，对王缵绪之事悉心协助；一面又将成都军人以王缵绪任川省主席、潘文华任川康绥署副主任的主张，正式通知顾祝同，且表示军方态度坚决，甚难为力。顾祝同知阴谋无法实现，索然返汉，密商蒋介石，遂有第三度以贺国光继主川政之企图。

当时黄应乾正在汉口作潘文华的全权代表，在法租界万国旅馆31号经常与刘航琛、卢作孚会商川事，并与何应钦保持联系。此时何应钦以"笑面虎"姿态出现，如潘文华、唐式遵、王缵绪、王陵基及军方代表去看他，总表示他是刘湘的知心朋友，好言安慰，勉以大局为重，决不使用刺激语气。蒋"硬"何"软"，扮演双簧；但此等伎俩，卒归无效。而刘航琛、卢作孚等均主潘文华任省政，张群亦表示"川政还是仲三好，不能因赶走'节度使'

就推‘留后’,是为赵孟之所贵,赵孟能贱之”。王瓒绪因硬要省政,与张群对立,张群对王瓒绪深表不满。

而成都钟体乾等以世乱方殷,均不主张潘文华放弃军权,重庆市的石体元等亦赞同钟体乾主张,故潘文华根据黄应乾对张群谈话的报告,最终专函给黄应乾,说明他不愿做省主席的决心,并与王瓒绪商妥于同年二月派李星辉来汉(梅恕曾参加)与桂系白崇禧商洽(白时任副参谋总长),并经常和潘宜之保持联系。

刘湘生前与桂系订有密约,共同反蒋,故白崇禧很支持,并暗示“成都军人只要坚持主张,蒋会从长计议(即蒋定要软化之意)”。军队方面亦推刘兆藜、彭焕章等到汉,向何应钦及各方呼吁,坚持军方所提出的愿望。

此时,蒋介石一计不售,更生一计,蒋集团以贺国光为潘文华四川陆军速成学堂同学,与潘文华等关系密切,且在参谋团入川后与各方相处大体尚融洽,何应钦支持甚力,刘航琛、卢作孚亦密为建议,蒋介石乃内定由贺国光主川政。随即由蒋介石分别电召刘文辉、杨森、王缵绪、唐式遵、王陵基等先后到汉,会商川事。

王缵绪于4月初先期到汉,即向黄应乾谈云:“你知道我为什么反对杨森吗?就是杨森不给我四川省长(1925年杨森发动武力独霸四川战争,最后因王缵绪叛降刘湘,使杨全军溃败)。”并以刘航琛曾代刘湘在新加坡购买军械,侵蚀巨款百余万元,他主张清算,且密嘱李星辉准备对刘航琛实行绑票。黄应乾云:“刘航琛虽坏,但有如‘百足之虫’,加以‘长袖善舞’,在此期间实不应树敌。”王缵绪始默然。

当时黄应乾和王缵绪分析川局，认为有三件事是有把握的：蒋无兵力来取成都；重庆已成为陪都，四川又为抗战根据地，川事不能长此拖延不决；潘文华谋划在成都，内部很团结，不达目的，决不罢休。黄应乾和王缵绪兴言及此，确有“弹冠相庆”之感。王缵绪亦愤然说：“我只要一名省主席，班底由他们（指蒋集团）组织，这难道还有什么问题吗？”

蒋介石于4月中旬又召集会议，参加会议的有何应钦、何成浚、贺国光、王缵绪、王陵基、唐式遵等。蒋介石正式提出以贺国光继任川省主席，态度至为坚决。王缵绪等当蒋介石面前均表同意，夜间黄应乾同李御良（唐代表）、郭松年（王代表）、梅恕曾（国民党立法委员）等在延庆里19号姓罗的妓院等候消息。王缵绪、唐式遵垂头丧气而来，连呼“贺国光到四川，大家完了，完了！”

适是日午饭系武汉行营主任何成浚召饮，有王缵绪、李根固等，席间何成浚曾说：“川局好像鼎锅里的开水，不是瓢把冷水便扑得下去的。”黄应乾觉得何这番谈话很有道理，便于夜间引用这段话作为反对贺国光到川的理由，以说明川政波澜不是蒋介石的虚声恫吓或甜言蜜语所能解决的。大家一致赞同黄应乾的意见，坚持王缵绪主川政，并由梅恕曾拟定电稿，共同签名发出密电，要坐镇成都遥控指挥的潘文华想法运作。

成都潘文华接密电后，运筹帷幄。不久，反对贺国光主川政的电报随之传来，立即为蒋介石阅悉。贺国光得知成都军人反对他上台后，便云：“我对四川好比嫁出去的姑娘，这次如能回到娘家，亦不过将房内床被陈设打扫干净，整理就绪，我便离开了。你们那个适宜，便可回来，我都欢迎，又何必恶语相加呢？”言下颇为牢骚，黄应乾亦付之一笑。

这时杨森亦奉召来到汉口，对川事有所商陈。王瓒绪约同前往，一再周旋。杨森向黄应乾谈及：“过去我不该与刘甫澄冲突，他当大哥，我为二哥，如今大哥死了，便该二哥继承，那不是顺理成章吗？且第七战区不应因刘甫澄死了便告结束，我支持潘、王在川内主持军政，他们该当主张恢复第七战区，我愿效劳（即愿作战区长官之意），内外相维，大家都好。”但因为互相猜疑，杨森的打算自无结果。

抗战方殷，作为大后方的四川政局不容迁廷动荡。张群主川既遭反对，顾祝同又被拒绝，贺国光也告失败，潘文华又决心不干，而王缵绪主川政的机会日趋成熟。蒋介石面对川康军集团的强力抵制，也不得不谋求妥协。恰好这时王缵绪官迷心窍，竟走康泽的门路前来疏通关节，为了尽量表示对蒋介石的忠诚，王瓒绪还找康泽参加了蒋记核心组织复兴社，蒋介石遂决定趁机将王缵绪进一步拉将过去，在川康集团中打开缺口。于是立刻单独召见，温言嘉勉，许以省主席一职，受宠若惊的王缵绪遂死心塌地地投入蒋介石的怀抱。召见回去后，王缵绪趾高气扬地对同人炫耀说：“蒋委员长问我几个儿子，我说因为多接了几个老婆，便多生了几个儿子。这辈子就做了这样混账事！蒋委员长都听笑了！”说罢哈哈大笑。既后见大家脸色不对，才改口自我解嘲说：“我老婆接得多，未必他就接得少？我混账，他不是一样的混账吗？我在幽默他呀！”

此时对张群主川一事,武德学友会仍继续坚持反对,各县也纷起响应,全川为之浮动。迫使蒋介石不得不收回成命,拟改任王缵绪为省主席,并示意潘文华给以支持。王缵绪亦亲自请潘文华在武德学友会面晤,进行疏通,并许潘文华的弟弟潘昌猷任四川省银行总经理,又允给三个专员及若干县长的名额,来安置刘湘旧部。潘文华在当时,已志得意满,不能得陇望蜀,再寄情于省政,况王缵绪又系刘湘旧部,乃为之各方疏通。蒋介石乃于1938年4月28日发表王缵绪为四川省政府主席。刘湘死后争夺四川军政权力的一场风波,至此始告平息。

这时,由潘文华统辖的留川部队计有:五十六军,军长郭昌明,军司令部驻万县;一六四师,师长彭光汉,部队驻防成都,副师长严啸虎兼作成都市警备司令;一六三师,师长陈兰亭,驻防川东梁、开、达等县;新十七师,师长刘树成,驻防乐山、峨眉、邛崃、名山等县;新十八师,师长周成虎,驻防潼川、中江等县;独立旅,旅长朱果,驻防彭县、什邡、绵竹等县;潘清洲的警卫团,一部分守卫玉皇观二十八集团军总部,一部分驻东门外中和场、中兴场沿府河一带。

川康绥署班底全系刘湘旧部,如潘文华以副主任名义主持绥署事务,则邓锡侯可能作傀儡主任,造成潘文华、邓锡侯的矛盾。但潘文华颇识大体,从不到绥署,仅将图章一方,并与绥署副主任办公室秘书刘挹清,照例会签而已。因此潘文华、邓锡侯相处无间,加强了地方力量的团结。

但蒋介石对四川仍有两种顾虑:一是怕潘文华、邓锡侯、刘文辉加强团结,壮大地方力量,使他难于控制;二是怕日寇沿袭过去红军徐向前入川故道进入四川，动摇抗战后方，因此采用“一星管二”办法，又于1938年5月18日以国民政府军事委员会再发表潘文华为川、陕、鄂边区绥靖公署主任，绥署由国防部指定设于阆中，使潘文华与邓锡侯分驻两地，但仍兼川康绥靖公署副主任，这也是蒋介石算盘打得精的地方，一来故示优宠于潘文华，二来保留他第二十八集团军总司令职衔，时机成熟便可将其再调前线。同时又以卸任陕西省政府主席祝绍周为副主任，对潘文华起一些牵制监视作用。

潘文华受命后，不得不离开成都，但又决不轻易放掉成都这个重要基地，遂将玉皇观街二十八集团军总司令部，留驻一部分人员，以便他随时回省与各方联系。同时，还让他领导的著名反蒋先锋彭光汉师长率一个师驻防成都及郊区，以亲信旅长严啸虎长期担任成都市警备司令。潘文华到阆中后领到国防部发给的大巴山构筑防御工程费用二十万元，积极构筑防御工程，西起陇南的阳平关，经陕南地区到达湖北城口，并派部队在各重要地区驻守，严防日寇侵入。当时还有巨匪王三春啸聚匪陡二三千人，盘踞川陕边境，抢劫行旅居民，经潘文华派五十六军一六三师梁国华，协同一五〇旅王家兴团及当地秦烈初保安团，联合兜剿；王匪不支，溃散陕南地区，已不足为患；潘文华便以戍区防务告一段落，乃称疾返蓉医治，即经常住在成都，与邓锡侯、刘文辉往还仍密，蒋介石亦无可奈何。

潘文华为了避免真正调离省治中心，当时还故意散布：阆中生活太苦，还是留在成都安逸的言论，成天打牌、看戏、请客、吃酒。给蒋介石造成错觉，认为不出自己所料，潘仲三贪享乐，无远志，容易对付。国民政府便同意潘文华在成都玉皇观街二十八集团军总司令部增设川陕鄂边区绥靖公署行署，常驻省城，遥领阆中。

期间，为国捐躯的王铭章上将忠骸于1938年6月13日晨由沙河堡启程进入成都，川康绥靖公署副主任潘文华等党政军要员参加恭迎。省城各界赴牛市口车站恭迎者十余万人，迎榇行列长十余里。王铭章上将灵榇置于炮车之上，覆盖国旗，以五马拖行，缟车素马，备极悲壮。

13日上午8时举行迎灵典礼，由省政府王缵绪主席主祭，川康绥靖公署潘文华副主任等要人参加陪祭，并摄影留作纪念。旋即举行启灵礼，由潘文华副主任主持，礼成后迎灵人员依次整队入城。下午2时，灵榇恭迎入省党部，由川康绥靖公署邓锡侯主任主持安灵礼，潘文华副主任等省市党政军首长和各界代表参与陪祭。灵堂布置，庄严肃穆，悲壮激昂。正中悬王上将遗像，英姿奕奕如生，两旁用五色电灯泡组成“死如泰山”四字。二门侧放置王将军滕县血战油画一张，

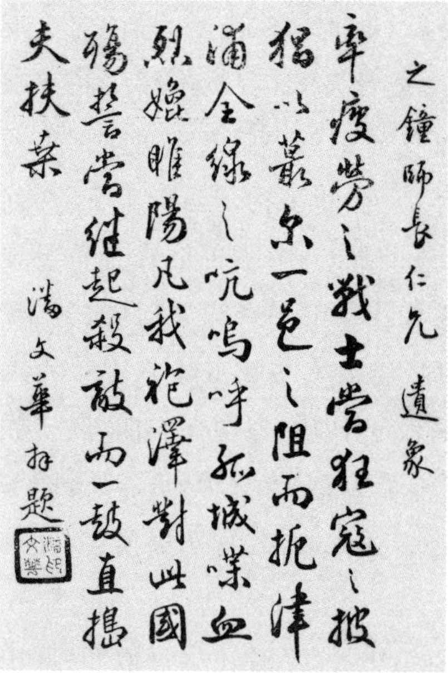

潘文华将军为壮烈殉国的川军将领王铭章题词

上书:“踏着王上将血迹,继续前进!”

伫立王铭章师长遗像前,潘文华将军挥泪为壮烈殉国的王铭章(字之钟)师长题词:

之钟师长仁兄遗像:

率疲劳之战士,当狂寇之披猖,以蕞尔一邑之阻而扼津浦全线之吭,呜呼!孤城喋血,烈媲睢阳,凡我袍泽,对此国殇,誓当继起杀敌而一鼓直捣夫扶桑!

潘文华拜题

这年4月又发生王陵基“请缨”的一段插曲。“甫系”将领包括刘湘在内,大多是清末陆军速成学堂出身。王陵基仗着自己曾任陆军速成学堂教育副官的经历,时常摆出一副老师的面孔,惹人反感,曾被刘湘软禁,后经张斯可等说项,才被刘委以省保安处长之职,留在省城,便于控制。其人刻薄寡恩,本不受部属拥戴。但这次刘湘之死,事起仓促,而潘文华又在抗日前线,故在潘文华回成都前暂时被推为武德学友会代会长。他没有意识到这是“甫系”为抵制蒋介石而采取的应急措施,竟飘飘然以刘湘继承人、“甫系”领袖自居。如今眼见闹来闹去,潘文华、王缵绪皆获高位,自己却被冷在一边,心头当然不是味道。

抗战初期,共产党的方针是“拥蒋抗日”,恰好这时曾在川军中当过旅长的张志和由延安中共中央派遣回四川进行上层统战工作。张志和认为川军这样闹法,于团结抗战不利,便去作王陵基的工作,劝王陵基率兵出川抗日,并表示自己愿代王陵基向各方面疏通。王陵基本不甘寂寞之人，便打出“请缨抗日”的旗帜。由张志和出面说动张斯可支持，并通过重庆行营主任顾祝同搭桥，向蒋表示愿意率兵出川抗战。

蒋介石做梦都在打分割“甫系”部队的主意，眼见王陵基送上门来，岂有不准之理！当即委王陵基为三十集团军总司令，命他赳日出川抗战。这样王陵基便从“甫系”留川部队中拉走两个军。因其为人刚愎自用，驭下忌刻，临走时，四个师长中便有两个请病假，不愿随他同去江西作战。

到此因刘湘之死造成的动荡大体平息，川康局势趋于稳定。不料王缵绪在以潘文华为首的川康实力派人物的扶持下当上省主席后，竟然仗着蒋介石撑腰，恣意妄为，反过来危害川康实力集团利益，搞得人人侧目。遂酿成“七师长驱王”事件，双方较量进入第三个回合。

第十九章　策动川军七师长通电驱逐王缵绪

王缵绪于1938年5月1日就川省主席职，省政府主要组成人选系各方面拼凑而成：

秘书长陈筑山，贵州人，旧国会议员，系大公报主笔张季鸾向蒋介石推荐，得张群的支持，由贵州省省府委员调任。

民政厅长胡次威，万县人，国民党中央政治学校教授，CC系，为陈果夫推荐，原任湖南省民政厅长，此次调掌川民厅有“借赵云”之说。

财政厅长甘绩镛，刘湘幕客，理财较稳健，刘航琛对他不满，造作蜚语，并制一联以讽之：“财政无可虞，刘难办来稽会办（刘航琛长财厅，经常不到厅办公，而以稽祖佑作会办，主持厅务）；民厅真不幸，甘既庸兮王又庸（甘既庸系甘绩镛的同音假借，甘曾掌民厅）。”

教育厅长杨廉，安岳人，改组派，由安徽教育厅长调任。因杨廉曾强占一有夫之妇，其夫向宋美龄控诉，宋美龄与蒋介石谈及，表示不满；又发现杨廉在安徽教育厅任内有重大贪污事实，遂于重庆中训团受训时予以枪毙。

建设厅长何北衡,罗江人,诚学会成员,与卢作孚交情很深,且系张群在川得力助手。王瓒绪对何北衡虽不满,但以张群支持,仍蝉联建设厅长。

保安处长刘兆藜,南部人,刘湘合州军官传习所学生,为刘部师长,武德学友会核心成员。成都军人坚持以刘兆藜继任保安处长,而以复兴社的王元晖任保安处副处长。

潘文华因支持王缵绪,分得三个机构:四川省银行总经理潘昌猷;川江航务管理处处长周瑞林(潘文华部副官长);四川军管区参谋长戴高翔(潘文华部参谋长)。

但川局一波刚平,一波又起。王瓒绪登上四川省主席宝座后,完全背离了潘文华继承的“甫系”集团以及其他川康军人的利益,一头扎进了蒋介石的怀抱,为所欲为,不得人心。王瓒绪在“甫系”中平时为人反复成性,喜怒无常,一饭之德必酬,睚眦之怨必报。但懋辛曾评他为“望之不似人君”,钟体乾评他为“老乱”,以致与各方面矛盾重重,四面楚歌。

他这次当上省主席,并非蒋介石对他的偏爱,而是川康实力集团潘文华、邓锡侯、刘文辉对他的支持,不想他上台后翻脸不认,忘恩负义,言行怪谬,违背过去向潘文华作的保证,对“甫系”军政旧人,不仅不予照顾安排,还撤换了大批刘湘在世时的老班底在职人员,尽量安插复兴社和 CC 分子。如原省政府秘书长邓汉祥被解职安排了个小小的处长,还把军统头子康泽塞进来的四十余名复兴社成员安排到各专、县,就任专员、县长。更糟糕的是,王缵绪为讨蒋介石的欢心,居然把沦陷省的征兵、税收、财政等款项一并包至四川，徒增四川人民之负担。

1938 年 8 月初，国民政府中央机关全部迁重庆。8 月 5 日，张群在重庆就任重庆行营主任，他以军事系统关系电约川康绥靖公署副主任潘文华等川康实力派人物到重庆筹商川康军政大计。8 月 17 日，潘文华、刘文辉、邓锡侯返成都联合发表谈话："此次赴渝，与汪精卫、孔祥熙、张群三先生聚谈次数较多，感想较好，承诸先生推诚赐商，对川康各事，尤多爱护。就目前形式上与精神上看，已分不出何处是中央，何处是地方，此为强敌给我们的好处，亦是抗战最后胜利的基础与预兆。……吾人在目前形势之下，应拥护中央，抗战到底。为推行军事政治，尤须拥护行营，并请张先生切实领导我们，力能使最后根据地之四川，日臻治理。"

不久，川省临时参议会于 1939 年 3 月开始酝酿，由各县提名二人报省府，由省府加倍提出候选人名单，报请行政院核定。当时内定以李肇甫为议长，钟体乾为副议长。李肇甫征求钟体乾意见时，钟体乾云："要干我就要当议长，如要我当副议长，我连参议员都不干。"李肇甫又商同潘文华，将熊克武、但懋辛及军方有关人选密报张群，请为注意（此项专函系吴劭先来渝陈递）。4 月，名单发表共为参议员七十人，李肇甫为议长，向传义为副议长。因向传义硬要，得到戴季陶支持，故作副议长。王缵绪名下，只有一名参议员，其余均落选。潘文华、李肇甫等希望借省参议会以限制王瓒绪的活动。

1939 年 5 月 1 日四川第一届临时参议会成立，王缵绪作施政报告，有一段话说："现在天都亮了，有些人偷了几十年，未必还要偷吗？该收得手了。我本来准备一桌酒席端出来，他们要给我零零碎碎地拿出来，我有啥办法呢？”意在讽刺建设厅何北衡、财政厅甘绩镛。何北衡感到难堪，不久便离开建设厅，对王缵绪也就大为不满了。

同时，王缵绪仗着蒋介石的支持，气焰嚣张，在省政府举行的总理纪念周大会上，趾高气扬地大骂川康地方军政领导潘文华、刘文辉、邓锡侯，说他要抓大烟犯，要抓登徒子，要抓不守规矩的戏猴子，还要打击躺在烟盘子上扇鹅毛扇子的诸葛亮（指张斯可）等。

王缵绪说的大烟犯指刘文辉，因蒋介石对其实施打压，不拨款项，无奈之下，刘文辉只得采用饮鸩止渴之举，在西康遍植鸦片，用以补贴军费和地方财政的开支。登徒子则是指潘文华，因他最近纳了个貌美如花的姨太太张俊，时人多有指责。这在当时的中国一夫多妻的社会中，可谓司空见惯，不足为奇。戏猴子自然是指邓锡侯，因他处事圆滑，计谋多端，好事者便取其名“侯”与“猴”谐音，指为水晶猴。当潘文华得知自己被骂为好色的登徒子，顿时气得脸色煞白。“岂有此理！”潘文华忍不住愤怒地说：“他龟儿子老乱，西充的红苕屎都没有屙干净，眨眼就想跳龙门了。”

王缵绪还赖掉答应潘文华的省府委员，说是：“仲三已经是特任的大官了，又何必来当啥子简任的省府委员哟！算了，算了！”然后又不答应曾许给在汉口为他奔走效力的黄罔、王松谷、李星辉三人的公路局长、建设厅长、教育厅长。并板起脸训斥王、李等，说是：“现在天都亮了，不要乱想！皇城坝抓锅魁，谨防挨砣子!”气得王松谷、李星辉等在他门口大骂:“咦!我们抬了半天轿子,轿夫钱不给,还要打我们的手板呀!”

王缵绪上台后,“甫系”师长彭焕章、刘树成、周成虎、夏云等专门带起礼品前往省府向他致贺,不料他们到省府等了一个多钟头王缵绪才姗姗而来,还摆起主席架子让他们走,并打起官腔说:“现在不兴这一套了,今后大家都要上前方抗战,不要在后方挤热闹,保安团我已撤换五个,还要调换;县长我已撤换一批,还要继续撤换。嘉、叙、泸(刘、周两部防地)为四川富庶之区,如不让开,我的政治推不动。今后凡是不听招呼的,我都要撤。”态度倨慢,引起彭焕章等愤怒,气得大家事后见人就诅他的死咒:“龟儿子王老幺,啥子东西,鸡脚神戴眼镜——也来充正经。”从此势成水火。

每逢省府开会,王缵绪必有一番训话,经常吊起下巴大放厥词。一次优待出征军人家属座谈会,王缵绪跑去讲话:“军人出征抗战,这是光荣的,你们在家应谨守妇道!”随手指着一个穿高跟鞋的军属说:“你穿起高跟鞋在马路上摇摇摆摆,是不是想不守妇道呢?”这一军属立即哭了起来,到会军属以王缵绪谈话侮辱他们,很感不平,当场激起公愤。

又一次在省府总理纪念周会上,王缵绪作报告,诋毁刘湘对不起他,大骂刘湘及“甫系”几个师长刘树成、周成虎等。侧边人好心劝他:“你在刘湘时升到军长,又兼过第一肥缺川盐运使。他又有啥子对不起你呢?刘湘对你不错,何况人又死了,何必说这些伤感情的话嘛!刘、周均为刘湘亲信,又手握兵权,你又无力消灭他们,又何必树敌太多!”王缵绪恼羞成怒,竟语无伦次地说:“这些事你都清楚,未必我还不晓得！你既然清楚,又咋个不来当省主席呢?”

有一天,王缵绪的一个好友劝他注意收揽人心,提出张澜先生是他老师,又是同乡,可邀到省府请教,以示敬老尊贤,王缵绪当场答应并约定会见时间。届时他友人前往提醒他是否派汽车去接,这时王缵绪的牌要输了,坐在麻将桌上傲慢地说:“我凭啥子要找他谈？我说的他不懂,他说的我不听,你给老子叫他爬。”气得他朋友摇头连叹:“竖子不可教也,竖子不可教!”绵阳专区行政专员鲜英为张澜亲信,被王缵绪撤职。荣昌县长杜象谷为张澜私人秘书,被王缵绪加以贪污罪名,几被枪决。张澜以王缵绪横施压迫,不得不由成都避居重庆。

王缵绪曾答应安排潘文华之弟潘昌猷为四川省银行总经理,殊不知1938年6月潘昌猷任四川省银行总经理不久,以银行行规,对王缵绪部属贷款来做生意,多所限制。王缵绪部属啧有烦言,王缵绪也想借此机会,壮大自己的经济势力,决定将省银行归自己掌握,11月王缵绪就派其亲信军需处长郭松年为四川省行董事长,并由王缵绪下令对省银行改组,修改章程,把原来的总经理负责制改为董事长负责制,把大权抓过去,四川银行系潘昌猷辛苦创立,如今害得潘昌猷有职无权,大骂王缵绪“过河拆桥”。不久,王缵绪又以他女婿熊觉梦为省银行协理,以其侄女婿接掌川江航务管理处。

王缵绪与王陵基极不相能,张再、刘航琛、何北衡均与王陵基较为亲近,向来看不起王缵绪。王缵绪到省府即派人送款与张再,并托致意,张再一概不予理会。王缵绪很生气,借口查禁烟毒,要缴张再的烟枪。张再时为王陵基部军长,陈兵自卫,相持数月,王瓒绪亦无如张再何。

王缵绪上台后,还声言要逮捕刘航琛,清算刘航琛在财政厅的贪污款项,并咨文重庆府将刘航琛拘押来蓉。刘航琛以得张群支持,渝市府对王缵绪来文置之不理,而军长范绍增又公开派兵保护刘航琛的住宅。王缵绪大骂范绍增:“六亲不认了,我们是儿女亲家,他都不维护,反派兵保护省府要犯。”刘树成为此事在成都漫骂王缵绪说:“刘湘死后,哪个的帐清得?拿薪水来说,不够有些人的姨太太买玻璃袜子呢(指王缵绪的姨太太银蛱蝶)。如要清账,我们大家来清。”

事实上刘湘死后,刘航琛即约刘树成、周成虎到荣昌烧酒房秘密商谈。刘航琛云:“刘湘尚存有二十五万元在川盐银行,由我代管,你们将来扩充部队,应多培养几百干部,但经费困难,你们有啥办法吗?刘湘这笔存款当交你们运用,按月连同本息,可拨两三万元以作扩军准备,但刘湘图章应请刘周玉书(刘湘的老婆)交我,以便将款提出,另立户头,你们便可自由使用了。”刘树成、周成虎二人闻之大悦,遂听命于刘航琛而与王缵绪势不两立了。

刘航琛施用此项巧计取得刘湘图章后,凭此印鉴,倒填年月,将彼贪污之款写在死人(刘湘)的账上了。同时又将刘湘存入川康、川盐两行之现款取出,归己运用,由存户转而为股东,便将股票交与刘周玉书按月领取息金。故王缵绪清算刘湘的贪污款项,因多系刘湘条令支用(根本无财政制度),自无结果。闻于川盐银行查出刘航琛给澡堂擦背费三百元的纸条一张,刘航琛因早有准备,便“款段出都门”,到贵州省主席吴鼎昌的花溪别墅作上宾去了。两年后,刘航琛以该存款用尽为词,通知刘树成,停止补助,刘树成始知受骗。

刘文辉、邓锡侯谈到川康两省联防时,认为他们枪支虽多,子弹缺少,拟商王缵绪少成立两个保安团,而以此项薪饷密购子弹存储,以备万一。邓锡侯向潘文华商妥后,潘文华自告奋勇,与王缵绪洽谈,王缵绪表面赞成,随即将此项密议电告蒋介石。

王瓒绪这些乖张荒诞的作为甚多,不胜枚举,尤其令潘文华、邓锡侯、刘文辉不能容忍的是国民政府迁渝后,龙云奉召飞渝述职,路过成都时,与潘、邓、刘签订密约,表面上以加强团结,拥护中央,三省联防,共同患难为借词,实则为继续刘湘时与龙云密约,互相支援,以对抗蒋介石势力和巩固三省地盘为目的。此项密约签订后,王缵绪竟然和盘向蒋介石告密。

原来,约在1938年六七月间,云南龙云应召赴武汉谒蒋,去来皆经过成都。为了增强川、滇、康三省团结,潘文华、邓锡侯、刘文辉与龙云签订了一个三省政治、军事、经济实行合作的秘密盟约,以期相互支持,庶免为蒋所乘。盟约推邓汉祥起草。龙云鉴于川康将领过去常互为仇雠,虑将难于一心一德,曾单独往访邓汉祥以此为询。邓汉祥答以他们在蒋中央的压力下,确皆捐弃嫌隙,契合无间,敢何无他,终乃成盟。

这个秘密协定的宗旨是川滇康三省联合反蒋,协定内容大要如下:一致拥护抗战国策;如有违反抗战国策者,即为川滇康三省之公敌,共同反对之;为确保抗战国策之实现,三省在军事、政治、经济各方面须实行合作,关于合作具体办法另行派员商定。龙云、潘文华、邓锡侯、刘文辉都在协定上签了字。在签订这个协定的过程中,王缵绪一度参与商议,不久王缵绪就向蒋介石告密。

王缵绪的告密电文恰恰被机警的潘文华截知,当时潘文华未露声色,而是多方设法,对王缵绪采取拉拢的策略,殊不知王缵绪一概不予理会。于是一个月光皎洁的夜晚,潘文华只好请邓锡侯、刘文辉到家中共商对策。潘文华失望至极,“当初我们瞎了眼,推荐王缵绪当了省主席,没有想到他‘狗眼识人低’,不识抬举,公然拆台”,“庆父不死,鲁难未已”。邓锡侯深为忧虑:“原先指望他把省主席一职抓在我们手中,一如既往,维系甫公在世时的现状,怎奈,他上了前台就忘了后头。民政厅长一职殊为重要,我组阁时就明讲了,必须是我们的人,现在却换了CC系的人,我们的人找他论理,他居然大言不惭地说,现在是民国,不兴吹吹拍拍那一套。”“仲三,”刘文辉抬望一眼,“你看咋个办?”“必须拿出措施来,制裁这个吃里扒外的东西。”潘文华沉重而坚定地说。

自刘湘去世,潘文华、邓锡侯、刘文辉三巨头常聚会,遇有事情,相互磋商。大家都明白唇亡齿寒的道理,如不紧密团结,则无以图存。

这时大家都感到王缵绪早就被收买,见利忘义,暗中倒入蒋方怀抱,并秘密参加了复兴社,故不惜出卖川康。王缵绪还将潘文华、邓锡侯、刘文辉诸人平时一切谋划悉以报蒋。王缵绪的无耻背叛,使潘文华、邓锡侯、刘文辉进一步陷入困境,但亦可以说这一来更促进了他们之间的牢固团结。大家一致认为王瓒绪这个害群之马不除，蜀无宁日，便决定策动几个川军师长出头发动驱王。

赓即由潘文华部代表彭焕章，邓锡侯部代表马毓智，刘文辉部代表邵石痴出面，以给刘树成供生为名，于 1939 年 6 月 10 日在东门外放生池集会川军各部将领二十余人商议驱王，一时气氛甚为热烈。席间，大家对王缵绪主持川政的荒谬措施，一致表示愤慨，马疏智立拨两千元，作为活动经费。

第二度会议在江汉路邵石痴住宅举行，参加者有彭焕章、谢德堪、刘元塘、刘树成等七师长和极少数有关人员，决定事项为：草拟反王电文，不用通电，只采密陈方式；如发生军事行动，推定谢德堪为总指挥；推黄秋侠赴渝，联系成渝双方共策进行；严守秘密，以邵宅及任家巷潘宅作为经常商谈的地方。黄罔来渝后，驻曾家岩潘公馆，随即约同邓锡侯、刘文辉、潘文华三部驻渝代表和友好等约二十人聚会于潘公馆，由潘昌猷主持，参加的有冷杰生、赵巨旭、刘航琛、石体元、姚仲良、邱甲、黄应乾、吴晋航等。黄罔报告成都商谈经过（牛范九在渝亦参加过）后，决定联系有关方面，宣传王缵绪的罪恶，并轮番在康宁路冷宅及金城别墅赵宅会谈，三部团结，空气热烈。9 日晚，成都彭焕章来长途电话，请潘昌猷谈话，黄应乾与黄罔同在。彭焕章询潘昌猷云："电文及各项均已准备就绪，是否即将电文发出？"都赞成立发，潘昌猷答彭焕章云："电应立发，王必垮台。"翌晨，七将领的灰（十日）电便发出了。

灰电以彭焕章领衔，签名者为陈兰亭、谢德堪、刘元塘、刘树成、周成虎、杨晒轩，共七师长。电文数王罪恶，大要为：挑拨中央与地方感情，希图坐收渔利，攘夺川康政权，归己掌握；征兵征实，扰民病民；侮辱出征军人家属；招权纳贿，卖官鬻爵；任用私人，树立党羽。请为速即撤换，以平民愤，并请遴选川中德望优隆之人士，主持省政，用顺舆情。此电既反对王缵绪，同时亦拒绝张群，各将领均主由潘文华继任省政。

当时成都方面，刘树成师在简阳的徐正纲旅率队进驻棋盘山，邛崃部队前进到新津宝资山。刘元塘派队由双流向簇桥前进，谢德堪师由新都进驻天回镇，向成都警戒。彭焕章任省垣部队亦作战时戒备。刘树成出外会客，改乘大卡车，车上架机关枪，如临大敌。有的说，杨弯子的袍哥队伍开进成都了；有的说，陈诚要派飞机二百架轰炸成都。谣言四起，人心浮动，省城局势，顿呈紧张。

蒋介石在重庆接到通电报，气得跺脚直跳："这几个烂师长又出岔子了！目无法纪，目无中央，必须严办！""介公！"蒋介石最为倚重的文胆陈布雷待蒋介石平静后劝道，"七师长驱王，后台在刘、邓、潘三人。不循法纪、背离领袖，固然可恶。然王缵绪虚矫狂妄，不谙世事，更兼性情乖戾，动则便咎，极致四川天怨人怨。现时情况，危如累卵，日倭前线紧逼，所需兵员，给养皆靠此地供给。后方稳定，乃当前之大事。倘若急功近利，无异于火中取栗，弄不好会滋生出事端来。"

"畏垒！"陈布雷做报人时最喜用的笔名，蒋介石多以此称之，蒋介石听后平静地问道，"你以为如何处置？"

"七擒孟获，攻心为上。王缵绪是扶不起的阿斗，不如借机让他下台，安抚稳定川康地方实力派。常言道，天下已治蜀未治，一俟时局稳定，再行治理亦不为迟，还望介公斟酌。”

蒋介石采纳了陈布雷的怀柔安抚之计。

后来蒋介石又转念一想，这次川军内讧，只要不打起来，正好利用。于是一面指示贺国光会商潘文华、邓锡侯共挽危局；并要张群通过邓汉祥向刘文辉进行转圈，一面故作深沉，稳起不表态，借以观变。

潘文华、邓锡侯、刘文辉三巨头决计驱王瓒绪后，赶在七师长通电之前，都离开成都躲到一边去了。刘文辉返回西康，潘文华借口布置防务赴川陕鄂绥靖公署司令部阆中，邓锡侯提前举行阅军跑到川东。邓锡侯行至梁山，正值灰电发出，贺国光连电邓锡侯返省，而潘文华借口防务仍留阆中。邓锡侯于12日由梁山直飞成都，约集各将领谈话，嘱以维持各地治安，静候中央解决。彭焕章、夏云亦赴阆中向潘文华汇报，潘文华指示前方正在抗战，后方不可“打响”（即不应开枪作战）。潘文华对刘树成亦作此项指示，并嘱注意团结，防止分化。

奉蒋介石之命来蓉的贺国光在成都找人不着，急得团团转。实在没法，只有一面给潘文华、邓锡侯去电，恳请他们约束部属，一切从长计议；一面直接去找七师长疏通，不想七师长也不见了。

七师长中，刘元塘想当军长心切，乘机赴渝活动，受蒋集团收买，回成都后表示消极。刘兆藜因系保安处长，态度初颇游移，后见灰电发出后并无任何处分，遂决计反王，于7月初会同七师长赴新津纯阳观忠孝堂歃血为盟，杀雄鸡，吃血酒。席间邵石痴多方打气，大家表示，一定反王瓒绪到底。刘元塘未去，改以刘元琮参加。成都特务魏廷鹤闻讯，约同张志和赴新津进行调解。刘树成说:“一切要王治易(王缵绪号)先下台再说。”魏廷鹤保证王缵绪决心出川抗战,刘树成一笑置之。

灰电发出后,黄应乾于当日午后即飞成都,驻彭焕章师部,将重庆情况汇报。在此期间,每天二三十人群集彭焕章师部,或则吞云吐雾,或则麻将八圈,或则酒肉征逐,或则谈古说今。交换情况,一致认定蒋介石是无力平“乱”而王缵绪必然下台了。贺国光谈:“四川情况复杂,王治易如何搞得好哟?行辕在成都,他还不理会呢?以后就看蒋如何决定了。”邓锡侯在绥署向黄应乾谈:“王老幺一定下台,就看下文如何分解了。”黄应乾返渝也将成都情况详细向同人谈及,并在康宁路吴宅访候张澜老先生。张澜谈:“王缵绪真愚蠢,以为反对我,压迫四川军人,就可博得蒋介石的欢心,在四川便可长命富贵。只要大家同他不合作,蒋介石就会牺牲他,王缵绪真愚蠢啊!”

七师长不过是前台唱戏,后台导演当然是潘文华、邓锡侯、刘文辉三巨头。他们已拟定王瓒绪下台后拥潘文华出任省主席。当时,抗战前方军事吃紧,需要后方有个安定局面,何况前线所需粮食供应,兵员补充,大半依靠四川。通电后发出后,蒋介石当然不能等闲视之。

已经等不及的蒋介石便于10月初电召潘文华、邓锡侯、刘文辉川康三巨头到渝。重庆黄山蒋介石官邸,壁垒森严。三人忐忑不安走进内室。

“都来了。”蒋介石身着白绸长衫,虽是竭力掩抑住心中的愤懑,怒态却跃于脸上,“你们的部下,这个……这个……干的好事?”

三个相望一眼，并不出声。这种情景他们是料到的。

蒋介石绕着桌，倒背着手，踱过几步，虽是一脸阴云，却努力放缓语气道："川军七师长发电一事，我已知晓。王缵绪供职无状，定予撤换，但时局艰危，还望大家风雨同舟，共挽危局。"

"委座，"邓锡侯不软不硬顶过一句，"王老乱，不！王缵绪辜负委员长重托，辜负全川父老殷切期望。电文所言，绝非虚妄之词。"

"为什么不面呈，而让部下扩大事端。"蒋介石勃然变色。

"我们与王缵绪共事多年，素无宿怨。"潘文华迎着蒋介石的寒光，不卑不亢道，"无奈，他刚履新职，我等如上书直言，恐担中伤妒忌、目无中央之名，故隐忍不言。"

"这个……"蒋介石张大了嘴，找不出词来，憋了半天，才气冲冲地说道，"据查，领头的彭焕章，素来目无尊长，嫖妓酗酒、私贩大烟、海袍哥，屡屡作奸犯科。这次又犯上作乱，着令将其解押陪都，送交军事法庭。"

"委座，"潘文华毫不相让，"彭焕章乃卑职部属，作奸犯科，法不徇情，理应受到制裁。然卑职教导部属无方，所有责任，自然应由我来承担。卑职甘愿受到具结。"

蒋介石噎得说不出话来，光光的头往上使劲一犟，逼视着三人，好大一会儿，这才张开嘴，又紧追不舍："那邵石痴和邱翥双是干什么的？"

三人一听，面面相觑。邵石痴是刘文辉二十四军驻成都办事处主任，邱翥双则是"甫系"集团的幕僚。七师长发电驱王，由此二人具体操作联络和起草电文。没想到，蒋介石对个中隐隋会了如指掌。

“自乾，”不待三人开口，蒋介石冷冷地盯着刘文辉，板着脸道，“邵石痴是你二十四军驻成都办事处主任，此人不办西康的事，不撤了干什么。”

“是！”刘文辉只好点头允诺。

“仲三，”蒋介石的面子总算得到一点低廉的满足，他松口气低低唤过一声，径直走到桌边，从笔筒里取出狼毫毛笔疾速写下一行字，然后递给潘文华说，“这个人也要严办。”

三人一看，手令上赫然写着“着令将邱翥双押解来渝，蒋中正”。

“不可。”潘文华接过手令，断然摇头道，“邱翥双乃熊克武部中将参议，四川的军界元老，素孚众望，无故拘押，恐军心动摇，但请委座三思。”

“七师长的电文乃维护委座与党国之法纪，并无恶意。况且邱翥双手无一兵一卒，法办了也无多大用处，没准，还会徒生是非。”不待蒋介石开口，邓锡侯紧跟着补了一句。

“这样岂非堵塞言路，有碍民主？”刘文辉也说。

蒋介石见三人毫不相让，知有准备，只好借机下台，说道：“回去后，对上述三人严加管束，下次不可再犯。”随即，又提笔在纸上写道“相机行事”，总算收了个场。

次日蒋介石又单独召见潘文华征询他四川人不满张群的原因，潘文华说：“岳军离川太久，大家不了解他，所以无感情。”最后蒋介石言辞恳切地说：“仲三，省主席一职，本拟借重你来担任，但以大巴山防务重要，关系国家安危，恐难兼顾。因此由我暂兼省主席，一俟时局稍缓，此席仍留着给你。大巴山设防工程费，过去批准二十万元，为把工程搞好，今由国防部决定增拨十万元，回去后希将要隘工程，重新予以检察。”蒋介石一席话，使潘文华哭笑不得，只有唯唯称是而已。其实，事先张群已与邓锡侯说过“你又不愿当省政，刘文辉中央是不相信他的，潘文华精力分散不过来，难胜繁剧”，暗示蒋自兼川政势在必行。于是四川近代史上就记下这样一笔：“1939 年 10 月 7 日，兼理四川省政府主席蒋介石来成都就职视事。”由来已久的四川地方割据政权，至此完全为蒋中央攫夺过去。

策动七师长反王，经过很机密，王缵绪事前只略有所闻，以为他们不敢造反。灰电因系密陈，列有哪些罪状，初尚不悉详情，因此在成都的王缵绪仗着有蒋介石撑起，满不在乎，根本就没有把七师长闹事放在眼中。直到潘文华、邓锡侯、刘文辉的部队开拔，进逼成都，他手头只有一个税警总队，无力应付，坐固愁城，无计可施，这才慌了手脚。又见蒋介石并无支持的表示，顿时神沮气丧，一筹莫展。只有低声下气地向潘文华、邓锡侯、刘文辉表示自愿下台，交出省政去前方抗战。

那时张群正因省主席没有当成，深恨王缵绪挡了自己的路，乘机在蒋介石面前落井下石并进言，说：“川事复杂，王治易只有越搞越糟的！”

9 月间，何应钦来蓉，驻中央军校，并派萧毅肃了解各方情况，征询对川事意见，大家以川事非速去王缵绪不能得到安定。蒋介石见王缵绪这条走狗已乏，且又好趁机进一步分割川军力量，便摆出一副俯顺舆情的架势，于是 1939 年 9 月蒋介石宣布将王缵绪免职,并令他率军出川抗战。王瓒绪便率领四十四师王择浚、廖震两个师,继许绍宗师之后,开赴鄂北前线抗战。从此“甫系”的四集团军,已有二十三、二十九、三十等三个集团军被蒋介石调赴抗日前线,其后被分别整编吞并,只有潘文华的二十八集团军留川。

这段时期,留川“甫系”力量便紧密地团结在潘文华周围,形成川康潘文华、邓锡侯、刘文辉三集团团结合作的局面。这时潘文华集团在川拥有五个师,一个独立旅及十几个保安团的兵力,无论从数量及装备上看都是首屈一指的(邓锡侯、刘文辉都只有两师一独立旅,且装备陈旧)。但潘文华多年首创的三个师基本队伍却远在安徽前线,现在这些武装乃是“甫系”旧人为共同利害关系,而拥戴潘文华为旗号凑合起来的,因此内部团结力较差,特别是在潘集团的继承人问题上,一开始就潜伏着难以克服的矛盾,这就为今后的分裂、瓦解埋下了祸根!

蒋介石对四川省主席一职,事实上只能是兼而不任,省政由贺国光以成都行辕主任兼省府秘书长代行。不久,有人曾向蒋介石谈:“你既为行政院长,便不应再兼四川省主席。”蒋答:“院长我可不做,四川省主席不能不兼。”事实上蒋介石每年难得到省府三次,成了遥领之局。

1940 年 10 月省参议会正式会期,秘书长贺国光应出席报告,但当时省府对全年决算和预算既无书面报告,对上次省议会的提案处理亦无书面说明。经参议会陈古枝等严词质询和指责,贺国光大感窘迫。省参议会对省府发生不满,而各方面对蒋兼理四川省主席多有责难,自是蒋乃趁机派贺耀祖飞省,分访邓锡侯、潘文华传达蒋意,以张群继主川政。邓锡侯、潘文华立表赞同,刘文辉与张群交好,亦有默契。张群任四川省主席,至此已水到渠成,遂于11月13日明令发表。

张群就职的深夜,不料成都全城又张贴标语传单,反对张群主川政,并丑诋其家世,辱骂张群为龟儿子。警察局长戴颂仪将标语、传单分别捡送张群阅看,张群脸色顿时沉重,后获悉为杨全宇(曾任成都市长及教育厅长,改组派,四川南充人)所主使。嗣因合川囤积谷物案,杨全宇被押重庆军委会,张乃电蒋有"不杀杨全宇则物价殊难稳定"之语,杨全宇遂被枪决。张群深沉阴狠,外宽内忌,在省参议会的茶会上,他曾表示,他追随蒋介石数十年,决以身殉葬云。

这时蒋介石才真正感到潘文华在川康军政中的地位和实力举足轻重,必须进一步加以抚慰,以期能为之效力。蒋介石除多次召见、宴请潘文华,着意加以笼络,又特意授潘文华的大儿子潘清洲为巴山警备司令,并指使孔祥熙、贺国光与潘文华"换贴"结为金兰兄弟。

国民政府行政院院长孔祥熙设宴招待潘文华时,当面约为弟兄,送交兰谱,对潘文华深加笼络。从此,孔祥熙来成都必邀潘文华的弟弟潘昌猷同来同去,来时必住潘公馆,以示亲近。因此,潘昌猷在渝声价骤增,借此靠拢孔宋财团,获得不少好处,也壮大了潘家的经济实力。例如潘昌猷的重庆自来水公司是公共事业,如需调整水价,必须呈报财政部同资源委员会核准,方能加价,公文往返,至快也要两三个月,当时法币已经大幅度贬值,如待核准后加价,已成明日黄花。而该公司呈请增加水价的呈文，由潘昌猷亲自交孔祥熙后，孔即当面批交经办单位照办，时间至多不会超过一星期。重庆经常遭受轰炸，自来水公司必藉此诳报损失，请求政府补助，每有请求，孔必批给大量数字。又如因法币贬值，大宗交易多用支票，市面现钞缺乏，私家银行无法付现，营业颇受影响，而潘昌猷的重庆银行则可向中央银行以每日交换余额，取得现钞。同时潘昌猷又系四川省银行总经理，省行分支机构遍设四川各地，凡有重庆银行机构的地方，该地省行均大量给以同业浮存资金，使重庆银行营运赚钱。潘昌猷的崇德贸易公司跟在孔、宋财团后面，作了一些国际贸易，获利也很巨大。所以这些，都是蒋介石在经济上给潘文华的好处，显然，是故意用来笼络他的。

其后在张岳军（张群）主川时期，蒋介石又以潘文华的部属石体元为省财政厅长，陈怀先为省田粮管理处长，尹静夫为粮食部司长、次长，黄应乾任立法委员；孔祥熙还主动从中央银行贷款二百万元充实四川省银行基金，财政部又投资二百万元，改组四川省银行，于 1940 年 6 月扶持潘文华的二弟潘昌猷任董事长。对潘昌猷独资经营的重庆银行所需“头寸”也慨然许作后盾。潘昌猷任立法委员后，仍保持四川省银行董事长长达八年之久。潘文华的女婿史维新也被任命为四川矿业公司总经理。史维新是潘文华为自己的爱女潘蜀芬挑选的夫君，史维新曾于 1917 年东渡日本，留学于日本福岗明治专门学校矿山工学科，1924 年回国后，曾在江西鄱乐煤矿、安徽烈山煤矿、浙江长兴煤矿、贵州水银矿、四川华昌煤矿、威远煤矿等地担任矿师、总工程师等，且担任国民党中央建设委员会设计委员，是当时四川屈指可数的采矿专家，深得岳父潘文华的喜爱和信任。

同时，张群还叫自己的四弟张云帆陪潘文华吃喝玩乐，鞲鹰纵犬。潘文华喜欢打网球，张云帆便专门重金聘请教练教授自己球艺，以陪潘文华对局。

所有这些，则是蒋介石在政治上给潘文华的好处，蒋介石满以为在军、政、经济等方面都给了潘文华以极大利益，一定可以把潘文华收入罐中，听其驱使，以忠于刘湘者忠于他了。殊不知潘文华也看透了蒋介石对他实际并不信任，不能不对蒋介石保持警惕，转而与刘文辉、邓锡侯加强团结，以图自保，并与蒋介石暗中作对，使蒋介石对他最为痛恨。

蒋介石在对潘文华拉拢的同时，又设法加以控制。川陕鄂边区绥靖公署刚一成立，蒋介石就把与潘文华有仁寿同乡关系的陆大十期的戴高翔和黄埔五期的傅秉勋塞进去，充当正、副参谋长，企图掌握潘文华部枢要。

潘文华面对蒋介石的收买、控制，表面敷衍应酬，心中却不为所动。为了本集团的利益和生存，暗地里除加强与邓锡侯、刘文辉团结合作外，又积极与中共长期保持联系。

针对蒋插入绥署中枢的两颗钉子——因为当时军管区司令惯例由省主席兼任，实际上完全由参谋长掌握实权——潘文华首先保荐戴高翔出任军管区参谋长，将其高高兴兴送走。然后抓住傅秉勋与省党部、三青团秘密勾结的情报，一面恐吓说部下将要采取于他不利的行动；一面送若干金条将其打发掉。然后换上刚由陆大毕业，与川军有较深渊源的杨续云及自己的仁寿同乡郭造勋担任正、副参谋长，这样潘文华便恢复了自己指挥中柩的健康。

时至1942年春，在抗日战争相持阶段的艰苦岁月里，川军抗日前线又传噩耗。第二十九集团军一五〇师少将师长许国璋在震惊中外的湖南常德大会战中，身负重伤，毅然拔枪自戕，坚贞殉节，以身许国。许国璋少将的忠勇事迹报请国民政府表彰，并追赠陆军中将。随即派一五〇师的副官主任王禺城扶运许将军遗体回成都原籍。四川省会各界人士在成都忠烈祠隆重追悼，由川康绥靖公署副主任、第二十八集团军总司令、川陕鄂边区绥靖公署主任潘文华上将主持追悼大会，潘文华将军满怀悲痛，挥泪挽许国璋将军一联以彰其忠烈。文曰：

大忠大孝，以国家民族为先，频传常桃鏖兵，光复名城摧敌虏；

成功成仁，继之钟弼臣而去，远昭睢阳授命，长留正气满潇湘。

（注：挽联中的之钟、弼臣分别系王铭章、饶国华二将军之号）

第二十章　创办文华中学
教化家乡子弟

私立文华初级中学所处的仁寿县“县境辽阔，学生众多，全县仅有县立中学一所，势难收容，高小毕业生升转无地，因而失学者甚多。川康绥靖公署副主任兼川陕鄂边区绥靖公署主任暨二十八集团军总司令潘文华，本县文宫镇人，乐育为怀，悯兹众多失学青年，乃慨然于文宫镇捐资数十万，独立创办文华中学一所……”

早在在1934年4月，潘文华任二十一军教导师师长时，便念及“本场民众，向守旧，固执异常，民智不开。推原其固，实因教育未能普及，民众读书缺乏培养……感以往之闭塞，谋将来之改进……”特捐助私立学校基金大洋两千元从渝汇省，并函嘱当时文宫镇团总潘光德悉数购谷，按年生息，以作将来建校基金来源。同年，文宫场全体团保士绅协议，恐事久弊生，难以巩固教育基础，议定将此项基金来源及处置办法刊碑载明。

1936年1月，文宫镇联保主任夏克昌，乘潘文华回家乡祭祖扫墓之便，召集本场全体士绅，共商私立学校进行办法。业经当众决定，由潘文华负责建筑设备费大洋一万元。同年11月，夏克昌将潘文华捐资办学义举及处置办法连同潘文华捐资办学信件、文宫镇全体团保士绅为潘文华捐资办学协议刊碑碑文呈报仁寿县政府备存。

1937年筹办修校，冬天，开始破土动工，由冯子绥督导总管。校舍兴建在文宫场西面鸽儿山下坡地上，总面积为十四亩。原来，文华中学校址曾由冯子绥昆仲言明捐助，后其父冯鹿笙虑及军长办校，冯家出地，校名又曰“私立文华初级中学”，殊不划算，遂以每亩值一百生大洋计，冯子绥的十五厢熟地及园林共十四亩，获取潘文华买价大洋一千四百元。

民国1938年秋，文华中学主要房舍竣工，即利用新建校舍先行招收高小毕业生两班进行补习，称为“先修班”，以备来年报考文华初级中学。

其后修建的男生教室和寝室，总面积为七百余平方米，颇为简陋。教室用石板隔墙，茅草盖顶，形如猪圈，故有“教室像猪圈、寝室像班房”之说。对此，总管冯子绥曾遭乡人责骂，认为冯子绥有偷工减料之嫌，但对潘文华将军的办学声誉并无丝毫损伤。

不久，乡人感念潘文华兴学义举，在文华中学校门前十余米处兴建一座面积为十四平方米的纪念亭，亭中石碑镌刻“潘公仲三兴学纪念亭”。

1939年秋，文华中学始招首届新生，军政事务十分繁忙的潘文华还亲自赠送匾额一幅，横额“国家灵魂”，上联“愿天下同文同轨”，下联“教诸生立己立人”。在文华中学新近落成的礼堂以及校园的走廊里，还书有著名楹联“愿天下同文同轨，教诸生立己立人”、“执干戈以为社稷，蓄道德而论文章”以及“以卧薪尝胆之精神，为生聚教训之努力”等，以激励师生为国家富强、民族兴旺而修身进德。长善救失，字里行间无不昭示学校之宗旨。新学之风引来仁寿、井研、彭山、眉山、青神、简阳、华阳、成都等县市的考生共一千余人。考场除设本校外，另在距文华中学四华里的太清观设分考场。实行一人一座，对号入座。经过择优录取，张榜公布，招收男生二班，女生一班，共一四四人，于 9 月初开校行课。

文华中学全貌

11 月 21 日，四川省政府训令仁寿县政府，称“私立文华初级中学校董会呈请立案等情况经转呈教育部核示在案”。

文华中学正式成立后，潘文华聘请的首任校长聂生明，曾先后毕业于华西协和大学、燕京大学，又是留日学生，学贯中西，才华横溢，思想进步。聂生明校长采用“严督勤训，言教身教”的施教方针，注重“喻之以礼，导之以义，绳之以法”。并重视师资素质，延聘教师多系学识造诣较高，且有曾任大学助教、讲师者。如聘从延安鲁迅艺术学院学习归来的黄玉欣（沙汀爱人），现代知名人士刘明儒、冯建吴、邓奂章等。成都市城城中学学生戴孟祥，天府中学女生肖淑英等曾慕名转校文华中学就读。在潘文华将军的直接关心下，文华中学逐年发展，最多时曾增至 15 个班，学生 491 人。

文华中学创办初期，就有中共地下党组织——中共文宫支部。负责人为文华中学一班学生王备邦。王备邦于 1938 年在元通乡中心小学入党，属川康特委会仁华特区仁寿特支部高坡支部。中共川康特委会负责人为余江震，中共仁寿特支部为余江震爱人季淑常组建。

1939 年秋，王备邦考入文华中学一班就读，首先发展同班同学王邦祯为中共党员。次年春，又发展二班同学王秀儒。至此，建立了中共文宫支部，支书王备邦。

1940 年 7 月，王备邦休学离开文华中学后，文宫支部支书由王秀儒继任。王秀儒首先发展胡正焕、张彦夫二同学入党。同期，在元通乡发展王伯怀、郑俊儒入党。至 1942 年春，文宫支部先后有中共党员七人，他们是王备邦、王邦祯、王秀儒、王儒、胡正焕、张彦夫、郑世英。文宫支部直属仁寿特支领导。仁寿特支领导人陈囿愚、王烈光。

当时，根据上级党的指示，文宫地下党的主要任务是，宣传革命思想，在进步学生和其他进步人士中传阅党的刊物，继续发展党的组织。但是，仁寿特支及其所有下属组织，因陈囿愚叛变而遭破坏。

陈囿愚，川北人，公开身份为元通乡阳雀湾保国民学校教师。1942 年 7 月，陈利用暑假去成都向川康特委汇报、请示工作，与余成德（余已叛变充当了特务）联系。陈在大可茶园被余成德、刘道生特务逮捕，遭国民党中统特务严刑拷打，受刑不过，将仁寿县地下党员全部供了出来，全县四七名地下党员先后被捕。农历 8 月 22 日，文宫支部书记王秀儒被捕，文华中学的地下党组织遂遭破坏。

1941 年 3 月，文华中学第一次放电影，极大地丰富了学校师生的文娱生活。4 月，正是抗日战争最艰难的岁月，全校师生又节衣缩食，慷慨解囊。文华中学学生 323 人为全国"青年号飞机"捐献大洋 311.19 元。5 月，十一名教师又为全国"教师号飞机"捐献大洋 30 元。

抗日战争中，潘文华将军虽日理万机、戎马倥偬，但十分牵挂文华中学的师生，曾专门在文华中学男七、女四班毕业《同学录》上题字"德业勤修"，以资勉励。1942 年春，文华中学学生因聂生明校长离职，黎怀渭继任文华中学校长，对董事长冯子绥强烈不满而罢课月余。虽经冯子绥及仁寿县长软硬兼施，但无济于事。黎怀渭校长不得不函告川陕鄂绥靖公署主任、第二十八集团军总司令潘文华。潘文华主任为此事还携长子、巴山警备司令潘清洲专程回仁寿县文宫场老家，在潘公馆亲自主持学生代表座谈。学生代表人人就座，潘清洲则侍立父亲潘文华座侧，经半日不曾离去。潘文华平易近人，态度和蔼，虚心听取学生意见，然后向学生晓以抗日救国大义，并表明适当时候再聘聂生明回来当校长。学生们聆听了这位大人物、陆军二级上将的教诲，无不为之感动、折服，纷纷表示，不负将军的良苦用心，愿立即复课，奋发学习，报效国家。学生代表口服心服，回校后，学校正常秩序很快得以恢复。果然后来，聂生明又于1945年春第二次来文华中学当校长。以后潘文华每每回故里，必来文华中学向师生致意，并设慰劳筵宴，常令师生感怀。

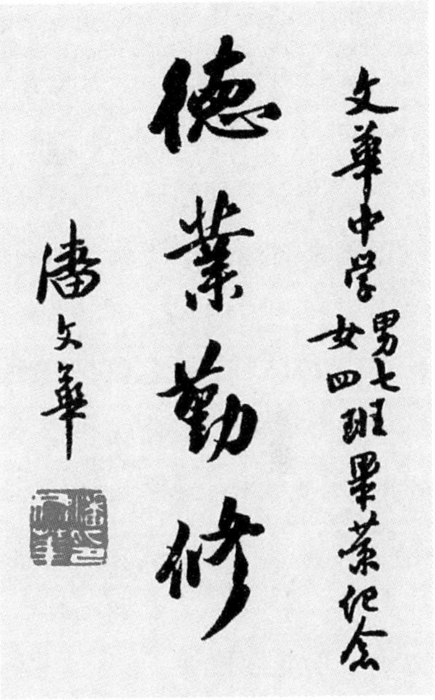

潘文华将军为文化中学题字

1944年秋，盟军美国飞虎队一架B－29重型轰炸机因受伤不幸堕落于文宫区观音乡，美军飞虎队员康勒成功跳伞，背上印有“来华助战”字样，被当地老百姓抢救下来后，接到文宫区公所，由文华中学教务主任秦学圣和英语教师王桂林接待。第二天，飞虎队员康勒先生应文华中学邀请，向全校师生介绍同日本飞机作战经过情况。秦学圣、王桂林任翻译。听了报告，全校师生备受鼓舞，表现出极大的爱国热情。康勒先生对秦学圣、王桂林的英语谈吐十分钦佩，啧啧赞叹文华中学地处穷乡僻壤，却卧虎藏龙，有如此优秀的英语人才，真是了不起。新中国成立后，从美国留学回来的秦学圣曾任西南师范大学教授、四川省博物馆历史部、研究部主任。王桂林成为北京国际关系学院英语系教授。

1945年10月7日深夜,文华中学右边碉楼垮塌,楼下系师生寝室,几间木床被打断,训导主任毛国栋头部受伤,学生幸无伤亡。潘文华知道后,立即吩咐侍从室有关秘书将文华中学迁附近蒋家湾他的老宅借读,一直到期末。潘文华的这座老宅,坐落于民间传说的风水宝地"天鹅抱蛋",掩映于密林深处。老宅始建于1916年,占地2009余平方米,建筑面积为1487平方米,由一楼一底的大四合院和带小天井的偏房组成,青砖灰瓦,飞檐翘壁,木质窗格,雕梁画壁,青石板,木裙板,歇山式的屋顶,二层木质楼房,上下回廊环绕,大波浪似的风火墙,显得精美考究,古朴典雅。学生在这里学习到次年开学初,学校得以修复,才迁回文华中学继续授课。

文华中学在抗日战争时期,由于中共地下党和进步人士的影响,学校处处是生机勃勃的。抗战胜利后,随着国民党政权的日益腐败,文华中学校董会董事长冯子绥(仁寿县参议员、袍哥舵把子)千方百计干预学校,排斥进步力量,逮捕共产党员,镇压学生运动,克扣学生膳食……以致学校的训导管理和教学业务随之退化。学生风纪不好,赌博斗殴行为常有出现。学生人数逐年下降。

然而,在肖锡基、黄玉颀、周颐根、刘泽祥、袁燕平、彭亚辉等中共地下党员和进步人士的鼓动下,文华中学师生坚持反迫害、反饥饿斗争。几年来,先后罢课二十余次,每次罢课,少则两三天,多则一周以上,1949年尤为频繁。当时中共地下党组织的任务是壮大组织力量,传阅进步书刊,传播马列主义。学生中暗中传阅《大公哲学》、《西行漫记》、《论持久战》、《土地法大纲》等手册。学校壁报上出现过“红军不怕远征难，万水千山只等闲……”的诗句。

文华中学虽场地狭小，设备简陋，但有的教师如关维汉发动群众自制木柄手榴弹、垫子、标枪、山羊、鞍马等。早晨跑马路，课外登倪大人山夺红旗，暑天组织游泳，通学生要求在往返路上进行跑步锻炼。学生印象最深的是国术课。国术教官潘书堂，文宫场马鞍山人，每周来校上两次课。他的拳术精良，八十八棍术最精彩；他曾在单杠上表演“青蛙晒肚”很受欢迎。八班学生黄季良得了黄肿病，无力支持学习，国术教官潘书堂教他练“魁星点灯”、“黄竹盘根”两拳术和练气功，不久恢复健康。有的体育教师，雨天上内堂，或练习旗语活动，或讲述“武松打虎”、“缇萦救父”……启发学生锻炼的积极性。另外，讲些伤残抢救和包扎的常识。

从 1939 年至 1949 年的十年中，文华中学共招初中 47 个班，男生 38 个班，女生 9 个班，男女学生 1932 人。新中国成立后，他们中的不少人升学深造、参军、从政、就教、从医……成为各行各业的骨干力量。其中，经过大学深造或自学成才，达到教授、高级工程师、主任医师……以及党政军县团级以上干部一百余人。

1949 年 12 月 16 日，中国人民解放军进驻文华中学，秋毫无犯，文华中学教师凌耀嵛出面接待，表示欢迎，从此文宫地区解放了，文华中学也开始了新的教学生活。

第二十一章　情怀家乡父老
带兵修通成仁路

潘文华一生爱国爱民、敬老尊贤、宽厚信守、重视教育、关怀青少年。对家乡故里更是情有独钟，时刻不忘桑梓之地，对仁寿家乡的经济建设和社会福利事业总是千方百计，不遗余力，倾力支持。沧海桑田，光阴荏苒，百余年来，潘文华将军的高洁品行，为乡里父老众口皆碑，传颂不已。

潘文华自幼家贫孤苦，对曾给以同情和支援者时常感怀于心，不忘酬谢。1922 年，时任川军师长的他返乡拜谒生母墓时，专程去拜见小时乳母李婆婆，并以厚礼酬谢其恩德。叔父潘贵成更是被他多次接到重庆休养，待之如父母。对资助他上学的潘秀峰更从重酬报，终生未忘其滴水之恩。他对拳术老师潘书堂尤为敬重，只要回家都备礼拜见。

潘文华乐善好施。1931 年，老家要在现文宫乡长虹村五组建筑小何桥，已是中将的潘文华得悉后，解囊捐助全部修桥费用，家乡人民为了感激他，特改桥名为“普济”桥，并于桥头树一石碑，大书“脱舟逊惠”四字（后毁于“文革”）。当春、秋两季青黄不接时，潘文华总要对文宫乡的贫困户施发赈济，对贫困致死者还施以棺材。他还在文宫镇街头为乞丐修建两处乞丐营。故文宫民众在文宫上街进场处，特为潘公树碑曰："万家生佛"，该石碑也不幸于"文革"初毁掉。

1934年，文宫士绅拟培植壁山南为校址，兴办小学，一切商妥，唯差办学基金。潘文华知道后，立即捐大洋一千元，使小学得以顺利修建，文巷小学终于在1935年秋开始招生。学校落成后，学校的仪器、风琴等大量设备又全由他捐赠。

潘文华还在文宫乡捐资倡办私立文华民众教育馆一所，并发给文宫乡农民每户一本《农民识字课本》，促其学习。1935年，潘文华又在文宫镇朝阳山观音阁兴办图书馆一所，供中、小学及社会民众阅览，以增长乡民知识，开阔视野。为此，潘文华划出自家数十亩土地作图书馆的固定资金，以保证图书馆日常费用开支，增加新书。不仅如此，潘文华还在仁寿县立中学设"文华奖学金"，对学习成绩优异者（前三名）发给奖学金，以资关怀鼓励。潘文华胞弟潘昌猷在其兄长的影响下，也不断赠给文华中学有关书籍和药物，并于1944年捐赠给仁寿县女子中学图书及劳作器械购置费十万元（法币）。

1937年，潘文华出资在离文宫场10华里的马鞍山山脚潘家扁潘家祠（现松林乡黎明村）开办两所潘氏私立小学。不分姓氏的儿童来校念书，一律免费，潘氏子女入学还发给书籍和衣裤等。其他外姓困难子女入学也都有照顾。

1938年，仁寿地区遭遇罕见的大旱，大、小春几乎无收获。远在成都的潘文华得到报告后心急如焚，立即与四川省政府商议，拨给仁寿救灾粮“九二米”十万石，由县长曹葆章散发各乡，自己又捐资一千银元赈济县内灾荒，有效地保障了家乡父老的基本生计。特别是1942年，仁寿霍乱、天花严重传染，死人甚多。潘文华从他在重庆开办的“补益大药房”拿出大量的药物进行救济，并指定自己的药房免费为仁寿提供防疫药，分发各乡村，及时缓解和防止控制了疫情蔓延。

因为仁寿地区介于泯、沱二江之间，龙泉山脉横穿县城境内，丘陵起伏，土地贫瘠，百姓困苦，常有病疫灾荒发生，只要潘文华知道家乡灾情疫情后，总是尽心捐款赈济。在家乡最困难时，潘文华还从重庆紧急调回大量军需药品，发至乡里，防止疫病传染，最大限度的保护家乡父老的身体健康。

为应付国民党政府对仁寿征集壮丁，潘文华安排军部出征丁收据，以减少仁寿县里征丁名额。同时在仁寿县城里成立国民自卫团时，又与唐式遵合送枪支二百支，子弹一万发，以发展地方武装，保卫家乡安全。

早在1934年，时任重庆市市长的潘文华便指挥周万俊带领部队开始修筑成仁路成都至籍田铺一段，约44公里。由籍田铺到仁寿县城这一段，因要翻越二峨山，工程浩大艰巨，经费不足，延至1936年。时任二十三军军长的潘文华为了早日修通这段到县城的公路，以发展仁寿交通起见，又提出兵工筑路，由潘文华部队派兵三个团，并由仁寿县抽调民工两千人，共同筑路。潘文华还捐银圆两万元，帮助筑路经费。

在四川省公路局和仁寿县共同努力下，仁籍段工程，终于从1937年1月动工，到1938年5月全线完成，全长55公里。在长

99 公里的成仁公路全线贯通之际,5 月 10 日上午九时,潘文华军长率四川省党政要员在籍田铺隆重举行通车典礼。典礼结束后,潘文华一行,又乘车从籍田铺出发,沿新开通的成仁路,浩浩荡荡,不辞辛劳,跋山涉水,到午后一时许,潘文华的车队抵达仁寿县城公共体育场,再次举行盛大的通车典礼。参加庆祝大会的有川康绥靖公署副主任、川陕鄂绥靖公署主任、第二十八集团军总司令潘文华、五十六军军长郭文钦、省公路局局长魏军藩、总工程师黎治平,县长吴金相及机关、法团、学校二千余人。

会后,应邀参加大会的主要官员及各界人士代表,分别乘汽车到文宫场骑龙山潘文华公馆下榻,潘文华设家宴盛情招待各位嘉宾,并十分高兴地对来宾们说:“你们历尽千辛万苦,克服种种困难,支持圆满完成成仁公路交通建设,在此,我表示充分感谢!表示热烈祝贺!并对为成仁公路建设付出辛勤劳动的家乡父老及二十三军参建官兵致以崇高的敬意和衷心的感谢!”言毕,潘文华将军还向来宾们深深鞠躬,拱手致谢。

第二十二章　司令部里的红色电台

1942 年 6 月，中共中央副主席周恩来为了加强统战工作，增进共产党与友军的联系，以争取地方军队团结抗日，经中共中央批准，向时任川康绥靖公署副主任、第二十八集团军总司令和川陕鄂边区绥靖公署主任的潘文华司令部派出工作人员，担负与友军的联络。

经周恩来安排，王若飞与潘文华在重庆潘文华的植庐公馆再次会晤，就派遣工作人员和电台等具体问题达成共识，钱松甫就是那次被派到四川阆中潘文华的川陕鄂边区绥靖公署司令部的，潘文华特别委任钱松甫任司令部中校参议职务，以掩护钱松甫开展工作。此事属潘文华司令部的核心机密之一，除潘文华长子、巴山警备司令潘清洲和司令部电务处处长宋子丰两人外，其余都不知道钱松甫的真实身份。

钱松甫来司令部工作时的化名为权斌文，潘文华还特别命令潘清洲和宋子丰确保钱松甫和电台的安全，不能出现纰漏。离开重庆中共中央南方局的时候，钱松甫正担任重庆八路军办事处电台台长，他是江苏常州人，1936 年由上海去延安参加革命

重庆潘文华公馆旧址

工作的，当时化名钱仲仪。

第二年，根据工作需要，中共中央周恩来副主席又派江洪去配合钱松甫开展工作。江洪是钱松甫的夫人，化名李平化，是重庆市江北县人，1938 年参加革命，1940 年随周恩来从延安到重庆办事处工作。江洪原来是在电台搞报务，后来因工作需要，临时改作译电。这一次接受重要使命去川北阆中时随身携带着电台通报的波长、呼号和翻译电报的密码。江洪由中共重庆地下党组织派人秘密护送到“南部”，然后再由钱松甫来“南部”接上头，并将她平安地带回阆中。

江洪到了阆中司令部以后，钱松甫和江洪本想自己单独开设一部电台，以便与中共中央联系，但潘文华他们考虑再三还是不同意。因为他们警惕性高，担心蒋介石安插有军统、中统人员在川陕鄂边区绥靖公署司令部，这些人都是蒋介石政府的耳目和鹰犬,可谓无孔不入,无处不在。为了钱松甫夫妇的绝对安全,真正实现潘文华与中共周恩来副主席会见时的庄严承诺,架设好这部红色秘密电台,潘文华与潘清洲、宋子丰精心构想,绞尽脑汁,终于设计出两全其美的办法,这个办法既能保证电台和钱松甫夫妇的安全万无一失,又能与中共中央直接通过电台联络。后经与钱松甫夫妇共同商量,觉得确实是行之有效的办法。

于是潘文华决定在自己的司令部电台专门划出一个时间,由钱松甫夫妇用中共方的呼号、波长、密码与中共中央南方局重庆办事处电台联络通报,规定每周联络一次。

钱松甫夫妇在与延安中共中央的电台联络工作中,对明码电则主要抄收延安新华社的新闻,由江洪译出延安中共中央有关抗日方针、政策主张等内容,再由钱松甫及时送给潘文华等秘密传阅。同时又把潘文华部的情况、要求和意见迅速转报延安中共中央。此外还十分注意与友军的联系。

为了不致泄露秘密,电台的波长、呼号,联络时间也都是经常变动的。江洪以钱松甫太太的身份,白天串串门,打打麻将牌,和司令部的官兵们混在一起,深夜等人们都睡着了,才悄悄打开伪装好的灯,凭着微弱的灯光工作。

他们就是在这样的异常艰苦而充满危险的环境下工作近三年,但在潘文华的严密保护下没有露出任何马脚。成功架起了潘文华司令部与中共中央以及中共中央南方局通讯的桥梁,并有效地保障了潘文华司令部与中共中央的通讯畅通,圆满地完成了各项收发报任务,这些工作为潘文华后来率部起义打下了良好的基础。

1945 年抗战胜利后,9 月间,蒋介石政府宣布潘文华的川陕鄂边区绥靖公署被撤销。情况发生重大变化,蒋介石政府开始玩弄“假和谈,真内战”的阴谋,国内形势乌云密布,内战的阴影笼罩全国,在这风云突变的关键时刻,潘文华及时与中共中央南方局领导人商量,安排钱松甫夫妇尽快撤离,以应对突变。

于是中共中央南方局根据潘文华的意见,便通知钱松甫夫妇火速离开阆中去成都与张友渔联系。潘文华专门安排亲信副官护送钱松甫夫妇平安抵达成都,他们到成都后又接到中共中央南方局的指示,顺利返回了重庆八路军办事处,开始了新的战斗生活。

第二十三章　巴山警备司令携手中共地下党

遵照中共中央副主席周恩来的指示,1944 年春,田一平以川陕鄂边区绥靖公署秘书的身份,应潘文华的长子潘清洲之约去阆中商谈建立巴山警备队之事。当时潘文华阆中绥署司令部建有共产党的地下支部,归阆中地下县委领导,这个支部的党员有的是中共“武德励进会”支部发展的。因此,田一平到了阆中后,他们便要求田一平给他们讲讲形势。田一平这次去没有与他们联系的任务,但为了宣传抗战,宣传党的统一战线,最后,田一平以“武德励进会”的名义,连同一些进步下级军官,把他们召集拢来,有些团长以及潘文华的参谋长韩任民也自动来了。田一平向他们讲了世界形势和国内抗日战争的形势以及民主运动的一些情况,目的在于使他们提高对抗战前途的认识,增强必胜的信心,同时认清自身的命运,加强内部团结。在阆中的行程中,田一平一有机会就按照周恩来的指示,宣传党的抗战主张,宣传川康军人团结,抵制蒋介石的并吞。

还是 1939 年初,蒋介石委潘文华为川陕鄂边区绥靖公署主任，管辖四川22个县和湖北、陕西各10个县，但湖北、陕西所辖的县潘文华实际管不着。公署司令部设在阆中，潘文华住了几个月就回到了成都。经国民党中央批准，在成都设立川陕鄂边区行署，从此潘文华就常驻成都，坐镇指挥。在阆中派他的参谋长韩任民代行主任，但实际权力在他长子潘清洲手里。潘清洲是日本士官学校毕业生，当时任巴山警备司令。潘文华有意培植他的长子，潘清洲也被潘文华集团称为“少帅”，将来要继承其父事业。

时任川康绥靖公署副主任、川陕鄂绥靖公署主任、第二十八集团总司令的潘文华上将(左六)参加年度教育会议

早在1943年底，潘清洲出差来成都，田一平就到潘公馆和他商谈了一个计划。田一平和潘清洲共同分析了抗战形势，认为：日本到处侵略，战线长，败象已露，抗战胜利在望。为了使抗战

尽早的胜利,我们必须把川康军人团结起来,支持抗战。要团结川康军人,就必须扩大队伍,增强力量。现在只有一个正规团,实力太弱,必须增强自己的实力。现在要扩大队伍,我们有一个名义,就是国民党委任的巴山警备司令部,这个司令部的管辖范围就宽了,整个大巴山,整个绥署区域都是你的势力范围。为了防止日军入侵大巴山,这样扩大队伍就名正言顺了。接着田一平说:"据我所知,巴山警备司令部成立时,国民党批准成立两个团,这是有编制、有钱的,但实际上没有成立,只是一个空名。现在我们利用这两个团的编制,可把沿大巴山四川境内的22个县的自卫队组织起来,成立巴山警备队。原有的自卫队的编制,可招一些新兵补进去。这样巴山警备队可以搞到三、四千人,自卫队可以搞到万多人。这样你就可以掌握三个方面的部队了,一是你的正规团,二是巴山警备队,三是各县自卫队。把这些队伍好好训练一下,不要国民党派政工人员,我们把'甫系'好的军官派进去,部队就完全掌握在你手里,这就是我们将来的实力。即使蒋介石把你的正规团调走,仍可保存巴山警备队和各县自卫队这支实力不小的地方队伍。"

潘清洲听后高兴地说:"你谈的办法我认为是可行的,我们还可以再具体的商量一下,我现在担心的是枪支问题,要扩充几千人的巴山警备队,而各县自卫队本来枪支就不多,因此枪支有困难。"当时田一平想新四军李先念率领的第五师已到大巴山以北地区活动,可与他取得联系,必要时可投奔该师。所以,田一平对潘清洲说:"枪支问题没有啥了不起,只要你把队伍组织起来,训练好了,到时我们再想办法。"

这次与潘清洲的谈话很成功，后来，田一平给潘文华的边署秘书、中共地下党员甘树人讲了谈话的内容，希望回阆中后，甘树人能继续督促潘清洲把工作做起来，如果需要人可以从成都给他派骨干。

1944年春节，潘清洲派中校参谋明昭接田一平去阆中再次和他商谈此事，这次田一平建议他把经济力量集中起来，筹集经费。同时还与参谋长韩任民、秘书甘树人进行交谈，最后大家一致决定，积极准备成立巴山警备队。潘清洲强调此事暂不宣扬出去，准备工作秘密进行，先搞一个教导队，把初级军官训练一下，作为巴山警备队的骨干。为了做好这些工作，大家商量决定成立一个由七人组成的领导小组，组长潘清洲，成员韩任民、甘树人、田一平、阆中县罗县长、广元县肖县长、潘部管粮钱的军需处长，由这七人来筹划指挥巴山警备队的成立。同时，经张友渔同意，把黎澎派到阆中潘文华司令部去工作。

这些计划，潘清洲本已逐步实行，胡春浦也作了准备，后因情况变化未实现。计划虽未实现，但这一工作对潘清洲的思想影响很大，为他后来率部起义奠定了思想基础。

第二十四章　侍从室里的中共上校参谋

1943年春节后，经罗渔介绍，田一平回到重庆，先后受到中共中央副主席、中共中央南方局书记周恩来和董必武等的亲切接见。田一平还专程去红岩村向中共中央周恩来副主席就“武德励进会”、四川各部军队和《华西日报》、《华西晚报》的情况作了一整天的汇报。周恩来听了汇报后作了重要指示，他说：“四川是抗战的大后方，要加强川康大团结的工作。在潘文华部队要利用‘武德励进促进会’的影响开展工作。很多旧军人，用一大套政治理论去宣传，作用不大，要用爱国主义去启发，激励他们的爱国心，使他们坚持抗战立场。要尽力鼓励四川人团结，广泛利用各种关系开展工作，这是对四川工作的总方针。”

1944年10月，时任川康绥靖公署副主任、第二十八集团军总司令、川陕鄂边区绥靖公署主任的潘文华调田一平到他的侍从室工作。其实，田一平是周恩来、董必武亲自派到潘文华身边工作的，潘文华委田一平为上校参谋。田一平是云南省漾濞县人，1931年从上海劳动大学毕业，曾担任潘文华部秘密军官团体“武德励进会”组织科组织股长、科长。1938年加入中国共产党，任中共地下党支部书记,一直在潘文华部进行统战工作。

早在1939年初,潘文华任川陕鄂边区绥靖公署主任时,蒋介石加深了对川军的分化,“武德励进会”的工作更加难以开展。潘文华感到有加强内部团结的必要,于是由田一平拟出一个新的组织方案,即在会内成立一个小团体——“武德励进会”促进社,而“武德励进会”表面上仍开展日常工作。促进社的社长是潘文华。促进社的主要成员是与潘文华较亲近的师、旅、团长,最多时有五六十人。秘书长罗忠信,机要秘书汪导予(汪导予是川陕鄂边区绥靖公署顾问)。内部工作结构分为两个室:第一室管总务、交通、情报工作,室长是炮兵团长秦伯平。第二室是原来的组织科、训练科合并为组训室,田一平任室长。这个机构设在永兴巷潘文华植苑公馆后面一个小独院里,不从大门进出,走后面一个小门,有一个警卫营负责安全警卫。

潘文华的侍从室是专为潘文华办理机要事务和上层往来联系和接待工作的。当时侍从室有四个人,侍从室主任梁伯言,专为潘文华起草机密要件;办事员刘自新,是潘文华的同乡,复旦大学毕业,系军统方面的人,作风不正,品德不好,一副流氓像;另一个是原巴县县长;还有一个就是中共秘密党员田一平。田一平去侍从室后,梁伯言将原由刘自新做的专为潘文华剪报和呈他阅示的工作交给田一平。田一平同刘自新面对面同坐一张大桌子,一个军统,一个共产党,真是妙不可言。

为了保护自己的身份不暴露,田一平做事小心谨慎、如履薄冰,同时也十分注意刘自新的言行。刘自新是仁寿县人,在上海读书时就巴结上同乡戴颂仪。戴颂仪是黄埔第二期学生,在蒋介石身边任侍从卫队长,是军统特务,权势显赫。刘自新曾在上海学生中为戴颂仪作些小特务的汇报工作,抗战期中,戴颂仪到成都市任警察局局长,与潘文华拉上了关系,于是就介绍刘自新到潘文华的侍从室工作。刘自新不是军人,在潘文华的军事方面是无法参与的,每天在侍从室接触的就是潘文华办的《华西日报》和《华西晚报》,两报的进步言论刺中了国民党反动统治的痛处,刘自新就搜集两报这方面的言论,向戴颂仪及国民党中宣部汇报。

在侍从室里,田一平每天去的第一件事就是看那里订的七、八份报纸,选择消息,然后剪下来贴在一个大本子上,呈送潘文华主任阅。田一平来后发现:以前刘自新剪的报摘多是国民党官方的和一些反共、批判进步人士、镇压民主运动的文章和消息。田一平去后,想从剪报方面,让潘文华主任真实地了解国际国内大事,使他接受一些正面的、进步的东西,来影响他的思想,向进步方面转化。因此,田一平除了剪贴一些应付的东西外,着重有意识地剪些有关民主运动的报导。但这七、八份报纸都是成都的报纸,言论和消息不多。田一平就只好到《华西晚报》,把他们那里的重庆、西安、昆明、桂林等地的报纸拿来,剪下有关谈民主运动、分析时局、揭露国民党的丑闻、抗战消息等有关方面的内容。

开始,田一平不知这样适不适合潘文华的口味,心里总是忐忑不安,第一次只试探性的贴一些呈潘文华阅。田一平见潘文华没有其他反应,就大胆地贴这个方面的内容。为了让他知道更多的消息,田一平还把美国新闻处在成都发的新闻稿和英国大使馆在成都办的英文报纸中有关消息翻译出来，贴在本子上。就这样田一平每天把国际国内的消息经过精心筛选后剪摘下来，送潘文华阅览。

这样田一平到侍从室工作后不久，心中就初步有了底。有一次，田一平公开对潘文华说："我同国民党'左'派方面的人士有联系，诸如孙科、王昆仑以及冯玉祥手下的高级幕僚。"田一平还进一步告诉他，在成都工作这么多年还认识一些进步的文艺界和工业界人士。潘文华关心地说："你可以和他们往来，在这方面多做些工作，知道些消息，但要注意不要过于暴露。"这样田一平就经常告诉他一些左翼方面的情况。有些左翼人士如朱蕴山（李宗仁、白崇禧的代表）、林彬成（民盟西北总主委）和冯玉祥的平价布处长等要见潘文华时，都是通过田一平去和潘文华商量是否会见和会见的时间、地点等，为潘文华与进步人士的交流做了许多引见工作。

田一平还利用"二·五"会议开展统战工作。"二·五"会议是潘文华的高级将领会，以每周星期二、五下午，在潘文华高级智囊钟体乾的家里以吃饭的形式商研"甫系"和川康的团结问题，分析研讨当时国际国内形势，也决定一些重要事情。田一平经常把一些各地民主运动、学潮情况以及自己能得到的外国通讯社如路透社的消息译出来告诉大家。总之，利用各种机会对潘文华及其周围的高级将领做潜移默化的工作。同时将"二·五"会议内定的一些问题，诸如彭焕章在会上报告国民党特务、党、政、军方面的活动；潘文华讲在"市中事件"中，张群如何策划约潘、邓、刘指挥，由李伯申、严啸虎出面应付的内幕；"市中事件”后，赞同邓锡侯推荐的陈离作为成都市市长的人选问题；潘文华说他到重庆时，蒋介石说张志和是共产党，他如何为张志和辩解；如何决定罗忠信、潘清洲、甘绩丕、李叔尧、周从化、彭焕章和田一平参加民盟并向民盟拨三十万元活动经费等情况，都向中共党组织作了汇报。

1945年夏，蒋介石委潘文华为川黔湘鄂边区绥靖公署主任，绥署设在黔江。其目的之一是分化刘、邓、潘的关系，将潘文华远调。阆中的川陕鄂边区绥靖公署随即撤销，部队换了防。中共有一部分党员也随潘文华到了黔江，由于田一平在《华西晚报》工作未随潘文华去黔江。从此田一平就离开了潘文华的侍从室，但田一平和潘文华的关系并没有因此中断。

从1938年春到1945年夏，田一平在潘文华身边工作了七个年头。这七年里在中共中央副主席周恩来的直接领导下，对潘文华做了不少工作，使潘文华在思想上有较大的进步和变化，为他在1949年12月9日同刘、邓两将军在彭县率部起义打下了良好的思想基础。

1947年6月1日，《华西晚报》被查封，田一平也被国民党特务逮捕，先关在成都将军衙门监狱，同年10月转到重庆白公馆，1948年2月移押渣滓洞，直1949年4月，经民盟向西南军政长官公署交涉和潘文华的积极协调，田一平才被释放出狱。田一平一回成都即与中共地下党的负责人罗髫渔、胡春浦、易野源共同商讨，成立了中国共产党四川省临时工作委员会（简称“临工委”）进行策反和保卫成都迎接解放的工作。

1949年10月“临工委”派夏逊、黄大洲两同志，穿越国民党川东防区,到湖北找解放军四野,把“临工委”的情况向中共中央汇报。当夏逊、黄大洲动身去湖北时,曾约同辜端到重庆,由辜端去见西南军政长官公署副长官潘文华。因为辜端原为潘文华部秘书,且与潘文华有亲戚关系。辜端递交了胡春浦代表中共四川“临工委”致潘文华的信。潘文华阅信后说:“按你们的意见办。”

川康和平解放后,在潘文华侍从室任过上校参谋的中共秘密地下党员田一平,先后当选为二、三届全国人大代表、五届全国政协委员,还曾担任西南军政委员会文教委员会副秘书长、四川省政协副主席、中共四川省政协党组成员、民盟中央常委、民盟四川省省委副主委、民盟成都市委主委等职。

第二十五章　安排进步人士主办《华西日报》和《华西晚报》

1940年3月，国民党特务在成都制造了震惊全国的“抢米事件”，事件发生后的第二天清晨，刘连波到田一平家告诉他说：“罗世文、车耀先被捕，要田一平探其下落，设法帮助，并要支部停止活动，所有党员彼此不要往来。”“抢米事件”中，第30集团军总司令王陵基的顾问郭秉毅以及川康绥靖公署副主任、第28集团军总司令和川陕鄂边区绥靖公署主任潘文华的顾问汪导予也被抓。此事田一平急忙向潘文华主任作了汇报，田一平说：“汪导予是你的顾问，他不是共产党员，给他带上一顶红帽子将他抓起来，这对你潘主任的威信是有影响的，地方势力对你又该怎样看，希望你注意此事，想法营救。”潘文华主任沉思了一会儿，就马上给蒋介石写了一封信，证明汪导予不是共产党，请他放人。不久蒋介石亲笔给潘文华回了一封信，其大意是：来信奉悉，你担保汪导予并非共产党，中正自当查明妥善处理。不久蒋介石就将郭秉毅、汪导予送到西安软禁在终南山，后来通过潘文华的进一步干预和疏通两人才获释。

“抢米事件”后,成都形势非常紧张,这时潘文华下令“武德励进会”暂时停止工作。田一平处理完会内遗留工作后,潘文华便派他的参谋长罗忠信和田一平到由他兼任董事长的《华西日报》去工作,罗忠信当社长,田一平任经理。

《华西日报》是地方力量的报纸,为地方力量充当喉舌。去后田一平等利用地方力量与国民党中央的矛盾,站在地方力量的立场上,宣传民众的呼声,对政治时事作一些客观的报导,宣传抗战,起到唤起民众觉悟的作用。但《华西日报》毕竟是国民党地方力量的报纸,它和共产党的《新华日报》是有所不同,它不能像《新华日报》那样公开宣传共产党的方针政策,揭露国民党的反动勾当,而只能用隐蔽的观点宣传党的抗日主张,揭露蒋介石的丑恶嘴脸。尽管这样,《华西日报》在抗战期间还是一张进步的报纸,受到了进步人士、老百姓的拥护,也得到了地方力量,特别是以潘文华为首的川康军政实力派领导人物的支持和保护,报纸上宣传的抗日主张也得到潘文华等军政要员的默认。

同时,《华西日报》也很好地掩护了一批共产党员,如赵其文、李次平、唐征久和进步人士杨伯恺等,也培植了一批进步青年。报纸掩护了这些人,但也正是由于有这些人,《华西日报》在当时才起到了巨大的进步作用。但《华西日报》毕竟是一张官报,要严格受到国民党新闻检查处的控制,言论不自由,不能自作主张。因此,《华西日报》的同仁大多认为:国难当头,报纸应该宣传抗日,宣传民主、团结。他们嫌在《华西日报》没法放开手脚搞,想办一张自己能做主的“同仁报”。田一平因势利导,与报社总编、中共地下党员李次平等联名提议,利用日报的工作条件，由日报职员每人捐一月工资作股金，并在潘文华的大力支持下，1941 年 4 月 20 日《华西晚报》终于诞生了，潘文华兼任董事长，田一平任总经理，职员都是义务的，是以“同仁报”面目出现的进步报纸。同时请张澜任发行人，宣布《华西晚报》是民盟的机关报，编辑人员大部是盟员，在报社还建立了民盟区分部（支部）。

《华西晚报》为了能在地方势力的掩护下独立自主的工作，特请示潘文华主任同意，请罗忠信当社长。为使国民党当局不注意《华西晚报》的动向，所以初出刊的报纸是灰色的，内容强调以趣味性为主，但要求趣而不俗。由于它貌不出众，语不惊人，不为人们所注意。随着时局的变化，民主运动的发展，《华西晚报》的政治面目逐渐显露出来，以后便为社会所注目。

该报还在民盟的支持下，发表了许多关于民主运动的文章，

《华西晚报》报影

对四川抗日民主运动的开展起了十分重要的作用。当中华剧艺社在受到国民党当局迫害时,《华西晚报》根据中共中央南方局的指示,在潘文华的支持下,将该剧社转移到成都演出,保存了一批进步文艺骨干。所以后来1945年郭沫若特送寄《华西晚报》一首诗云:五年振笔争民主,人识华西有独龙。今日九阴犹惨淡,相期努力破鸿蒙。对《华西晚报》给予了很高的评价。当时在成都社会上有人称《华西晚报》为“民主堡垒”、“文坛中心”,肯定了《华西晚报》曾起过的巨大作用和影响。

后来,按照中共中央副主席周恩来的指示,田一平首先在《华西晚报》上刊登宣传中共的团结抗战主张,揭露蒋介石破坏抗日、破坏团结、制造分裂的阴谋的文章,虽然这些文章的观点还是隐蔽的。但到了1944年秋《华西晚报》公开发表社论和文章,支持学生的民主运动,即“市中事件”。此次事件的导火线是成都市立中学(简称“市中”)反对军训。市中分男中、女中两部,两部相距很近。女中是新成立的,标榜认真读书不问政治。但国民党当局规定学校施行“党化教育”其中有受军事训练的规定。学生反对军训,相持十日,校长无法强制学生上操,求助于市长余中英。

1944年10月底,成都市市长余中英派警察局长方超亲率警察数百名前往镇压,勒令上操,学生四散逃窜,警察到处搜查,甚至追到宿舍,把带病的学生从床上抓起来。双方发生斗殴,附近男中学生赶来支援,一场混战,男女学生被打伤三十多人,四十多人被捕。警察的暴行引起了全市大中学生和市民的极大愤慨。11月11日爆发了万余学生大游行,抗议国民党当局的反动暴行，并派代表向省政府主席张群提出了四项要求：公布事件真相；严罚余中英、方超；负责医治受伤学生，释放被捕学生，保障学生人身自由；立即停止党化教育。张群不敢与群众见面，派省政府秘书长李伯申和成都警备司令严啸虎接见学生代表，他自己抽身跑到邓锡侯的家里，邀请刘文辉、潘文华共同研究对策，表示接受学生四项要求中的前三项。

同时，国民党特务机关又故意制造混乱，派人假冒学生在一些地方张贴别有用心的标语，诸如“中国共产党万岁！”“推翻国民政府！”等等，为血腥镇压制造口实。事件发生后，成都各报都纷纷发表了消息。《华西晚报》是公开出版的报纸，职司报导，对事件不能没有是非。它在举世谔谔的状态中表明了支持和鼓励的态度。事件发生几天后，《华西晚报》每天都有几篇关于学生活动的报导，特别是11日还以《立即停止党化教育》为题发表了社论、出了专版。

学生在游行示威中，把《华西晚报》社论中有关词句作为口号来呼，充分表明社论代表学生的心声。因此，《华西晚报》受到欢迎，也受到了攻击。成都市长余中英在学生游行示威的当天下午，两次打电话警告田一平说：“老头子（指蒋介石）已经两次来电话查问‘华晚’鼓动学生闹事的背景了。”而当时在成都的几所著名大学——四川大学、燕京大学、齐鲁大学、华西大学、金陵大学、金陵女子文理学院，都可以看到学生们把《华西晚报》张贴在校门口最引人注目的地方，用红笔加上圈点，以唤起路人的注意。群众情绪之热烈，为1935年“一二·九”运动以来所仅见。

由于《华西晚报》在这场学生民主运动中报导和评论最多。

反动派把《华西晚报》视为眼中钉，肉中刺。但在事件一触即发之际，也不敢滥用权力，以免引起各界人士反对，把问题闹大，那样民主运动就会以更大的规模发展起来。但是他们为了拔钉除刺，就在学生大游行的当晚，即 11 月 11 日派成都 CC 特务头子、省教育厅长郭友守跑到潘公馆对潘文华说："这次学生运动是共产党发动起来的，支持得最凶的是《华西晚报》，《华西晚报》负责人田一平是共产党。"潘文华听后毫不含糊地说："田一平是刘湘系统的人，是我们二十一军的老干部，政见不同则有之，红帽子不能随便戴。"郭友守见潘文华主任这么肯定地说便无可奈何，只好灰溜溜地走了。事后才知道，他们已策划好了，先叫余中英打电话警告田一平，再派郭友守跑到潘文华主任那里去告状，说田一平是共产党，探看潘文华主任的口气，如果潘文华主任口气一软，就立即逮捕田一平，真是险恶啊！

1944 年 11 月 12 日，《华西晚报》因对"市中事件"公开发表社论和文章，被国民党特务砸抢。

《华西晚报》报社实际上已由中共党员控制，在川康实力派军政领导人潘文华董事长的强力支持下，经常发表与国民政府观点不同的文章，早为国民党当局所不容。后来他们想抓田一平未得逞，感到实在难以容忍，终于采取下策，再次用非法手段进行破坏，1945 年 4 月 17、18 两日，国民党当局指使三青团学生上门以搜查为名，进行打砸抢，他们闯入报社大肆破坏，损毁当日报纸数千份，拆损电话机，捣毁全部字架，还殴打前来质询的工人，伤及多人，使报馆遭到了严重破坏，使报纸出版工作无法进行，报社只好停刊。破坏者同时也对《华西日报》进行了捣毁，使其不能出刊。他们虽然砸了报馆,结果是弄巧成拙,反使《华西晚报》名声大振,更成了人们注意的中心。

报社被砸事件发生后,社会各界及舆论界对当局一致进行遣责,并积极支持两报社复刊。在《华西晚报》复刊后,《华西日报》也于次日复刊。

第二十六章　民主将军被迫辞去《华西日报》董事长

1934 年，刘湘逐步统一四川后，蒋介石任命刘湘为川康绥靖公署主任，并兼任四川省主席，军政大权集于一身。刘湘不免志得意满，野心勃勃，企图进一步插手云贵，做个西南王，与蒋介石分庭抗礼。为此他特别重视宣传工作，于 1934 年 3 月 15 日创办了《华西日报》。

《华西日报》创办之初，以省政府秘书长邓汉祥为社长，省政府编译室主任王白与为总编辑。《华西日报》是四川省政府机关报，但编辑部的从业人员只有 20 人左右，编采和主笔人员多为文化名流。这份报纸开始时的目的，主要是为了加强舆论，宣传政绩，收罗人心，以抬高刘湘的政治地位，正如该报的第一篇社论便有“为谋将来之肆应，厥在今日之奋勉自觉。……如何以预谋健强之道，能不未雨绸缪”等语，明白揭示了刘湘力办《华西日报》的意图。同时该报也要把四川的地方利益，置于蒋介石所谓的“全国利益”之上，这就不免与蒋介石的国民党中央发生一些矛盾，为蒋政权所不满。

卢沟桥事变后，《华西日报》以唤起全国民众抗日为己任，从7月9日起连续发表社论，它在《第二个九一八》中说："日人之处心积虑以谋我，爆发地点，必在平津，国人，快起来谋自处之道……"7月10日又发表社论《不能再退让一步》说："我应发动民族抗战之威力，不许有第二个'塘沽协定'。"11日社论《三论卢沟桥事件》，针对日本外务省8日声明所说的"将来之行动，须视中国之行动而定"的谬论，加以严正反驳说："中国为酷爱和平之国家，日本如不过于苛求与多方压迫，则中日一切谈判，都易入于正轨，正不必以兵戎相见。不过，日本是否能够诚意对华，此不仅为我国人所怀疑，即在世界人之心目中，也包着莫大的怀疑。"社论末尾呼吁："还得准备一致抗战，因为不辱国与不丧权的和平，是要向抗战中求得之。"同天，《华西日报》短评《抗敌才是生路》说："抗敌方为生路，忍辱退让，唯有日见主权领土之丧失，虽历历劫亦难复也！"

这些社论，有力地揭露了敌人那时还想以"和平烟幕"来欺骗我广大人民，希图我们坚强的抗战决心消沉下去，实际上日本侵略者，妄图灭亡我国的战斗，当时正在加紧升级。

1937年8月4日起，《华西日报》采用简短警语："抗战是民族的生路，屈服是民族的坟墓！与其苟且偷生，不如慷慨战死！我们万众一心，是敌人所最怕的！我们要在抗战中求生存，不要在妥协下求苟安！"并把这些警语，加上花边，逐日刊登在该报的新闻栏内，使人一见，触目惊心！

1937年8月13日，日本侵略军在上海向我发动进攻。《华西日报》报针对当时还有人梦想妥协苟安，立即于8月14日发表社论《全面抗战之展开》文中说："此后唯有举国一致，破釜沉舟以求最后胜利之获得，在未获得之前，无论战事延长至何久远，皆不容有任何会议，任何协定！"

抗战军兴，刘湘猝死于汉口，蒋介石迫不及待地任命张群为四川省主席，立即遭到川人反对，而《华西日报》反张群尤为激烈。《华西日报》首先提出，我们要熟悉川情的川人治川，反对非川籍的川人主川。因各县均有《华西日报》的读者，消息迅速传播，旬日间，全川浮动，使蒋介石大伤脑筋。王缵绪继任四川省主席后，为能左右《华西日报》，立即派他的亲信，成都市警察局局长唐毅果兼任《华西日报》社长，唐毅果率警察、巡官十余人到总府衔接受，已担任社长的王白与得到消息，除叫报社负责人躲避外，立即向潘文华的武德学友会汇报情况，潘文华领导的武德学友会一致反对，于是彭光汉师长根据潘文华的命令，特派武装部队保护《华西日报》。兵尚未派出，唐毅果已闻风逃之夭夭。唐毅果不能到职，王瓒绪也无可奈何。

抗战一周年时，1938 年 7 月 2 日，《华西日报》以专栏地位载郭沫若的《告四川青年书》："希望全国青年，都认定对日抗战，就是国家复兴的最好机会，在苦难中学习，在血泪中前进，只有在抗战中才能建国……"（1938 年 7 月 2 日《新新新闻》第六版）《华西日报》并从抗战一周年纪念日起，7 月 6 日载中共毛泽东主席及秦邦宪、林祖涵、陈绍禹等《对国民参政会意见书》，7 月 28 日版刊又载朱德《八路军抗战一周年》。当时并对成都文协分会、青年记者学会成都分会和四川漫画社等活动情况多所报导。同时又增出《每旬增刊》，登载有关抗战的论文以及精警时评、现代文献、文艺创作等。增刊的创刊号载有朱光潜《文学与民众》，彭迪先《日本军部与日本法西斯运动》，夏衍《在轰炸中生活》等。这个增刊到1944年后终刊，初由谢乐康编辑，后由曾用修、邓穆卿担任常务编委，吕朝相编辑该刊出力最多。当时潘大逵、彭迪先、邓初民、马哲民、熊子骏、张鉴虞等，常为这个旬刊撰稿。

1938年7月12日，《华西日报》登载冯玉祥《向着最后胜利的目标前进》。同年9月8日，刊登麦萍特写稿《毛泽东话战局》一文："在到延安（8月22日）第二天黄昏的时候，记者同几位赈会人员，终于冒着蒙蒙细雨，在一座整洁的窑洞里，会见了毛泽东先生，谈锋越来越健，在坦白的谈吐里，间或夹杂着许多风趣，一直谈了两个钟头，使我们不时哄堂大笑。对中日战争的看法，他说日本绝亡不了中国，这是谁都晓得的，不过，中日战争在短时间内也结束不了，所以要坚决持久抗战，在我们自己方面，要绝对精诚团结，不要闹家务，拿我们的力量对付共同的敌人，先天失调的日本，是绝对熬不过我们的，我们的持久抗战，对日本帝国主义的崩溃，是起决定作用的。"这篇特写稿，对当时敌我形势的分析，对鼓舞全民积极抗战，起到极其重大的作用。

1938年10月，武汉弃守，人心震动。《华西日报》及时刊登了参政员林祖涵（即林伯渠）、陈绍禹（王明）、吴玉章对抗战发表《共同意见书》，接着又登载了王昆仑《积极保卫华南加强全面抗战》的文章。

《华西日报》并出版每周漫画，由谢趣生主编，胥叔平雕刻，它是以图画对时事讽刺鞭挞。在抗战初期，他画过《收复失地的时候到了》。针对汉奸卖国，他画过中国历史上的石敬瑭、杜伏威、秦桧、吴三桂四个大汉奸的画像。广大爱国民众睹此群奸，无不切齿唾骂，从而启发他们对当时民族败类的痛恨与自觉监视。

《华西日报》在抗战期间有《新村》、《学术研究》、《处女地》、《中学生》周刊(编者邓穆卿)等多种副刊，其中《中学生》出刊时间较长，1938年8月，已出到126期。那时是国家民族生死存亡的紧急关头，爱国青年们，热血沸腾，《中学生》上刊登了青年学生的争生存，争自由，争民主的文章不少。如成都志成商校郑尚焜的《生存与战争》，崇庆中学溃岩的《新中国的产生》，成公中学徐暑的《征人的梦》，汉口育贤女中陈雪君的《由汉口到成都》，资中中学魏勋的《最后胜利属于我》等，都是爱国赤忱鼓舞抗战的文章。当时，张静处、王抡楦、徐季华、朱穆淳、蔡月牧等，都是在这块园地经常写稿的青年。

1939年，在抗战热潮中，成都市新闻界、戏剧艺术界，为扩大建军宣传，制定标语十多条，如"人人当兵，抗战必胜；个个出力，建国必成"等语，交各报刊登。《华西日报》用一号大字刊载于报纸中缝，非常醒目，哪知误刊为"人人当兵，抗战必输"。报纸发出后，全市哗然，党、政、军三方面都极重视。王瓒绪旧恨在心，他暴跳如雷地说："神圣抗战，何容破坏？此中必有异党活动！"于是川康绥靖公署逮捕了《华西日报》的校对林鲲及排字房工头四五人。几经询问，才知道《华西日报》在刊此标语时，因底稿遗失，便剪用《中央日报》刊登的标语作底稿，而《中央日报》刊登出来的就是"人人当兵，抗战必输"，这才封住了王瓒绪的嘴巴，只好释放被捕人员。《华西日报》以疏忽之咎，被罚停刊三天。

问题虽然解决了,而王瓒绪耿耿于怀,便借此撤去王白与社长职,改派省府顾问雷啸岑任社长。雷啸岑系复兴社分子,任过川南区专员。雷啸岑又任省参议员谢崇周为总编辑,《华西日报》的面貌就与以前大不一样了。

王瓒绪主川期间,政绩毫无建树,还出卖川康利益,深为潘文华、邓锡侯、刘文辉痛绝,遂导致“七师长通电倒王”。王瓒绪垮台后,潘文华派彭光汉部参谋、王白与堂弟王元伯率领一排人武装接收《华西日报》,雷啸岑、谢崇周闻风逃避。于是,王白与再作《华西日报》社长。

1939年10月7日,王瓒绪下台。蒋介石不放心把治川大权交给川人,乃自兼四川省主席,以贺国光为秘书长,代行省主席职务。由于蒋政权与四川地方势力之间存在的深刻矛盾,武德学友会决定《华西日报》脱离省府羁绊,组织董事会,推选潘文华、傅真吾、刘树成、周晓岚、彭光汉、罗忠信、夏骑风、周瑞麟、甘鉴斌、王白与等为董事,潘文华为董事长。潘文华董事长仍以王白与任《华西日报》社长。王白与工作不到半年,以胃病严重而辞去社长职。董事长潘文华便以罗忠信为社长、李次平为总编辑、田一平为总经理、杨伯恺为主笔。在这段时间里,《华西日报》积极宣传民主,反对法西斯独裁,反对“攘外必先安内”的反动方针,颇引起国民党当局的注意。罗忠信因事由荣昌、隆昌经内江返蓉,被国民党特务跟踪,在荣县、内江道路上遭到扣留。潘文华得知罗忠信被扣的情况报告后,立即亲自前往会见贺国光,罗忠信才获释。罗忠信安全回蓉后,根据潘文华的意见,罗忠信辞去《华西日报》社长职务,同田一平、孙蕴实、李代斌、刘慕宇等，另办《华西晚报》。潘文华乃改任川康绥靖公署经理处长甘鉴斌为《华西日报》社长，以川康通讯社总编辑刘克俊为副社长，吴汉家为总编辑，王达非为总经理兼主笔，杨伯恺为主笔，黎澍为副刊编辑。邓初民、郭沫若、陈白尘、姚雪垠、李劼人等，均不断在副刊上发表文章。唐征久编电讯版并写短评。李劼人、王达非、杨伯恺、黎澍、唐征久等，均系中共地下党员，罗启雄、巫怀义系民盟成员，其他工作同志也具有进步思想，因此，报社内部阵容一新，提出报社的主张是："对外抗战，对内民主"，在成都新闻界扛起了一面民主大旗。

当时身为武德学友会会长和兼任《华西日报》董事长的潘文华，为支持和保护这份地方势力报纸，尽力派出亲信任社长、经理，又安排一些盟员、中共地下党员和进步青年参加编辑工作，并延揽了许多进步文化人撰写稿件，使报纸成为宣传抗日民主和隐蔽的揭露蒋介石顽固派的进步舆论机构，以此蒋介石对潘文华大为不满。

1940 年 2 月 16 日起，《华西日报》还逐日刊载特约通讯李葆祯的《活跃冀东的游击队》及《最后胜利是我们的》，叙述游击队在敌占区打击敌人的英勇战绩以及敌军进犯中条山、太行山遭到失败的惨状。

《华西副刊》初为何绍尧（何珞）主编，继由叶菲洛、毛一波、李伏伽、陈白尘、吕朝相（洪钟）主编（巫怀义在何珞患病期间代编过）、撰写文章的人有陈翔鹤、赵其文、卢剑波、羊角、车辐、田家英、梁却（余进贤）、叶菲洛等。

当时，国民党在成都的御用宣传机构，极力宣扬"人民是不羁野马，必须加以扼制”，“天生群氓，受制于先觉”的反动主张，《华西日报》予以抨击，1942 年 2 月 6 日的社论说：“广大的人民是力量的源泉……凡是人民有权的地方，政治便清明，贪污便绝迹。……总之，目前国家处此非常险恶之际，非发动人民不能挽救危亡。……怕人民有权，这类人必然是误国殃民的败类。”1944 年庆祝“三八”妇女节的社论说：“我们的时代真够伟大了，人类的三大解放，即民族解放、阶级解放、妇女解放，在今日不仅成为巨流汇合，而且浪头的力量，得以排山倒海之势，扫荡一切障碍，粉碎一切逆流，冲达自己的前途。”

与此同时，蒋介石在抗战期间，仍继续实行法西斯独裁政治，排除异己，打击民主力量。而《华西日报》在川康绥靖公署副主任、川陕鄂边区绥靖公署主任、第二十八集团军总司令潘文华将军兼任董事长期间却始终站在民主立场，给蒋介石政权大唱反调，攻击独裁政治。中共办的《新华日报》在重庆发刊后，为大后方新闻界高悬起指路明灯，人民极表欢迎，报纸运到成都，即抢购一空。设立于成都祠堂街的《新华日报》营业分处，每天一早就有一二百报贩在门前等候，报纸一到，即抢购一空；在大街小巷、公园茶社，甚至有愿出双倍报价购买的。国民党当局对此极为恐慌，决定不让《新华日报》进入成都，在东门车站及邮局，暗中检查、扣留，并逮捕了《新华日报》营业分处的送报员张林。为此，1944 年 10 月 18 日该处在《华西日报》登出启事：“本报送报员张林，遭到非法逮捕。正政府实行人身自由保障之时，竟有此种非法逮捕，除呈请有关当局彻查外，特此申明。”《华西日报》赓即写出《保证人身自由，严禁非法逮捕》的社论。邓初民写出了《如此实行民主》的文章。当时报童卖报时高喊“新华扫荡中央”,更是群众对《新华日报》十分喜爱、对反动报纸十分厌恶的生动反映。

由于国民党政府的禁锢,《新华日报》不能大量进入成都市,在董事长潘文华的授意下,《华西日报》便将《新华日报》的电讯和论文改头换面刊登出来,以满足读者的愿望。《华西日报》订户骤增达七千多份,超过《新新新闻》的订户。同时,《华西日报》还将自己所得《新华日报》(因报社彼此有交换报)张贴在华兴街营业部及五世同堂街印刷厂门口,观者如堵,街道为之阻塞,特务分子对此莫可如何。

为了鼓吹增强抗日力量,成立联合政府,《华西日报》曾于1944年10月2日大胆地发表社论《唯民主方法能达到民主目的》中指出:“前两天国民参政员张表方、李幼椿两先生返蓉发表谈话,坚定地指出‘目前时局极端危险,各党各派与无党无派共同组织政府成立联合政权,实为今日解决国事挽救危亡所急需’。”同年10月短评《民主第一》文中说:“打仗是要紧的,但争取胜利的道路更是要紧。刷新政治,必须民主,胜利道路,也是民主,所以是民主第一!”

由于《华西日报》在成都扛起民主大旗,在言论和消息报道中,竭力宣传民主,反对独裁。特别是苏联驻华大使罗果夫曾来成都,也亲自到《华西日报》访问,赞扬《华西日报》是民主战士,赞扬全社同志的顽强战斗精神。当《新华日报》总编辑潘梓年来成都时,又专程到《华西日报》拜访,给报社和同人以莫大鼓励。潘梓年在这次访问中代表《新华日报》与《华西日报》约为兄弟报纸，商定以后《华西日报》所撰有关民主论文，重庆《新华日报》予以选登，而《新华日报》的言论消息，《华西日报》亦予以转载或改头换面予以刊出。凡上述针对当时局势的一些论文以及反对迫害人民的新闻报道，都遭到蒋介石的忌恨，并引起蒋介石的亲自过问。

《华西日报》的民主倾向被国民党政府视为眼中钉、肉中刺，必欲去之而后快。1945 年 3 月，气急败坏的蒋介石电召潘文华到重庆，并与国民党中央宣传部部长朱家骅一起接见潘文华，蒋介石很不满意地对潘文华说："仲三，《华西日报》被异党利用，言论极其反动，影响人民思想，妨碍国家和平大计，你身为该报董事长，是有一定责任的。我的意见把这个报停下来吧。"朱家骅也跟着说："仲三兄呀，这个报社内部，潜伏着异党分子，从中捣乱，仲三兄事忙，不暇深知，还是如委座所说，把它停下来好了，也免替人受过。"潘文华骤聆之下，几无词以对，后乃说："《华西日报》是刘甫澄创办的，我名为董事长，但实权操之武德学友会，俟我回去商诸该会停刊或改组，再奉报中宣部。"接着蒋介石又说："仲三，你是军人，更是一方军政大员，党国栋梁，担负重要使命，何须再负此闲名，你回去给他们讲清道理，最好是停下来，不然，我让中宣部给你派一个副社长来。"

潘文华回到成都后，约集武德学友会实力派刘树成、周晓岚、彭光汉等研究，停刊自然反对，改组亦不赞成。周晓岚说："甫公为国牺牲，就留下来这个报纸，还让它搁下来吗？"潘文华又商之于钟体乾，钟体乾说："蒋委座日理万机，这样小事，恐早已遗忘了，何必介介于怀？"潘文华曾拟与邓锡侯、刘文辉共办此报，但邓锡侯、刘文辉有顾虑，武德学友会也不赞成。后来，潘文华又与报社有关人员几次商讨，未得结论，拖了两月，人们几已淡忘了，突然国民党中宣部派魏绍增来任《华西日报》副社长。魏绍增到成都后，首先晋谒了潘文华，又走访了甘鉴斌。甘鉴斌托故外出，潘文华在与魏绍增的周旋中，又与武德学友会实力派商谈，多表示反对，仍不得要领。魏绍增再晋谒，潘文华只好称病婉拒，使魏绍增无法到职，悻悻返渝。事隔不久，省主席张群愤怒地向四川省财政厅长石体元说："潘仲三真糊涂！他到底要乌纱帽，还是要《华西日报》?"石体元将此话转告自己的老长官潘文华，并说："仲公既不能控制该报，何不辞去董事长，以免代人受过。"但部下哪知潘文华早已身在曹营心在汉，由此可见蒋介石以《华西日报》之事对潘文华衔恨之深了。

第二次世界大战即将结束前夕，同盟国在旧金山召开成立联合国的首次大会，中国派出的代表团除国民党要员外，还有中国共产党代表董必武参加，另外还有章汉夫、陈嘉庚等参加。在会议进行中，美国有家报纸的言论说："中国积极主张民主的潘文华将军，为什么没有代表参加呢?"由此，可见《华西日报》主张民主，不仅国内知道，国际间也很重视了，但这就更加遭到蒋介石之大忌。

在国民党当局的高压下，1945 年 5 月 29 日，追求民主的潘文华将军被迫辞去所兼任的《华西日报》董事长职务，社长甘鉴斌见董事长潘文华辞职，自顾无力支撑局面，也赓即辞去社长职务。原在《华西日报》的许多中共地下党员、进步人士也随之纷纷撤离。1945 年 5 月，《华西日报》停刊，至此，多年飘扬在川康两省的这面民主旗帜还是被蒋介石政府扼杀了。

《华西日报》停刊后,"甫系"旧部多有不满,社会舆论亦大加指责。当时抗战尚未结束,蒋政权不能不有所顾虑,乃采用王瓒绪主川之故技,由国民党中宣部出面转圈,推荐潘文华侍从室少校秘书刘自新任社长,《华西日报》又重新与读者见面。虽然"华西日报"四个字没变,但内容却大不相同了。

刘自新在成都名不见经传,又到潘文华侍从室任少校秘书不久,为何社长"王冠"单单落在他的头上呢?原来,刘自新在上海复旦大学读书时就已沦为军统特务。早在1942年,《成都晚报》社长姚守先到重庆,与刘自新相遇,刘自新就对姚守先谈到《华西日报》和《华西晚报》是反动报纸,内部潜伏着很多共产党员,他这次是专程去中宣部汇报材料的。由此可知,《华西日报》和《华西晚报》的轩然大波,是刘自新从中挑起的。所以,刘自新深厚的军统背景,社长"王冠"自然就落到刘自新头上了。

刘自新一上任,就亲撰一篇社论,大意是说,"过去错了,今后当为党国立功赎罪",力竭声嘶地反对民主,反对共产党。当时国共两方尚在联合抗日,抗战胜利后也在和谈。即使成都《中央日报》的言论,在反民主、反对共产党方面也不得不含蓄几分。独有《华西日报》毫不掩饰,狂呼乱叫,使读者厌恶,读者呼之为"超级《中央日报》"。如1946年9月6日题为《排除国共谈判障碍》的社论及10月15日题为《且看共产党态度怎样》的社论,都是歪曲事实真相、居心叵测的谬论。读者十分反感,使《华西日报》的销售量大减。刘自新因为充当了打手,获得国民党四川省党部领导人黄季陆的赏识,邀请他参加省党部领导的"成都市新闻党团干事会”。

由于《华西日报》在成都扛起了反人民、反共产党的大旗，因该报言论反动，销量锐减，造成经济困难，乃由省政府秘书长李伯申提出，由省府拨款订《华西日报》1000份，除发给省府各单位外，并邮送各县广为宣传，这就变相给了《华西日报》每月1000元的补助，也算是国民党当局赏给刘自新反共的酬金。《华西日报》演变成了国民党的超级党报，使“甫系”军人大为不满，乃由钟体乾、乔毅夫、刘树成、周晓岚、罗忠信、周从化、张斯可、宋时仙、刘扼清等，联名写信给已出任川黔湘鄂边区绥靖公署主任而远驻黔江的潘文华。潘文华接信后，异常愤怒，便于1947年春撤去刘自新的社长职务，改派赵星洲任《华西日报》社长。

当时，潘文华从千里之外的黔江致电刘自新，要他将《华西日报》交给赵星洲；同时致电赵星洲，嘱其立即接办《华西日报》。刘自新接到潘文华的电报后，知道众怒难犯，只好灰溜溜地向赵星洲表示，他因病要回仁寿老家，报社的经理部、编辑部人员，亦多要离去，希于两日内来接办，不然报纸停刊，他不负责。赵星洲虽然在成都两度办报，但因离开报界较久，接办期紧迫，一两日内难以找到所需的经理、编辑人员，接管甚感困难，乃求助于《华西日报》过去的负责人刘克俊。刘克俊给赵星洲拍胸膛说：“经理部你自己设法，编辑部我找朋友给你暂时顶住。”刘自新方面知道接办人员已有准备，马上变了态度，刘自新对赵星洲说：“我是马上要回仁寿，其他人员在你未物色时，暂时给你帮忙。”赵星洲顺利接办《华西日报》后，陆续辞退了一些人，如CC系的周道庸、复兴社的王凡等。刘自新离开《华西日报》后，黄季陆立即把他安插到《中央日报》任主笔，不久又任省党部编译。

赵星洲接办《华西日报》不久，省政府订的1000份报纸退订了。当时《华西日报》的订户只有三四百份，每日零售不满百份，经费来源全靠省府订的1000份报，现突然停止，使《华西日报》陷入严重的经济困境。无奈之下，赵星洲往见邓锡侯。邓锡侯表示省府财经困难，其他报纸也请求援例办理，在此情况下，实爱莫能助。次日，邓锡侯的顾问王孟兆也来向赵星洲谈，订报一事，系国民党省党部请秘书长李伯申在省务会议提出通过的，并非邓锡侯的本心，希原谅。赵星洲将此情况及今后经费筹措问题函呈潘文华，此时的潘文华也正受蒋介石排斥打击，心有余而力不足，所以赵星洲最终未得到潘文华的答复。

报社经济是报纸能不能存在的关键，赵星洲既不愿向国民党要补助，也不愿刚接办几个月就把报纸停下来，乃到重庆与潘文华的二弟、金融家潘昌猷商议，由潘昌猷出资5000万元，赵星洲在成都筹借5000万元，购买印刷机，以印刷养报，报社经费初步解决。但是，潘系集团内部对报纸的政治方向在认识上出现较大分歧，使《华西日报》又陷于困境。立法委员潘昌猷、财政厅长石体元、粮食部司长尹静夫、立法委员黄应乾等认为，目前处境与抗战时潘文华、邓锡侯、刘文辉团结对外迥然不同，潘文华现僻处川、黔边境，力量薄弱，无暇他顾；刘自新虽搞得过火，但不宜过分逆转，否则必遭失败。这些在重庆的潘系人物与在成都的潘系人物主张分歧，使赵星洲在办报中左右为难。赵星洲向钟体乾、乔毅夫请示，钟体乾、乔毅夫也模棱其词，不着边际；赵星洲只好去函请示潘文华另派人接办，潘文华亦不作答，赵星洲只有硬着头皮将《华西日报》办下去。

到1948年夏天，赵星洲参加了朱平（理君）、吕振修领导的中共地下党外围组织——新民主主义读书会，找到了前进的方向，使《华西日报》又开始为革命做些工作。赵星洲根据"读书会"的要求，亲自撰写了一篇社论，其中谈到"今后我报站在人民立场说话。所谓民者，非国民党之民，也非民党之民，乃真正人民之民"，表明了《华西日报》今后的立场。

1948年，国民党召开的国民代表大会闭幕时，很多国大代表开专车，携妓女，游西湖。《华西日报》以《游西湖》为题写道："报载国大闭幕，西湖骤增游客，车马辐辏，旅店喧嚣，灯红酒绿，燕伴莺随，热闹为历年所未有，在求生不得，求死不能的离乱年间，而能徜徉泉石，啸傲山水，真是神仙中人，何况还在苏堤白柳间耶？鲁豫之间，七进七出，颠沛流离者，大有人在，其伤心惨目亦历所未有，同是炎黄子孙，抑有幸不幸欤？真是'一勺西湖水，渡江东，百年歌舞，百年酣醉'。"

1949年3月18日，《华西日报》"漫话"栏目刊出一篇《鲜明的对比》，文章写道："两个政府控制的中国，南北政局一对照，就会发现，中共人民政府，竭力在破坏中从事建设，在动荡中求安定。在经济上，军管会贸易处，有计划的交流城市和农村的物资，使粮食和棉花的价格日趋稳定，其他政治、军事各方面都有共同的精神。而国民政府在经济上币值紊乱，通货膨胀，民不聊生。政治上朝令夕改，贪污成风，其他各方面同样显得乌七八糟，也不过是拖一天算一天。"

这种精悍的小品文字，刺痛了国民党当局，王陵基暴跳如雷，叫嚣说：“《华西日报》是哪个的报纸？到底替哪个说话？”他命令成都警备司令严啸虎向《华西日报》提出严重警告。但《华西日报》同人并未因此吓到，在“漫话”园地，3 月 20 日的文章里又写出：“……士兵虽是美式装备，但吃不饱穿不暖，仰事俯蓄都有问题，你叫他替哪个打……民犹水也，水能载舟，也能覆舟；千夫所指，无疾而死。现在老百姓提起政府都伤透筋骨，越穷的人越被剥削……在那里空喊‘自卫’、‘自救’有什么用处？”在《民心》一文中又说：“……闻诛一夫纣矣，未闻弑君也。天怒人怨，呜呼，活该！”

《华西日报》新闻内容还经常透露中共的政治、军事情况。1949 年 5 月 23 日，《华西日报》曾以《中共十大将领》为题，把中共将领朱德、彭德怀、刘伯承、徐向前、林彪、贺龙、聂荣臻、陈毅等的历史作用作了详细介绍，对十大将领作战的勇敢、指挥若定的军事艺术，赞扬备至，如陈毅在作战被称作“拼命三郎”都写出来了。

介绍中共十大将领的文章登出后，国民党党团骨干分子全体哗然，叫嚣说：“《华西日报》如此替共党宣传，居心何在？”纷纷请求王陵基查封《华西日报》。王陵基命令严啸虎执行，严啸虎说：“《华西日报》系甫公创办，由主席来查封，似有不妥之处，可否令其自动停刊？”在国民党当局的淫威下，《华西日报》不得不在 1949 年 8 月与读者告别。

在 1949 年 12 月 20 日左右，中共地下党的熊扬、贺天熙、詹大风、洪宝书、王一平、吕振修等在赵星洲家中开会，研究过渡阶段的分工，决定熊扬、王一平搞公安，贺天熙、洪宝书搞统战，策动起义，吕振修、詹大风搞宣传教育。工作分配决定后，吕振修即向赵星洲说："为搞好宣传，拟办《群众日报》，除编辑人员外，从速把原《华西日报》的印刷、校对各部人员召集回来，准备在1950年元旦创刊。"赵星洲即着手准备，许多文稿都已排好待印。马识途12月27日指示说：宣传工作，党有统一安排，《群众日报》要停下来。因此，即将出刊的《群众日报》就停止筹办，但招回来的排字、校对工人有五六十人，向赵星洲索要3个月的遣散费。马识途同赵星洲一道去劳动局，请该局仲裁，给予两月遣散费，款由赵星洲付出。事后，赵星洲将《华西日报》的全部印刷设备，交给了川西军管会。

第二十七章　与中共领导人的亲密交往

潘文华早年曾受孙中山的民主革命思想影响,加入同盟会,秘密从事反清革命活动,后来一直是追随刘湘左右的最忠实将领。

1926年夏秋时,北伐军迅速向长江流域推进,位于长江上游的四川省,是军阀势力较强大的地方。四川人口众多,地大物博,居南北重要位置,革命军要往北发展,与西北革命军联合,四川为一关键。为配合北伐,根据中共中央的指示,吴玉章、杨闇公参加国民党"二大"返川后,即以国民党莲花池省党部名义进行军运工作。在中共中央领导下,中共重庆地委针对各部川军的不同情况,一方面由中共党、团负责人直接去做同情革命或"左"倾的川军将领的工作,促使其转向革命;一方面分派中共党、团员深入各部开展军运,做下级军官、兵士工作,在军队中发展中共党、团员,建立中共党组织。期间,中共中央又通过国民党中央派朱德到万县杨森部任党代表。不久,陈毅受中共中央北方区委派遣到杨森部从事军运。此时,中共所掌握的武装有何光烈部秦汉三旅和黄慕颜旅,受中共影响的"左"倾部队有潘文华师、郭汝栋师、向时俊师,还有袁品文、甘德明、杜伯乾、冷寅东、刘重民等5个旅。由于潘文华师等国民党"左"倾部队的强力支持,壮大了革命力量,使得中共在顺庆、泸州、合川等地的军事工作有了很好的基础,为刘伯承、朱德、杨闇公领导和发动泸州、顺庆起义创造了十分有利的条件。

到了1927年春,时任国民革命军第二十一军第四师师长的潘文华派第七旅旅长郭勋祺担任重庆莲花池国民党"左"派省党部组织群众游行的总指挥,还参加了杨闇公、朱德、刘伯承召开的军事会议。1927年3月31日重庆"三三一"惨案前,旅长郭勋祺根据潘文华师长的安排,正参加由杨闇公主持的市民大会。此时的重庆,反革命分子正加快镇压革命的步伐,社会空气十分紧张。在会场上,郭勋祺旅长突然接到潘文华师长的紧急通知,令其火速返回师部。同时潘文华师长还让郭勋祺旅长将秘密通知字条交杨闇公、李筱亭、黄慕颜诸人传阅,叮嘱这些共产党人提前戒备。当惨案发生后,同情共产党人的潘文华师长又暗中支持亲信旅长郭勋祺悄悄掩护李筱亭、萧华清、周饮岳脱险,并派郭勋祺旅长到医院探视受伤学生群众,给一些学生支付医药费。当时正在合川做兵运工作的陈毅也是身处险境,在潘文华师长的安排下,由郭勋祺旅长掩护资助,化装成商人,由渝乘轮船平安抵达汉口,脱离了虎口。新中国成立后,抗日爱国将领郭勋祺曾担任川西行署交通厅长、四川省人民政府水利厅长、四川省体委第一副主任等职。

从"西安事变"到"七七事变"前后,由于不满蒋介石培植党化四川人才、排除异己的政策,加之中共的争取工作,1935年时,刘湘便派九十五军军长黄隐之弟黄慕颜为代表赴延安，经中共派往四川的特派员张曙时介绍，见到了周恩来，这样刘湘逐步接受了共产党的主张，走上了联共、反蒋、抗日的道路。潘文华因受刘湘的影响，在刘湘去世后，潘文华继承“甫系”，成为刘湘的忠实继承人，并在刘湘生前与中共建立的抗日民主统战关系基础上仍继续保持与中共密切的联系和亲密交往，特别是其幕僚中还聚集了一批中共地下党员和民主人士。

1938年初，潘文华出任“武德学友会”会长和“武德励进会”主席，中共便通过“武德励进会”开展对潘文华的工作。同时，潘文华还于5月从武昌军官训练团调回曾追随自己出川抗战的原新编独立十三旅六三八团团长夏骑风，并任命夏骑风为第二十八集团军总司令部少将副官处长。这时，潘文华向中共四川省委负责人罗世文要求他的副官处长夏骑风少将能与中共保持联系，罗世文又把这个任务交给张曙时具体负责。9月，潘文华安派副官处长夏骑风兼任新编陆军第十七师少将副师长，作为潘文华将军的代表，担负特殊使命的夏骑风，受命经常与邓锡侯将军的代表周绍芝、刘文辉将军的代表邵石痴等聚商，研究有关延安、南京、昆明三方面的政治问题，并与四川省委负责人罗世文经常联系，以力防蒋介石帮派排除异己的阴谋。这样，四川省委负责人罗世文、张曙时经常通过潘文华的副官处长夏骑风向潘文华宣传中共的统战政策，对潘文华的思想影响起着积极作用。后来，潘文华还介绍夏骑风加入了民盟。1949年底，任13区民训督导兼安、绵、什、罗、茂五县山防总队少将总队长的夏骑风，响应潘文华将军的彭县起义通电，率部起义，和平解放所辖地区。新中国成立后,夏骑风担任绵竹县人民政府副县长。

1938年5月,潘文华出任川陕鄂边区绥靖公署主任时,中共中央鉴于四川形势的变化、人事的变动,便更进一步加强了对潘文华的统战工作,中共中央南方局不失时机地通过"武德励进会"的关系,派了周朝禄、曾代吉、杨尚元等中共党员到潘文华的绥署所在地阆中,大大加强了潘文华部中共的力量,并于1939年4月在川陕鄂边区绥靖公署设立了中共的秘密支部,由李代斌负责。同时,根据周恩来的指示,中共中央南方局还派徐淡庐利用他与潘文华家有亲戚关系,深入做潘文华及其下属部队的工作。对徐淡庐十分有利的条件是其胞兄徐笛秋同潘文华是连襟,又是潘文华的亲信,特别受到重用,担任潘文华部的少将经理处长,即军需处长,掌管着潘文华的公私财产。所以徐淡庐到潘文华部后,很快便穿上国民党军队的军官服,胸前佩上川陕鄂边区绥靖公署的证章,以合法的身份开始向潘文华部宣传共产党的方针政策,分析抗战形势,鼓励他们反对蒋介石排斥异己和对日妥协投降的阴谋,并向他们指出:川军要自存,本身要加强团结,还必须高举抗战到底的旗帜,才能赢得人心,否则自身就站不住。

1938年夏,中共领导人董必武、林伯渠、陈绍禹(王明)由延安去汉口参加国民参政会议,途经成都,特意专程去永兴巷潘文华的植苑公馆与潘文华接谈。这时正是日寇通过德国驻华大使陶德曼向蒋介石诱降的紧要历史关头,抗战形势非常严峻。双方话题,主要是如何团结地方力量,坚持抗战,反对蒋介石妥协投降。通过深入交谈,潘文华了解到中共的抗日救国方针和人民民主统一战线政策。同时潘文华也把川康反对蒋介石的兼并、控制及新编两个集团军开赴前方抗战的经过向中共领导人作了比较详细地介绍，并明确表示拥护中共持久抗战的方针，反对国民党政府向日本妥协投降的政策。

这次会谈，潘文华深受启发。不久，刘湘部队中的核心组织“武德学友会”公推深孚众望的潘文华任会长，潘文华审时度势，提出了“团结川康、支援抗战、联合中共、防蒋图存”的主张。“武德学友会”原是刘湘的高干秘密团体，后来，潘文华又在会内成立一个小团体“武德学友会促进会”，潘文华兼任会长，主要成员都是师、旅、团长，是潘文华的核心力量，潘文华安排中共党员田一平任该会组织科长。田一平就利用他任组织科长之便，秘密取出绥靖公署的文件、档案进行摘抄。同时，还利用视察的时机，借潘文华的威望，一面宣传加强团结，坚持抗战的道理；一面以“武德励进会”的名义，向潘文华部各团要材料。田一平综合这些材料，写出了师、旅、团长小传，内容除个人简历外，突出介绍了这些人对共产党员的态度和各师、团的兵力情况。

为了更好地开展工作，就必须有一批骨干。根据中共中央南方局的指示，张曙时、田一平在“武德励进会”内发展党员，建立支部，加强对争取工作的领导。这样，田一平首先发展了本科的明昭、黄子万为中共党员，经上级批准他们三人组成党支部，田一平任支部书记。从此潘文华内部的核心组织就有了共产党的地下党支部。为了扩大共产党的组织和党员队伍，他们先后发展了一批共产党员，为后来潘文华率部起义培养了骨干力量。

1939 年 4 月，中共中央副主席周恩来到成都，通过郭秉毅（新中国成立后任国务院参事）、张秀熟、张曙时、罗世文的联系，潘文华主动在成都市长发街32号乔毅夫公馆宴请周恩来，并与周恩来亲切会见，期间作陪的有中共党员罗世文、张曙时、张秀熟、王干青。

这是周恩来第一次晤见潘文华，这一天，周恩来一身干净整洁的中山装，刮过胡须的脸泛着青光，见到潘文华时，他真诚地握住潘文华的手说："仲三先生，我是为仰慕你这抗日将军的风采而来的。"

"恩来先生乃英雄人物，如此褒扬，文华鄙陋一方，实不敢当。"潘文华感激地答道。

"广泗一战，举世震惊，"周恩来紧握住他的手，一脸肃然，"川军以劣势装备抗击日寇，饶国华师长阵亡，郭勋祺师长负伤，战斗异常惨烈。将来抗战胜利了，人民是不会忘记你们的抗战功勋。"

"您过奖了，"潘文华心里暖融融的，"身为军人，搏杀疆场，守土安民，乃职分所在，文华情系军旅，更是责无旁贷。只是如今，我们僻居后方，信息不能，坐成夜郎，于国家、民族无功可树，无绩可建。"

"呃……"周恩来把头往后一仰，双眼炯炯有神，他伸出右手比划道："仲三兄不必过谦！你经略四川大后方，搞好了，也是抗战前线的希望。"

"能搞好吗？"潘文华失望地谈出了自己的隐忧，"老蒋消极抗日，奉行'攘外必先安内'的政策，不但对贵党搞摩擦，就连我们地方实力派，杂牌部队都不放过，总欲置之死地而后快。倒是贵党，妥善处理好西安事变，实行国共合作，积极推行和建立抗日民族统一战线。不过,”潘文华话锋一转,说道,“我们还是赞成贵党团结抗日、一致对外的主张。”

“仲三先生能有如此想法,太好了。这就是我们最大的共同点。”周恩来进一步指出,“当前全国人民的希望和要求是,坚持抗日,反对投降;坚持团结,反对分裂;坚持进步,反对倒退;坚持民主,反对独裁。我们党一贯顺应潮流,想人民之所想,急人民之所急。在西南我们希望通过川、康朋友自身的团结,去促进西南地方民主力量的团结。只有这样,才能反对蒋介石消极抗日、排斥异己、压制民族、置人民利益于不顾的政策。如果仲三先生愿意合作,共产党在政治上会给予支持的。”

“恩来先生,”潘文华激动得离开座位,表示道,“如此一来,文华当然求之不得。你们是我潘某人请都不来的客人。”

周恩来爽朗一笑,摆摆手道:“仲三先生客气了,你不请我不主动来了嘛! 既如此,”周恩来略一沉吟,“我们给你派个联络员,作为我周恩来的特使,你敢接吗?”

“有啥不敢?”潘文华重回到座上,把头一犟,“承蒙贵党不弃,如此看重,现又派你的特使来,我是感激不尽。不过,恩来先生但请放心,你的特使来,我会安排妥当,保证他白皮红心。”

最后中共中央周恩来副主席还单独与潘文华上将彻夜长谈,着重向潘文华分析国际反法西斯战争正在形成,国内战场日寇占地过广,兵力分散,必然作茧自缚,而沦陷区人民在中共的领导下全面开展敌后游击战争,减轻了国民党正面战场的压力,为长期抗战争取最后胜利创造了十分有利的条件。周恩来副主席还向潘文华表示:希望通过你推动川康朋友自身的团结,去促进西南地方民主力量的团结。对蒋介石政府的一切破坏民主和抗日的政策措施，都得给以坚决反对和有效抵制。西南地方力量是有条件这样做的，共产党愿意在政治上给予全力支持和配合。周恩来副主席的贴切指点，使潘文华明了了政治方向，增强了前进的信心和力量。经过这度推心置腹地会谈，潘文华开始直接同中共中央建立了声气相通的统战关系。

同年6月，中共中央副主席周恩来又专门派特使唐午园（新中国成立后任武汉市人民政府副市长）到潘文华部任联络员。潘文华异常感激，特别委任唐午园为川陕鄂边区绥靖公署政治部副主任。翌年，唐午园被调回重庆市中共中央南方局，以潘文华之二弟潘昌猷的重庆银行协理的公开身份，担任中共与冯玉祥、程潜、张澜之间的联络官。后来经中共地下党干部林蒙向周恩来副主席推荐，又派甘树人为代表前往潘文华部工作，潘文华委任甘树人为川陕鄂边区绥靖公署中校秘书，掩护其继续进行联络工作，并特别安排在自己的身边，进一步加强同共产党的联系。这时中共安排在潘文华川陕鄂边区绥靖公署司令部工作的共产党员达三十多名，均受到潘文华的很好保护。

这一年的夏天，中共领导人董必武、林伯渠在重庆曾家岩潘文华公馆同潘文华举行第二次秘密会晤。时距重庆"五三、五四"大轰炸不久，国民党党中央各军政机关纷纷疏散下乡，"亡国论"在国民党当权派中又复抬头。这次会晤除谈川康团结外，主要听取董必武、林伯渠分析国内外形势，阐述抗战必胜、妥协必败的道理，进一步坚定了潘文华通过艰苦抗战、取得最后胜利的信心。

1939年秋，中共领导人吴玉章、林伯渠、陈绍禹（王明）等来到成都，商同四川省委负责人罗世文，在沙河堡潘文华副官处长夏骑风寓所，与潘文华将军亲切会谈，密商川康生存和防范蒋帮等事项。

次年3月14日，数百名暴徒、特务化装为贫民，抢劫刘湘夫人刘周玉书囤积于成都老南门外簧门街的重庆银行仓库的大米，制造了所谓"成都抢米事件"。次日，成都行辕主任贺国光以共产党鼓励抢米为由召开会议，然后电告蒋介石，建议逮捕共产党员和爱国民主人士。开始汪导予被捕，潘文华以汪导予系自己川陕鄂边区绥靖公署顾问为辞，亲自写信向蒋介石保释。18日晚，四川省委负责人车耀先在成都的"努力餐"（饭店）又被捕，为了掩护车耀先的秘书聂生明逃离成都，潘文华特将在仁寿县文宫场私人出资开办的文华中学任校长的亲戚潘文福调走，秘密安排聂生明前往仁寿县文宫场文华中学继任校长，使车耀先的秘书聂生明躲过了国民党特务的追杀，又嘱秦绍成警卫副官带一连部队亲往仁寿设法保护。聂生明利用合法身份在仁寿第二区文宫场等十几个乡镇发展党的地下组织。后来在黔江，潘文华又不露声色地营救被国民党特务抓去的邓照明、刘兆丰、谢若英等人安全脱险。

1942年4月，潘文华又约中共领导人王若飞到时任四川省银行董事长的潘昌猷重庆青木关山洞别墅密谈。王若飞和潘文华正在交谈时，不料国民党特务头子徐远举跟踪而来要见潘文华。潘文华佯装称病卧床不起，派秘书把徐远举应付支走，又才同王若飞就双方配合行动的问题，一直谈到天黑。后来潘文华为了让王若飞平安离开，挽留王若飞一起进晚餐后，才命令其亲信副官秦绍成坐自己的专车，放下车帘陪送王若飞回到两路口。在车上王若飞热情地对秦绍成说：“你为人民做了事，人民不会忘记你的。”

几年中，先后在潘文华部工作的还有周朝福、曾代吉、杨尚元、蒋清澄、洪子端、肖中鼎、潘扫尘、秦润奎、唐纪、明昭、黄子万、韩子重、邱瑴林、肖世泽、徐淡如等一大批共产党员，分别被潘文华安排为校尉级职务。汪导予、苏爱吾还被聘为潘文华的顾问，田一平更是被委为上校机要参谋。中共中央副主席周恩来对潘文华部的统战工作也很重视，曾多次向田一平等了解潘文华的情况，并指示在工作中要用爱国主义去启发、激励潘文华及其所部官兵，促使其坚持抗战立场，坚持川康团结。

在抗战相持阶段，斗争形势日益复杂，国民党政府掀起一股股反共浪潮，疯狂捕杀共产党人和进步人士，重庆、成都充满血色恐怖，到处血雨腥风，潘文华冒着极大的风险，以自己在军政中的特殊地位和身份，想方设法，对中共党员和进步人士进行了力所能及的保护。当在重庆时，蒋介石说张志和是共产党，潘文华不惜当面为张志和辩解。张志和曾于 1938 年 8 月在延安受到中共中央毛泽东主席接见，专门由延安中共中央派回四川做统战工作的高级代表。离开延安前夕，毛泽东还赠送张志和一张戴六角帽、斯诺所拍的照片，并亲笔题款。新中国成立后，张志和任中央政务院参事、民盟中央委员、全国政协委员。

抗战期间，人民群众要求民主政治的愿望，与日俱增，而蒋介石则顽强抗拒，仍继续实行法西斯专政，排斥异己。西南联大教授闻一多、李公朴即因积极主张政治民主,遭到国民党特务暗杀。面对国民党的倒行逆施,潘文华始终站在支持民主这一边,他与著名和平老人邵明叔、民主同盟主席张澜十分接近。邵明叔每到重庆开国民参政会和参加蒋介石开的政治协商会,必住在曾家岩潘公馆;四川省银行改选董事,潘昌猷还聘邵明叔为董事。邵、张二人在国民参政会上发言,力争民主,享有很高声誉。但却遭到国民党特务的嫉恨,暗中监视极严。特别是 1946 年 8 月 18 日,张澜在成都主持闻一多、李公朴的追悼大会时,潘文华派武装保护参加大会的革命群众,在民盟中央主席张澜走出会场时被特务投掷红墨水瓶击伤头部,还受到暗杀的威胁,情形极为险恶的紧急时刻,潘文华积极抢救,并迅速派人把张澜接到自己的植苑公馆后院保护起来。蒋帮特务又在成渝两地,发动组织川汉铁路索债团,矛头针对张澜,企图诬蔑张澜以侵吞川汉铁路股款的罪名,将他公开逮捕。在此期间,潘文华对张澜极力保护,使特务不敢下手。

潘文华除积极靠拢中共外,还积极支持和参加国统区的民主运动。1944 年 9 月,民盟全国代表会议决定将“中国民主政团同盟”的“政团”二字删掉,开始吸收个人入盟。1944 年秋冬之际,经民盟中央主席张澜邀请,潘文华和刘文辉在成都慈惠堂街张澜住所由张澜主席监誓,亲自填写了入盟申请登记表呈交张澜主席,完成入盟手续,正式参加民盟组织,张澜考虑到潘文华、刘文辉的特殊处境,接到潘文华、刘文辉的申请书即当面焚毁,以资保密,仪式简单、严肃。所以潘文华、刘文辉成为秘密盟员。一直到新中国成立后不久,在民盟总部的一次会议上,民盟中央主席张澜才郑重宣布:潘文华、刘文辉、龙云是秘密盟员。至此潘文华、刘文辉、龙云的盟员身份才得以正式公开。

潘文华是和中共早已有密切联系的西南地方著名爱国将领,加入民盟后,更增进了他和中共的联系,并促进了对民主运动的支持。民盟为了保持自己独立自主,避免国民党的操纵,谢绝了国民党政府像给青年党津贴一样的给民盟的津贴。在艰苦创业中必要的盟务经费,大量都是潘文华、刘文辉、龙云三个秘密盟员捐助的。潘文华对民盟的积极支持和尽力掩护,就更不用说了。所以潘文华等入盟后,不仅极大地增强了西南的反蒋势力,而且基本解决了民盟进行政治活动的经费问题。当时的慈惠堂是成都著名的慈善团体,张澜是民誉理事长,他以慈惠堂作掩护进行民主活动,抗战时期的慈惠堂,已成为民盟在成都进行秘密活动的中心地址。中共党员、民盟盟员和各方面进步人士,常来此秘密联系工作。

抗日战争期间,西南几省是大后方,陪都重庆是政治和文化的中心。民盟要在国民党当局的心脏地区成立并开展民主运动,没有地方势力派的支持是很困难的。当时在西南有势力左右局势的地方爱国将领就是潘文华、刘文辉、邓锡侯、龙云四人。潘文华对民盟在政治上和经济上有极大的支持,民盟也加强了与潘文华的联合,鼓励他坚持抗战,反对妥协投降,支持民主运动,抵制蒋介石的独裁专政。在蒋介石只依靠嫡系“中央军”的政策下,潘文华等都被视为“杂牌军”,一贯被作为分化、利用、甚至吞并、瓦解的对象,加上潘文华作为中国军人的爱国主义思想,便是像他这样参加过军阀混战的地方名将能和坚持抗日民主的中共保持亲密关系,并参加主张抗日民主的民主同盟的历史背景和思想基础。

1944年发生“市中事件”,全市大中学生数千人游行示威,抗议警察局长特务头子方超率队殴打市中学生。在潘文华的精心安排下,其部属一六四师师长彭光汉接到学运实际领导人中共老党员、民盟四川省支部委员李相符教授的通知,届时以维持治安为名,沿途保护学生游行队伍。李教授归家后犹激动地对夫人说:“今天真是不简单,沿途有潘将军的军队保护。”

次年4月,《华西晚报》报道了四川大学先修班收钱卖学籍的问题,反动特务借此煽动先修班部分学生并纠合暴徒砸了《华西晚报》营业部。田一平急忙电话报告潘文华,潘文华立即通知彭光汉。当那一伙暴徒特务再到《华西晚报》编辑部肇事时,即被彭光汉派来的军队制止,为首者并被扣留教育,待他们悔过后方才释放。

潘文华除了介绍他的亲信部下参加民盟,鼓励他们以实际力量支持民主运动外,还长期为民盟提供活动经费。

1945年8月,中共毛泽东主席应蒋介石的邀请,飞赴重庆,与蒋介石举行国共和谈。在谈判期间,在中共中央南方局的安排下,中共中央主席毛泽东、中共中央副主席周恩来在张治中公馆会见了潘文华,畅谈了国内国际形势。后来蒋介石派特务进行捣乱,潘文华利用曾八年担任重庆市长的巨大影响,联络和团结各种进步力量,维护国共谈判的良好氛围,使蒋介石也不敢冒天下之大不韪,恣意破坏。潘文华还一直暗中派人配合中共南方局保卫中共中央毛泽东主席及中共谈判代表团成员及其住地的安全，使蒋介石特务无从下手，至中共代表团平安返回延安，潘文华才撤回了自己的武装便衣人员。

在旧政协破裂，中共南方局撤退返回延安，民盟中央主席张澜住上海和香港期间，潘文华与中共中央的联络工作主要就是通过张澜进行的。潘文华对民盟中央主席张澜进行政治活动的经费提供了长期支援。潘文华参加民盟以后，便在他的核心成员星期二、五聚餐会上，决定罗忠信（参谋长）、潘清洲（潘文华长子）、甘绩丕（军需处长）、周从化（后来的十二桥烈士之一）、彭光汉（师长）、田一平（"武德励进会"组织科长，中共地下党员）、李叔尧七人参加民盟（潘未公布他本人已是盟员）。后来又介绍自己所部的高级将领杨续云、郭造勋等参加民盟。他们绝大多数对民主革命的贡献都很显著，田一平旋任民盟省支部（省委员会）委员，是领导成员之一，其他多数都是民盟的重要骨干，这也是潘文华对民盟的贡献。

1947 年夏，在上海做地下工作的徐淡庐应胞兄徐笛秋之约，由上海飞往汉口机场见面。这时的徐笛秋已被潘文华派驻汉口负责领取公署和军队的经费。会面时，根据潘文华的授意，徐笛秋向胞弟问了不少所谓内幕消息，然后，微笑着将他带来的一张数目较大的向上海重庆银行支取的支票给徐淡庐用；另外又交了一本上海一家外国银行的空白支票给徐淡庐，有五千美元存款，已签了他的名，徐淡庐可以随时写上需款数字取出，这表明潘文华他们对徐淡庐在上海的地下革命活动是支持的。这笔钱后来确实起了很大的作用，帮了徐淡庐的大忙。1949 年 4 月，人民解放军横渡长江前夕，中共吴克坚命令徐淡庐以最快的速度稳妥完成一项紧急任务：立即到汉口将存放着的一部秘密电台送到长沙；然后赶到香港，将解放区派去的报务员送至长沙，为程潜准备起义架设同中共中央直接通报的电台。当时情况紧急，物价一日数涨，法币有如废纸，金元券不断贬值，手头如无美元，将会寸步难行。中共党组织经费又比较困难，经商定将潘文华原来安排给徐淡庐的美元临时借用。于是，徐笛秋经组织同意后，用这笔美元托人情费尽周折才买到了从上海到汉口的飞机票，使徐笛秋顺利地将电台送到了长沙，圆满地完成了中共党组织交给的紧急任务。后来，中共中央毛泽东主席直接同程潜通过这部电台通报，促成程潜联合陈明仁等起义，湖南获得和平解放。

就是这样，在周恩来副主席等中共领导人的直接帮助和影响下，潘文华逐步接受了共产党的观点、立场和主张，渐渐成为与共产党人肝胆相照的忠实合作伙伴，并逐渐形成了团结川康、联共反蒋的基本政治立场。直到1949年底毅然率部起义，使川康和平解放，父老乡亲免受兵燹之灾。

潘文华将军和刘文辉、邓锡侯两将军联名通电起义后，经潘文华介绍人盟的下属甘绩丕也已由民盟通过关系推荐出任自贡市市长，杨续云也回自贡任戒严指挥，二人协同掌握地方力量，实现自贡和平解放。彭光汉在宜宾任专员，也率领专区10县6个保安中队与叙泸警备司令郭汝瑰协同起义，促进了上川南的和平解放，为解放军提前进军川西解放成都赢得了时间。

第二十八章　拒绝助杨翦刘
背上政治包袱

张群主川后，蒋介石对川康三集团采取“稳邓、抚潘、打刘”的分治方针，眼见川康大局已经稳定，于是蒋介石就把打击目标转移到独揽西康大权的刘文辉头上。因刘文辉独据西康，与蒋极不兼容。西安事变爆发时，刘文辉曾通电支持张学良、杨虎城行动，被蒋介石视为眼中钉，必欲去之而后快，并先后采取了两次具体步骤。

第一步在西昌设立“行辕”，委派曾与刘文辉在保定军校同学的政学系分子张笃伦为主任，组织大批特务和搞阴谋的党棍打人西康省，大挖墙脚，刮地皮，并从军、政、财、民族四方面施展钻心战术，大搞分化瓦解，挑拨离间，搜集情报，掌握刘文辉的动态。刘文辉为人机智善断，人称“多宝道人”，对蒋介石这些做法，早已加强警惕，主动采取防御措施，依然完全控制西康局势。

第二步，抗战以前，刘文辉曾几度参加反蒋活动，早为蒋介石所不满。抗战期中，国防部拟调刘文辉军一师人出川，刘文辉以防藏为辞，予以拒绝。同时又与进步人士接近，给蒋介石造成一些政治上的困难，并竭力拉拢邓锡侯、潘文华，联络云南龙云，企图联合西南地方力量，与蒋介石政权对抗。

1939 年 1 月 1 日，刘文辉又联合潘文华、邓锡侯两将军，三方共同出资，在成都创办《建国日报》，由邓锡侯派旅长周绍芝、刘文辉派过去驻南京代表邵石痴、潘文华派副官长夏骑风同上校秘书赵星洲等共同组织，并以赵星洲任报社社长，统一言论，表示精诚合作。刘文辉又拿出一笔钱组织俱乐部，一在前卫街谢秉钧公馆，一在宁夏街邵石痴公馆，借以加强三部中层人员的联系。而潘文华、邓锡侯、刘文辉三人，则同邓鸣阶等随时聚会于桂王桥街魏敬叔处，以打“乱擢”为名，经常密聚。凡此种种均为蒋介石所忌视。

1939 年冬，刘文辉到重庆，蒋介石召见他的说，日寇以全力西进，长沙可能有问题，我国国际交通线大受威胁，为未雨绸缪计，拟赶快建筑川藏公路，打通第二国际路线，经费一项，由中央负担。至于建筑工人，四川和西康人口稀疏，不能雇用民工，拟用军工建筑，叫刘文辉准备两个团，中央派三个团来，归刘文辉指挥，共同建筑，在两年内完成。刘文辉骤聆之下，无词反对，只好唯唯听命。第二日国防部派人与刘文辉磋商细节，刘文辉勉予应付，但对中央派兵来康，心存疑虑，回成都后商诸邓锡侯、潘文华，佥谓，此事决不能答应，就是蒋介石攫康咽川之计。因为川藏公路以康定为起点，修抵印度边境，长达四五千里，高山峻岭，险滩恶水，何为胜数，工程浩大，难于川康公路十倍，岂两三年可奏肤功，蒋介石宁不知之，知其难而故为之，醉翁之意不在酒明矣。

中央军以三团入康，挟其优势装备，再辅以政治力量，西康之势危矣。不仅危及西康，而四川亦陷于腹背受敌之势。现在必须设法拒止，方是上策。刘文辉说："蒋当面指示，我思想上毫无准备，以致无法推脱，现今之计应如何对付厂后经商定，由刘文辉去电国防部，说西康全部军力加上保安部队，已有两万多人，筑路工程，已足胜任，勿劳中央军入康等语。同时顾虑蒋介石来硬的一手，不能不预作应付准备，刘文辉乃返回西康部署，临去时，潘文华在夹江军火库提赠刘文辉手提式机枪若干挺，迫击炮若干门，冲锋枪若干支，子弹若干发，以充实刘文辉的战斗力量。同时，潘文华密令宜宾、乐山的周晓岚师，邛崃、名山的刘树成师暗中警戒，支援西康。蒋介石的成都军校有官兵学生几千人，潘文华令彭焕章暗中监视。成都东北外围，由邓锡侯部杨晒轩师负责，与彭焕章师内外策应。

消息传出，谣言四起，一说中央军已过内江，一说军校学员全体武装，枕戈待旦，以致人心惶惶，大有"山雨欲来风满楼"之势。蒋介石知道这些情况，对潘文华仇恨万分，但以前线烽火炽烈，不能让后院起火，只好勉为隐忍，于是电告刘文辉，说他对修筑康藏公路，能独任艰难，以分中央之劳，殊堪嘉誉。这段公案始告结束。

1944 年冬，日寇对国民党战场发动大举进攻，一度攻陷贵州独山。杨森率所部二十军赶往增援，到 12 月上旬，日军在太平洋战场和中国战场兵源匮乏，已成强弩之末，遂将驻扎在贵州的突击部队撤走，二十军留驻贵州黎平、锦屏。蒋介石委任深得自己宠幸的杨森为贵州省主席，以此为交换条件，召杨森到重庆策划一场内战阴谋。这次是蒋介石精心策划,以杨森为突击手,争取潘文华掩护,实行闪电式剪除刘文辉的军事阴谋。

这已表明蒋介石对刘文辉始终不放心,总想把刘文辉拉下来,但因潘文华、刘文辉、邓锡侯川康三巨头抱成一团,蒋介石只好投鼠忌器,同时以修建川康藏公路前车之鉴,不敢贸然下手。蒋介石知道杨森和潘文华是四川陆军速成学堂的同学,又曾同隶刘湘部下,有一定的交谊,乃示意杨森求得潘文华支持,如果潘文华支持,中央即下令撤换刘文辉,派杨森为西康省主席。

于是,在 1944 年 11 月初,杨森便以此找潘文华的二弟潘昌猷密谈说,此事如得令兄支持,中央对令兄当更信任,今后主持川政,舍令兄其谁? 同时,事成之后,中央决定升你任经济部次长等语。潘昌猷即衔命到成都,告知乃兄。

接着,杨森又在重庆找到潘文华的代表黄应乾,请他向成都陆军速成学堂同学潘文华转达其意:必要时,请潘文华出兵,以强大的军事势力支持他去接西康省主席。潘文华对黄应乾说:“川康两省只有我与刘文辉、邓锡侯合作,闭关才能自守,如今大家分化,必定同归于尽,此事万不可做。”要黄应乾向杨森面为婉辞。

在年终 12 月的一天,潘文华突然在成都接到蒋介石的急电,要他火速赴渝。潘文华的轿车行至重庆市郊小龙坎时,与前来迎接的杨森撞上,杨森非常热情地邀潘文华到他“渝舍”去畅叙阔别。潘文华心头微觉诧异,估计他有要事相商,便一面恭喜他出掌贵州省政,一面与他同车前往“渝舍”。车上潘文华向杨森打听蒋介石这次召见自己究竟何事? 杨森故作神秘地说:“委座对你非常重视，当然是军国大事！”然后把自己在外抗战经历滔滔不绝地大吹一气，弄得潘文华没有插话的机会。

到了“渝舍”，杨森早已准备好家宴招待。饭后，杨森邀潘文华在密室单独交谈。刚一坐定，杨森劈头便说：“中央现已截获刘自乾通敌罪证，决计翦除这一祸害。委座制定周密计划，交你我兄弟执行。”潘文华听后内心一震，但表面上仍不动声色地说：“自乾通敌，可有确证？今大敌当前，举措必须慎重，倘操之过急，万一为日寇所乘，势必动摇国本，你我岂不是成了千古罪人！”杨森忙说：“当然有确证！你要相信中央对西康情况了如指掌，西昌行辕主任张笃伦每天都有电报发来。这次行动，决操胜算，仲三兄不必担心！”见潘文华默然，又不无威胁地说：“你我蒙中央信任，倚为肱股，参与机要，这事只能奉行，没有多的回旋余地！”潘文华决定探探他的底细，便说：“那么刘自乾具体罪行究竟怎么样？中央计划又到底如何进行？也须得让我了解，才好下行动决心。”杨森清了清喉咙道：“自乾通敌的罪行嘛，目下暂由中央掌握，等待问题解决后，再行公布。至于行动嘛，主要是借你的人缘声光，掩护支援我动手执行。”潘文华进一步表示愿闻其详，但老奸巨猾的杨森却婉言说：“仲三兄旅途劳顿，不妨早些休息。这事我先给你吹吹风，待明晨八时委座召见之后，你我再具体详谈。”

实际上，杨森心里也明白，西康省主席刘文辉为人沉雄机警，能谋能断，其所部二十四军辖两师一独立旅，系经过多年颠沛流离严峻考验的旧部，对刘文辉是忠心耿耿，而杨森只靠自己的势力是不可能对付刘文辉的。针对蒋介石的一次次阴谋，刘文辉早就一面反复教育部属加强警惕与团结；一面对这帮贪鄙成性的家伙诱以西康广种的鸦片、特产的金银，放纵他几爷子大捞一把。一来缓和对自己的危害；二来让社会各界认清他们的丑恶嘴脸，使其煽惑伎俩无所施售。与此同时，刘文辉又通过与政学系分子、贵州人邓汉祥结成姻亲，由邓汉祥拉拢何应钦、张群供自己运用；以三尊金佛及长期供送上等鸦片直接打通既信佛又嗜烟的总统府秘书长陈布雷的关节，拉起一条机密情报线；通过其女婿伍培英利用陆大同学的关系以重金买通陈诚的亲信方天，牵上与浙江派实权人物陈诚的关系，想从几个方面封住蒋介石的毒手。

当时抗战已进入相持阶段，蒋介石为了排除异己，竟不惜以武力搞掉刘文辉。如今又乘杨森屯兵毗邻四川的黎平、锦平之际，企图利用杨森为其火中取栗，搞刘文辉一个冷不防。

当晚在杨森家，潘文华考虑到川康三集团利害攸关，蒋介石出此险恶用心，明为图利，暗中不知还有什么阴谋诡计，自己稍有不慎，势必铸成不可挽回的大错，使川康再燃战火，成为川康历史上的罪人。辗转反侧，几乎通夜不眠，腹拟对付这个阴险毒辣的办法。最后决定，明日见蒋，婉言劝谏，如蒋不听，则设法脱身回蓉，再作区处。

第二天一早，潘文华与杨森一同谒见蒋介石。寒暄让座之后，蒋介石开门见山地对潘文华说："仲三，中央不断截获刘文辉通敌叛国罪证。为了安定抗日后方，决心予以翦除。中央对你和子惠（杨森字子惠）寄予心腹，准备采取地方偶然事件的形式，用迅雷不及掩耳的手段，断然处置！"

当蒋介石的话音刚落，坐在沙发上的潘文华当即胸有成竹地起立说道："委座！大敌当前，后方用兵，恐摇国本！中央既经掌握刘文辉确凿罪证，最好公诸国人裁判。通敌叛国，谅其部属谁肯从逆？必然众叛亲离，立成独夫就缚。此事不必兴兵动众，尤不宜加以袭取！"蒋介石很不高兴地一面摆手示意潘文华坐下，一面提高嗓门说道："此事中央筹之稳熟，唯其大敌当前，不宜公开声讨，以免影响前线。故以偶然事件果决处置，俟得手后再行宣告罪状，较为妥善！"潘文华知道无可挽回，急谋脱身，便表示："那么文华同子惠下去商量商量，协同进行。"蒋介石这才点头说了句："很好，很好！一切责任由中央承担！"

回到"渝舍"，杨森对潘文华说："仲三兄是明白人，我给你透个信，你还未来之前，委座就表示准备对你寄以封疆重任！"潘文华故意试探地问："是不是把刘自乾摆下来，叫我上？"杨森微笑说："可能还不止于此！你我还是先谈具体行动。"于是杨森便把蒋介石的密谋透露与潘文华：首先由军委会下令，以杨森所部抗战七年，勋劳卓著为由，特许二十军回川暂驻名（山）、邛（崃）休整，便利官兵探访亲故，以示体恤。这时要潘文华发动舆论机关和地方法团表示欢迎，并由潘文华部驻眉（山）、彭（山）、丹（棱）、新（津）的新十七师组织慰问、联欢，用以掩人耳目。然后以地方偶然冲突形式突施袭击，一星期之内解决刘文辉。在进入军事行动时要潘文华负责稳定舆情和担任后勤警戒、补给。随后杨森加重语气对潘文华说："仲三兄！现在你我共同承担党国机密，政治上有中央负责，军事上我有绝对把握，关键就看你的支持了！"

潘文华知道这位昔日在陆军速成学堂同寝一室的同学杨森已决心为虎作伥，劝也无益，只有设法把他稳住，自己脱身回成都再说。便对杨森说："子惠兄，此事甚关重大，切切不可草率鲁莽！你离川几年，对目下川康错综复杂的情势可能还不太明了，就我所知来衡量，实在有些棘手。我准备今天就动身回成都，从各方面进行试探运用，俟准备就绪，立即密电通知你。"为了让杨森不疑有它，又故意要他编给密电本和电台呼号以便联络。并叮嘱杨森必须待运用成熟，专电达知，才能开始动作，以免失去协调而弄得不可收拾。临走时杨森用手指了指潘文华又指了指自己，潘文华会意，便用手指了指天，又指了指地，意为"你知我知，天知地知！"

潘文华赶回成都，立即约集钟体乾、杨续云在永兴巷植苑公馆内书房密商对策。听他谈了去重庆见蒋介石的经过，都知道问题严重，不好对付。三人面面相觑，中途哑场十多分钟后，钟体乾长叹一声说："蒋介石很难缠。杨子惠不可交！"说罢望着天花板又沉思起来。这样又哑场十多分钟后，潘文华点杨续云的名说："续云，你的意见呢？"杨续云缓缓说道："这件事的确棘手。蒋光头对川康本不怀好心，自从在西昌设行辕以来，就一直在打刘自乾的主意。这次适逢杨子惠的二十军辗转到了与四川毗连的贵州，便触动他的恶念。看来是蒋介石主动策划，杨森甘为其火中取栗，才定出这条毒计。他们也考虑到二十军突然回川休整，必然引起各方面疑窦，收不到奇袭之功，便要潘主任掩护、声援，这只是问题的表面，骨子里是要破坏川康三方团结，拖人下水。从他们的具体军事行动一点也不能透露看，估计是用卑劣手段将刘自乾或抓或杀，同时二十军奇袭刘自乾部。如果阴谋得逞，刘自乾被迅速消灭。唇亡齿寒，下一步便该我们与邓晋康（邓锡侯字晋康）走上末路了！更危险也更现实的可能是，以刘自乾的机警顽强，定然起兵反抗，那样便会酿出旷日持久的混战局面。当此民族抗战紧急关头，倘坐视作为大后方的川康出现这样局面，我们便都成了民族罪人！何况到时蒋介石便有借口加强军力对川康用兵，安知今日栽在刘自乾头上的叛国恶名，异日又不会栽到我们头上！思此危局，真令人不寒而栗！”

钟体乾点头接话道：“续云分析得很透彻。我们要从最坏处设想。”“是啊！杨森桀骜不驯，反复无常，如令其主康，则四川亦不能安枕啦。我们既支持刘自乾于前（指修川藏公路事），何撤台于后，现在潘、刘、邓一体，合作无间，蒋不能不有所顾虑，如从中打击楔子，则必遭各个击破。”潘文华缓缓地说。“潘主任说得精辟。”杨续云说。最后潘文华着急说：“问题是我们如何妥善应付？”经他这一问，三人又是面面相觑，一筹莫展。沉默十多分钟后，潘文华只得说：“这样，今晚大家回去休息，慢慢考虑，明天上午九点仍在这里碰头商议。”临走时潘文华又叫杨续云去把情况通知乔毅夫，明天一起来商量。

第二天在潘文华的内书房，潘文华、钟体乾、乔毅夫、杨续云四人议来议去，仍提不出有力对策。最后杨续云便说：“这件事不能不办，又绝不能办，看来只有使个‘拖’字诀了！”钟体乾说：“也只好如此了！不过拖也得有拖的准备才是。”乔毅夫笑了笑道：“只要‘拖’字方针一定，其余就好办了！估计蒋光头不会公开就此事来催，只能叫潘主任去重庆回话，那就给他来个称病不朝。如果他来成都，潘主任就溜回仁寿文宫场，给他来个乡间养病，避而不见。至于杨子惠那边，如果他用电报来催，就给他来个不理不睬；如果派人来催，就给他来个干脆回绝；如果他要强行把部队开回四川，就叫省参议长向老二（指向传义）出面，以民意机关，联合川康军通电欢迎他们回老家广安去休整，不准他挨近川西南！”于是大家一致同意采用“软拖”对付。最后又商定由潘文华亲自出面将此事通知刘文辉，相互支持配合。

这样一拖便拖到第二年4月国民党六届全国代表大会，其间蒋介石曾两次电召潘文华赴渝，都被潘文华称病婉拒。杨森也多次来电催问，潘文华概不置答，最后杨森派他的参谋长范埏生直接来成都见潘文华。潘文华当面以“大敌当前，不容内战，且川、康两省参议长向传义、胡恭先都与刘文辉有密切关系，一旦有事，必然发动两省民意机关群起谴责，局势将不可收拾。请转告子惠，应爱惜自己抗战打出的名声，不能为此不智不义之举”的话，义正词严地予以回绝。

当时成都选区国民党军队代表选举，与社会上文职代表选举中纠合袍哥地痞，贿买贿卖，提劲打靶，舞刀弄枪的情况相反。采取按实力地位折冲樽俎分派名额的办法，在北较场军校举办的酒席宴会上圈定。故民间有“文党员武选，武党员文选”的笑话。潘文华、邓锡侯、刘文辉三人各得一席，但潘文华不敢同蒋介石见面，只好称病回避，委托郭造勋作为个人代表出席。邓锡侯不知内幕，再三劝潘文华同去，说是遇事有个照应。刘文辉心头明白，便对邓锡侯说：“晋康兄，仲三因病实在不能出席就算了，这次产生中央委员时我们三人誓同进退，缺一就大家辞谢，以示抵制。”

重庆方面资格审查时，以代表不能委托代理人，迭电催潘文华亲自出席。万耀煌、曾扩晴、戴颂仪等人轮番赴潘文华在成都永兴巷的植苑公馆劝驾。潘文华不胜其扰，干脆跑回仁寿县文宫场避嚣，不两天又把杨续云约去。果然大会分配中执委时潘文华落空。经邓锡侯、刘文辉力争，最后安排潘文华一个监察委员的名义。

郭造勋代表潘文华主任去重庆期间，受潘文华委托曾走访中共中央南方局领导人王若飞，谈了潘文华不能出席国民党六届全会的原因。王若飞考虑再三说：“潘先生做得对，看来这事只有拖！目前日本在太平洋节节败退，形势很快就会有大的变化，坚持拖下去必然会得解决。”

“六全大会”后，蒋介石知潘文华必不用命，且刘文辉已有准备，阴谋落空，只得将杨森所部二十军调往广西战场。这样一场由蒋介石精心策划的川康大混战的毒谋，终于被潘文华不惜背着沉重的政治包袱拖向流产，避免了川康两省军民可能遭受的一场大浩劫。因此蒋介石对潘文华恨之入骨，决心伺机予以打击报复。

刘文辉会后回成都，曾对潘文华说：“仲三，陈布雷透露蒋去年曾有调我出任参总的考案，可见其用心之深！”抗战胜利后，潘文华再度见到杨森，杨森对潘文华说：“仲三，那回你对秘密任务不执行都没得啥子，委座最痛心的是你竟向刘自乾泄密！”潘文华立即给他抵了回去：“活见他妈的鬼！这是他自己身边的陈布雷漏的风，与我何涉！”

由于潘文华一贯反蒋的行径，使蒋介石怀恨在心，必须去潘而后快。1945年8月15日，日本投降，蒋介石势焰高涨，回到南京后，蒋介石挟此有利形势，下令将潘文华的第二十八集团军总司令、川陕鄂边区绥靖公署主任及其长子潘清洲的巴山警备司令等职全部撤销，并截至九月份对撤销单位一律停发经费，其来势之猛，可知蒋介石衔恨之深矣！同时，四川省银行改组，潘昌猷的董事长也随之下台，这给潘文华集团以沉重打击。

潘文华集团受到重大挫折后，没有怨天尤人，而是沉着应变，泰然处之。经过一段时间运筹，潘文华派二弟潘昌猷找孔祥熙设法，并找湖南省主席程潜向蒋介石疏通，希望给潘文华以合适新职。程潜于清末曾在四川陆军弁目队任教官，与潘文华有师生之谊，潘文华对器械训练有独到之处，颇得程潜之青睐。潘文华在四川陆军速成学堂毕业后，随钟颖入藏，亦系程潜之推荐。在抗战期中，程潜经常来重庆，潘文华兄弟对之礼遇有佳，以此，程潜也竭力从中斡旋。

第二十九章　协助陈诚整军
谋划重膺新命

抗战结束前，蒋介石曾指着全国军队表册上一百多个杂牌师的番号，很有感慨地对何应钦说："想不到打了八年，这些部队还有这么多！"因此日本刚一投降，蒋再以"复员建设"的名义，裁遣非嫡系的杂牌军队。这时陈诚已取代何应钦出任军政部长，以他为首的"土木系"（陈诚由十一师、十八军起家，故有"土木系"之称）与张群、何应钦为首的"政学系"彼此争权夺利矛盾一向尖锐。陈诚决心在整军中露一手，好在蒋介石面前把张群、何应钦压下去。于是便大刀阔斧地干将起来，祭起"整编"、"混编"两大法宝，放手裁遣、吞并杂牌部队。一时之间，搅得上下骚然。李宗仁曾劝告他说："辞修兄（陈诚字辞修），你这样干是替共产党凑本钱啊！"陈诚却大言不惭地回答道："德邻兄（李宗仁字德邻），不必多虑，他们（指被裁遣的官、兵）敢去投共产党，我求之不得，正好一锅端！"

对川康潘、邓、刘三集团，蒋介石当然不会放过，但风头十足的陈诚却有几分顾忌。这是因为他知道，自民国以来，历次四川整军，几乎都是以大打出手而告吹的。何况目下潘、邓、刘三部盘根错节抱成一团，倘处置不当，激出什么事端，岂不晦气！盘算一番后，便决定利用潘文华目前只剩下五十六军，无法涵盖所辖部众的困难处境，向潘文华买好，以减少阻力，顺利完成“整编川军”这个艰难任务。

陈诚一贯自我标榜“不拜客，不送礼”。这次却一反常态，刚到成都，便亲自登门到永兴巷植苑公馆拜访潘文华。因知道潘文华的身体不好，特意馈赠大量燕窝、鹿茸、人参等高级补品。陈诚的亲信幕僚方天亦以陆大先后同学关系向潘文华的参谋长杨续云套交情。接谈间，陈诚对潘文华大加恭维，表示愿意交个朋友。并将其带来的整编方案先透露于潘文华，要川康三部各裁减三分之一，保留三团制师七个，各军所辖独立旅全部撤销，希望潘文华出面帮忙向各方面疏通。

第二天，潘文华约同邓锡侯、刘文辉在自己的植苑公馆会商对付“整军”的策略，在当时“战胜复员”的形势下，三方对撤销各军独立旅一致同意，但对保留师的个数发生分歧。邓锡侯、刘文辉主张保留原有九个师；潘文华以这次所谓“整军”实质就是削编，自己所部五个师中新十八师因其旅长彭斌、李元宗反对师长周城虎，已将彭斌另编独立旅，该师已成分裂，九个师的番号碍难通过，因此主张保留八个师。最后决定各自提出方案，交送陈诚。

陈诚此行目标就是削编川军，当即同意以潘文华方案为基础报蒋介石核定，并主动提出为潘文华争取一新头衔，同时邀潘文华、邓锡侯、刘文辉赴重庆见蒋定案。潘文华此时仍有顾虑，便以身体不好为辞。结果邓锡侯、刘文辉与陈诚一道由红牌楼机场乘军用飞机赴渝见蒋，依潘文华方案作最后决定。往返五天后，原班人马回到成都。陈诚立即会见潘文华并表示：方案通过，中央已内定潘文华出任川、黔、湘、鄂边区绥靖公署主任，条件是率所辖全部武装开赴边区整训和清剿土匪。

潘文华于第二日与邓锡侯、刘文辉会面，三方一致同意接受整军方案，由川康绥署执行。对潘文华内定新职和所部五十六军（辖一六三、一六四两师）及新十七师、新二十五师移防集结边区，处在当时情况下，都认为只得接受。大家表示潘文华虽然离开成都，但今后仍本一贯团结精神，互相支持。刘文辉并建议："边署"所在地必须力争设在川境，以便遥相呼应。

潘文华又召集所部高干钟体乾、乔毅夫、杨续云、郭造勋等会议，协调统一内部意见。由杨续云汇报接受整军方案和新头衔的经过。钟体乾、乔毅夫对军队缩编意见不大，只表示不同意移驻边区，但又拿不出不同的办法。最后由潘文华决定，钟、乔留守省城，负责联络邓、刘及安抚"甫系"旧人。并令警卫营长秦绍成率一营部队驻省保护设在玉皇观的秘密电台，以备与各方面特别是同张澜的通讯联络。

随后潘文华又与陈诚两度会谈，对"绥署"驻地进行讨价还价的协商。陈诚先后提出湖南的沅陵、湖北的恩施、四川的秀山，潘文华始终坚持四川的黔江，并振振有词地指出：陈诚所提三地都偏在一隅，惟黔江管毂川、湘、鄂公路枢纽，从交通着眼较为适中，且抗战中九战区长官部旧有的简易房屋足资利用，后勤兵站及总医院也庙在彼处，实乃最佳选地。陈诚无言以对，最后只得同意潘文华的意见。为了进一步拉拢潘文华,又主动提出:“边署”经费由十月份起拨发,部队整编及开拔经费实报实销。还送给潘文华部一批美式卡车和小型吉普,并邀潘文华去重庆参加抗战胜利后第一个“双十节”庆典,表示愿陪潘文华去见蒋介石。

潘文华考虑到时过境迁,认为“翦刘”之事拖了那么久,自己与蒋介石的旧账也该拖化了。趁此国共和谈、举国团结一致的气氛中,正好以初膺新命为台阶,与蒋介石见面,顺便也可到重庆与各方面接触,便与陈诚赴渝。蒋介石于匆忙中接见,说了几句寄以“边区重任,望好自为之”的门面话,即行告退。

这样张群主川多年,用尽心机都没有完成的分化、割离川康实力集团的使命,却被陈诚备缘时会,经过仅仅半个月时间在形式上竟达成了。因此陈诚在张群、何应钦面前愈加趾高气扬,不可一世。张群受了一肚子的阴气,惹不起陈诚,便迁怒于潘文华。正好王缵绪搞成光杆司令回到四川,被蒋介石授为重庆卫戍总司令,张群便唆使、支持王缵绪就近拉走潘文华部担负重庆警备任务的新25师,以为报复。

10月中旬,潘文华由重庆回成都后,于开赴边区之前,特在植苑公馆内书房召集杨续云、郭造勋、潘清洲秘密会议。潘文华首先介绍了这次赴渝见蒋的经过及在重庆期间走访周恩来、王若飞、冯玉祥、张澜所了解到的情况。指出目下国共双方虽然签订了“双十协定”,但蒋介石并无诚意。面对今后蒋、共对峙的局面,本集团除坚持与川康邓、刘团结合作外,还应加强与共产党的联系以抵制蒋介石的排斥、吞并。然后着重分析了现有部队的情况，潘文华说：“目下我部三个师即将进入一个陌生的苦寒山区环境，部队的情况，续云知道一些，你们两个（指郭造勋与潘清洲）不太了解。这三个师并不是我首创的基础队伍，乃系继承甫公遗留在四川的余部。这些部队长期驻防后方城市，生活腐化，暮气沉沉，此次移驻艰苦山区，一可暂避政治风浪，二来正好加以整顿训练。我操心的就是这三个师的师长，他们出于利害上的需要对我拥戴，但又视部队为私己谋利的工具，无论形势如何变化，他们都不管，反正天垮下来有我顶住！其中陈兰亭资格最老，在四川经过三个军系，最后才投奔甫公。他与自命为‘甫系’正统的彭焕章矛盾很深。其人富于世故，志在享乐。他那个师有个团长冉良臣，年轻能干，陈兰亭对他也很信任，提冉良臣当师长他不会反对。只有冉良臣上去后才谈得上着手整顿该师。此外刘树成年龄也大了，钱也找够了，自己都表示愿意把师长交给他一手培植起来的年轻副师长徐正纲。最麻烦的就是彭焕章，粗鲁冲动，胡搅蛮缠，随处以老资格‘甫系正宗’自诩。当了几十年军官，尚不懂得驭下艺术，经常和手下几个比他还老大的团长闹得乌烟瘴气，还要我去‘打招呼’、‘捡摊子’！可笑的是他和‘遗老遗少’们竟都认为我是甫公当然继承人；他是我的当然继承人！所以我特地叫清洲带高守谦团（原巴山警备队两个团缩编成的加强团）去作副师长，慢慢团结，影响，以期改变该部不良积习。”

潘文华讲完后，杨续云接着说：“主任讲得很明透。我们心头有了底。不过对‘甫系’问题，处此形势巨变的今天，重在遵循刘甫公独立自主的遗志，而不可拘泥于这一历史名词，否则将有碍于开创今后崭新局面。”郭造勋插话道:“续云兄说得对!历年来刘甫婆和‘甫系’遗老遗少所干的那些事(指囤积居奇,走私贩毒),好些人都认为是我们在包庇。趁此离开,也好摆脱这一坏影响。同时他们这些人失去倚恃,也可能收敛一些,不见得不是一件好事。为了本集团前途,今后除对他们合理利益应予照顾满足外,不宜过于迁就、姑息。”潘文华对杨续云、郭造勋意见甚表赞许,可惜的是,在日后发生的内部纷争中却未能坚持这次会谈宗旨。因为抹不开与“甫系”遗老遗少的情面,最终被蒋介石钻了空子,以致部队被搞得七零八落。

第三十章　出任川黔湘鄂边区绥靖公署主任确定对外交往和内部施政策略

川军刘湘系统的潘文华、唐式遵、王缵绪、王陵基四个集团军，在刘湘死后，唐式遵、王瓒绪、王陵基三部都采取一面倒的方式，完全投靠蒋介石，以保持自己的权力地位。唯独潘文华是采取明修栈道、暗度陈仓的手法，即表面向蒋介石表示服从拥护，利用其弟潘昌猷与孔祥熙关系结交权贵，向蒋介石内部找奥援；实际上却在成都继承刘湘的遗志以号召领导"甫系"，并与刘文辉、邓锡侯两集团团结合作，发展地方势力，联系革命进步力量，借以保持和巩固自己的权力地位。

潘文华的这些做法，当然早为蒋介石、张群所不满，徒以时机未至，有所顾忌，暂示羁縻。到了抗日战争胜利前后，陈诚继何应钦任军政部长，借口整军，裁并骈枝机关，将潘文华的川陕鄂边区绥靖公署裁撤，潘文华当时迫于形势无法抗拒，乃采逆来顺受方式，迎合陈诚整编军队要求，换取陈诚的支持。于是，国民政府于1945年10月20日特派潘文华为川黔湘鄂边区绥靖公署主任，被迫率领所部五十六军，由成都及川西北地区移驻川东黔江及湘鄂边区一带。

所谓川黔湘鄂边区,最初划定为川东的彭水、黔江、酉阳、秀山,黔东北的后坪、沿河、松桃,湘西的永绥、保靖、凤凰、乾城、古丈、沅陵、泸溪、辰溪、永顺、龙山、桑植、大庸,鄂西的咸丰、来凤、宣恩、鹤峰等二十余县。后来又增划川东的武隆、石柱,鄂西的恩施、建始、巴东、五峰等县。川湘、川鄂两条公路贯通全区。

抗日战争时期,川湘公路成为四川大后方与东南、华南主要交通联络线。由于土匪、烟匪骚扰,运输常受梗阻。陈诚在第六战区任司令长官时,曾派傅仲芳为川黔湘边区剿匪指挥官,设指挥部于秀山,以一个师兵力专任剿匪,维护公路交通。傅仲芳在边区先后屠杀一千八百多人。1945 年冬,潘文华部五十六军开到边区之际,除川湘鄂交界八面山地区尚有股匪瞿伯垓部一两千人外,其余只有一些零星散匪及季节性种烟贩烟的烟匪活动,川湘、川鄂两条公路,基本上已经畅通无阻。

抗日战争胜利,长江水路交通恢复,川湘、川鄂两条公路效用大减,运输任务已经很小,川黔湘鄂边区实无成立绥靖机关并使用一个军的兵力来维持治安交通之必要,高唱裁撤骈枝机关的陈诚,为什么又新设这个骈枝机关呢?

原来蒋介石处心积虑,要把云南、四川、西康地区军阀实力削弱、分散,甚至消灭,以达其控制大西南的企图。为此才撤销潘文华的川陕鄂边区绥署,借口整军,逼迫其率领所部离开成都及川西北地区,想把潘文华部五十六军部队完全控制在自己手内掌握使用,并把潘文华这位四川宿将拉来做他插手西南过问四川军政的一张有力的王牌。

川黔湘鄂边区本是陈诚第六战区的地盘，恩施还是他兼湖北省主席时省政府所在地。地方机关团体士绅都与他有相当关系，有些还保持着一定的联系，特务组织布置也很完备。陈诚选择这个地区安置潘文华部，主要为了便于整编部队，使五十六军俯首就范，接受他的控制掌握和使用。

基于这个要求，所以潘文华部到了黔江之后，陈诚就不像以前在成都时那样任其保有较多的自主权力，而是比照中央部队一样，对于部分调动、整编、教育、训练、人事、经理各方面，都插手进来掌握干预。

川黔湘鄂边区绥靖公署之成立，陈诚把原驻秀山的川湘黔边区剿匪指挥部撤销，归并于绥署。其所辖的一个师调去湖南，指挥官傅仲芳任边区绥靖副主任，指挥部参谋长薄竣昌任绥署高级参谋。潘文华经过重庆赴黔江去见陈诚辞行时，陈诚乘机又向潘文华隆重推荐他的保定同学、浙江同乡傅仲芳，陈诚特向其介绍傅仲芳之为人，说傅仲芳忠实可靠，很能作战，并说："这个人将来可资你的臂助，希望信任倚重他。"很明显，陈诚是想通过傅仲芳来达到他确实掌握潘文华部的目的，而在潘文华的思想上却没有同意，反而引起了戒备。

在后勤补给方面，国民党中央军事委员会后方勤务部（后改为国防部联合勤务总部）由湖南调直属第二十一兵部分监部来到黔江，分监高兴嵛，专门负责全边区驻军一切补给补充事宜，与绥署联系工作。陈诚采用"欲取先与"办法，为绥署及五十六军经理补给，基本上照中央军队规定办理，补充了一些弹药、车辆、器材、被服、装具，使潘文华及部队都感到满意。

川军部队原来没有健全的政治部组织，潘文华任陕川陕鄂边区绥靖公署主任时期，国民党中央军委会政治部曾派刘一清来做政治部主任，由于川军抵制甚力，刘一清不安于位而去。以后由潘文华保荐唐午园继任，虚有其名，没有活动。五十六军部在成都时也没有设立政治部。各师虽曾设立，也是有名无实，没有展开工作。早在川黔湘鄂边区绥署成立时，国民党中央军委会政治部派来一个甲种编制、共有人员三百多人、各级组织完备的政治部，以范龙骧为主任，初来时隶属绥署，以后改归五十六军。其人事管理概行独立，工作业务也有独立的无线电台与军委会政治部直接联系；军以下各师各团也成立政治部组织，师政治部主任改称副师长，团则称训导员。

1946 年冬，国防部第二厅还派李克军率同一批干部来边区绥署任第二处（情报）处长，第一厅也派一个姓董的中校处员和一个干部来绥署第一处（人事）管人事编制工作。这些人都是各有背景使命，互相联系，从各方面贯彻陈诚控制潘文华的企图，形成一股相当大的特殊势力。

潘文华在川陕鄂边区绥靖公署撤销后，对蒋介石和陈诚怀有怨恨。成都整军走陈诚的门路是迫于不得已。川黔湘鄂边区绥靖公署主任履职后，对陈诚又怀有感激，心情，并因此而一度产生以陈诚作政治上的依靠来维持自己地位的幻想。但在面见蒋介石、陈诚要求增划万县或涪陵以作绥靖公署驻地不久之后，又觉蒋介石、陈诚仍不放心自己，前途并不见佳，产生种种顾虑。

潘文华动身赴黔江之前夜，曾在重庆曾家岩植庐公馆中，与其弟潘昌猷、亲信邱甲和郭造勋作了一次对时局分析和前途决策的讨论。潘文华最后归纳意见的结果大致是：

（一）日本投降以后，国内得到暂时和平，蒋介石必然转移目标，全力对内，排除消灭异己势力，地方杂牌部队正是他要排除消灭的对象。

（二）国共合作谈判不会成功，也许将来还要打内战。国民党虽然力量强大，有美国极力支持，共产党力量也很不弱，并有苏联支持；国民党无法消灭共产党，共产党也不能打倒国民党，将来可能是南北朝局面。

（三）今后保存力量维持地位的方针：借整编训练机会把所属五十六军部队确实掌握在手，以防蒋介石、陈诚的分化瓦解；除继续巩固与陈诚的关系外，还要在蒋内部寻找一个可靠的关系，取得庇护及支持；暗中联系革命和民主力量，以作将来应付变化之准备。

关于掌握部队，由于潘文华原来的基本部队是二十三军，抗战初期即开赴华东前线作战，后来编入唐式遵集团军，潘文华回四川，无法调回。以后统率的五十六军是刘湘留川的部队凑编而成，因历史关系，对潘文华有些貌合神离，各自保持一种半独立状态，掌握指挥很不灵便，潘文华亦无可奈何。

这次在渝，陈诚向其谈到下一步骤整军，预定军改为师、师改为旅，并嘱其预为考虑师旅长人选，须以年富力强，长于练兵作战之人充当，言外有讽示其不能再兼五十六军军长之意。潘文华自思军如改师，自己以陆军二级上将绥靖公署主任地位也不便再兼师长，因此开始考虑将来继任人选，思想上偏重一六四师师长彭焕章。因彭焕章不但是所谓“甫系”嫡派，并且潘文华的长子潘清洲系其副师长，彭焕章如升军长，师长自然由潘清洲继任。同时为了培植潘清洲，令其此时不必进入边区，由渝迳赴上海，办理出国手续，自费到美国军事学校留学深造。

关于向蒋介石内部寻找关系庇护，因潘文华考虑到张群关系已经变坏，潘文华的川陕鄂边区绥署撤销，张群不予帮助，以后川黔湘鄂边区绥署由陈诚支持成立，张群又感到难堪。潘文华离成都向张群辞行时，张群埋怨潘文华不应直接找陈诚活动。潘文华说："我先找过张先生，没有办法，实逼出此。"张群素以西南特别是四川为其政治活动根据地，在社会上和蒋介石面前都想显示四川之事他能包干，现在潘文华与陈诚搭上关系，张群怕陈诚利用潘文华的关系和力量来插手四川军政问题，心存戒备，对潘文华有些敌视，潘文华已感到威胁。其次考虑到原来曾有关系的孔祥熙已经失势，无再起消息。在蒋介石内部如果只依靠陈诚作背景，似乎有些危险。由于陈诚锋芒毕露，使潘文华生畏不安，邱甲提出同已发表为武汉行辕主任的程潜加深政治关系，以作依靠，经过研究之后，一致赞成，因为川黔湘鄂边区，大半属于湖南、湖北两省，系武汉行辕管辖范围，而且程颂老的人格和历史，使人心悦诚服，感到放心。

关于暗中联系革命力量，潘文华认为这是他继承刘湘的反蒋遗志，潘文华常常把"继刘遗志"作为号召领导"甫系"的旗帜，其实刘湘在红军长征时是投蒋反对革命的，蒋军进川压刘湘太甚，刘湘为自保才转而反蒋联系革命，潘文华此时感觉到蒋决不会相信异己势力，总有一天要被消灭，况且将来既是南北朝局面，革命力量必然发展，民主力量也有前途，应该预为暗中联系，以准备应付将来时局的变化。

同时潘文华又考虑，到了黔江以后就无法与各方联系，为避免蒋介石、陈诚注意，也不便与各方联系；因此这一项工作，决定由潘昌猷负责到上海秘密进行。其时潘昌猷正在计划把他在重庆的金融经济事业中心迁移上海，向全国发展，不久之后即将赴沪。

前些时候，中共中央毛泽东主席到重庆谈判和平，潘昌猷曾被邀参加一次茶话会，当天下午出席回来，曾同郭造勋谈及与会十几人都是国内有名的民族资产阶级人物如胡西园、刘鸿生、章乃器等，四川的民族资本家仅他一人，认为是共产党瞧得起他。又谈到他在会上虽没有发言却很注意看了毛泽东主席的面相，真乃帝王之相，潘昌猷很佩服毛泽东主席英明和伟大的政治家风范。潘昌猷原来与民主同盟的张澜、章伯钧、施复亮等有联系，与青年党的刘泗英、李璜、曾琦也有关系，因此潘文华把这一方面工作交给了他。

1946 年春秋，潘文华到达黔江之后，会见了傅仲芳、薄竣昌、高兴崙、范龙骧等中央派来人员，了解了部队和地方情况。与绥靖公署参谋长郭造勋、五十六军参谋长杨续云、一六三师师长陈兰亭、一六四师师长彭焕章、新十七师副师长徐正纲（师长刘树成尚留成都未到）等商量研究后，采取了以下措施：

（一）军事方面：绥署与五十六军军部及直属部队驻黔江、彭水，军炮兵营暂驻涪陵。新十七师驻酉阳、秀山。一六三师驻鄂西来凤、鹤峰、宣恩及湘龙山一带，一六四师驻湘西永绥、保清、古丈、乾城一带，担任地方绥靖工作，着重整顿部队纪律，保持与地方良好关系。

（二）对中央军委会特别是军政部，采取“奉命惟谨”姿态，多加请示报告。关于湘鄂地区之事，则多向武汉行辕请示报告，以增进关系。

（三）对傅仲芳、薄竣昌给予礼貌上的优遇和尊重，一般公文应交傅仲芳批阅处理，机要文电和人事经理公文则对其保密。实际上潘文华对人事经理公文都是亲自处理，绝大部分对参谋长也保密。对兵站要求补给，须按照规定，不过分奢求，以防把关系搞坏。

（四）对各级政治部工作及政工人员，表面尊重，暗中严加防范，注意其打人部队进行分化工作。

（五）电重庆办事处长张诚文，准备将办事处迁移南京，进行联系活动。

（六）在汉口成立通讯处，以重庆银行汉口分行唐午园为通讯处主任，代表绥署向武汉行辕及程潜主任进行联系。

这些措施实行以后，反应尚好，感到不满的是傅仲芳和薄竣昌。傅仲芳是浙江萧山人，保定军校毕业，外貌朴实寡言，内心精明干练，为陈诚亲信干部。他来做副主任是有使命和目的的。潘文华给他坐冷板凳，他虽然感到不满，却丝毫不露声色，每天仍按时上班办公，宴会酬酢，欢笑如常。他原来的参谋长薄竣昌则不然，对于一个无权无事的高级参谋职位深表不满。可怪的是，川黔湘鄂边区绥署成立时颁发的编制表未设副参谋长一职。

潘文华原来川陕鄂边区绥署副参谋长张诚文,因此改任为高级参谋兼驻渝办事处处长。

其时正值开始整编部队之际,潘文华与郭造勋和杨续云计议,鉴于过去王缵绪集团军的教训,不能以薄竣昌任副参谋长。王缵绪当初因何应钦介绍的情面,以佘砚池任参谋长,其后佘砚池藉中央力量攫取师长甚至军长职位,使王瓒绪大伤脑筋,终至自请撤销该军番号始将佘砚池去掉。因此潘文华认为薄竣昌如取得副参谋长地位,将来不但升任参谋长顺理成章,而且可能攫取师长实职。对于高兴嵛的建议决定不予理睬。薄竣昌知所谋不成,后来愤而离去,迳回南京军政部任职。

范龙骧是陈诚掌政治部时旧属,他的政治工作,采取从绥署、军、师各级拉拢打进方式入手,平时强调他也是四川人,向潘文华伪示诚恳,向郭造勋和杨续云等高级幕僚极表要好拉拢。他明知中央与潘文华部有矛盾,有时故意对中央发些牢骚,诉说不满;有时还把一些不甚重要的情报或者假情报秘密呈送与潘文华看。因此潘文华渐渐感觉“范这个人色彩尚不浓厚”,对之不甚警惕,松弛戒备,后来潘文华甚至把绥署谍报队拨三个分队的编制名额经费给政治部,由范龙骧派政工人员兼充,任其吃一大笔缺空经费以收买他。

范龙骧的拉拢打进工作初步是成功的,他的部下各师政治部主任亦采用同样手法对待各师长及主要人员,其中新十七师政治部主任周某与师长徐正纲关系搞得极为亲密,在以后整编部队时,即扩大内部矛盾,分化控制潘文华部,起了很大的坏作用。

第三十一章　剿匪安民　造福百姓　巧妙周旋　掩护中共

1945年底，潘文华部陆续开拔，移驻“边区”。当时川黔湘鄂边区绥靖公署辖四川酉阳，贵州铜仁，湖南芷江、沅陵、永顺，湖北恩施等六个专区。

境内多穷山恶水，经济、文化极落后，有的地方甚至处于刀耕火种的原始阶段。加之土匪横行，老百姓生活苦不堪言。时值隆冬，潘文华一行所过之处，见许多儿童无衣无被，赤身躲在灰堆里御寒。潘文华感慨地说：“边区老百姓竟苦成这个样子！我们要尽力为他们做些好事，扶养生聚，与民休息。”

到了黔江，潘文华与先期到达的五十六军参谋长杨续云、绥靖公署参谋长郭造勋相见。潘文华与杨续云、郭造勋密商施政处事方针，议定采取：对民间，既不得罪巨室，也要体恤细民；对地方行政，除绥靖职权外，概不干涉；对蒋介石派来的傅仲芳、范龙骧，经济上的要求尽量让步满足，政治上的分歧，采取说理斗争，以期达到不破裂、不妥协；对内部，提倡俭朴生活，关心下级和士兵疾苦。潘文华又提出：“边区与世隔绝，要一个星期才能看到重庆的报纸。我们不能闭塞视听。载民(郭造勋的字)今后主要到重庆、南京、上海活动,以灵耳目;续云在家守摊子,主持负责部队全面工作。我今后也决心改变过去几年的懒散作风,每天上午到绥署办公。”

当时川、湘、鄂交界的八面山地区,盘踞着彭金镛、瞿白垓两股惯匪,各拥人枪近千,打家劫舍,杀人越货,为患地方二十余年。抗战中又与日伪勾结,因此当地各阶层人士都希望潘文华能予以清剿,为民除害。

经过调查了解,潘文华遂决心用兵。这时自诩“剿匪”有经验的傅仲芳便乘机鼓吹大开杀戒,说是:“八面山民匪不分,大军一到他就分散为民,大军一走他又啸聚为匪,非用重兵痛剿不可!”潘文华联想到一路所见所闻,便不以为然地反驳说:“八面山果真民匪不分,也是饥寒所迫,应该网开一面,给人家一条活路!”当即下令从作战经费中拔出百分之三十作为宣传和安抚费用,以号召“弃匪归农”,并予以安置生活。特别手令进剿各团长,凡是投降及俘虏匪众,严禁杀戮、虐待。并通令有关专县协助安置、招抚流亡及弃匪来归的民众,给以无主抛荒耕地及农具、种子。

通过先后投入四个团兵力,军事、安抚双管齐下,越年7月,终于消灭彭部,击毙彭金镛;11月击溃瞿部,活捉瞿的老婆及小儿子。瞿白垓走投无路,通过湖南同乡的关系,向程潜投诚,被委为支队司令,调离边区。潘文华遂将其老婆、儿子放回。

剿匪尚未结束,蒋介石发动了内战,向解放区大举进攻,傅仲芳、范龙骧也加紧了对边区地下党和进步人士的迫害。当时潘集团内部地下党员究竟有哪些人，连潘文华、杨续云也不清楚，只知道边区绥署中校秘书甘树人是经林蒙介绍受中共南方局派遣而来的中共党员。当初双方曾订有口头密约：共产党方面对潘集团作整个团结争取，决不零敲碎打在下面挖墙脚；潘集团方面对中共党员负责保障安全，中共武装只要不危及潘集团根本利益，绝对避免对消。此外估计平素与甘树人相当接近的邱鹤龄、杨尚元、肖世泽等几个青年参谋及潘清洲部的明昭可能是，但却心照未宣。1946 年 6 月，甘树人曾请假回邻水省亲，行前对杨续云说："我走之后，遇到事情由明昭和张隆找您联系。"恰好这两人都是杨续云的学生，明昭任总务处中校课长，张隆任第三处中校科长。杨续云才意识到这两人大概是仅次于甘树人的中共地下党员。

这年冬天，学校刚放寒假，特务头子范龙骧以突击行动，一夜之间将当时秀山县副参议长刘兆群的弟弟、秀山中学校长刘兆丰及秀山、龙潭、黔江等三所中学教师十来人抓捕。天刚亮，明昭就跑到黔江城外三元宫山上五十六军军部杨续云家中，请杨续云设法营救。

正说话间，黔江县参议长谭国村来见杨续云说："绥署驻黔江以来，与地方关系相处很好，我们都很拥护。听说昨夜绥署抓了秀山、龙潭、黔江等三所中学的校长、教员多人，这些人都是正绅子弟，绝无危害'党国'行为，我们参议会敢具结担保！请参座（指杨）转请主座（指潘）宽大为怀，容予保释。"杨续云当即向谭国村解释说："谭参议长，请你转告地方人士，我们绥署——特别是潘主任决不会乱抓这些人！这是重庆行辕第二处徐远举的垂直系统设在绥署的政治部主任范龙骧干的。潘主任向来对知识青年是爱护的，必然会加以关照。"谭国村一面表面感谢，一面又提出要求："希望所抓之人就近在绥署处理，不要送重庆。"杨续云表示尽力向潘主任主张。将谭国村送走后，明昭提请：要求主任（潘文华）制止范龙骧刑讯。杨续云随即去城东潘文华公馆。

一进公馆，潘文华就气冲冲地说："范龙骧这家伙太不成话！招呼都不打一个就擅自抓人，外面不明真相，还以为我们绥署搞的！刚才秀山参议会就来电话请我放人！"杨续云便说："主任不必生气，刚才黔江参议会的谭老头也来找过我谈这件事。政治部是绥署的组成部分嘛，外面不清楚它的垂直关系，自然引起误念。我的意见是主任这回应拿点颜色给范龙骧看，免得太胆大妄为了，下回还要乱来！他要敢抬渝辕第二处牌子出来，您就拿张岳军的名义给他压转去！"

潘文华立即摇通电话，叫范龙骧来问话。一见面潘文华便板起面孔对他说："中央委托我负担边区绥靖全权，政治部也是绥署组成部分，不报告我，谁叫你乱抓人！"范龙骧抵辩说："昨晚接重庆行辕第二处急电，指名逮捕一批'奸党'分子。时机紧迫，来不及向主任请示。幸好人已抓获，我正要来向您汇报！"潘文华冷笑道："好一批'奸党'分子！你搞清楚，这些人都是当地名门望族的书香子弟！国家正是提倡民治，现在酉（阳）、秀（山）、黔（江）、参议会联名向我请求保释这些人，你看该如何处理！"范龙骧涨红着脸说："这是奉行辕二处……"潘文华不等他说完便截断道："你去报告二处，这件事直接由我向张岳军负责（张群时任重庆行辕主任）！现在交代你两条：一、所有被捕之人，就近去黔江处理;二、严禁刑讯逼供。处理结果,随时向我汇报!"范龙骧只得点头称是,灰溜溜地走开。

范龙骧走后,杨续云向潘文华建议最好把人要到绥署来处理,免得再生其他枝节。潘文华说:"更要他现在交人,范可能不肯。你设法试一试。"杨续云便到办公厅向联席办公的一些处级干部提出:"黔江中学教育很差,大家子女都学习得不好。现在范龙骧抓了一批教师,目下正值寒假,干脆叫范把人交给绥署,由总务处出面组织一个假期子弟补习班,补补课。"在场的人都一致赞成。于是杨续云便把范龙骧叫来,告知全体意见。范龙骧只好表示:"办补习班嘛,我极端赞成!不过对这些人还要进行侦审,就不麻烦总务处代管了!反正从明天起按时开课就是了!"

于是被抓的教师每天都到"补习班"授课。在潘文华制约下,范龙骧既不能把人送走,又不能刑讯逼供,根本审问不出个名堂。最后只得把人交到绥署军法处,由秀山、黔江两参议会具保释放。临走时,为了表示感谢这些教师为潘集团子女补课,潘文华安排杨续云出面请吃一台酒席。这样潘文华便保护了这批地下党员和进步青年免遭特务毒手,其中许多人在新中国成立后,担当起各级人民政府的领导工作。

范龙骧不久便侦知抓人的事是明昭最先报告杨续云的,不由对明昭恨之入骨。更兼他早就把明昭视为地下党重要嫌疑,便乘潘文华与郭造勋同去南京公干,潘文华的职权名义上由傅仲芳代理之机,勾结傅仲芳下条子抓明昭。不料密谋却被在隔壁的第三处(主管作战、通讯)中校科长张隆窃听到。张隆立即赶到杨续云家求救。杨续云因为甘树人临走时打过招呼,知道明昭、张隆部是中共地下党员。马上到军部召集特务团三个营长,要他们加强警戒并下令:“如果有人敢于逮捕本军任何人员,特别是明昭,立即把人给我截留下来。如果没有任何捕证敢来抓人,就连抓人的人一齐给我扣下来,紧急情况下可以开枪。一切责任有我承担!”

随后杨续云前往绥署办公厅见傅仲芳说:“傅副主任,听说有人在您面前鼓弄是非,蒙蔽您下令逮捕本军军官!”傅仲芳一愣之后立即说:“我从来不听片面之词,正还在考查!”杨续云接过话柄说:“那就请您放心!本军中级军官都是我们自己培养出来的学生,乃经过多年考核的忠实干部,决不容许任何人挟私诬陷!”不待傅仲芳答话,杨续云回头扫视全场一周,特地把目光在范龙骧身上停留片刻,然后高声说道:“刚才我已向傅副主任剖明,另外正告有的人,切不可假造任何手令,擅自抓人!潘主任的私章就在我口袋里,如不识相,我就会用潘主任手令放人。请不要在长官之间制造矛盾!再要明白告诉大家的是,我来办公厅前,已集合部队下令警戒,倘出现随意抓捕本军军官,即作为暴徒对待,格杀勿论!”经杨续云这样强硬表示,总算把事情压了下去。

就在潘文华去南京之前,共产党一支七八百人的游击队在李小林、王定烈率领下由湖北红花套渡江进入边区。国防部、重庆行辕、武汉行辕迭电绥署,要潘文华克日进剿。潘文华、傅仲芳、杨续云、薄竣昌(少将高参,原“沅指”参谋长)召开四人军事会议,商讨对策。傅仲芳抢先发言,主张:“发动恩施、永顺、沅陵、酉阳四个专区建筑碉堡，责令地方团队据碉扼险堵截，同时派出四至六个团兵力迎击，以期迅速歼灭。”杨续云表示反对说：“山区辽阔，大修碉堡，劳民伤财又收不到封锁之效！在共军兵力、企图都不明了的情况下，更不可贸然出动大军作战，以免陷于被动。我建议先以两个团兵力搜索迎击，俟将对方情况弄明白，再定下一步办法。”潘文华当场支持杨续云的意见。傅仲芳虽然不高兴，但也只得听从潘文华主任的决定。

会后，潘文华又约杨续云单独密商。杨续云对李小林、王定烈到边区意图判断为：一、渡江侦察；二、扩大影响；三、建立根据地，并提出对策说：“无论共军李小林、王定烈意图如何，从他们现有兵力来看，在短期内进攻黔江可能性极小。但因黔江系边区行政中心，关系到本集团生命和前途，必须加强保卫。我们正好以此大做文章，将主要兵力用于黔江防御，并组织攻防演习，轰轰烈烈大造声势。这样既可避免与共军对消，又能向上面交差。至于派出迎击的两个团，则由我亲自掌握，采取‘保持距离，避免对消’的方针与共军走游台。”潘文华表示同意。随后杨续云又通知明昭，要他设法与李小林、王定烈游击队取得联系，但在当时情况下，并未得到什么结果。

于是整个军事行动完全按潘文华主任的布置进行，除黔江防御演习搞得煞有介事外，派出去迎击的部队却变为尾随，始终与游击队保持半日行程的间隔。既不着急赶路，又不打仗死人，还可照领作战费，官兵皆大欢喜。不过其间还出了一点小岔子：一次丁良佑率领两个营与在鹤峰、来凤山隘间绕圈子的游击队不期而遇，两个营一触即溃。游击队知道是潘文华部后，便将俘获官兵释放，武器发还，并说："我们是来边区打蒋军的，蒋介石是我们共同敌人。回去告诉你们潘主任，我们到边区他虽然不欢迎，但也没有积极反对，我们是谅解的。今后遇到，最好彼此打个招呼，各走各的路。"潘集团当时对此事严加保密，但还是被傅仲芳、范龙骧侦悉，密报"中央"，更加深了蒋介石对潘文华的嫉恨。

不久潘文华与郭造勋同赴南京公干，行前将私章交与杨续云，要杨续云掌握部队，不让傅仲芳插手捣乱。潘文华刚走不久，傅仲芳便背着杨续云突然用长途电话，以保卫焦园粮站为借口，严令驻黔江外围咸丰县的潘清洲率一加强团向游击队进击，并恶狠狠地威胁说："倘焦园有失，提头来见！"

幸亏杨续云早就密令通讯营长龚熙，凡是傅仲芳的外叫电话，一律都要监听汇报，从而及时获悉此事。杨续云立即叫长话要潘清洲停止行动。不料潘清洲已率队出发，杨续云马上要通潘清洲必经的十里铺电话，要该处派人在公路边守候，将潘清洲截下通话。潘清洲在电话上表示为难，说："傅副主任有'提头来见'的严令。"杨续云说："我都知道。既叫你停下来，当然不会叫你下不到台！你守在电话边，我立即去找傅仲芳把话讲通。"

庚即杨续云去见傅仲芳说："黔江是边区政治重心，更兼军部及本军眷属大都在此，潘主任走了，您是副主任，倘黔江有失，上无以对中央，下无以对潘主任！咸丰为黔江门户，潘清洲部一经调动，则门户洞开，适足以助长共军觊觎。我是参谋长，有责任提请您收回成命！"因为当时国防部规定，作战命令必须参谋长附署，才能生效。傅仲芳见杨续云说话软中带硬，又知道潘文华私章在他手中，他可以用潘文华名义下令，不能硬来。盘算潘清洲早已开拔，便推口说：“清洲早已率队出发了！”杨续云说：“我已叫他在十里铺停下来，才来向你陈述请示。”傅仲芳脸色很难看，说：“那就照你的意思办嘛！”杨续云马上当着傅仲芳的面叫通潘清洲，告知傅仲芳已同意停止前进，要他就原地警备，重在保卫黔江。

为此傅仲芳、范龙骧对杨续云极为怀恨，竟向南京密告杨续云“私通共匪”。国防部曾电令潘文华主任查处此事，潘文华当时以查无实据，纯系构陷给他顶了回去。

第三十二章　整军缩编　甫系内讧
累及旧恩　苦撑危局

1946年5月，蒋介石又以"汰弱留强，提高军队素质"为名，玩弄第二次整军的花招。要把军整编为师，师整编为旅，每师砍掉一个团，以进一步缩减杂牌部队。

潘文华部是刘湘集团遗留下来的武装力量。这些力量不是潘文华原来的基本部队，不能完全以潘文华为中心进行团结。相反的各依其历史关系保持着一定的距离，上下级之间，相互之间，都存在许多内部矛盾。

因此边署情况，趋于复杂化。同时潘系内部，也有新旧之分。在潘文华任川陕鄂边区绥靖公署主任时，其长子潘清洲由陆大毕业回来，初任特务团团长，后升巴山警备司令，在绥靖公署独树一帜，团结一部分年龄较轻的军政人员，其中包括他的陆大毕业同学张诚文、张一为，曾任旅长的宋时仙，上校秘书赵星洲、中校秘书蒋式荀，曾在广西任过专员的郭造勋、团长何鸾、电务处长宋子丰等，称为川陕鄂边区绥靖公署的少壮派。迨川黔湘鄂边区绥靖公署成立时，郭造勋、杨续云、张诚文、潘清洲等又称为新少壮派，其他一些师旅团长，不属这一派的，均为旧派，新旧之间不免也有些矛盾。

在新少壮派中，潘清洲早年从日本士官学校留学毕业回国后，任潘文华部警卫营长，后又保送陆军大学学习，毕业后任第二十八集团军和川陕鄂边区绥靖公署特务团团长，后又升巴山警备司令，均追随潘文华左右，与所谓“甫系”关系十分淡漠。至于郭造勋，曾在桂系工作，抗战期中以仁寿县同乡关系，投奔潘文华，潘文华给以少将附员。此人谙于世故，深懂处世哲学，竭力靠拢潘清洲，不久即深得潘文华信任，但他同“甫系”更是毫无关系，“甫系”旧人认为郭造勋不过是潘文华的私人而已。杨续云在“甫系”中的历史虽然较久，但他从陆军大学毕业后，多在军事学校任教，对于“甫系”上层将领，缺少联系，更无亲切关系。基于这些历史因素，后来整编的人事安排，在“甫系”旧人看来，等于“甫系”灭亡，潘系上台，于是就兴起了场喧闹，酿成了不小的内讧风波。

随潘文华开赴黔江的五十六军有三个师，另还有特务团、汽车大队等组织。一六四师师长彭焕章，副师长潘清洲。彭焕章系刘湘以前所办合川军事传习所毕业，为甫系正牌“传帮”（合川传习所出身的称呼）骨干。彭焕章是在唐式遵部下成长起来并当到师长的。新十七师师长刘树成，由刘湘的卫队一手枪大队长发展到师长。一六三师师长陈兰亭，原系袍哥队伍，后来投归刘湘，“甫系”历来视之为杂牌。这三个师与潘文华的关系都不算深，指挥统御不易，经过多次整编，师内仍有历史派系。一六四师的高守谦团，原系潘清洲独立第三旅旧部。一六三师的张恒团，原系李元宗新十八师旧部。新十七师的余九成团，原系周成虎新十八师旧部。封建历史关系，个人利益得失，造成各部队长期同床异梦，互不团结，各谋出路。

经过几个月的酝酿、洽商，潘集团的五十六军改称整编五十六师，所辖一六三、一六四师改整编一六三、一六四旅，各削减一个团。边署直辖的新十七师按两团制缩编为整编新十七旅。因为每师都要缩减一个团，故必须重新安排各团团长，这时潘文华所担心的彭焕章的一六四师却出了麻烦。

彭焕章为人鲁莽冲动，驭下无方，与部下资格比他还老的一个团长魏允执平素极不相能。这次整编，他既未经请示批准，又不作协商安排，便扬言取掉魏允执的团长。魏允执一怒之下率全团在保靖宣布“倒彭”。彭焕章这时手忙脚乱，跑来黔江绥署办公厅要潘文华整饬纪纲，派兵讨伐魏允执。

潘文华当场便批评彭焕章说：“光汉，你把事情弄得这样僵，还想用武力解决吗？你也不想想我们今天所处环境，如果在自己团体中打内战，必为虎视眈眈者所乘！我看你还是暂时回成都耍耍，代表我去看望大家（指“甫系”旧人），等把事情搁平了，再通知你回来。”彭焕章考虑这个局面自己无法收拾，只得接受潘文华主任的意见回成都去了。

彭焕章走后，潘文华要五十六军参谋长杨续云带自己亲笔信去保靖把魏允执劝回来，答应安排魏允执副旅长之职。杨续云到保靖与魏允执相见，魏允执表示自己此举迫于无奈，只针对彭焕章一人，对潘主任忠心拥护，只要彭焕章不当旅长，一切均无意见。杨续云便叫着魏允执的字说：“建中，人事方面，仲公自会全盘考虑，你就不必作为条件提出了吧！”魏允执考虑片刻，说：“参谋长既是这样说，我当然接受。不过先把话说清楚，这个副旅长我也只挂个名，希望仲公帮助点钱，我好回家当老太爷去。”这样，一场内部风波，总算平息下来。不想后来魏允执这个贪夫，竟拿着潘文华送的钱去贩大烟，经彭焕章的人告密，被宪兵抓住枪毙了！

这时，恰好绥靖公署参谋长郭造勋由南京回黔江向潘文华汇报情况，潘文华便着手就整编后的师、旅长人事进行研究。首先由潘文华主任分头征询一六三师陈兰亭、新十七师刘树成的意见（一六四师彭焕章已回成都）。陈兰亭表示，如果潘文华仍兼整编师长，就由陈兰亭继任整编旅长。如果潘文华不愿兼师长，则建议由潘清洲任师长，坚决反对交给彭焕章，自己请另外作安排，推举所部冉良臣作旅长。刘树成则表示同意徐正纲任旅长，自己随便安个名义都行。

在此基础上，潘文华、杨续云、郭造勋对师、旅长人选进行密商。杨续云出于稳定部队的考虑，提出：除整编一六四旅由原来的副师长潘清洲担任外，其余由原军、师长继任。郭造勋出于切实掌握部队、建立完善新体系的考虑，提出：潘清洲任整编师长，杨续云任副师长，冉良臣、郭造勋、徐正纲分任整编旅长。潘文华因身体状况愈来愈差，每天上午坚持去绥署办公都甚感吃力，故倾向于郭造勋案，但提出要杨续云担任一六四旅旅长。杨续云表示：“载民干很恰当，我当副师长也好全面协助清洲指挥部队。”潘文华说：“不是这个意思，因为一六四旅是从彭焕章手中拿过来的，你在本集团历史久，甫公在时就经办过几次学校，现在好些中级干部是你的学生。载民同中下级干部关系就比较弱,你干下面不会有意见。”杨续云说:“这个好办!一六四旅清洲那个团不成问题,另一个团我还可以做点工作,也没多大问题。”最后决定按郭造勋的方案上报,同时保荐陈兰亭任边署副主任;彭焕章任芷江警备司令。刘树成待征求其意见后,另案专报。杨续云当场再三强调:“仲公,为了本集团的稳定和团结,这次人事安排一定要争取全案实现,特别是陈、彭的职位,决不能拉掉!不然可能要出麻烦。”

1947年1月下旬,潘文华率郭造勋以述职为名,携带整编后的人事方案亲赴南京。抵京始悉南京国防部已内定改任潘文华为川湘鄂边区绥靖公署主任,边署移驻宜昌。于是便把所携方案作相应调整,改荐彭焕章任沙市警备司令,提请任命。结果除彭焕章一人调充“重庆行辕”少将附员外,其余全部照准。

原来当初彭焕章与魏允执内讧的事,早经傅仲芳、范龙骧密报于蒋介石。蒋介石看到潘集团这次上报的人事安排中,竟把当年领衔七师长通电驱逐王缵绪,被认为是潘文华继承人的彭焕章调任沙市警备司令,蒋介石便意识到可利用彭焕章这一特定人物,在潘集团制造矛盾,打开缺口,因此故意将彭焕章卡下。当潘文华特意晋见蒋介石为彭焕章说项时,蒋介石便板起面孔说道:“彭焕章吗,我很清楚,此人历年贩大烟,开山堂,玩袍哥,根本不配作革命军人,更不要说委以重任哕!调‘重庆行辕’由张岳军好好教导,也是保全之计嘛!仲三,你就不必再替他讲话了!”潘文华默然而退。

于是南京国防部便将新任命以《丑哿防仓耳》文号(丑,二月;哿,二十日;防,国防部;仓、耳,主办处及承办员的代号)电发黔江边署。潘文华一行因有事赴上海,特电告杨续云,将《丑》文暂时压下,俟其返黔后再行公布。

不料潘昌猷常驻南京的代表黄应乾这时恰好因故飞返成都,竟把新人事任命捅了出去。这时“甫系”旧人多在成都,适刘树成、彭焕章返蓉就医,闻之人事变动消息,群情哗然。彭焕章一贯以潘文华当然继承人自居,不想这次竟全然落空!他本是个莽夫,于是暴跳如雷,大叫潘文华忘恩负义,背叛甫公,并立刻约同刘树成鼓动刘甫婆及其儿子刘世英出面,约集在蓉刘湘旧部百余人开会,对潘文华大张挞伐,还带领“甫系”遗老遗少,除钟体乾、乔毅夫拒绝参加外,到南郊刘湘墓园哭灵,数落潘文华背叛刘湘,抛弃“甫系”旧人,另成“潘系”。一时之间,骂声一片,哭声一片,刘甫婆哭得在坟前打滚,大演其哭“祖庙”的闹剧,闹得满城风雨,成都大街小巷传为笑谈。

张群在重庆听到消息,认为这是搞垮潘集团的天赐良机。一面把正在气头子上的彭焕章拉到重庆,诱以向蒋保荐他出任整编五十六师师长之职,煽动彭焕章设法把郭造勋、杨续云、潘清洲三人赶走。并邀约刘树成以全部武力支持彭焕章的行动。一面派其参谋长肖毅肃专机飞南京见蒋,汇报潘集团已然打开缺口!建议乘机撤销整编五十六师番号,令潘清洲、杨续云自然失去职位,但暂不安排二人下一步去向。然后调走郭造勋,再设法支开杨续云、潘清洲,孤立潘文华,进而分化瓦解潘集团。

这时“甫系”遗老遗少议定,只要潘文华驱逐郭造勋,回到代表“甫系”利益轨道,还是拥戴潘文华作领导。遂推举刘树成承头，一面由刘树成写信给旧部属徐正纲，要他支持彭焕章驱郭；一面由刘树成打电报给潘文华，要潘文华火速回渝协商平息内部纷争。彭焕章持刘树成的信，由重庆绕道赴秀山。行前张群面授机宜，指使彭焕章采取“请诛晁错，以清君侧”的策略，先把矛头指向郭造勋，然后再相机针对杨续云、潘清洲。并由手下“师爷”替彭焕章拟定攻击郭造勋、杨续云、潘清洲的文稿。

彭焕章一到秀山，立即召集原一六四师他尚可招呼得动的四个营，发出“实行兵谏，以清君侧”的通电。消息传到南京后，蒋介石借此通电为口实，马上下令撤销整编五十六师番号，这等于撤销潘清洲、杨续云的正、副师长。同时调一六四旅旅长郭造勋为“武汉行辕”少将附员，所有一六四旅、一六三旅、新十七旅各整编旅直隶川湘鄂边区绥署。因此，彭焕章气焰更为嚣张，决定要潘文华赶走杨续云和郭造勋。

潘文华一行由沪返渝，刘树成一见面就说：“主任，焕章这回恨极郭造勋夺占他的整编一六四旅，只要赶走郭，我负责从中调停，言归于好。成都方面各位也是这个意思。”于是潘文华叫郭造勋先回黔江，自己留下与刘树成协商安抚成都“甫系”遗老遗少，平息内部纠纷。

回头再说杨续云在黔江，最初按潘文华指示，扣下国防部文令暂不发表。3月中旬，匆悉彭焕章间道抵秀山，抓住他尚能控制的四个营，扬言要武力驱郭。为了安定人心，尽快脱离“重庆行辕”摆布，杨续云来不及请示潘文华主任便断然采取一系列紧急措施。首先公布转发《丑哿防仓耳》全部文令，通知驻咸丰的潘清洲来黔江就任整编五十六师师长新职，然后由“边署”和师部分别派出先遣人员到宜昌及当阳设营。令整编一六三旅冉良臣集结巴东待轮运宜昌;令新十七旅和一六四旅中彭焕章拉不走的高守谦团做好准备,待命开拔。最后通长途电话邀请彭焕章到黔江洽商,但遭到彭焕章的拒绝。

及彭焕章发出“清君侧”通电后,杨续云又电话征询(原刘树成的)整编新十七旅徐正纲意见及部队开拔准备情况。徐正纲表示:“彭来秀山,由于刘树成师长有信,不能不对他热情接待,至于其他则概未参加意见。我是绥署的整编旅,已照前令做好出发准备。”这样,由于杨续云的紧急应变措施,彭焕章此行仅从潘文华部现有的七个团中拉出四个营队伍,本不足为患,谁知后来形势却发生出人意料的变化。

郭造勋返黔后,完全赞同杨续云的一系列措施,两人一致认为,事情发展到这一步,决不能对彭焕章姑息迁就,否则后患无穷。好得程颂公(程潜号颂云,任武汉行营主任,为宜昌边署的顶头上级)同潘文华主任的私交很厚,应尽快把部队开到宜昌,打开一个崭新局面。赓即潘文华偕刘树成也回到黔江,刘树成一到便摆出一副送客架势,置酒与郭造勋饯行,同时面子上却表示与杨续云要好。

潘文华撇开众人,与杨续云单独密商。杨续云激动地问:“主任,你真的让他们把造勋撵走吗?”潘文华长叹一声说:“续云,你知道甫公对我,情深义重,日下成都的流言蜚语,弄得我伤脑筋!这次约刘树成一道来此,一则安抚‘遗老遗少’,二则把彭焕章招呼转来,顺顺当当把部队完整地团聚到宜昌。为了顾全大局,只好暂时忍痛一割!”杨续云努力使自己平静下来,说道:

“如果出于策略，让造勋暂时回避，也未尝不可。但就目前情势来看，造勋一走，下一个就该轮到我了！”话未说完，潘文华插嘴说：“何至于此，我是不会让你走的！”杨续云苦笑说：“不然！问题很清楚，我们这次人事安排公开表示由清洲接任整编师长，使无自知之明的彭焕章期待多年的妄想幻灭了。他现在所谓的‘兵谏’，乃是企图夺回继承权，因此第三个该被撵走的便是清洲！历来‘清君侧’目标都是在‘君’而不是在‘侧’，汉景帝牺牲晁错并未能息止吴楚七国的觊觎，必须得周亚夫铁腕予以扫平。历史教训是，越迁就则越诱发无止境的要挟！更何况当前问题之严重不在于彭焕章、刘树成，也不在于‘遗老遗少’，而在张群，特别是蒋介石的直接插手！”

杨续云见潘文华也意识到问题的严重性，已不是单纯内部纷争，便进一步分析说：“目前局势，我们完全有力量和办法制驭。从部队方面来说，彭焕章只抓住四个营，如果他不听命赴鄂，则干脆割去这一赘疣，另成立一团，组成健全的一六四旅。其余各部，就连刘树成亲笔写信要其支持彭焕章的徐正纲都表示效忠。如果顾虑刘树成出面拉徐正纲的后腿，也不足为害，我马上通知兵站，五月份起，粮秣补给在宜昌领发。加上潘主任与程颂云的关系，还可利用‘武汉行辕’这张催兵符，硬调他去宜昌。至于‘甫系’方面，主任可写信给钟、乔二老，并附信与张斯可，张斯可虽一时感于浮言，但毕竟是明达之人，请他们转告‘遗老遗少’，只有本集团存在，他们才有依傍，瞎闹下去，谨防大家都吃亏！彭焕章目前被张群把信子上起了，只有等他栽跟斗痛醒后，再给他讲道理。蒋介石从来只认实力，只要我们沉着坚定，把部队带到宜昌站稳，他踩不下去，必然会转过来拉拢的！”

潘文华沉思良久后说：“续云，我一向听你的，这回希望你先听我的，让我把部队完整团到宜昌后再按你说的办。”杨续云着急道：“仲公，机不可失！倘你对他们再作迁就，到时想用我的方案也来不及了！”潘文华很有把握似的说：“尽管放心，我把‘绥署’的名单都交给你，你先去宜昌开设‘绥署’。等我把彭焕章安顿后，赓即来宜昌，那时就照你的方案行事。”潘文华处此情况，心里犹如翻江倒海，主帅刘湘生前的嘱托又历历在目。想当年，主帅英姿英发时早去，为使主帅遗属生活无忧，潘文华不惜将他在重庆通元门外所购置的大片官山土地，交刘湘的经理处长甘典夔，修建重庆新村，归刘湘夫人所有。因此，一向忠肝沥胆的潘文华最怕背负忘恩负义的恶名，认为新情虽厚，但旧恩难忘，只好礼请郭造勋、杨续云两位离开边署了。

杨续云回去后，把同潘文华密谈经过告诉郭造勋，两人都表示担心。杨续云惋叹说：“潘主任是怕人说他有负刘甫公的忠厚长者，而不是开创局面的事业家。倘若刘自乾处此，何须你我操这份心！”

第三十三章　出任华中军政长官公署副长官　整编二三五师嫡系部队

1947 年 3 月 12 日，国民政府调潘文华任川湘鄂边区绥靖公署主任，并兼任第七绥靖区司令，绥署设于宜昌。根据潘文华的安排部署，1947 年 4 月中旬，杨续云、郭造勋与冉良臣旅先后到达宜昌。一面处理设办事务，一面准备由郭造勋赴武汉向程潜汇报，取得支持，将部队扩编。不料这时潘清洲忽然带着与“甫系”有过历史渊源，抗战中曾在王陵基部下当过师长，前一段时间在黔江“绥署”当清客的陈徽猷（后来才知道，此人有特务背景）持潘文华亲笔信赶来。信中略谓：坚持同杨在黔江决定不变，但为了目下的运用，要杨将名章交与陈，暂时离开，俟部队到齐，即通知杨回宜。

杨续云避开陈徽猷，约同郭造勋、潘清洲商议，杨续云、郭造勋力主三人联名，要求潘文华采纳杨续云在黔江所提方案。潘清洲迟疑不肯签名，杨续云长叹一声说：“清洲，我并非恋栈不去，主要是深感仲公知遇，见此事关系本集团存亡，才作此坚持。只怕我走之后，下一个就该轮到你了！”潘清洲笑笑，取出一张三千大洋的重庆银行支票，说是他父亲给杨续云离开期间准备的费用。杨续云收下支票，将名章交与潘清洲，与郭造勋分别乘船回重庆、赴汉口。临别时潘清洲说：“再见！”杨续云苦笑道：“为时不远，必须再见！”

杨续云离开次日，边署移至宜昌时，南京即发出蒋介石调令：潘清洲赴石家庄任罗历戎整编军少将副军长；杨续云到孝陵卫将官总队作少将队员。

不久，又调一六三旅冉良臣归河南张钫兵团指挥，一六四旅由刘仕钧率领赴襄樊归康泽指挥，新十七旅开赴武汉行辕由白崇禧指挥。不几天后，潘文华领彭焕章、刘树成率所属部队到达宜昌。彭焕章等居然又演了一出戏剧性的“武装送客”，迫使潘清洲赴石家庄“服新”。

此时，潘文华身边筹划无人，心无主宰，一切全凭所谓团体商量进行。而彭焕章、刘树成等对蒋介石、陈诚阴谋毒计尚无觉察，只知空谈甫系团体利益，拿不出避免参加内战、恢复五十六师番号的具体办法。而受政工人员摆弄的吴拒迷，还以为郭造勋、杨续云、潘清洲去后，整编五十六师番号就可恢复。殊不知螳螂捕蝉，黄雀在后，蒋介石、陈诚连来电令，将三个独立整编旅都调去鄂北、豫南改隶其他机关部队参加内战，所谓川湘鄂边区绥靖公署，除了一点直属小部队外，几乎成了一个光杆机关。彭焕章、刘树成、李元宗等在宜昌株守了一段时间，甚感无聊，也先后离开，返回成都去了。

这时蒋介石已撕毁“双十协议”，准备全面发动内战，战斗在重庆的中共秘密党员肖中鼎按照中共四川省委的预先安排，顺利完成掩护中共驻渝所有机关单位安全撤回延安后,在与中共地下党组织失去联系的情况下,便独自一人来到宜昌,寻找时任川湘鄂边区绥靖公署主任的老长官潘文华将军。

肖中鼎系重庆垫江人,生于1901年正月初二。曾任刘湘部战术教官、模范营长、团副。1938年1月24日,出任万县地区保安副司令。同年5月9日,肖中鼎经中共地下党员刘孟伉、李学民介绍,由中共四川省委书记罗世文审查批准,成为秘密中共党员。早在抗日战争初期,肖中鼎就遭万县保安司令兼专员闵永濂密报有"通共"情形,被省保安处长王陵基追捕。肖中鼎逃往成都后,罗世文当即指示他去阆中,投奔川康绥靖公署副主任、第二十八集团军总司令、川陕鄂边区绥靖公署主任潘文华将军。潘文华见肖中鼎来投靠自己,仍把他视为"甫系"旧部亲信加以重用,委他上校参谋留在身边工作。几个月后,潘文华又将肖中鼎派往绥署设计委员会通江分会任副主任。在潘文华将军的支持下,肖中鼎利用职务之便,乘机在通江开展抗日救亡工作,掩护通(江)、南(江)、巴(中)的中共党员,并相机发展中共控制的地方武装,建立中共地下党的游击活动据点。同时,肖中鼎亲自指挥潘文华拨给他的一营正规军。招降土匪、剿灭顽匪,安定社会秩序以利民生,又掩护中共地下党转移到通江的王叙五、郝谦、桂隆德、艾文等,并为他们安排生计去处。随即又掩护伍级生等人创建了竹子坝中共地下党支部,开办了奇章中学,并以此为据点,在学生中培养了大批中共党员。新中国成立后,奇章中学发展的中共党员不少人担任了市、地、县党委重要领导职务。

如今,身处危难之际的潘文华见昔日老部下肖中鼎来了,十分高兴，立即委任他少将参谋之官职，留在身边共商军机。此时，潘文华部队已被蒋介石大部肢解，肖中鼎见潘文华主任正渡难关，便主动劝说他顺应潮流，相机起义，至少保存实力，不同中共军队作战，潘文华对肖中鼎的劝告都表示赞成。不久肖中鼎与潘文华司令部中的中共秘密党员明昭、杨尚元取得联系，准备组织武装暴动，潘文华为此特批发五万发子弹给肖中鼎。不幸的是1946年10月7日，因叛徒出卖，肖中鼎在重庆两路口旅馆接头时被特务抓捕。国民党特务头子徐远举派人用小轿车将肖中鼎接到杨家山亲自审视，除了追问他同何雪松、李子柏、李荫枫等人的关系外，还特别拿出了潘文华将军写给他的信，追问潘文华送给他的五万发子弹拿来做什么。

“你手中有潘将军的信，应该清楚的。”肖中鼎从容地答道：“潘将军信上讲清楚了嘛，我是用它来办团练嘛！”

徐远举沉思了一下，也不多说，下令将这位少将参谋关押白公馆，把他视作共产党要犯给他戴上了三十多斤重的重型脚镣。1948年3月，肖中鼎又和李子柏、何雪松、田一平、胡春浦一起被押送到渣滓洞监狱关押。在重庆解放前夕的“11.27”大屠杀中，肖中鼎机智勇敢地脱险。新中国成立后，肖中鼎曾任垫江县人民法院副院长，县政协副主席、四川省政协三、四届委员。

潘文华的各旅部队先后调走，彭焕章、刘树成等相继离去，剩下潘文华孤家寡人困守绥靖公署，连参谋长也没有，听任一个自己委作顾问的陈良基代为处理日常公务。陈良基只顾与副官处长杨厘等勾结卖鸦片烟弄钱，不问正事，于是范龙骧、李克军等起而把持一切。整编五十六师番号撤销，范龙骧改调为绥靖公署新闻处处长兼宜昌城防指挥官，指挥驻宜昌军警宪特人员，一时权势很大。绥署中校副官明昭，是中共地下党员，范龙骧派宪兵将其逮捕送重庆行辕，以后在渣滓洞遇害。范龙骧还派人检查绥署无线电台，扣留电报，潘文华也莫可如何。

接着绥署警卫团奉命缩编为警卫营，潘文华对于这一点直属部队较为重视，乃将团长何鸾调为宜昌城防副指挥，部队缩编为两营，以邓文忠为警卫营长，陈建中营则拨补充实由豫南调回江陵整顿的高守谦团，并以杨嘘继高守谦任团长，调整装备，加强训练。

潘文华在宜昌时，诸事受制于“遗老遗少”，已无法践约将杨续云召回，便安排也是陆军大学毕业的原驻南京办事处主任张诚文任“绥署”参谋长。因张诚文长驻南京未回，实权便落到来历可疑却深受“遗老遗少”信任的陈徽猷手中。这时特务头子康泽出任“襄樊绥靖主任”，光杆一个，手头没有武装，便在潘文华的部队上打主意。于是由蒋介石出面下令，以襄樊乃“宜昌绥署”所辖，要彭焕章去该处设立指挥所。过样彭焕章便将闹回手中的整编一六四旅交给刘任钧，自己带领四个营去襄樊。同时蒋又起用潘文华当年手下的战将——抗战中在皖南因与新四军交好而被撤去军长职务的郭勋祺，出任康泽的副司令，企图假郭勋祺的关系吃掉潘文华剩下的部队。

为了压郭勋祺就范，蒋介石特别叫曾扩情前去威胁说：“翼之兄，这次的任命，老头子不是安置你，而是要使用你！不去是不行的！”郭勋祺甚感为难，便去找曾任陆军大学校长的“民革”领导人杨杰商量。杨杰力主郭勋祺去就职，说是“看来潘仲三的部队守不住了,你不去,别人也会把它吃掉!不如你去掌握运用,起码可以编一个军,将来也好为反蒋起义做贡献。至于四川的朋友那边,由我负责去向仲三解释清楚”。这样郭勋祺便到了襄樊。

1948年春,陈良基因私运烟土被破获逃去成都,绥署日常公务改归高级参谋卢惠修代为处理。这段时间,绥署死气沉沉,潘文华也心力交瘁,无意振作,但他也非纯系恋栈,乃是争取时间等待其子潘清洲自陆军大学毕业出来,好将绥署机关和残存部队换取一个建制部队番号,交其继续基业。

这时潘文华因体弱多病,事务繁剧,多不顺心,心脏病日渐加剧,乃召陈兰亭来宜昌,便将“绥署”交给副主任陈兰亭代理,以副主任名义照管一切,自己径回重庆养病。

潘集团由于蒋插手引起内部纷争,加之有力干部被排挤离去,继后部队便被蒋调得七零八落。潘文华一气跑回重庆养病,并专电约正在南京活动的杨续云回渝相见。潘文华对杨续云说:“我深悔没有按你在黔江提出的方案办,如今已是棋错一着,满盘皆输!”潘清洲方也醒悟过来,也跑回重庆与杨续云“再见”,第一句话便是:“果不出军师所料!”

不久,瞎闹一气却两头落空的彭焕章、刘树成也跑来重庆,向潘文华痛哭流涕认错,说是受了张群的欺骗,但当日同驶的旧舟,已成滩下碎木,无可挽回矣!

这时,过去搞三青团的四川人康泽,趁这个空子,又要求蒋介石下令把一六三旅、一六四旅又拨给他作基本队伍,在襄阳成立第十五绥靖区,当了司令。1948年7月,襄阳解放,康泽、郭勋祺均被俘，一六三旅损失过半，一六四旅被歼灭，刘玉杰狼狈逃回成都，番号撤销。这时，宜昌方面形势趋于紧张，潘文华眼见不能再等待，乃致电上海邱甲，找当时参谋总长顾祝同向蒋介石申请：潘文华自愿撤销川湘鄂边区绥靖公署，所属零星部队要求发表一个整编旅番号加以改编，由潘清洲任旅长。蒋介石认为这样简单的了结潘文华于他有利，就批准了。

1948 年夏，川湘鄂边区绥靖公署奉命撤销，由孙震来宜昌另行成立川鄂边区绥靖公署。同年 8 月 4 日，国民政府调潘文华任华中剿总副总司令，旋改名华中军政长官公署副长官，原绥署直属部队改编为整编二三五旅，以潘清洲任旅长，何鸾任副旅长。不久旅因废除，整编师、旅名称恢复军、师名称，改为二三五师。

到了 12 月中，绥署结束完毕，二三五师也按潘文华的旨意改编整理完成，潘清洲回到宜昌任职，其陆大同学胡琏随之来任额外副师长。

潘文华回到重庆，痛定思痛，总结两三年来经验教训，有以下两条认识：第一，地方军阀离开地方，与蒋介石作斗争，无不惨遭失败；第二，过去既拥蒋又反蒋的作法不行了，今后只有坚决反蒋走人民的道路。

1949 年 1 月，蒋介石声明引退，李宗仁上台向共产党求和，潘文华这时对蒋介石已不存在任何幻想，恰好驻在宜昌的潘清洲师，在孙震指挥下已调回川东巫溪驻防。因此决心长期留在四川，密切与刘文辉、邓锡侯合作搞政治斗争，策动支持省参议会一部分参议员和地方人士，反对四川省主席王陵基。

王陵基的省政府政治军事干部、专员县长等，很多都是从前刘湘系统的人，与潘文华有旧的历史关系。其中有些人对王陵基的反动作法感到不安，多来与潘文华汇报并加强联系。王陵基所依靠的军事力量，仅有八个省保安团，其中吴宗国、栾剑秋两团，原是潘文华的旧部改编，王陵基扩充保安团时，潘文华又乘机以一部分军械相助为条件，换得以其亲戚张豫波任保安十一团团长，于是他在四川的潜势力逐渐增长。

这段时间，潘昌猷在上海的政治活动，主要是走中间路线。对国民党内部，由于孔祥熙出国不返失去靠山，在四川省银行董事长任内又与张群关系搞得不好，因此进一步与程潜密切联系。

早在1948年春，程潜竞选副总统时，潘昌猷以全力支持，除动员他的重庆银行人员代为拉票外，还以法币三十亿助程潜作竞选费用。对各民主党派民主人士，如李济深、张澜、章伯钧、施复亮、周钦岳、范朴斋等均有联系，并支援其政治活动经费，如派黄应乾送张澜黄金数十两，通过周钦岳送李济深港币一万元，派夏正寅、唐午园先后由上海、武汉送黄金到香港支援民主党派人士活动经费等。

潘昌猷的这些活动，一方面表明他认识到蒋介石政权必然垮台，共产党必然胜利，潘文华、潘清洲父子将于必要时起义投向革命，但另一方面他却又通过其子潘清尧，将一大部分资金转移到美国、巴西。新中国成立之初，虽然他应中央政务院总理周恩来之邀请一度回了北京，但终于借故转到香港，一去不返。

第三十四章　疗疾重庆　韬光养晦

1947年冬的一天下午，重庆朝天门码头熙来攘往，坡上站立迎候客人的潘昌猷、邱丙乙和李子章夫妇，见潘文华偕同夫人张俊一行平安登岸，人虽瘦弱，精神还好，都为之表示欣喜高兴。但是，极少人知道潘文华此行的心情极不愉快，内部受“甫系”遗老遗少的人事干扰；外部又受蒋介石、张群阴谋的排斥打击，估计事态还将进一步发展，但他胸有成竹，静以观变，做好了应变的思想准备。因此潘文华回到曾家岩植庐公馆后，深居简出，谢绝社会一切应酬，避免引起蒋帮注意，招致麻烦。可是蒋介石还是不放心，每周都派特务头子徐远举去植庐公馆假作看潘，慰问病情。潘文华深知他们醉翁之意不在病，而在监视，处之泰然。

1947年前后，仁寿县旅渝部分同乡，酝酿组织同乡会。立案手续完毕后，就于1948年春，在重庆和成银行礼堂开大会正式成立“四川省仁寿县旅渝同乡会”。选举潘文华、潘昌猷、唐式遵为名誉会长，冯什竹为会长，刘仁耀为总干事，负责会务，潘文华高兴地为同乡会写了吊牌。

自潘文华回渝养病后，他的日常活动，除每天服药打针外，冯什竹送了一套烟具，偶尔抽烟混时间，到了下午就约几个好朋友到公馆打麻将，或者聊聊天。当时经常参加打牌的有张群之弟，时任重庆电报局长的张云帆夫妇、邱渊夫妇（邱是西南补给区司令，他的夫人帅志如是仁寿同乡会常务理事，潘清洲是该公司董事长）、邱丙乙是同乡，是刘湘原驻汉口代表，与潘文华私交甚好。此外潘文华夫人张俊，潘昌猷夫人向仁晶是当然牌角。因此潘文华生活并不单调，精神甚佳。记得有次打牌至下午九点后，潘文华还邀大家一起乘车去上清寺小食店吃新鲜锅贴饺子，说明潘文华的兴致还是超脱不拘的。

1948年夏一天下午，潘文华正在打牌时，时任重庆卫戍总司令的王瓒绪来访，潘夫人张俊唤潘文华去陪王瓒绪。忽听王缵绪大声问潘文华："大巴山防务如何？"潘文华答："早都在搞了。"王瓒绪说："去年我向岳军（张群字岳军）提过，大巴山防务不赶紧搞是来不及的。"此时潘昌猷拿起一根叶子烟杆来与王打了招呼，坐在旁边，听他们在谈防务，忽然起身走开。潘文华见状说："老二，坐一会儿吧。"潘昌猷答"你们说这些我不懂哟"，因为潘昌猷对王缵绪是有成见的。这一情况是以说明潘文华在渝除特务徐远举常来监视外，高层那方面一贯向蒋输诚的王瓒绪也不放过潘文华，来探听设防情况，因为大巴山原属潘文华的绥署范围，潘清洲曾任大巴山警备司令，如有把柄可拿，他们马上会向蒋介石汇报的。

1948年5月，原重庆银行汉口分行经理唐午园由香港返渝，带来民盟中央主席张澜给潘文华密信一封，内附人民解放军的"约法八章"。当时原五十六军参谋长杨续云还在潘文华的身边，潘文华嘱杨续云将“约法八章”加以翻印，秘密分送川中有关部属，暗中进行起义准备。

当时潘文华在川所能控制的武装很分散，一共还有：随孙震退回四川驻奉节的二三五师（师长潘清洲），现任雷波、马边、屏山、峨边、沐川守备司令刘树成的两个团，正在组建的二六三师（师长徐正纲，三千多人）；新成立的张豫波保安团，原五十六军编遣到保安系统的吴宗贵团等。潘文华都分别派人与他们送去翻印的“约法八章”，要他们做好准备，勒部待命。

这时杨续云见西南即将解放，就向潘文华提出要求说：“我是负责人，要回去协助地方做点起义准备工作。”潘文华赞同杨续云的意见，很高兴地破例在西大公司设宴为杨续云饯行，并为唐午园由港返渝洗尘。除杨续云、唐午园外，还有刘兆黎、陈兰亭、邱丙乙、陈微猷等参加了宴会，这是潘文华回重庆一年多来首次在外的宴会活动，宴会是由潘文华原电务处长宋子丰联系招待。后来杨续云在解放时担任负责戒严指挥，领导全市起义。新中国成立后，人民政府安排杨续云担任过汉口市副市长。这些说明，潘文华对起义准备的联系工作是抓得紧的，对僚属感情是诚挚的。

潘文华身边一个特殊人物张俊。张俊别号梦若，生有女儿潘惠玲、儿子潘清镛，她是潘文华先后七个太太中最后一个受宠爱的姨太太，年仅三十岁，人沉静聪俊，端庄秀丽，善交际，深世故，对潘文华很关心，深得潘文华的喜爱和信任。遗憾的是她竟被潘文华的一些高级幕僚误认为是军统派到潘文华身边的特务。有关军政重要问题，有张俊在场都避而不谈。但在潘文华的公事家事中，又从未发现过张俊有任何不利和破坏情况，可是终因张俊的关系影响潘氏昆仲发生家事分歧，导致潘昌猷在植庐外边空地另建新公馆荫庐分住，因此使社会上产生了潘氏昆仲晚年不和的传说。

事情虽是由张俊起因，但张俊并无过错，且潘氏昆仲感情一直还是很好的，归根到底还是封建家规的流毒影响造成的。

原来潘老夫人家规甚严，潘氏昆仲事母至孝，从来不作违背母命之事，老夫人怎么规定就怎么办。因为老夫人生前规定："植庐老公馆，不论老大、老二，只许原配夫人进住，姨太太未经老人同意，一律不准进住。"因此潘昌猷娶的第二个太太尹梅君，始终未进植庐公馆，而住在重庆市一中嘉沪九号。潘文华太太甚多，除原配周普济夫人常住植庐公馆外，也有个别姨太太特别是合州尹太太讨得老夫人欢心允其住进公馆的。但如张俊这位年轻姨太太，尽管老夫人早已去世，公馆遗规已成习惯，大大影响了家人思想观念，便墨守这一陈规。

1945 年下半年潘文华调任川湘鄂边区绥靖公署主任时，路过重庆，曾一度把张俊带进植庐公馆暂住。1947 年冬，潘文华由宜昌返渝养病，就把张俊带进公馆常住，久之就引起潘昌猷一家在思想上有些不快了，尤其潘昌猷的大儿子潘清尧，娇生惯养，脾气最怪，见不惯张俊。

记得在 1948 年秋一天下午，在内客厅打牌时，潘清尧在楼上放收音机，噪音很大，影响客厅打牌。张俊不知道这个娃儿脾气怪，去楼上招呼说："三娃子（清尧排行老三）你把收音机开小点嘛，闹得人家说话都听不清楚。"清尧在楼口看了她一眼不理，照放。张俊很生气，转来向潘文华说："你看这个三娃子，那个样子，把收音机开得闹死人，还不听招呼，有人管没有！你去说一下看。"潘仲公到楼上喊道："三娃子，你是怎么搞起的，快去把收音机关了。"殊不知潘清尧当面问大伯："收音机都放不得吗？这些事你管不着。"这话可顶撞了这位将军大伯，潘文华气得脸青气促，转回来在客厅对警卫副官说："赶快派人去把这个东西(指潘清尧)给我抓来。"有人马上报了信，潘清尧早已溜之大吉。

清尧的母亲潘二太太闻讯，马上跑来向潘仲公下跪赔罪，要求宽恕她那个不懂事的儿子，一定要严厉教训，此时气氛紧张，大家停止了打牌，都劝潘文华多多保重，不要为娃儿小事，影响身体。过了一会，潘昌猷回来，也向仲公躬身赔礼，求长兄潘文华宽恕清尧。事情虽暂时了结，但这次由张俊引起的潘氏昆仲家庭矛盾，影响深远。

首先，潘昌猷认为儿子清尧不能再在植庐公馆处下去，为了避免今后发生事端，他马上决定办手续，将潘清尧和儿媳何高临(何北衡的女儿)送往美国留学。潘清尧本已在中央大学毕业，是何北衡的佳婿。潘清尧从此一去不返，在美国毕业后，将存在美国的外汇转到巴西落户，开办橡胶园，曾任巴西里约热内卢华侨商会主席。入巴西籍后，还曾担任巴西政府高级官员，是巴西总统的终身顾问。

其次，张俊无限度地用钱，几乎把潘文华的私蓄掏光了，仍不满足，还怂恿潘文华向重庆商业银行透支钱，潘文华左手拣来，张俊右手拿去，因此潘昌猷就限制潘仲公直接向重庆商业银行开票取钱数额，以免被张俊拿去，按重庆商业银行的股份构成潘昌猷占股76%，潘文华只占5%，这些都属经济上的问题。

其次，就是植庐公馆是潘文华1931年修建的，为了不与张俊在植庐同住，潘昌猷决定在公馆外边空地上，自建一栋荫庐（现重庆市中四路市团委），搬出来分住，以免发生不愉快事件。因此就引起社会舆论，说潘氏昆仲不和，其实他们兄弟之间许多事务都在一直互相照应，并无什么不和现象。

1949年，潘昌猷去香港后，重庆发生了“十行庄本票案”，1949年6月15日，中央银行奉西南军政长官公署命令，勒令重庆商业银行停业，9月26日，潘文华出面请财政部长徐堪帮助。不久，10月28日，财务部便来了代电，才撤销重庆商业银行的停业处分恢复营业。又如张澜、李济深在港需款，潘昌猷遵乃兄潘文华之嘱，给予经济支持。1949年9月，潘昌猷按照兄长潘文华的意图在港捐黄金100两支持中共四川地下党做活动经费，这些都说明潘氏昆仲的感情还是好的。

不过张俊的身份始终是个谜，没有任何证据说明她是军统特务。且张俊的大哥张豫波在潘文华的部队当团长，两个弟弟张志纯当中校副官，张方波当田粮处长，都是潘文华的关系。唯一可疑之处，就是特务头子徐远举每次到公馆看潘文华时，都是张俊去接待，告之潘文华的病情。

1949年秋，解放军进军西南，蒋家王朝的覆灭已成定局。这时张俊曾一再要潘文华一道避居香港。潘文华为此很费考虑，心想与她夫妻一场，看来缘分已满，为了迎接解放，决心参加起义，只好与她分道扬镳。便给予张俊一些费用，并从潘昌猷那里支了五万港币交给她，当然张俊本人平时也有不少私蓄，哄其先走，等必要时潘再来港。到10月下旬，张俊与李子章夫妇和邱渊夫人一道同机飞往香港。这是潘文华有意将她先安排出去，减少不必要的拖累，以便进一步加强同有关各方面接触，特别是与成都邓、刘两将军联系，积极进行起义准备工作。

第三十五章　秘密召见两儿子
面授机宜交重任

1948 年 12 月,在二三五师任少校营长的潘清洋和胞兄少将师长潘清洲正带领部队住在宜昌。6 日一大早,突然两兄弟接到父亲潘文华紧急密电:要清洲和清洋两兄弟火速从宜昌赶往重庆。当时潘文华任西南军政长官公署副长官,常住重庆。潘清洲和潘清洋返渝见到父亲潘文华后,潘文华在曾家岩公馆的密室里严肃地对兄弟俩说:"清洲、清洋,你们兄弟俩是一直在我身边成长的,现在又都是带兵的军人,父亲戎马生涯几十年,现在处于重大转折关头,我不得不把自己的最后决策告诉你们,我早在抗日战争时期,便和中共领导人董必武、王若飞等多次接触会晤,且直接同中共代表团团长、中共中央副主席周恩来晤谈。在他们的启发和帮助下,我拥护共产党的统一战线政策,愿和共产党站到一起,来反对蒋介石的国民党政权。我早已和刘文辉、邓锡侯两将军秘密商定,认为国民党政府首都南京不久将会解放,我和刘、邓决定一致行动,等南京解放后,解放军进军西南时,带领部队相机起义。我已发密电告诉民盟中央主席张澜先生,请他将我的意见转告中共中央。”

随后潘文华要潘清洲率二三五师设法脱离孙震指挥，从宜昌悄悄开回四川，暂住奉节，待命行动。潘文华又说：“预计解放军进军西南时，蒋介石部队必定会从湖北、湖南退守四川。重庆是西南重镇，大军云集，我只能悄然离开重庆，返回成都与刘、邓会合，才能正式宣布起义。”因此，要潘清洋带一个营先去成都，以便父亲回成都时，身边有一支可供调遣的嫡系警卫部队。潘清洋和潘清洲遵照父亲潘文华的旨意回到宜昌后，于1949年春就开始秘密行动。经过充分的准备，精心设计开拔线路，二三五师全师官兵在潘清洲少将的统率下，终于从宜昌成梯次逐步开回四川，驻在奉节、巫山一带，勒部待命，从而摆脱了国民党蒋介石的控制，避免了在湖北战场与人民解放军的对消。

1949年6月初，潘清洋率一营官兵先行返回重庆，父亲潘文华告诉他：南京已经解放，解放军很快就会进军西南，他和刘、邓准备起义的计划已通过设在雅安刘文辉总部的秘密电台和中共中央取得联系。接着，潘文华给潘清洋一本电报密码，并叮嘱他精心保管，让潘清洋迅速带回成都，以备他和刘、邓联系。同时还要求潘清洋将电报用密码翻译出来当面送交刘、邓两将军。潘文华考虑到，潘清洋的一个营单独住在成都有点招眼，也容易过早暴露自己的意图，于是改命令要潘清洋带部队回老家仁寿县文宫场驻扎。文宫场离成都仅七十余公里，是隐蔽屯兵的好地方，这样比较妥当，在他宣布起义时，既可灵活调动，又可保护桑梓之地不受战乱之灾，而且要求潘清洋动作要快，不能有丝毫懈怠，万不可大易。潘清洋奉父亲之命在不到半月的时间，就将一个全美式装备的加强营部队顺利带回仁寿县文宫场。

潘清洋在仁寿县把部队安排就绪后,又于9月初返回成都,通过曾任父亲侍从室秘书的赵星洲与川西边中共地下党组织取得了联系,并在赵星洲家和中共地下党负责人吕振修会晤,潘清洋向吕振修表示:“我是青年军官,从小受到父亲的培养和教育,有一颗爱国爱乡的赤心,我和自己的父亲一样拥护共产党的政策,愿意跟着共产党走,并希望地下党派人同我一道去仁寿,以便同当地地下党取得直接联系。”吕振修马上同意派两位同志和潘清洋一道去,并要潘清洋转告其父亲潘文华:望他当机决断,起义迎接解放,并通知潘清洲和潘文华的旧部响应起义。潘清洋答应一定将地下党的意见转告父亲。潘清洋与吕振修商定后,吕振修即派李成贵、李忠义两人随潘清洋一道星夜兼程赶往仁寿。同时,潘清洋还护送有一批枪弹、药品回仁寿给中共仁寿游击支队。

李成贵、李忠义二人去后,便把中共仁寿地下党武装负责人邹玉林接到文宫场,同潘清洋共同研究制定如何配合迎接解放的计划,潘清洋和邹玉林都认为当地的恶霸、文宫区联防大队长、袍哥舵把子冯子绥思想反动,对起义是一个很大的障碍,不铲除这颗毒瘤,势必给仁寿文宫区的解放带来极大危害,消除隐患,扫清障碍正是当务之急。最后商定由潘清洋直接想法指挥部队把冯子绥除掉,必要时,邹玉林派地下武装支援潘清洋。

潘清洋又向邹玉林表示,赠送他一批枪支弹药,以增强中共地下党武装的力量。邹玉林离去后,过几天就派仁寿第五区自卫中队长廖勉带二十多人来,把潘清洋赠送给中共地下党的一挺机枪，十多支步枪和两千多发子弹领去。廖勉又名廖卓荣，他中队里有不少中共受地下党领导的人员。

关于除掉冯子绥的计划，后因老奸巨猾的冯子绥有所觉察，便提前带一部分残余武装躲到仁寿县城去了，原先的计划没有实现，但却把冯子绥的势力基本上挤出了文宫地区，为后来的武装起义铺平了道路。仁寿解放后，诡计多端的冯子绥又逃离仁寿县城，潘清洋又奉县人民政府命令，率部追缉，经过一段时间的追捕，终于将十恶不赦的冯子绥逮捕归案，后经人民政府公开审判后，对冯子绥执行了枪决。

1949 年 11 月初，潘文华在形势日益紧迫的情况下终于回到成都。这时，中共地下党留蓉工作部又派外围组织“新建社”成员、潘文华的姨表侄赵星洲继续与潘文华联络。当时，在潘文华身边的夫人周普济和女儿潘蜀芬也都支持他同中共地下党留蓉工作部紧密配合。赵星洲也将中共的“约法八章”呈给潘文华阅，同时，还向潘文华转告了中共地下党的希望。

次日，中共地下党留蓉工作部支部书记王逸平在赵星洲的陪同下，又专程去看望潘文华，并把中共的“军运大纲”给他看，潘文华看后，当即提笔写了“拥护共产党”五个字。与此同时，潘清洋又将川西边地下党的意见报告父亲，他表示完全同意，当晚就派潘清洋到赵星洲家会晤中共地下党留蓉工作部副支部书记吕振修，具体研究了起义部署，决定由潘清洋密电其长兄潘清洲率二三五师从奉节往大竹、南部方向移动，相机起义。又派人去告诉雷、马、屏、峨警备司令刘树成和二六三师师长徐正纲等部准备起义，并嘱驻成都附近的保安八团团长吴宗国听从川西边中共地下党的指挥，并通知保安十一团团长张豫波来接受具体任务，准备起义。同时安排中共地下党留蓉工作部搬进潘文华的植苑公馆，以便掩护和联系。

潘文华为表示对共产党的信任，还把他的原配周普济夫人和其他家属全交由潘清洋护送回游击活动频繁的仁寿县文宫场老家，把二太太安置在赵星洲家。当时胡宗南的中央大军已从陕西往成都溃退，潘文华和刘文辉、邓锡侯商定只能设法离开成都，才能正式宣布起义。

12 月 9 日，潘文华与刘文辉、邓锡侯三将军在成都彭县联名通电起义，头天才当新郎官的潘清洋便遵照父亲的指示，偕满族新婚妻子金萃良女士在仁寿县文宫场率领所部加强营起义，后按驻仁寿县解放军的命令率部进驻县城，参加县军管会，任县模范大队队长，协助维护仁寿县的地方治安，参加剿匪平叛、减租减押工作，为家乡的和平解放和保护新生的人民政权做出了重要的贡献！

第三十六章　调兵遣将　掌控部队

1949年4月，正在南京的杨续云接到潘文华电报，杨续云便回重庆与潘文华相见。潘文华一面表示后悔，一面又表示希望杨续云去武汉为他照看部队。

原来，杨续云到孝陵卫将官总队不久，适逢孝陵卫将官总队队员为发泄对被裁遣下来的不满，集体到中山陵哭陵闹事。蒋介石便决定将将官总队解散，所有队员分发各大司令部充当附员。杨续云便找陆大同学、国防部负责将官人事的第一厅第一处处长苏时帮忙，指定分发到武汉行营，又通过潘文华与程潜的特殊关系，安排为高参。杨续云到武汉后，逐步设法通过程潜把这时也被抽上前线的徐正纲旅调回汉阳整补，又将整编一六四旅在花园被打散的高守谦团重新组建，另换杨虚为团长，杨续云一度出任汉宜江防副指挥，将杨虚团调驻沙市，总算把潘文华剩下的部队团在武汉附近。

到1948年夏，武汉行营撤销时，程潜调湖南省主席，由白崇禧接任新成立的“华中剿总”司令。杨续云留任高参，因为与白崇禧没有什么直接关系，部队处境很困难。淮海会战之前，蒋介石为了拼凑反共反人民的内战“本钱”，又将整编师、旅恢复为军、师。潘文华孤悬武汉的两个师，便成了一块引起各方面垂涎的肥肉。先是白崇禧的副参谋长赵援出来以陆大同学的关系向杨续云表示，打算把这两个师编为军，由他任军长，杨续云任副军长，同时各兼一个师的师长。杨续云当即表示：“我是在此替潘长官看摊子的，这个队伍已是你们俎上之肉，随便你们那个来带，我都没有意见，但我本人不能插手，否则将来回到四川如何见长官和朋友！”给他一个软钉子碰回去。赵援因为与部队毫无关系，便不敢硬拿过去。

随后又遇到在东北战场搞成光杆的陈明仁回武汉招兵买马。这时身为“宜昌绥署”参谋长，却长期在外，奔走于宁、汉之间的张诚文见潘集团前途暗淡，便通过胡肃，以陆大十三期同学的关系，在陈明仁支持下挤掉徐正纲，由自己出任新十七师师长，直接投入陈明仁怀抱。也是祸不单行，就在这时，一六三师师长冉良臣暴病身亡。该师副师长刘绍虞、参谋长周玉棵及三个团长主动来找杨续云，要求杨续云出任师长以掌握部队。

杨续云意识到如不尽快设法，则仅有一个师也将失去。便立刻去见白崇禧的参谋长——当年陆军大学给自己当过老师的徐祖贻。徐祖贻听了杨续云的来意后，不由顿脚道：“续云，你怎么搞的，如何不早一天来说！今天早上健公（白崇禧字健生）已经下一六三师条子委王学成去干了！”原来当时也在武汉当高参，早年曾在一六三师任过参谋长的王学成听到冉良臣的死讯后，当天便去见白崇禧毛遂自荐，吹嘘说自己在该师有历史关系，完全有把握将部队带过来。白崇禧当时正通电逼蒋下野，巴不得壮大自己的力量，当场便下条子委王学成继任师长。

杨续云回到下榻处，正在那里等回音的该师几个干部都纷纷表示反对由王学成接任，其中一个团长陈赞廷提出干脆约集原徐正刚师三个团长共商对策。于是第二天由“重庆银行武汉分行”经理唐午园出面在“蜀味腴”请客。饭后在唐午园家里，杨续云与冉良臣师副师长、参谋长及冉良臣、徐正纲两师六个团长聚集一起磋商对策。这两师的干部都认为部队被分割开，去替人家当炮灰绝无前途，一致要求杨续云承头做主，并愤激地表示，就是死都要死在一起！杨续云经过一番考虑权衡，下决心冒险把两师部队拉到鄂西集聚，只要部队集中之后，谅蒋、白都不敢硬吃，然后再向长官潘文华请示下一步行动。这一意见，得到全体拥护。为了表示郑重，刘绍虞由身边取出一张尺五见方的印度白绸手巾，按决议各人依次签名。杨续云了解其中原冉良臣师的一个团长张恒，跟潘文华的历史虽长，但利害心重，惯于投机。为了把他稳住，特将白绸交其保管，当下各自散开，分头暗作准备。

第二天一早，杨续云突然接到徐祖贻电话，要他速去总司令部有要事相商。杨续云刚一进门，徐祖贻劈头便说：“续云，你是总司令部高参，千万不可乱来哟！”杨续云情知不妙，但仍从容反问说：“徐老师，到底出了啥子事嘛？”徐祖贻一面注视着杨续云的表情变化，一面缓缓说道：“昨天晚上，王学成来向白健公反映，说你要几个团长不遵调动，擅自把部队拖走！”杨续云心想这事绝对不能承认，便淡淡一笑说：“徐老师，这种无稽之谈，你相不相信？”徐祖贻也淡淡一笑说：“正因为我不相信，所以才来问你，这事说清楚就算了！”然后又告诉杨续云说，白健公已下令将这两师部队调离汉阳。

杨续云丧气地回到住处，却见张恒正在等他。张恒见面便吞吞吐吐地说是今天早上接到部队立即开拔调令，不走不行，并将白绸巾交还给杨续云。杨续云知其变卦，随口安慰几句，将他送走。张恒前脚刚走，陈赞廷急匆匆赶了来，对杨续云说：“参谋长，张恒这家伙真不是东西！今天早上部队一接到调令，他就四处散布啥子军令如山，不走不行！把人心都搅散了！”杨续云便告诉他今晨与徐祖贻的一番谈话的内容，陈赞廷气愤地说：“八成是这家伙告的密。我是最担心名单还在他手里！”杨续云拿出白绸巾对陈赞廷说：“也算他还有一线天良，把名单还给我了！最后杨续云要陈赞廷去通知其他几个团长，拉走部队之事，已不可行。要他们暂且遵命开拔，注意切实掌握部队，加强相互间的团结，待自己请示潘仲公后，再设法与他们联系。

这样，潘文华剩下的两个师也被调开。后来，其中一个师在湖南随陈明仁起义；另一个师在谢可澄、陈赞廷率领下，摆脱桂系羁绊，拖到贵州边境起义。杨续云在武汉已无事可干，接着淮海战役结束，蒋家王朝覆灭已成定局。杨续云正打算回重庆向潘文华汇报请示，却有一位不速之客——由南京回川，中途在汉口停留的郭勋祺来访。

原来郭勋祺到襄樊出任康泽的副司令，本打算通过历史关系掌握潘文华在宜昌附近的两个整编旅，迎接解放。旋以潘文华通过程潜把部队调到武汉休整，计划落空。郭勋祺结底只掌握到彭焕章丢在襄樊的四个营，无法有所作为。当年 7 月 15 日襄樊解放，康泽与郭勋祺一同被俘。康泽以特务、战犯的身份作了阶下囚，而郭勋祺却因与中共多年的朋友关系，被尊为座上宾。

郭勋祺在解放军骑兵排的护送下，来到河南宝丰中原军区所在地，与刘伯承和专程从济南赶来的陈毅相见，旧友重逢，畅述别情。本来刘伯承、陈毅两司令员的意思是要郭勋祺留下参加革命工作，但因郭勋祺担心家小的安全，同时又考虑自己可以回川进行策反，为迎接西南解放尽一份力量。商得刘伯承、陈毅两司令员的同意，郭勋祺于 10 月底返回白区。行前中原军区敌工部长杨松青向郭勋祺嘱咐回川开展工作应注意的事项，并拿出一根木质手杖给郭勋祺说："这根手杖据说是当年袁世凯留下来的，送给郭先生带着上路。今后我们派去与你联络的人员，暗号便是：我来找袁世凯留下来的手杖，此外在紧急情况下可去万县找一个姓白的律师联系。"

郭勋祺离开解放区回到武汉，刚住进汉口协和医院，即被黄杰、肖毅肃挟持去南京。郭勋祺到南京后，既见不着蒋介石，又不能自由行动，被蒋派出一个班宪兵"保护"在中央医院，直到淮海战役结束，蒋介石于 1949 年 1 月宣布"引退"，李宗仁代理总统，经李宗仁的亲信——郭勋祺的陆大同学袁庆和向李宗仁说情，郭勋祺才得以解除软禁，离开南京。

郭勋祺在当时任国民党空军教练司令的陆大同学刘牧群的帮助下，搭京、蓉运输机返回成都，中途因天气突变，飞机降落汉口过夜。这样郭勋祺便到璇宫饭店找到可共秘密的老朋友杨续云作长夜谈。郭勋祺首先就当前形势征求杨续云的意见，杨续云感慨地说："国民党人心丧尽，大势去矣！尽管国防部几爷子还在大吹大擂什么长江天险，固若金汤。你我都晓得，千里江防，无所不备，无所不寡，从古以来的渡江攻击，没有一次不成功的！‘千寻铁锁沉江底，一片降幡出石头’，不久就有得好戏看！”郭勋祺半开玩笑地说：“贵参谋长判断正确！”随即复认真地把自己在解放区的所见所闻及刘伯承、陈毅两司令托付自己的使命向杨续云讲了一通，劝杨续云速回重庆，转告潘文华策动起义，迎接解放，于是杨续云便回到重庆。

这时川湘鄂边区绥署早被蒋介石撤销，因考虑到潘文华在川康的巨大影响和所部尚有残余武装，于是在1949年5月1日，蒋介石又任命潘文华为西南军政长官公署副长官，并把原“绥署”直属部队约两个团与原整编的一六四旅重新组建的杨虚团合并为二三五师，由潘清洲任师长，归新成立的川鄂边区绥靖公署主任孙震指挥。

第三十七章　中共特使捎来密信秘密酝酿起义事宜

1949 年 5 月 6 日，中共特使唐午园特地从中共中央南方局接受重任，拟赴香港带回张澜给潘文华的密信以及内附的解放军的“约法八章”。

1949 年 7 月 2 日，唐午园辗转回到重庆，即刻到潘公馆晤见潘文华，潘文华看过唐午园带来的密信及“约法八章”后，忙电告正在武汉企图收容旧部的参谋长杨续云建归。知道事情紧迫，杨续云接电当日，便飞来重庆。当天，俩人坐在一起，因为潘文华的一个深得宠爱的姨太太张俊在旁，不便深谈，二人神情黯然。杨续云只是将部队被分割的情况汇报后，便准备告退，潘文华又留下杨续云吃晚饭。

“续云，”潘文华目送着姨太太一扭一摆，飘然远去的腰肢，这才将杨续云约到内室把房门关上说，“她跳舞去了，我们谈话才方便。”

“仲公，须下决心了。”杨续云再无顾虑，首先亮出自己的观点，“张表老带来的密信和解放军的‘约法八章’，你也收到了。

这么些年，老蒋包藏祸心，对本集团赶尽杀绝，丝毫没有仁义可言。而今时局，已不再容许我们拖下去了，只有走起义这条路。”

“我何尝不想哟！”潘文华叹口气，“老蒋对本集团做得这么绝，跟他走死路一条。张表老对我们寄予厚望，解放军的‘约法八章’也通情达理。只是，等回了成都，须得和自乾、晋康二人再作详议。”说到此，潘文华进一步问道：“此次，你从汉口回来，郭勋祺和你谈得咋样？”

“他还不错。”杨续云欣慰中忍不住笑：“在襄樊官没做几天，就与军统的康泽一道被俘虏了。共产党记情，不但没受苦，反而引为座上宾。解放军一个骑兵排亲自将他护送到河南宝丰，刘伯承和陈毅盛情款待他。”

“他们原本是老朋友嘛！”潘文华感叹一句。

郭勋祺曾是潘文华二十三军的师长，随潘文华军长出川抗日，参加广泗会战，负伤脱离下来，陈毅的新四军曾接应并为之疗伤，俩人有着不浅的情谊。

“刘、陈二将军本想让他留下来参加革命，郭勋祺一则担心家小安全，二则想回川策动我们，因此就放弃了。刘、陈二将军大为高兴，临别时，不但让共产党中原军区敌工部长为他详细介绍回川的工作办法，还送一根手杖，千叮万嘱说：这根手仗是当年袁世凯留下的，送给郭先生带着上路。今后我们派去与你联络的人员就是冲这根手仗而来，暗号便是：我来找袁世凯留下的手杖。”

“你俩这次见了又咋说呢？”潘文华急于了解郭勋祺对他们的态度。

“他直飞成都了。临别时，再三告诫我，等仲公回了成都，他再来拜访。现在，可能去了南充，准备让小潘把部队拖到那里去，将来机动成都也方便些。”

“这个人也是，直接到重庆嘛。”潘文华语气虽有责备，心中还是高兴，“那刘、陈二将军可有什么……明确的……”

“当然有！”杨续云肯定道，“他劝我早点回重庆，特别转告你，一定要策动起义，迎接解放。具体呢？先按‘约法八章’去做，到时候，功到自然成。”

“这才是出路。”潘文华说，“这些天，我也烦透了，有些劳神。”

“咋回事？”

“你有所不知。”潘文华摇头苦笑，“还不是让那位张俊夫人给搅的。”

杨续云明白，张俊夫人便是指那位姨太太。军统头子戴笠除指使军统秉承蒋介石之意，搞些情报、暗杀、策反等卑劣手段外，还特地在社会上网罗美女，经过专业训练，送入大学或其他场所，让其受到良好教育，然后，分别“下嫁”给一些地方实力派人物如王陵基、山东军阀吴化文等。最著名的便是将军统三大美女之一的叶霞翟送入美国留学，回头又嫁与了胡宗南。

自古“拳头敌不过枕头，枪弹敌不过肉弹”，屡屡见机取巧的“美人计”正是出于此道。

“她虽有一定背景，但到我们集团这里，并没有做出不利之举来呀。这是因为以主任你的地位，她乐得安安稳稳地当她的‘一口夫人’。”杨续云似有不解。

“事情并未这么简单。”潘文华摇头道，“这些日子，她常常吵着要我带上家产去香港或加尔各答，说要好好过完后半生。”

杨续云一惊，忙问道：“那仲公的意思呢？”

“去啥香港，还有那印度的加尔各答。虽然衣食无虞，用度无愁，便终归是寄人篱下。再说，叶落终要归根。我都黄泥巴埋到脖子上了，还能去飘零海外？”

杨续云默不作声。

少顷，潘文华心静一阵，胸有成竹道：“其实我早已下定决心，既不愿去台湾，又不愿流亡异国当白华，凭我同共产党乃至周恩来个人的十年关系，当然只有走起义这条路，坚决脱离蒋介石国民党集团。唯有这样，才是人生最好结局。只是，她该作何安排！”

“仲公。”

“伤脑筋。”潘文华摆摆手，又摇摆头。

“仲公。”杨续云沉思片刻，断然说道：“这是你的家事，我本不好插言。但事情既已至此，又不能不作安排。依我看，她跟你也十多年了，与你情深意笃。但是，现在本集团既与蒋氏决裂，危机四伏，她还年轻，让她走出去好些……”

潘文华陡地心紧了，眼望着杨续云，闪过一丝留恋和痛惜，旋即垂下眼帘，不忍卒听。

“只有下决心和她分道扬镳了。”杨续云斩钉截铁道。

更主要一点，为怕伤及潘文华，杨续云没讲。当初，吴化文在山东兖州率部起义时，就发生过这样一件事。吴化文因不满蒋介石对他的歧视、排挤，更兼深恨山东省主席王耀武在所部被围后见死不救。在中共地下党的策动下,历尽周折。然而,事成前夕,吴化文正拟签署起义通电的关键时刻,他宠幸的潜伏在他身边的军统姨太太居然拔出手枪相挟,将吴化文夫妇二人扣留在内室,逼迫他取消起义行动。眼看就要血溅当场,千钧一发之际,吴化文的糟糠夫人急中生智,借口上厕所,方才由卫生间窗口将5岁幼女送出,找其舅舅求援,吴夫人的哥哥是中共地下党员,在吴化文部任警卫参谋,闻讯火速带领警卫人员赶来才解了围。

人心叵测,肘腋之变,不可不防!

久经宦海的潘文华当然明白其中利害。

"也罢!"潘文华颓然垂首,长叹一声:"夫妻本是同林鸟,大难来临各自飞。我与她情缘散尽,让她走吧。不过夫妻一场,好见还须好散!让她去香港吧,礼送出境,不枉一世夫妻。"

后来,潘文华将家中所有金条和部分细软交与那位姨太太张俊,礼送去了香港。

"我认为我们现在当务之急是把解放军的'约法八章'印出来,在后秘密分送给部属。让他们提早准备,俟时机成熟,便可进行起义。"杨续云见潘文华如此伤感,忙直往重点话题上赶,"小潘师长更要通知到,本集团的起义实施还得靠他具体操作。"

潘文华抬起头,首肯道:"清州把部队拉去南充,所有的起义决定和共产党对本集团的指示,他都知晓,这孩子懂事早,当兵早,又受了这么多磨难,不会有问题。再说,郭勋祺不也赶去了南充"。

"小潘师长会干得好。"杨续云赞同潘文华对儿子的评价,又以征询的口吻问及自己的前途,“我也想为本集团尽点微薄之力。”

“那你有什么打算?”

“我想回自流井(自贡)老家去,利用过去的一些老关系在川南一带能有所发展,壮壮声势,以便为本集团将来有个好的走向出点力。”杨续云说完,以征询的眼光望着潘文华。

潘文华深有同感,赞同道:“这样做也是上佳选择,自流井为川南首富之区,四川财政半数集于此。你此番回去,策划掌握了这个地方,将来作为迎接和平解放的重点城市之一,是大有可为的。”

1949 年 12 月,在潘文华的支持下,杨续云回到自贡,经过精心谋划,以叙泸警备区第一分区司令部少将副司令兼自贡市戒严指挥部指挥的身份,响应潘文华彭县起义,领盐警和地方自卫常备部队三千余武装及市政府以下举行起义。新中国成立后,杨续云曾任川南行署交通厅副厅长、四川省交通厅副厅长、省政协副秘书长、常委、四川省人民政府参事室参事等职。

第三十八章　摆脱蒋帮特务监视　未雨绸缪　潜离重庆

郭造勋原系桂系干部，离开潘文华的川黔湘鄂边区绥靖公署参谋长岗位后，回到白崇禧部任职。1949 年 1 月初，在汉口奉白崇禧之命到四川联络潘文华、刘文辉、邓锡侯、王陵基反蒋，各送专约密电码一本。

于是郭造勋在重庆又与自己的老长官潘文华商谈今后前途，建议潘文华早作起义准备。潘文华顾虑手中兵力少，谓仅潘清洲一师尚远在巫溪。郭造勋请潘文华函复白崇禧，表示决心联络四川各方极力支持他反蒋，但要求将在华中的旧部新十七师和一六三师调向川鄂边区，俾与潘清洲师会合组织成军。郭造勋按照潘文华的意见返汉口向白崇禧复命，极力劝白崇禧接受潘文华的请求。

殊白崇禧心中另有打算，联川缺乏诚意，以新十七师已拨陈明仁部改编，一六三师已拨霍揆彰部改编，无法更动，表示推却。郭造勋很感失望，曾与当时在汉口的杨续云商量，拉拢新十七师师长张诚文，一六三师师长王学成，及两师团长以上军官，在汉口重庆银行分行经理唐午园家开秘密会议,策动拖回四川。

新十七师参谋长张隆,团长余九成,一六三师团长张恒,谢可澄等极力赞成。于是结盟签约,决定当夜先将两师部队渡过长江,集中汉阳西郊,然后由郭造勋带同两师参谋长作代表到华中长官公署向白崇禧请命,要求准予返川。是夜两师部队由武昌方面渡江集中汉阳,殊王学成因与潘文华无关系,不愿来川,张诚文也因与陈明仁有同学关系,思想摇摆不定。王学成当夜向长官公署王参谋长告密,次日郭造勋偕两师参谋长张隆和刘某到长官公署,因白崇禧去南京未返,遂面见王参谋长,提出返川要求。王参谋长微笑说:“这事须俟白长官自南京返回才能做主。”接着派人威胁利诱,将部队开回武昌,其事遂无结果。

过了几天白崇禧返汉,郭造勋又向其请求,白崇禧说:“我另保你新成立一个纵队好了。”其后又因国防部不同意未能实现。张诚文师以后随陈明仁将军在湖南起义,王学成师则随霍揆彰退湘黔边境,王学成卷款弃职逃去香港,残部由团长谢可澄率领向解放军投诚。

当武汉濒于解放前夕,杨续云返回四川,郭造勋因与革命方面有地下联系,留待解放。1949 年 5 月 15 日解放大军进入武汉。郭造勋向中共中央华中局卜盛光部长汇报白崇禧部军情,提出进攻江西、湖南作战计划意见。华中局决定派郭造勋回四川策动起义,因等待沙市和宜昌解放,迟至 8 月下旬才偕郭健行启程西上。行前张执一部长指示到川与陈离联络,二野杨松青部长指示策反原则及与郭勋祺联络。

到宜昌后,取道兴山步行翻越巴山烽盖岭,在孙元良部警戒线外阻留 21 天，始得通过，到达巫山，用电话与巫溪潘清洲师取得联系，然后直上重庆。

这时的蒋介石丢了东北、华北，如今又丢了华东，这西南他是死也不肯放手的。而西南的四川成都更让他绞尽脑汁，他不放心刘文辉、邓锡侯、潘文华这些地方实力派。为此，他派他的忠实走卒胡宗南兼任川陕甘边区绥靖主任。1949 年 8 月 29 日，西南军政长官公署举行扩大会议，胡宗南、王陵基、刘文辉、杨森、谷正伦、贺国光、王瓒绪、邓锡侯、孙震、潘文华、宋希濂、罗广文、李弥、何绍周等三十余人参加，蒋介石、蒋经国亲自到场，作死守四川的部署。不久，川湘鄂绥靖主任宋希濂在恩施组织“川鄂湘黔最高决策委员会”，四川的酉阳、秀山、黔江、彭水、武隆、南川划入管辖范围。这胡宗南和宋希濂两位反共专家，都是黄埔一期生，跟随蒋介石征战多年。

1949 年 9 月初，郭造勋到达重庆后，即派郭健行先到成都与郭勋祺联系，自己直接到曾家岩潘公馆，由副官引导入潘文华内室，见潘文华与客人打牌，一系邱甲，一系三青团重庆市干事长陈介生，一着草绿咔叽军服者则不认识。

潘文华急命他室相待，郭造勋到秘书梁永文房中，待至客散，潘文华才出来会见，乃知另一人即徐远举也。潘文华说：“载民，你好冒失！我闻你已到共产党那边去了，为何又得回来？”郭造勋说：“就是为你的事回来。”即将程潜湖南起义情况一一详述，问潘文华决心如何？潘文华说：“张表方（张澜字）先生曾由黄应乾带信给我，李任潮（李济深字）先生也派曾伟澜带信来，都动员我与刘自乾（刘文辉字）、邓晋康（邓锡侯字）联合一起起义，我也很同意。不久前刘、邓来到重庆，我们曾经在此商量好了待时起义，但目前特务监视甚严，清洲的部队远隔巫溪，如之奈何？”郭造勋说：“只要决心已定，具体做法再行研究好了。”

郭造勋了解到潘文华此时已受到特务监视，不仅徐远举、陈介生等经常到他家打牌，还有一个与他的姨太太张俊称作姊妹的女特务徐二小姐也住在他家，每日与张俊形影不离。好在潘文华还秘密控制有一部无线电台，可与潘清洲及刘文辉、邓锡侯保持通讯联络。郭造勋每日侦知徐二小组外出，趁空才往晤潘文华，初步研究决定了以下几件事情：

一、派亲信可靠的原绥署电务处长宋子丰赶赴巫溪，将自己决心与刘文辉、邓锡侯联合起义及今后联系配合办法详细告知潘清洲，嘱其预作准备。并将郭造勋带回与解放军通讯的呼号、波长、密码、时间等告知清洲，必要时直接与解放军切取联系。临行前，郭健行由成都返抵重庆，即派其子与宋子丰同行，经巫溪转回武汉向中共中央华中局复命。

二、将原绥靖公署存放涪陵的剩余械弹，悉数发给一六三师派回接收新兵现驻永川的张恒团，嘱张恒暂驻永川，切取联系。

三、口头宜称，自己愿去香港潘昌猷处养病，唯因心脏病加剧不能乘坐飞机，必不得已时，设法使张俊与徐二小姐先行飞港，以摆脱纠缠。

1949年10月1日，这时站在天安门城楼上的毛泽东远望千山万水，想到了古人的一句话——“天下未乱蜀先乱，天下已治蜀后治”。当时尚有一部分国土仍在蒋介石的反动统治之下，而大西南的局势最让他放心不下，四川在整个西南格局中又起着举足轻重的作用。这是因为辛亥革命始于四川的保路运动，以后历经二次革命、护国、护法之役，四川早已是一个独立王国，军阀多如牛毛，在二三十年代就有金木水火土五大军阀之称，他们割据一方；加之，抗日战争时期，蒋介石入川，苦心经营多年，各种派系林立，使得四川的局势更为复杂。而且蜀道之难难于上青天，解放四川的任务就更为艰巨。

谁去担当如此重任呢？此时此刻，毛泽东的目光慢慢地移到了两员大将身上，一位叫刘伯承，一位叫贺龙。刘伯承系川中名将，四川的老百姓都知道他是一条龙，早年血战丰都曾失去了一只眼睛，后来又领导过四川的顺泸起义，四川的大小军阀都和他交过手，无一例外都成了他的手下败将。如今二十多年过去了，有邓小平作政委的刘伯承更是好生了得，一个淮海战役打败了蒋介石的精锐部队，解放了中国半壁江山，作为百万雄师的统帅，刘伯承是率部入川最恰当的人选。而贺龙，这位八一南昌起义的总指挥，与四川也有千丝万缕的联系，与刘伯承一样，他也曾是四川老牌军阀熊克武的心腹爱将，早年的军旅生涯大多是在四川度过的，四川有他的故旧袍泽，师友兄弟。知人善任的毛泽东把刘伯承、贺龙亲自请到家里面授机宜，他说，叫你们二位入川是二龙戏珠，蒋介石在四川经过了二十多年，他是绝不甘心失败的，他会凭险固守，而我们呢，我们的方针是大迂回大包围，通过这种战略席卷大西南，最后解放四川。

毛泽东当下决定，分成两路大军南北两线迂回包围四川，一路即南线由刘伯承挂帅，整个二野由南京、芜湖、安庆等地向西迂回，由湖南进入四川之酉秀黔彭，进而攻占重庆；另一路即北线由贺龙挂帅，整个一野十八兵团由甘南、陕南出动，经四川绵阳，向西南进军，进而攻占成都。担负成都解放任务的是中国人民解放军第十八兵团，司令员叫周士第。说起这位周士第也是一位了不起的人物，他是北伐先锋，铁甲车队队长，八一南昌起义时的师长。除了周士第，随同贺龙解放成都的解放军高级指挥员还有王维舟、李井泉、胡耀邦，他们都是能征惯战、军政兼优的常胜将军。他们将给蒋介石最后一击，把红旗插在天府之国的四川。

从毛泽东的住处中南海丰泽园回来，贺龙好不激动，他对老伙计王维舟说，我们两个老四川又要回去和他们过招了，可这次是政治军事双管齐下，要好好统战统战他们呢。王维舟说，是啊，过去打的是军阀战争，现在是人民革命，我们要充分发挥人民的力量，要利用四川军阀与蒋介石的矛盾，争取成都和平解放。两双大手紧紧地握在了一起，在战马嘶鸣间，由他们率领的十八兵团已来到了川北重镇剑门关，成都解放指日可待。

1949 年 10 月，解放大军已向川东两路进军，势如破竹。当时徐正纲部系新补充成立的一个师，正由川西开来，向彭水、黔江增援。潘文华与郭造勋商量，将徐正纲师留在重庆附近，再联合原驻重庆的彭斌师，如能掌握起来，就在重庆解放时起义岂不更好。这两师部队，原系刘湘系统的川军，也是潘文华的旧属，大势所迫，也许他们能够接受策动起义。

当时徐正纲正住在重庆留真照相馆老板黄少怀家，郭造勋奉潘文华之命前往会晤，动以大势利害，劝其将部队延缓前进，折留在綦江附近，必要时退回重庆。徐正纲口头同意，但说他还要回成都医牙，俟返回重庆再作商量。潘文华找彭斌试探意图，感到彭斌无法商谈，事遂中止。这两个部队以后败逃途中，溃散殆尽，逃至川西双流、温江地区，才来追随潘文华起义。

这个时候，因代总统李宗仁和白崇禧来到重庆，郭造勋曾幻想活动一个番号，抓一点部队以作政治资本，殊迟到11月初才发表郭造勋为新编第三军军长，仅拨原一六三师长张恒团作基础、升张恒为第七师师长。白崇禧为此还亲自到潘文华公馆，劝潘文华负责领导在四川扩大发展武装力量，潘文华知此时的白崇禧已走上坚决反共道路，只虚与委蛇一番而罢。

由于解放军进展迅速，重庆震动，潘文华与郭造勋商量，认为时间紧迫，决定放弃一切不切实际的幻想，转到成都，联合刘文辉、邓锡侯两将军在川西起义。

于是潘文华致电由川东向川北撤退的潘清洲师，告以行踪，望其向川西靠拢。对驻永川之张恒团，则指示其自行待时就地起义。潘文华然后自己化装乘汽车西上，由于公路车辆阻塞，走了三天三夜，直到11月初才抵达成都。

第三十九章 潘、刘、邓三巨头风云聚会芙蓉城

1949 年 11 月初，为摆脱蒋介石的控制，西南军政长官公署副长官潘文华从即将解放的重庆回到了成都。

这时的潘文华体质羸弱，疾病缠身，他已心如止水，平生崇信佛教，延至晚年，部队被蒋介石吞并，本人又多病灾弥，凡事多有力不从心之惑。他早年曾迎奉云南丽江密宗的督葛活佛来蓉供养，这次回到成都，他还是采取在重庆的办法，表面上谢绝社会应酬，在家焚香诵佛，暗中却与刘、邓密谋，紧锣密鼓地共同策划起义。

得知潘文华安然回蓉，盼星星，盼月亮的刘文辉急不可待，于 11 月 6 日，风急火燎地从雅安赶到成都，当天便在自家公馆向潘文华、邓锡侯转达了中共中央副主席周恩来密电：解放大军行将西指，望积极准备相机配合，但不宜过早行动，免招致不必要的损失。并与潘、邓密商成立以他们三人为核心的川康起义决策指挥机关，争取联合川康一切反蒋力量。当时三人一致认为，目前胡宗南大军已调集川西，必须待解放大军逼近时，再发动起

义，眼前对蒋宜采用敷衍拖延，争取时间的策略。

11月8日，刘文辉、邓锡侯相约来到永兴巷潘文华的植苑公馆。这时的潘文华身体不好，时令虽在深秋，全身上下却套着冬装，稍事行走，便是满头大汗，喘气不止。刘文辉和邓锡侯走进内室拜访时，他还拥着被，斜靠在床上，头上敷一方热毛巾，活像个坐月子的妇人。

"自乾，"潘文华痛苦地抽搐着脸，"前日，我们三家商定了起义计划，本想就一些具体的事项再好好议一议。莫奈何……"潘文华垂下头，无奈地抚胸叹息。

"仲三，"刘文辉心中老大不忍，"安心静养身体，前台的事有我和晋康顶着。"

似乎是一种宿命，甫系集团首创人刘湘生前患有胃疾，结果内外忧困中，在武汉逝世，年不到五旬。继任者潘文华亦是体弱多病，又患胃疾和心脏病，这些年来，自从刘文辉主动"化敌为友"、"化敌求友"，川康地方实力派便结盟对付蒋介石。为此，潘文华不惜牺牲甫系集团利益，开罪蒋介石，背上沉重的政治包袱，也付出了极为惨重的政治代价。

面对老友这般光景，联想到英年早逝的族侄刘湘，他们俩人的命运如此相同。刘文辉心中五味交汁。

"自乾，"潘文华喘息一口，翕动着干瘪的面颊，恳切地说道，"既然我们三家约定了一起起义，到时候大家都莫反悔哟！"

"不会，不会。"联想到邓锡侯如今业已坚决的态度，并有姓"共"的朋友长驻军中，刘文辉心中非常宽慰，"原来我还担心晋康莫三心二意，没想到他早和那边联系上了。这回，只要我们去意坚决，三家举事定会成功。”

“只可惜哟！”潘文华索性一把扯下罩在头上的热毛巾，无力地搭在一边，遗憾地说，“这些年来，部队被老蒋分而食之，大不如从前，只怕部队少了，不好意思和那边（共产党）见面。”

“哎……”刘文辉把头一摇，又向屋外张望一眼，便扑过身凑在潘文华耳边道，“晋康也和你一样的担心，部队少了，不好意思与共产党见面。结果呢？民盟代表潘大逵在共产党那边得了高层指示，他对晋康说，现在的时机，对起义十分有利，并不需要我们在军事上打硬仗，主要是要打一场政治仗。蒋介石手忙脚乱，自顾不暇，绝对抽不出兵力来打起义部队，他没有力量两面作战了。”

“如此，那便好。”潘文华心中宽慰多了，“自乾，我已老迈无用。身体这样差，油尽灯残，过不多久，就要和甫帅在丰都城相会了，生是他的人，死是他的鬼。”

“仲三！”刘文辉大惊，忙一把握住他的手，“如何这般伤感？人食五谷杂粮，偶尔生病吃药也是常理。”

“不然。”潘文华摆摆手，苦笑一下，“甫帅在世时，每每行军将兵，必身临前线，处理公务，往往通宵达旦，废寝忘食。体格之健壮，精力之充沛，非常人能比。结果呢？只不过47岁，便猝逝于前线。如今，我潘文华已过花甲之年，与甫帅相比，亦是高寿了。”

“咋个会嘛？”刘文辉还想安慰。

“莫宽我心喽！”潘文华摆摆手，制止住对方，“了却君王天下事，赢得生前身后名。自乾，你大可不必担心，即便赔上这条老命，我也要走到底。用那边的话来说，将功补过，求得老百姓和他们的谅解，重新书写自己的历史。争取在自己的垂暮之年画一个圆满的句号。只是我精力不济，今后但凡涉及三家之事，我唯你和晋康马首是瞻。"

"你放心，既然三家盟约都定了，肯定是一条船过河。"刘文辉接过话，本想再宽慰几句，怕莫引起潘文华沮丧的情绪，忙换过话题动情地说道："老蒋当年要除掉我，从背后下毒手，羊子肺（杨森绰号）被狗吃了，昧着良心助纣为虐，如果不是你不惜个人背上政治包袱，我刘文辉只怕没有今天啰！"

"自乾言重了。"潘文华脸上绽开笑意，精神一振，摆摆手道："试想，如果老蒋解决了你西康，让杨森去主政，难道还会放过我四川的潘文华？'卧榻之侧，岂容他人酣睡？'西康既已不保，则四川亦是相同命运。唇亡齿寒，唇齿相依的道理，我还是懂的。"

"川康一体，话虽这样说，如果没有长远的政治眼光，目光短浅，见利忘义，能像你那样来帮我吗？"

"当年你不也帮过我吗？那是何等的雅量。"潘文华脸上已泛着红晕，"自乾，你我客套话就莫讲罗！"

其实，俩人最初的关系并不融洽，早年，亦曾兵戎相见。潘文华是刘湘甫系集团的最得力干将，作为心腹爱将，他拥有兵员最多，装备最好的一师雄兵，其建制和实力等同于一个军，被刘湘放置在身边，既担负重庆大本营的卫戍任务，又坚守重庆外围的荣昌一线，与刘文辉的军事防区咫尺相对。同时，潘文华还兼任了重庆市市长一职达八年之久，足见刘湘对他的信任及其在甫系集团中非同寻常的地位。

那时候，二刘矛盾已趋白热化。刘文辉据有川南、川西七十余县，拥兵十余万，下有二十四军和川康边防军两个集团军。邓锡侯的二十八军仅仅控制川北一隅，田颂尧局限川西北一带。其时，刘文辉少年得志，不但拥兵自重，还兼有四川省主席一职。势力稍大的邓锡侯、田颂尧不敢轻举妄动，其他小军阀自然不敢造次。刘、邓、田三家军阀成都巷战后，刘文辉取得基本胜利，更是炙手可热。

1932 年，刘文辉为独霸全川，在与族侄刘湘结盟不成的情况下，撕破脸皮。二人置亲情、道义、四川民众的福祉于不顾，公然爆发了现代军阀史上的“二刘混战”。

用兵之初，刘文辉依靠富庶的川南、川西财政，出动十余万精兵，由川南、川中直扑刘湘集团的大本营——重庆。甫一交战，刘湘集团土崩瓦解，战事吃紧。刘文辉大喜过望，以为打败刘湘，一统全川，谋得西南霸主，再问鼎中原指日可待。不料，在重庆的前哨屏障荣县老君台，部队受阻，久攻不克。

“何以一个小小的老君台都拿不下，”刘文辉火冒三丈，“守城将领是谁？我不信他有三头六臂。”

“军座，”部下有些无奈地回答道，“是刘湘教导师师长潘文华。”

“喔……”刘文辉半张着嘴，恍然大悟，“仁寿的潘文华，我打过交道的。此人带一旅人马投奔刘湘，不久，就担任了刘湘实力最强的四师师长，作战很有一套。多投入些兵力，只要老君台一拿下，刘湘的问题就解决啰！”

但刘湘的问题却不那么容易解决。刘文辉在原有基础上增兵四倍，原以为易如反掌，不料，潘文华殊死相搏，守城一月，亲赴城头，每日打退刘文辉部数次进攻，使得老君台屹立不动。

刘文辉一筹莫展。恰在此时，原已缓过劲的邓锡侯、田颂尧又从背后袭来。为防后院起火，刘文辉只得草草议和。第一次“二刘”大战就此收场。

1933年，“二刘大战”再度爆发。刘湘纠合大小军阀四面出击，刘文辉陷于重围，几经搏杀，七十余县的防地丧失殆尽，十多万部队灰飞烟灭。无奈，刘文辉只得退败西康。是役，潘文华作为先锋，领着刘湘的教导师出荣昌克内江、宜宾，直至攻克成都。

刘文辉曾摇头叹息说：“老君台一役，是我人生转折点。十几年缔造艰难，如此结局，令人痛心。”

从偶然的军事意义上讲，潘文华坚守的老君台一役给了刘文辉致命一击。

然而，败退西康后，刘文辉痛定思痛，为了求得生存，采用“化敌为友”、“化敌求友”之计，主动向旧时敌人伸出了橄榄枝。

第一个化敌求友的对象便是播文华。

“摊子守不住哇！”潘文华躺在床上，痛彻心扉，“我咋个有脸面去见甫帅。想当初，出川抗日带去那么多部队，如今就剩了这点人。”刘文辉、邓锡侯等相对无言，黯然坐在一旁。

“那蒋光头委我一个西南军政长官公署的副长官又干啥？空壳壳一个，连龙子舟、卫立煌他们都不如。”潘文华抚住胸，痛心疾首。前两天，传西南军政长官公署易人，张群特打来电话相告，仍然保有其原职。

“仲三，”刘文辉摇摇头，一脸正色，“在现时状况下，有比无好。至少，将来我们三家弃暗投明时，于那边（共产党）而言，还是有分量的。再说，西南的事没有一个顶子（官位）是罩不住的。”

“不然！不然！”潘文华苦着脸，摇头道，“这就好比新媳妇未过门，丈夫就死了，守的不值得的寡。我现在部队被老蒋拆散了，又多这么一顶不伦不类的乌纱帽，昨个好意思和那边见面。”

“仲三，”邓锡侯从嘴上取下大雪茄，咂吧着嘴，“老蒋都做出了这个举动。徒奈何？搬起石头砸天？我和自乾来时，就商量过，熊克武也是此意。只躺在床上怄气还不行，最要紧的是把你散在外边的部队抓过来，重新组建好，张表老最近捎话过来，我们三家只要控制好部队，相机配合，一旦那边往西走，大家自然就好见面了。所以……”邓锡侯将拿着雪茄的大手朝地上戳了戳，强调道：“当务之急是把剩下的部队抓到手。”

潘文华紧闭着眼，瘦削苍白的脸如一张白纸，不停摇头。

“那边怎么说？”刘文辉忍不住又问潘文华。

共产党在争取刘文辉和平起义的同时，丝毫没有放弃对潘文华、邓锡侯二人的策反。对于潘文华，早在抗战时，他长驻重庆，就和周恩来、王若飞等交往甚多。为此，共产党还派出了一位名叫唐午园的特使和电台代表钱松甫长驻其军中。

“那边够朋友。”潘文华明白是指共产党，“唐午园说共产党历来把我当朋友看，须臾不忘我部的抗战功勋。部队虽然没了，但还是欢迎我和你们一同起义。”

“这就对了嘛！”刘文辉慨叹道，“你常说对付老蒋只有过拖。现在先拖一拖，不怕老蒋在背后耍花招。那边的王若飞不是说他们有出路,不会忘了老朋友的。你忘了,在重庆。”

“对！王若飞,能干人啊。可惜了……”潘文华点头叹道,忆及重庆相晤王若飞,他心中豁然开朗。

“事情到这一步,仲三不先出走是不行了,但是,”邓锡侯问道,“万一我和自乾有事,咋个和你商议呢?”

“不商议了嘛!”潘文华掷地有声,“本集团的行动唯你二人马首是瞻。”

11月21日,解放军南线部队关闭了胡宗南逃跑的大小门户之后,遵照毛泽东日前电示,刘伯承、邓小平向川、康、云、贵四省的国民党军政人员发出了四项忠告,昭告他们停止抵抗,弃暗投明,悔过自新,立功赎罪。

四项忠告上说:国民党残余力量经我人民解放军在华北、华中、华南、西北各地给以接连不断的歼灭打击后,现已接近最后歼灭之期。贵阳已经为我军占领,国民党的所谓最后战略体系,又已被我拦腰打断。四川东南门户亦已洞开,重庆、成都、康定、昆明等地短期内亦将获解放。

蒋、李、白、阎等残余匪帮企图收招残余力量,退集康、滇、桂边之计划已为实际所不允许,其退路即将为我军截断。蒋、李、白、阎等匪首倡言所谓“美援”和“反攻”,所谓“第三次世界大战即将到来,一切有待于第三次世界大战”,均为诸匪首之梦想,其目的纯系为帝国主义张目,为了欺骗尚在供其驱使部属,使其与该匪首等一同进入坟墓。你们应该明了这种形势,迅速选择自己应走的道路。本军此次奉命进军西南,负有坚决推翻国民党在西南的反动统治及解放西南七千万人民之使命,但对西南国民党军政人员一本人民政协共同纲领及毛主席、朱总司令约法八章之旨，给以改过自新、立功赎罪机会，并愿以下列四事相忠告：

一、国民党军队应立即停止抵抗，停止破坏，听候改编。凡停止抵抗、听候改编者，无论其属于中央系或地方系，均一视同仁，指定驻地，暂维持原状，尔后即依照人民解放军的方式实行改编，所有军官按级录用。凡愿意放下武器者，一本自愿原则，或分别录用，或资遣回籍。凡迅速脱离反革命阵营并协同人民解放军作战者，论功行赏。如果你们愿意这样做，你们可以随时派代表到附近的人民解放军接洽。

二、国民党政府机关政治、经济、文化、教育工作等人员，应即保护原有机关学校财务、用具、档案，听候接收，无论属高级、中级或下级职员，本军均一本宽大政策，分别录用或适当安置，其在接收中有功者，并给予适当奖励，破坏者受罚。

三、国民党特务人员，应即痛改前非，停止作恶。凡愿改过自新，不再作恶者，均可不咎既往，从宽处理。其过去作恶虽多，但愿改悔者，亦给以立功自赎之机会。其执迷不悟，继续作恶者，终将难逃人民之法网。

四、乡保人员，应即在解放军指示下，维持地方秩序，为人民解放军办差事。有功者奖，有罪者罚。西南国民党军政人员们，早日进入和平建设，恢复多年战争创伤，这是全国人民一致的热望。你们不应再作无所谓的抵抗，徒然增加自己的罪孽。如能立即觉悟，投向光明，为时还不算晚，还有向人民悔过的机会。若再延误，将永远不能为人民所谅解，其应得后果，必身受之。

继续反动与立即回头，黑暗与光明，死与生，两条道路摆在面前，不容徘徊，望早抉择。

这一忠告的发出，极大地震撼和推动了西南国民党军政人员的从速抉择。同时，中共在西南的地下工作者积极策动、协助愿意弃暗投明的国民党军政人员，使在解放战争后期波诡云谲的天府之国，上演了一幕幕惊心动魄、精彩纷呈的活剧。

这段时间，蒋介石方面也多次通过张群对刘、邓（潘称病不出）拉拢打气，大吹什么：现在中央几十万大军组织川西会战，胜算在握！并逼迫刘、邓表态，替蒋殉葬。刘文辉趁机先发一通牢骚："蒋先生过去对待杂牌军是：打死敌军除外患，打死我军除内乱！事到如今，我们是巧妇难为无米之炊！"然后为了把张稳住，话头一转又说："局势成了这个样子，但有一兵一卒，也得同共产党拼！"看张听得点头，马上又换上一个"但是"转语："但是二十四军散处康、宁、雅三属，纵横铺开上千里，又是徒步行军，等翻山越岭集中起来，起码也要一两个月，怕是远水难救近火！"东拉西扯，听得邓锡侯在侧边心头暗自发笑。这样谈了几次，当然毫无结果。

第四十章　同蒋介石斗智斗勇
潘、刘、邓悄然出成都

成都玉沙街，刘公馆。天近黄昏，刘公馆也已掌灯。西康省主席兼国民党二十四军军长，三星上将刘文辉，正躺在他公馆里宽大舒适的牙床上抽大烟。这是一间古色古香的暖房。幽微的灯光下，可见壁上挂有名人字画。特别宝贵的是一幅张大千画的长轴《川康风情图》；那是大千先生深入康定采访写生后画的一幅精品，为感激刘文辉的照顾和帮助，大千先生离开康定时送给他的。

此时的刘文辉五十来岁，瘦高，两颊松弛。看他的相貌，很难使人相信，在三十年代曾是四川政坛上举足轻重的人物。他擅长纵横捭阖之术，因此获“多宝道人”之称。在同蒋介石长期的周旋中，他呼风唤雨，使蒋介石也奈何他不得，不得不常常让他三分，不得不正视他的存在。

三十年代，四川诸多派系被他玩于股掌之间。他的队伍人数不断增多，地盘不断扩大，终于凭实力当上了四川省主席。为统一四川，问鼎中原，他不顾保定军校同学之谊，打垮了田颂尧，收拾了邓锡侯。之后他不惜亲情,同亲侄刘湘开战。但谁知不是侄儿的对手,被打得一败涂地,只得逃到了地瘠人贫的西康。

他在川康广袤的土地上,广种鸦片,发了大财。川康地区年产鸦片六七万吨,大半产于他的防地。黄炎培曾去西康一游。归途中愤然赋诗道:“我行郊甸,我过村店,车有载,载鸦片,仓有储,储鸦片”,“红红白白四望平,万花捧出越西城;此花何名不忍名,我家既倾国亦倾”。因鸦片大发其财的刘文辉,养了一支很有实力的军队,蒋介石不得不让他任西康省主席之职。

西康太远,蒋介石鞭长莫及,虽然刘文辉长有反骨,但对蒋政权并无威胁。抗战开始后,蒋介石找到了收拾刘文辉的机会。但刘文辉心里明镜一般,让他打日本,是蒋借刀杀人之计。他不像侄子刘湘,不管蒋介石千方万法,他也不挪窝出西康。结果是:刘湘惨死,他还盘踞在西康。

知情人都清楚,刘湘是蒋害死的,刘文辉是知情人。刘湘和蒋介石结怨,始于三十年代初那场“叔侄斗”。那次“叔侄斗”,是四川军阀史上最惨烈,最惊心动魄的军阀大战。蒋介石是刘湘的支持者,帮助刘湘打败了“幺爹”,登上了“四川王”的宝座。

淮海战役后,国民党中央军惨败,蒋介石政权岌岌可危,蒋介石看重西南这块退避之地。1949 年 1 月 8 日,蒋介石电促刘文辉飞赴南京共商国是。刘文辉到了南京,蒋介石在总统府直截了当地对他说:“四川是抗日战争胜利的发祥地,也是中央赖以反共的基地。中央准备最近迁都四川,在那里同中共决战。”中央要借重自乾来未雨绸缪,蒋介石先撤了邓锡侯的四川省主席给了王陵基,接着任命张群为西南军政长官公署长官。

刘文辉从西康来成都后，蒋介石又在刘公馆的对门驻了一连宪兵，四周布满便衣，甚至还想给刘家派佣人。这些都表明蒋介石不信任刘文辉。

再看位于红星路的邓锡侯公馆“康庄”，同古色古香的刘公馆大相径庭，西味颇浓。公馆门口虽也是老格式：红漆大门，双狮把守；但一进门，茵茵草地上矗立的主楼却是一幢很考究的两层楼的洋房。邓锡侯中等身材，面皮白皙，爱穿西服打领带。这会儿，他着一套考究的西式便装，坐在中西合璧客厅的沙发上，品着盖碗茶，眯着眼听京戏。刘湘被蒋介石害死后，蒋找不到更合适的人坐镇四川，就让邓继任川康绥靖主任。抗战期间，他率子弟兵出川在山西抗击日军时，数次邀请八路军总司令朱德去他的部队讲授游击战术，并送过枪支弹药给八路军，被蒋介石打入了“另册”。

1948 年 3 月 20 日，蒋介石派粮食部长俞飞鹏到四川，向邓提出急调十万石粮食出川，被邓回绝：“四川的粮食四川人要吃。现在，有这么多中央军驻在四川，也要吃！还有啥子粮食可以调出去嘛？”同年 3 月，蒋介石让王陵基接替了他的四川省主席之职。此案一出，立即在天府之国引起轩然大波。邓的副手，九十五军副军长黄隐首先拍案而起：“不管哪个，要夺权，枪杆子上来取！”话一放出，四川省参议会立即响应，先后致电国民党总裁蒋介石、行政院长张群，要求饬邓回任四川省政府主席。曰：“西南政务重要，情势险恶，苟变更人事，难免不引起后果……”蒋介石指示张群回电云：“晋康主席年来心力交瘁，而措施多艰，深同情其处境之艰屯。主席将另有借重，川事继续委之川人。”

张澜当时不仅是刘文辉的座上常客，而且也深受邓锡侯的敬重。邓在绝望之余，两次向张澜问计。张澜诚恳地说："要看清形势。丢了省主席不要紧，重要的是抓牢枪杆子。现在做好准备，解放大军压境时，你待机起义。"

在国民党政府退到重庆后，1948 年 10 月 29 日，邓同刘文辉、熊克武向在重庆的代总统李宗仁再提要求撤换王陵基的四川省主席，李宗仁苦笑道："莫说撤换一个省主席，就是撤换一个专员，我都没有权力，都得由蒋先生定。"李宗仁离开重庆回桂林时，绰号"水晶猴"的邓锡侯前往送行，临上飞机前，直言对李道："代总统，王陵基不撤，到时候我们可要倒拐啊！""倒拐"在四川话里就是"转弯"的意思，李宗仁听得明白，先是一震，继而只好相劝："以大局为重，忍辱求全吧！"

转眼到了 1949 年 11 月 29 日，早已运筹帷幄的潘文华命令侍从参谋赵丕休打电话约请钟体乾和乔毅夫速去永兴巷植苑公馆有要事相商，乔至钟体乾已在座。潘文华说要在成都地区率部起义，已与自乾、晋康约好，但具体方案还在完善之中。又问乔："成都方面准备情况如何？"乔说："对甫澄学会，方舟（王陵基）虽抓得很紧，但仍掌握在我们手上。我们附近的部队有：原新十七师改编的二六三师师长徐正刚，已率领全体军官回到成部和彭县接兵补充，正在整训；成都警备司令严啸虎指挥的吴宗国保安第八团；新成立的张豫波保安第十一团；中兴场驻守军械库和行署的原潘清洋营；在绵竹县新成立了一个安、绵、什、罗、茂五县的夏骑风所率山防总队直辖四个中队，另有五县十几个自卫中队。远一点的还有宜宾专员彭焕章（原川军师长）和雷、马、屏、峨、沐守备司令刘树成所属的地方武装。你直属的潘清洲二三五师的就不用说了。能调动使用的武力只有这些。”潘文华听了很高兴。由于钟体乾、乔毅夫二人自刘湘死后，一直扶持潘，乔毅夫并曾在阆中绥署和成都玉皇观二十八集团军总部代行过潘文华的内部事务。因此，潘文华说：“我有病，和筠友（钟体乾）暂留成都，与自乾、晋康就近协商，就请你（指乔）先到中兴场去，代我主持和筹划起义工作。”乔毅夫说：“中兴场乃四战之地，若在那里发动起义，蒋军一旦四面围攻，岂不成了瓮中之鳖？”后经决定先各自分头去准备，等候与刘、邓协商妥当后，再采取一致行动。

12 月 1 日，张斯可到乔家约乔毅夫、钟体乾密商。张斯可说：“根据仲三的打算，我们先行动起来。”本已约定一同去绵竹，晚上张斯可又来到乔家说：“绵竹也是通道，如果蒋介石知道我们在那里有所举动，打个电话给刘仕钧（绵竹县长）叫他把我们押解来省，那才为难呢。我已同黄逸民（九十五军军长黄隐）和谢德堪说好，以听能海法师讲经为名，先到彭县请他们保险，等解放军打来了，再一起行动不迟。”他们三人约定 3 日黎明各自出西门，在北巷子口外会齐，由乔诚护送到彭县龙兴寺。到了临走那天，钟体乾说他的妹妹有病，随后再来。其实，钟体乾已通过韩伯城与解放军取得联系，他没肯明说。

到了彭县龙兴寺，因张斯可、乔毅夫都是能海法师在四川陆军速成学堂的同学，相聚甚欢。张、乔等到彭县后，原潘文华的秘书赵星洲去向潘文华报称：他已代潘清洋和张豫波与中共地下党的吕振修取得联系。潘文华听了喜形于色地向赵星洲说：

“他们反正了，很好很好，他们走在前面了。”隔了几天，赵星洲又将中共地下党的军运大纲送给潘文华看，潘文华在上面签了他的名字，并写了一张条子，一同交给保安第八团团长吴宗国，要吴也听候中共地下党的指挥。

胡宗南的中央军大部队已于11月底从北道溃退到绵阳至成都线上，胡宗南特委派盛文为四川省会成都防卫总司令，余锦源、严啸虎为副总司令，这段时间的蓉城已成兵山一座。12月1日，蒋介石同阎锡山、张群、顾祝同以及国民党中央各部院党政军要员都汇集到了成都，惊恐万状，拥挤不堪。

这时，胡宗南部主力到成都附近集结，妄图进行川西平原决战。与此同时，四川省主席王陵基组织“四川反共救国自卫军”，自兼总司令，各区行政专员兼总指挥，各县县长兼司令，而成都防卫总司令盛文则是胡宗南的心腹干将。成都稽查处长周迅予，省保安司令部警保处长吴守权，卸任省会警察局长刘崇朴，均由胡宗南任命为反共救国军各纵队司令，纠集武装特务，组织游击抗拒解放。为了镇压人民革命，就在黎明前最黑暗的日子里，胡宗南命令盛文公布了“十杀令”，共产党员进步人士杨伯恺、王干青、于渊，四川大学学生余天觉、华西大学学生毛英才（女）等三十余人被害于成都通惠门外十二桥。

12月2日，张群奉蒋之命找潘文华、刘文辉、邓锡侯三人面谈，三人均婉言拒绝去台湾。刘文辉说：“我的老婆是地地道道四川本地人，足不出户，更不用说曾去外地生活过。台湾和四川相距万里，水土气候甚有差异，她到台湾难以适应生存，若硬要让她去，还不如赐她一死。”话里软中带硬，可谓说到家了。

邓锡侯和刘文辉的理由差不多："我不像党国的其他大官显贵，有三妻六妾，我只有一个小老婆，身体虚弱多病，连牛市口都没去过，把她送去台湾，等于开玩笑。至于我，到了台湾，又增加你们的麻烦。西南实在待不下去时，麻烦张公给我订一张飞机票，避到香港我女儿家里，较为省事。"

潘文华说："我的大老婆家有老爹老母，她是孝女，决不会离开家人去台湾。我的小老婆此时正患病，尚在医院医治，如何也是去不了的。"

总之，三人各人有各人的理由和困难，反正是不去台湾。张群也无可奈何，特别是王陵基当夜又登门拜访刘、邓，刘文辉、邓锡侯便敏感地觉察到蒋介石在对他们采取行动。

为了讨论应付的办法，12 月 3 日一早，潘文华、刘文辉、邓锡侯立即在潘文华的植苑公馆开碰头会，估计了形势，协同了动作，准备近日见机施行他们原先制定的出走计划。

就他们三人而言，抗战期间就和共产党建立了紧密的关系，这种关系并没有因为国共内战而完全中断。刘文辉在抗战期间，不仅和当时的八路军领导人有些来往，而且同当时在重庆的周恩来颇多接触。应刘文辉的要求，1942 年 3 月，周恩来还派共产党干部王少春等人携电台去刘文辉的官府所在地雅安，让他随时保持着同中共中央的联系。此后的联系时紧时松，但从未中断。

早在 1949 年 8 月，刘文辉便通过雅安王少春红色电台给中共中央副主席周恩来去电称："多年来受蒋压迫日甚，积怨难言，以处境维艰，只好暗作准备。今已与邓锡侯、潘文华两将军约好，决定站在人民立场。今后如何行动，请予指示。”不久，王少春便收到周恩来复电：“大军行将西指，希积极准备，相机配合，不宜过早行动，招致不必要的损失。”同时，还托人带来周恩来手书的《招鹤图》。

王少春带着电文和《招鹤图》直奔刘公馆。《招鹤图》是一幅水墨丹青画，画面勾勒出一只丹顶白鹤，正驾着吉祥的彩云，扇动欢乐的翅膀，向着东边天际一抹朝霞奋飞。右上角是“招鹤图”三个大字，字迹娟秀而瘦削，落款署名是“翔宇”，那是周恩来在法国勤工俭学写诗作文时用的笔名。

潘、刘、邓开完碰头会，刘文辉刚回公馆不久，突然公馆来了一位年轻人，此人叫胡克林，其父为大名鼎鼎的胡子昂，他是受中共成都“临工委”委派，去刘公馆向刘文辉传达中共方面指示的。

紧接着由香港辗转来到成都的中共特派员，也带来了中共中央关于刘、邓、潘三将军起义的三条意见：现起义时机已成熟，宜选择适当地点宣布起义；起义时及时通知，起义后的刘、邓、潘部队，撤去国民党军徽，驻地升起五星红旗。接此指示，刘文辉又立即找来邓锡侯、潘文华和胡克林研究具体起义步骤，决定：先稳住蒋介石，然后三人分别潜离成都，去彭县龙兴寺集中再宣布起义。

他们三人分析认为在那里举行起义比较合适，因为那里位于成都侧背，又是九十五军驻地，向东南进攻可威胁成都；向东可截断川陕公路；若胡宗南部向起义部队发动进攻，则可由海窝子地区退入西部大山，是个进退都很理想的起义地。事后，胡克林通过刘文辉的秘密电台，向中共中央作了报告，中共中央即予以批准。

根据三人的意见，邓锡侯即命九十五军副军长黄隐坐镇龙兴寺指挥，并尽其可能地集中了五个团的兵力，占领制高点和要地，作好随时起义的准备。刘文辉送走邓锡侯、潘文华，又和胡克林进一步研究了起义的具体细节，并向胡克林了解一些关于北京的情况。

这时，潘文华因自重庆返成都，路途劳顿，心脏病愈加严重。12 月 4 日一大早，蒋介石侍从室主任陈希曾突然登门造访潘文华。原来是蒋介石派陈希曾给潘文华送来了要他明日去台湾的飞机票。陈希曾对潘文华说道："明天早晨 8 点整，我来送你去凤凰山飞机场，然后直飞海南岛，再转飞台湾。""这、这……"潘文华又气又急，结结巴巴地问，"咋个这么突然?""我是奉命行事，别的我概不知道。"陈希曾说完径直朝门外走，在走到门口时，又回过头撂下一句："我明早准时来接你。今晚哪里也不要去，呆在屋里安全!""这可咋办?"陈希曾的话也证明了他的卫士长伍丁昨晚的报告，说在潘公馆的巷子里，前后都有一些可疑的人。

潘文华毕竟是身经百战，很快便镇定下来。他思虑很久，想出一条"调虎离山"之计，便立刻把卫士长伍丁叫到了卧室。伍丁原是岳池县一个农民的儿子，被抓壮丁抓到了潘文华的部队。一个偶然的机会，潘文华发现了这个勇敢机警服从命令的小伙子。潘文华先调伍丁作卫兵，然后慢慢栽培，现在伍丁已是他的贴身少校副官兼卫士长，也是一个得力助手。伍丁双枪极准，可谓百步穿杨，还有一身硬功夫。

抗战时，伍丁救过潘文华的命。潘文华非常器重这位身体结实、身手矫健、眼睛明亮的青年军官。前年潘文华特意将颇有几分姿色的丫环翠秀收为干女，再由大太太做媒，让伍丁与翠秀成了亲。出身贫苦的伍丁对潘文华是感激涕零，经常说："潘主任，我的一切都是你给的，为了报你的恩，赴汤蹈火在所不辞，这辈子报不了你的恩，下辈子变牛作马也是要报的。"潘文华把伍丁叫过来后，一五一十讲了实情。伍丁愿以性命换取潘文华对他的知遇之恩，欣然从命。

当晚子夜时分，伍丁迅速化妆并换上潘文华的衣服，驾驶着潘文华的福特牌小轿车，在潘公馆的两扇黑漆大门打开以后，冲出小巷，加大油门，向着成都西南，风驰电掣而去。潘文华的轿车开出来之后，门外巷子里的特务拦阻无效，立即向特务头子毛人凤报告。毛人凤命令："总裁命令，追到郊外，鸣枪告警。若潘文华再不停车，可以开枪射击。务必生获其人、死见其尸。"监视潘公馆的特务们立即开起摩托，蜂拥向西追击潘文华的专车。

在特务们向成都西面急追潘文华专车的时候，潘文华当即决定潜离成都，摆脱蒋介石的挟持。潘文华马上与邓锡侯通电话，得悉邓锡侯有于戒需师驻在灌县，又因西北门是自己部下吴宗国团的士兵把守，便命令吴宗国派兵在老西门外接应。于是潘文华在卫士们的簇拥下，从潘公馆悄悄潜出，出了永兴巷，转身向西扬长而去。12 月 5 日二时潘文华抱病冒险微服从西门乘吴宗国团长隐蔽的汽车出走，在吴宗国团长的严密护送下，当夜平安抵达由邓锡侯九十五军控制的灌县青城山。由于他没有大量部队在川西，蒋介石、张群对之不甚重视，因此没有引起什么大问题。

12 月 5 日天大亮，在成都至灌县的公路一侧，停有一辆被枪弹打成蜂窝状的福特牌轿车，车内有个被打死的国民党少校军官。

潘文华出走后，蒋介石随即加强了对刘文辉、邓锡侯的控制。二人虽未被囚禁，但行动已失去自由，在他们的公馆前后，大街小巷，布满了特务。

12 月 6 日，即潘文华出走的次日，白天还算安静，到了晚上，张群事先不通知，突然闯进刘文辉的公馆，直奔内室，意在刺探动静。只见总参议钟体乾在座，一切都无异状，张群才心平气和地告诉刘文辉，他衔蒋之命，明天要去昆明，察看云南卢汉方面的动静，一两天就转来。接着用低沉和婉的语调说："形势是严重的。我们多年共事，希望你和晋康贯彻始终，共支危局。万一不成，要走，将来我们一起走。"刘文辉想趁机探听一下蒋介石的阴谋，说："你离开后，胡（宗南）、王（陵基）会不会开玩笑（意在下毒手）。"张群说："哪里有这种事，绝不会，用不着怀疑。"为使张群宽心，刘文辉故意叮咛他早日返蓉。最后张群也向刘文辉透露了心中的些许不安，生怕一去难返。张群是有名的孝子，特意来嘱托刘替他照顾居住在成都的 80 岁的老母，刘文辉慷慨应允。

张群离开刘公馆前，刘文辉突然心生一计，向张群提出是否可以借用轿车一用。张问用车去往何处，刘笑而未答。因张对刘有所求，也不好拒绝。送走了张群之后，刘文辉又给邓锡侯打了电话,让邓赴刘公馆一叙。邓锡侯即赴刘公馆,当晚宿在刘的会客房。

12 月 7 日,蒋介石、顾祝同、胡宗南、张群等作了最后的决策,把国民政府的招牌由成都挂到台湾,改组西南军政长官公署,任命顾祝同兼长官,胡宗南为副长官兼参谋长。同时委王缵绪、唐式遵为西南第一路、第二路游击总司令,盛文为成都防卫总司令。如成都保不住,胡宗南部往西昌退走,在西昌设立大本营,统率残余的陆、空部队,以西康、云南为其大陆的基地。

原来根据潘、刘、邓商定的意见,刘文辉、邓锡侯留在成都是要与蒋介石、张群、胡宗南等周旋,施放烟幕弹,大打迷惑战。拖延到 12 月 7 日,情势已经危迫。此时在玉沙街刘文辉公馆,刘文辉、邓锡侯果断决定:下午一时分别从家中动身,由北门出城,在城隆庙会齐,再到梁家巷乘车去崇义桥,最后与潘文华聚首彭县。

同时,刘文辉还专门派一名副官将拟好的起义通电草稿送雅安杨家祯,嘱杨家祯待正式通知再交王少春发。

实际上刘、邓选择从北门出城的路线是很保险的,东面和北面都有胡宗南大军把守,如走雅安,王陵基部队又早在邛崃、大邑一带布防,正和二十四军对峙,双方剑拔弩张,大有一触即发之势。

唯有西北角尚无他人控制,出城不远即为邓锡侯所属黄隐部控制,可以自由进出。同时这里离城不远,既便于掌握已经联系好的川西地方武力,又便于起义时与其他上层人员的联络。因此,刘文辉、邓锡侯、潘文华三将军原先选择的落脚点为彭县,是最好的。

7 月上午约 9 时，电话铃响了，刘文辉忙去接电话，方知是蒋介石官邸来的，说委座下午 4 时，约刘文辉去北较场谈话。邓锡侯马上打电话回家里，回答也是蒋介石约见。刘、邓二人忙把刚来刘公馆的王缵绪支走后，马上分头行动。临行时，并电话通知已在灌县的潘文华，告诉他将采取的紧急行动。

邓锡侯急速回到家里带上猎枪，叫来两名副官，一块坐上吉普车向北门急驶，通过城门岗哨，下了车，穿过城隍庙小巷，在庙的后坝上，拿着猎枪作打鸟的姿势，等待刘文辉。认识他的人见了说："邓公好安闲，还有空时间出来打鸟哩！"

与此同时，午后一时，刘文辉准时登车，两手空空，无任何行李。密布的暗探来回穿梭，没有丝毫惊意。

军统特务们料想，他像以往一样，出门去了，再则，委座要在下午 4 时接见刘、邓二人。于是乎，密探们例行公事般的瞅瞅，有的竟和副官、司机会意一笑，彼此心照不宣。

第一关平安通过。车轮沙沙。轿车驶过盐市口、草市街，朝梁家巷飞奔。刘文辉仰靠车椅背，两眼眯眯，黑森森的目光时隐时现。

很快，车抵北门，这是出城第二关。昨夜来通报情况的那位连长便守在这里，按理通过不成问题。

不料，副官从前卫车获悉，检查站突然来了一大批宪兵和军统特务。刘文辉一听，顿出一身冷汗。

"怎么办？主席。"副官打开枪套，焦躁地问。

"莫急，"刘文辉往前探望一眼，眸子里一亮，吩咐道，"空车出城。如遇哨兵盘问，说是我派到凤凰山机场去接客的。我从那边走。”

他像绝处逢生般，指指左侧的城墙。那里有一个洞口豁然大开，根本无人把守。

副官点点头，上前给司机耳语几句。司机探出头，深情地望望刘文辉，便将车轻轻滑了出去。

随后，刘文辉在副官和一名卫士的扶掖下，疾步朝城墙洞口走去。对此，刘文辉后来著文中这样追忆道：“我自己则从左侧城墙的一个缺口翻过去。时我正在病中，气喘如织，汗流浃背，由两个随从搀扶而行，五步一停，十步一歇，终于度过了第二关。到了城隍庙，邓锡侯已先我而至，危难中逢老友，感到分外亲切。二人徒步而行，从田野小径直插停车处，随即登车向崇义桥疾驶。这时我感到自己好像是脱笼之鸟，在天空中自由飞翔，真有说不出的轻松愉快。当日午后4时到了崇义桥，邓锡侯部有步兵一营驻此。我因连日劳病交加，身体感到极度疲乏，在这里住了一晚。卸下行装，即急电西康省军政负责干部告知我的行动，叫他们按照既定计划步骤准备行动。同时指示我驻在成都武侯祠和成雅道上的部队严加戒备，准备战斗。时民盟和民革的一些同志亦因成都风声很紧，来到这里，我曾和他们进行了联系。夜间邓部将领黄隐、谢无圻也赶来了，会商了初步的军事部署，准备应付可能发生的突然事变。次日清晨移驻龙桥，分别通知我在川西各县所掌握的地方武力立即动员起来，相机配合我军的行动。”

就在刘文辉出走成都的当天晚上，刚被任命为成都卫戍总司令的盛文（胡宗南的亲信），奉蒋介石之命袭击刘公馆。用十五辆大卡车载了两个连的兵力，在盛文部二五四师师长陈岗陵指挥下，将刘公馆秘密包围。当盛部向公馆内冲时，遭到院内猛烈火力的抵抗，原来是刘公馆内警卫排的人员，在省警察局侦缉大队长汤国华的带领下，自觉保护刘公馆的。但终因寡不敌众，汤国华率部进行一阵抵抗后，率部越墙撤离。

刘公馆失去抵抗后，盛部蜂拥冲进刘公馆。刘文辉广有钱财，富可敌国，时人皆知。盛部官兵大肆抢劫，他们翻箱倒柜，逐屋搜寻，终于发现金库。那是院中花草坪边上一座很不起眼的平房。被炸塌的一侧墙壁上现出钢板。钢板上铸有“成都银箱厂监制”字样。这些人一哄而上，先用枪托、石头砸，未果；再用利斧劈，也不行。陈岗陵立刻派卫兵驱车到华兴街协成银箱厂找来一名技工开了钢门。金库打开了。金条、银元、珠宝、翡翠、鸦片、名画、宝墨、古董令人眼花缭乱。

盛文部的官兵看到如此多的金银财宝，立刻进行抢夺。有的往口袋塞满了金条，再抱上一箱银元。有的还弄到了大口袋，把珠宝玉器往大袋装。手脚慢的弱者也捞到了珍玩古董和珍贵药材。在一阵你争我夺中，还有大量未铸成金条的沙金黄澄澄洒满了一地；撕烂的珍贵字画，一片狼藉。

此晚，有不少发了大财的官兵，弃枪趁夜脱离军营，远走他乡去了。盛文得知后，即令陈岗陵将两连官兵严加看管，又成立了以他为首的“清查委员会”，带领警卫连奔赴现场，对刘公馆进行“挖地三尺”的大搜查。竟又得保险柜七个，内装黄金四百条，玉器古玩多件；皮箱二十个，里面装满上等衣料；外国听装香烟一卡车。盛文不敢独吞，向胡宗南作了挂一漏万的汇报。

胡宗南在盛文上报的财物清单上批示:“金银财物奖励官兵,鸦片派人监督焚毁。”并要盛文督办具报。盛文办理的结果是:士兵每人银元三元,他得黄金七十条。明知不实,胡宗南睁只眼闭只眼,因为他的桌上也已堆满了金牛、金马、金狗之类,都是观赏价值极高和价值连城的黄金铸品。焚烧鸦片,则更是象征性的,多被官兵私藏暗分。

大兵们对文物最不感兴趣。熊熊烈火烧掉了若干名人字画,有据可查的有:文徵明的山水一幅,唐伯虎的仕女一幅,王原祈的山水二幅;董其昌的行书横幅一件,郑板桥的竹子画屏一件,刘石庵的单条、对联各一幅。还有丈二大横推一幅,上面描有松林中的白鹤九百九十九只,它们或飞翔或栖息,形态各异,栩栩如生。此外,还有张船山、张大千、齐白石、徐悲鸿等现代著名书画家的珍品多件,皆葬身火海。

第四十一章　伟大决策　通电起义

连续的紧张和劳累，使刘文辉一到崇义桥就病倒了。

此时，刘文辉斜靠在躺椅上，胸口剧烈地起伏，每每呼吸一次，胸腔中便传来熊熊炉火燃烧般的声音。邓锡侯坐在一旁，一支紧是一支吸着雪茄，腾腾的烟雾下，刘文辉被呛得脸成猪肝色。

“自乾，”邓锡侯忙掐灭雪茄，探长身，关切地问道，“川贝泡点水喝吗？”

“喝了。”刘文辉喘息如织，摇摇头，“不管用的。哮喘病不好医哟！”

“那干脆去成都请法国医生来。”

“不用了。”刘文辉向老友投去感激一瞥，“这个时候，法国医生不敢来的。哎……病得不是时候。”

“哪个想到会是这样子嘛！”邓锡侯说着，微微欠身，朝屋外望一眼，进进出出，来来往往的人穿梭不停。四川地下党的、民盟的，九十五军的，热闹纷繁。

“这么多人都跟了来。平时，有的人连面都不露，更不用说参与到起义策划中来。”邓锡侯又往屋外望一眼，颇觉不满。

“管他呢。见者有份，也壮我们的声势。”刘文辉摆摆手，似有所悟，“派去请仲三的人回来没有。”

“还没有。”邓锡侯摇摇头，“不过，仲三答应最迟明天就赶到彭县来。”

潘文华未到，但蒋介石派来的人却赶到了。

“我是奉老头子（蒋介石）之命而来的。”风风火火闯进一个人，来者王缵绪。他一跨进屋，就甩出这句高腔。

“哟！治易兄。”刘文辉眉梢一扬，诧异一句，立起戒心。

邓锡侯怔怔地，似乎没想到不速之客这时会闯进来。

王缵绪抹把汗淋淋的脸，不请自坐，“晋公、自公，老头子专程派我来，他要你们二位回去。说一千，道一万，千错万错在他，过去同你们的一切皆是误会。一切好商量，请二位无论如何回成都去，如果不信的话，他可以叫蒋经国来做人质。”

“那又何必？”刘文辉面若止水，淡淡一句。

“这肯定莫问题。西安蒙难（西安事变，国民党称为蒙难）时，老头子以领袖人格担保，共产党周恩来信得过。怎么样？不是促成了第二次国共合作吗。”王缵绪晃着一只手劝道，一边从口袋中摸出一封信来。

那是国防部参谋总长顾祝同写来的。

蒋介石之举，机关算尽。北平和平解放前夕，为着争取傅作义“回头”，他也曾派特使鼎力说项，并愿予次子蒋纬国为人质。无奈，傅作义去意已定，断然回绝了最后的拉拢。

此番，派王缵绪来游说，又愿予蒋经国做人质。同时，顾祝同来信，极尽抚慰拉拢。信中声言：蒋已决定撤王陵基的职，派刘文辉与邓锡侯主持川省军政大计。

刘、邓二人自然不会往那套子里钻，二人觉得蒋氏之举形同儿戏，不屑一顾。

邓锡侯将信看罢，见着王缵绪一副“重任于肩、踌躇满志”的样子，便与刘文辉会意地递了递眼色，脸上浮现出似笑非笑的神情。

刘文辉、邓锡侯成心想捉弄一下王缵绪。

放下顾祝同的信，刘文辉的目光正与王缵绪期期苦等的双眼相遇。

“其实，我们离开成都也是不得已而为之。”刘文辉似有满腹委屈，“作为川人，我们反对蒋委员长在成都平原作战，以免地方遭殃。只要委座答应这一点，一切都好说。但是，不能说空话，要过硬。办法嘛，当然不是免王陵基的省主席一职。前几天，我们就说过，免不免他无关大局，我和晋公已无所谓。中央早干啥去了？关键是立即免盛文的职，我和晋康保举你继任成都卫戍总司令一职，负责维持地方治安。”

就是这个办法？王缵绪瞪大了眼，怎么也不敢相信自己的耳朵，成都卫总一职一直是他梦寐以求的，没想到刘、邓二人会支持自己。

“怎么样？治易兄。”邓锡侯诡秘地瞥一眼刘文辉，紧跟着补上一句追问道。

王缵绪从突如其来的幸福中回过神来，有点局促。脸上闪现出红晕，赧颜地双手一摊，紧盯着地面：“这么重的担子，我啷个挑得起嘛！”

“呃喂……”刘文辉一脸正色，把头一摇，“凭治易兄的才干、资历，最合适不过了。”

“那好吧！”王缵绪这才抬起头，把个胸脯拍得山似的响，“既如此，一为桑梓关系，又有你们撑腰，只好勉为其难。话说回来，盛文是个什么东西，抱胡宗南的大腿，爬他妈的转。我王缵绪假巴意思也当过重庆卫戍司令嘛，抗战时那个复杂局面，你们晓得的啥，我镇住了堂子，搞得井井有条。而今怎么说，也轮不到他们困难的时候绷面子……”

“就这样定了。”刘文辉见他话闸猛开，不愿过多纠缠，便打断他的话道，“我和晋康这就给你写封保举信，你带回成都交与顾长官。”

“好！好！”王缵绪站起身，局促地搓着手，已经激动得不能自制。

刘文辉趁机上了趟茅厕。

“晋公，”王缵绪瞅一眼刘文辉内急的背影，忙转过身，压低声音道，“蒋先生期你甚殷，你一人转去亦可。”

“治易兄要我背上千古骂名吗？”邓锡侯淡然一笑，“如今，刘、邓、潘俱为一体，唇齿相依。外人叫我‘水晶猴’，我再滑也不能滑得一点道理都没有哇！”

“晋公莫误会，”王缵绪一脸尴尬，伸出双手急忙摆摆，“我只是不走样地为老蒋传个信。”

正说着，刘文辉大踏步又折进了屋。王缵绪红着脸戛然而止。

旋即，刘文辉以刘、邓二人名义给顾祝同写了封回信。内容有三：

一是反对蒋在成都平原作战，立即免去盛文的成都卫戍总司令一职，胡宗南部在两天内撤出城区；二是以王缵绪继任卫戍总司令，以便领四川保安部队维持地方秩序；三是如果蒋介石一定要在川西平原开战，糜烂地方，那刘、邓二人将率部与之周旋到底。

明眼人一看，此信是与蒋氏决裂，但王缵绪如获至宝，竟兴高采烈地持信复命去了。

王缵绪一走，刘、邓二人鉴于过去的教训，却坐不住了。

"晋康，善者不来，来者不善。王缵绪过去之为人，我们算是领教够了。蚂蟥缠到脚，甩都甩不脱。千万莫给他打堆。"

"我也这样想。"邓锡侯如释重负般舒出一口气，透出担忧来，"这个家伙会不会有另一任务？如替老蒋侦察地方，查寻兵力等，到时，老蒋出动空军来轰炸，那麻烦就大了。"

"对！火色看老点（川语：指看问题要透）"刘文辉点点头，"事不宜迟，我们这就转移去彭县。"

是日，借着夜幕，刘、邓二人悄然转移至彭县龙兴寺。于9日早晨到达彭县龙兴寺。这时，中共川西地下党、川康地下党、川东地下党、第二野战军派遣人员，以及各民主党派人士也先后来到了彭县龙兴寺。

当时乔诚正在敞厅活动，忽闻敲门声甚急，打开门一看，见邓锡侯在前，刘文辉穿个皮披氅随后，气喘吁吁。彼此一怔，邓锡侯惊问："你在这里?!"乔诚说："父亲及斯可老伯，都住在这里。"邓锡侯闻言，很高兴地说："快去请他们出来，正有要事找他们。”乔毅夫、张斯可出来相见后，遂先叫住持和尚正乘，找一间屋子安顿好疲病交加的刘文辉，然后一同到刘文辉住房内共商起义问题。

12 月 10 日，成都的气候正是寒气逼人，天空乌云密布，街上行人稀落。蒋介石在这个不祥之日，带上蒋经国等，仓皇偷偷溜至城郊凤凰山军用机场。王陵基得知这一消息，急忙抄小路来见蒋介石，蒋介石这时只对王陵基说了一句“你以后与胡宗南切取联系”，急于下午 2 时匆匆忙忙窜上衣复恩驾驶的“中美号”专机，6 时 30 分抵达台湾松山机场，蒋经国称“此次深临虎穴，比‘西安事变’尤为危险”。继之，新兼任西南军政长官的顾祝同，也于 16 日从成都逃跑了。

这一天，彭县龙兴寺内刘文辉，更是心急如焚。

刘文辉朝门外深吸几口潮湿的空气，转眼看看桌上的台历：嘴中喃喃直语：“时不待我！时不待我哟！”

上午过半，暖融融的阳光洒满庭前，已是 12 月 10 日。自到彭县后，大家虽在酝酿起义，但迟迟不见行动。

刚才，又见过云南卢汉的起义的通电，邓锡侯仍无动静。

“晋康，”刘文辉异常焦急，“你硬是稳得起，我们要再不表态的话，就在卢汉的后排了。”

“不急，不急，好事不在忙嘛！何况还等仲三呢！”邓锡侯望一眼刘文辉，不急不恼，“反正我们都走出来了。”

“走出来有啥用？”刘文辉跨前一步，高声说道：“关键是行动。你看卢汉，马上就发了起义通电，人家这回子主动啰！仲三下午就要到了，不等了。”

“好吧！”邓锡侯这才点头道，“我这就去拟个起义通电。”

起义通电出来了。邓锡侯颇为自得，朗声读给座上人听。

刘文辉眉宇间拧成一股绳，不知是喘息咳嗽所致，还是心有郁结，耐着兴致听完，直摇头。

“自乾，静珊（陈离，字静珊），你们觉得咋样。”放下电文，邓锡侯一面抱起茶杯，一面颇为自得地期待二人的共鸣。

“不像个起义通电。”出乎意料，刘文辉瓮声瓮气地一锤定音。

“咋不像呢？”邓锡侯愕然中，忐忑不安反问一句。

“你左一个蒋先生，右一个蒋先生。还有毛主席是共产党的主席，更不能称毛先生。我们起义是弃暗投明，话说白了，是参加共产党。既然毛主席是共产党的领导人，当然也是我们的领导，应直接尊称为主席。”刘文辉抓起电文，直指不当，“且整个通电更像是古时中立者的调停书。”

“晋公，”邓锡侯部副军长陈离舒缓了语气，插进话道：“措辞应鲜明，就说蒋匪介石，20 多年来祸国殃民，民心丧尽，窃国误人。自乾说得对，哪还称什么先生？”

“静珊，”邓锡侯摊开双手，似乎抹不开情面，“昨天还称蒋先生，今天就称蒋匪，这个弯也转得太快了嘛！”

“书生气！书生气！”刘文辉瞥他一眼，有些激愤，“晋公，你我和仲三眼看都在卢汉后排了。起义通电又成这样子。你老兄搞清楚，我们是彻底与蒋介石集团决裂，加入中共，成为其一分子。换言之，与老蒋是道不同，不相谋。必须把话说够，说透，说到底。我拟的那个电文称老蒋为蒋贼，你哥子思想感情上不通。

试想,起义通电就是战斗檄文。不然,共产党何以认同我们起义?何以接纳我们入围?”

“哎……哎……”邓锡侯有些赧颜,“自乾,不是我思想不通。昨天我们还称蒋委员长,今天就称贼……我是怕……”

“怕啥?”刘文辉打断他的话。

“怕外人说我们投机取巧,做事太绝。”

“那他老蒋又咋个对我们的!”刘文辉耸耸肩,又一阵喘息,苦口婆心道:“再说过去,你、我、仲三军阀混战的时候,哪家的通电不是把对方的要害指出来。晋康,要转过弯。”

“自公所言极是,”陈离也赞成刘文辉的观点,“有位唐朝名士,晋公你是知道的,过去几家人打仗时(军阀混战),你特别爱读他的文章,就是那位骆宾王。他原本是武则天属官,后投扬州徐敬业反唐,那篇名垂千古的《代李敬业传檄天下文》可谓字字珠玑,语调铿锵,直斥其弊。”

“晋公”,略为停顿,陈离关切地说道,“骆宾王文中有这几句,我以为正是我们今日之写照。”

“哪样写的!”邓锡侯抬眼相问。

“若其眷恋穷城,徘徊歧路,坐昧先几之兆,必贻后至之诛。请看今日之域中,竟是谁家之天下。”陈离背得抑扬顿挫,他出自川中一塾师家庭,熟读典籍,是川康上层里有名的文化人。

邓锡侯点点头,心有所动。

中国文字,博大精深。有时,一篇檄文,一章奏折,胜过十万大军。冯玉祥曾盛赞著名新闻记者邵飘萍“飘萍一支笔,抵过十万军”。所以,举凡成大事者,文治武功,并驾齐驱,非抓好“二杆子”，即笔杆子和枪杆子不可。

曾被蒋介石引为楷模的清代中兴名臣曾国藩，便是明显一例。文人武将，尽收彀中，集思广益，后人评价其身后成就，总结为“全众人之私而成一人之公”。

其得意弟子李鸿章便是因一章奏折从曾国藩幕府中脱颖而出。当时，安徽巡抚翁同稣对练首苗沛霖处置失当，以致激成大变，他本人又在定远失守之时弃城而逃，曾国藩想奏他一本而难于措辞。翁同稣是前任大学士翁心存之子，翁心存为咸丰帝师，门生弟子布满朝列，其幼子翁同稣后为同治、光绪帝师，父子二人俱为帝师，一家钟鸣鼎食。面对此方情景，究竟应如何措辞，方能使皇帝决心拉下脸面，依法严惩，并使朝中大臣又无法利用皇帝与翁心存之间的关系来给翁同稣说情，实在是很费脑筋。

曾国藩怎么拟定都不满意。最后乃由李鸿章代拟一稿，方才觉得不但文意极其周密，而且其中更有一段极为警策的文字，说：

“臣职分所在，例应纠参，不敢因翁同书之门策鼎盛，瞻顾迁就。”

这段话立场刚正，不但是皇帝无法询情曲庇，而且朝中大臣有袒护翁氏者亦为钳口夺气。

比之邓锡侯，客观而言，刘文辉更深知这个道理。

“晋康，起义通电不同于一般的表态，更不是一封平常书信。必须亮出我们的立场、观点，话不能说得含含糊糊，不痛不痒。”刘文辉见邓锡侯已有所悟，便趁热打铁的劝道。

“那就重新拟吧！”邓锡侯终于点头应承，然后又以征询的口吻问道，“静珊是大才子，由他执笔吧！”

“不可！”陈离一听，忙摇头拒绝道：“自公、晋公，你们是决策者。通电自然应由你们亲自拟就。”

“别争啦！”刘文辉一锤定音，“在成都时，我就拟出了一个电文，自认为还不错，大家再议一议，仔细推敲推敲，如果行，马上就发走，不能再拖了。”

“那仲三呢？”邓锡侯惴惴不安地问。

“他不是早就表过态，一切唯你我是从。现在，他正在赶来的路上，过一会儿就到了，起义通过我们三人名义发出。”刘文辉一面说着，一面取出早已草拟好的通电，交与陈离征询大家意见。

刘文辉提前草拟好电报，事出有因。

今天早晨，国民党云南省主席，滇系军阀卢汉在广播电台宣

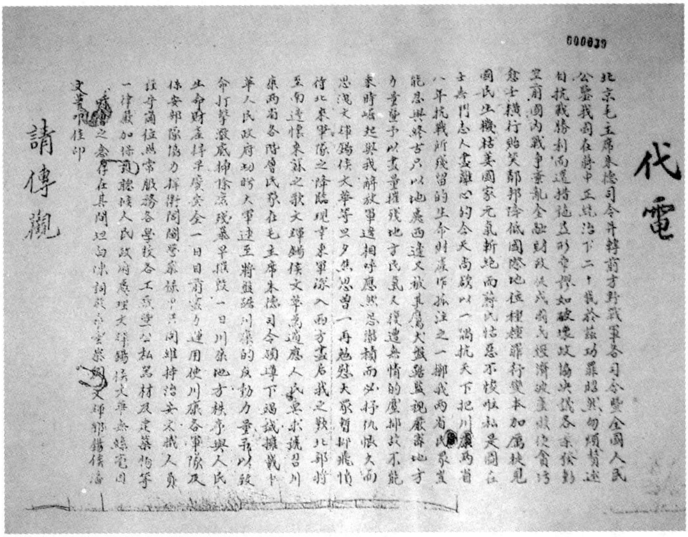

000839

代電

北京毛主席朱總司令并轉前方野戰軍各司令暨全國人民

請傳觀

刘、邓、潘通电起义草稿

布脱离蒋介石集团，宣布和平起义。扣押了由成都飞去昆明的张群，及国民党第八军军长李弥和第二十六军军长余程万等重要文武官员，并断然解除国民党中央系统驻昆明机关和部队的武装，占领机场，车站和军事重地，扣留了由成都经昆明飞往香港、台湾和由昆明飞往成都等地的所有飞机及乘机的国民党官员。

卢汉都走在前列，刘文辉能不急？

10日下午，潘文华带着上校秘书韩鹤卿、中校警卫副官秦元镜、医疗专家周院长、第六子潘清麟终于赶到彭县，与刘文辉、邓锡侯两将军汇合，并住四川省银行彭县分行，开始与刘文辉、邓锡侯一起参加领导指挥起义工作。此时的彭县龙兴寺，成了川康起义的领导指挥中心，真是各路英雄显神通，共促江河归大海。

当夜，灯火斓珊，潘文华、邓锡侯、刘文辉三将军首先就通电电文草稿反复酌商，电文草稿全文如下：

北京毛主席、朱德总司令并转前方野战军各司令暨全国人民公鉴：

我国在蒋中正统治下二十载于兹，功罪昭然，勿烦赘述。自抗战胜利而还，措施益形乖谬，如破坏政协决议各案，发动空前国内战争，紊乱金融财政，促成国民经济破产，嗾使贪污愈壬横行，贻笑邻邦，降低国际地位，种种罪行，变本加厉，徒见国民生机枯萎，国家元气斩绝。而蒋氏怙恶不悛，唯私是图，在士无斗志、人尽离心的今天，尚欲以一隅抗天下，把川、康两省八年抗战所残留的生命财产，作孤注一掷。我两省民众，岂能忍与终古！只以地处西边，又被其鹰犬盘踞，监视严密，地方力量既予以尽量摧残，地方民气又复遭无情的压抑，故不能乘时崛起，与我解放军遥相呼应。然怨积而必抒，仇恨久而思泄。文辉、锡侯、文华等旦夕焦思，曾一再勉慰大众，暂抑飞愤，待北来军队之降临。现幸东军深入西方尽后，我之叹北部将至，南边怀来苏之歌。文辉、锡侯、文华为适应人民要求，号召川康两省各阶层民众，在毛主席、朱德司令领导下，竭诚拥戴中华人民政府。切盼大军速至，将盘踞川康的反动力量予以致命打击，彻底扫除。庶残暴早摧毁一日，川康地方秩序与人民生命财产得早庆安全一日。目前，尽力运用，使川康各军队及保安部队协力捍卫闾阎，警察、保甲共同维持治安，文职人员谨守岗位，照常服务。各学校、各工厂暨公私器材及建筑物等，一律严加保护，听候人民政府处理。文辉、锡侯、文华无丝毫因徇时会之念存在其间，坦白陈词，敬希垂察。

刘文辉、邓锡侯、潘文华叩　佳卯

刘文辉拟就的以上起义通电草稿经潘文华、邓锡侯局部修改后，最终得到潘文华、邓锡侯的一致通过。因为彭县虽有电台，但不明中共中央呼号。11 日晨，刘文辉在彭县龙兴寺起义指挥部电告雅安，要二十四军参谋长杨家祯在原先已带回雅安的电稿上将改定字句逐一核对，立即交由中共联络官王少春电台发出。为表示不落后于云南的卢汉，发电报时把日期定为 12 月 9 日，刘文辉、邓锡侯、潘文华三将军正式联名起义通电全文如下：

北京毛主席、朱总司令并转各野战军司令暨全国人民公鉴：

蒋贼介石盗窃国柄廿载于兹，罪恶昭彰，国人共见。自抗战胜利而还，措施益形乖谬，如破坏政协决议各案，发动空前国内战争，紊乱金融财政，促成国民经济破产，嗾使贪污佥壬横行，贻笑邻邦，降低国际地位，种种罪行，变本加厉，徒见国计民生枯萎，国家元气断绝。而蒋贼怙恶不悛，唯利是图。在士无斗志、人尽离心的今天，尚欲以一隅抗天下，把川、康两省八年抗战所残留的生命财产，作孤注之一掷。我两省民众，岂能忍与终古。文辉、锡侯、文华等于过去数年间，虽未能及时团结军民，配合人民解放战争，然亡羊补牢，古有明训，昨非今是，贤者所谅。兹为适应人民要求，决自即日起率领所属宣布与蒋、李、阎、白反动集团断绝关系，竭诚服从中央人民政府毛主席、朱总司令与中国人民解放军第二野战军刘司令员、邓政治委员之领导。所望川、康全体军政人员，一律尽忠职守，保护社会秩序与公私财产，听候人民解放军与人民政府之接收，并努力配合人民解放军消灭国民党反动派之残余，以期川、康全境早获解放。坦白陈词，敬维垂察。

刘文辉、邓锡侯、潘文华叩

一九四九年十二月九日

当夜，雅安城出现了一场近年少有的暴风雨。苍坪山下那棵高大的松树,松树旁那间阴暗潮湿的发报房。红色电波从这里划破宁静的万里长空,载着川康起义将领和人民的心愿,透过云层,飞过秦岭,越过黄河,来到了中南海。王少春激动地将电报发往北京中共中央,向党中央报告刘、邓、潘三将军起义的喜讯。经中共中央审定,载入史册的刘、邓、潘三将军起义通电终于面晤天日。

12 月 11 日,各方人士聚集于龙兴寺,在刘、邓、潘三将军的亲自主持下,召开一次较大的会议,商定起义后的决策:

1. 如蒋、胡军破坏蓉城,当不顾一切,断然予以攻击。

2. 待解放军进至一日之行程内,即配合解放军采取攻势。

3. 在解放军未到达前,敌如向我进攻,则以一部配合武装民众,袭击其侧背,以主力退守西山山地待援,并采取政治攻势。

4. 胡宗南部未向我进攻,且解放军亦未到适当距离时,则向胡部严密警戒,确保崇、彭、新、灌,并在政治方面采取攻势,以牵制胡部之兵力,策反其部队,消除其战意,以促成其迅速崩溃。

5. 反原则,则通电表态,脱离国民党反动集团,走向人民方面;响应毛主席、朱总司令、刘司令员号召,拥护中央人民政府,并号召其他部队起义;起义部队以原编制、原番号就地待命;给养问题,由刘、邓、潘致函各专员、县长供应,并遵守人民解放军的"约法八章"及"三大纪律、八项注意"。

为使上述工作进行顺利,即电告中共中央并成立了综合小组,推潘大逵为召集人。下设:

组织组:由朱德钦、朱彦林、黄慕颜、胡克林、陈离等组

彭州龙兴寺

成，朱德钦为召集人，严啸虎、吴宗国列席。

参谋组：由章浩然、万里、何翔迥、邓亚民、张熙民、周朗清、黄慕颜、金搏九等组成，章浩然为召集人。

宣传组：由张伯英（即张舫）、赵一明、邓实菴、李韬光等组成，张伯英为召集人。

情报组：由万里、刘重威、蔡可彬、何翔迥等组成，万里为召集人。

保卫组：由张鹏翼、李再之、徐盛林等组成，张鹏翼为召集人。

策反组：由胡克林、朱彦林、李铁夫、李蜀华、何宗杰等组成，胡克林为召集人。

综合组开会，除各小组的召集人外，还有邹趣涛、陈离、李铁夫、胡克林、陈兰亭、朱彦林、黄慕颜、邱翥双、曹四笏、李静轩、黄骥等参加。组织、策反、参谋三组开会时，交互出席，所有军事部署和策反工作，均由三个组会同后报刘、邓、潘三将军同意再具体办理。上述各组成立后，加强了对起义工作的组织和领导，保证了刘、邓、潘三将军决策指挥起义工作的顺利进行。

彭县军政起义后，胡宗南部急欲来攻，彭县暂时处于三面受敌的景况，九十五军驻彭、新、崇、灌的主力均进入临战状态。匪特乘机活动，谣言四起，一日数惊，形势极为严峻。这时，彭县一百多名大中学生组织"彭县解放工作服务团"，宣传"约法八章"、《共同纲领》，用办墙报、贴标语、扭秧歌、唱解放歌曲等形式开展活动。

12月12日，在起义指挥部的潘文华又派人找张斯可、乔毅夫和乔诚去商量。旋因蒋军一部开到距彭县二十里的清河场，县城一度紧张，大家曾准备移住彭县九峰山海窝子。张斯可和乔毅夫已先走，潘文华命令乔诚搬去同住，以便就近协助一切。

这时，彭县左有国民党第十六兵团孙元良部和杨森所部第二十军，右有第十五团兵罗广文部和第二十兵团陈克非部，还有从北道撤退来的胡宗南部，处于东南北三面包围之中。潘文华颇为焦急，一面命乔诚通过中共派到彭县的地下党员洪宝书去找解放军军事代表朱德钦(化名)，请朱派了张伯英一同去点验接收的徐正刚的二六三师，并命徐做好战斗准备；一面急电其长子潘清洲少将，命他率领美式装备的精锐部队二三五师迅速向彭县靠拢。

这时二三五师少将师长潘清洲也根据父亲潘文华的命令发出了拥护起义通电。此前，潘清洲师部队正在川北道上向西行进，每晚由无线电台与暂避灌县的父亲潘文华的电台密切联络。12 月 9 日行至南部县境时接到了刘文辉、邓锡侯、潘文华三将军起义通电，当即在南部、南充交界之槐树场军次，召集营长以上军官，由少将师长潘清洲宣布起义，全体一致拥护；仅有一个原来不是川军的额外副师长胡琏表示异议，提出反动的上中下三策，大家未予理睬。接着潘清洲师长于 12 月 12 日派其七〇四团团长王敬夫、营长宋光博连夜到南充方面第二野战军第十一军九四部队同政委罗树春接头并取得联系，就地起义。潘清洲将军奉命将全师移至南充，继而又派其副师长何鸾偕同王敬夫团长去重庆向解放军首长请示，由杨松青部长接见，旋即接二野敌工部部长杨松青和第十一军曾绍山军长命令，全师开赴潼南集结整理。

12 月 16 日，胡宗南打电话给第二十兵团司令陈克非，命令说："请你马上准备，负责在明天拂晓前解决邓的部队，扫清内扰，便于尔后作战，免除内应外合的隐患。"同时胡宗南又命令罗广文，要罗广文指挥十五、二十两个兵团向刘文辉、邓锡侯、潘文华驻彭县、灌县的部队进攻。

12 月 18 日后半夜 3 点钟，潘文华将乔诚叫起来说："彭县形势堪忧，尤其后方空虚，万一胡宗南从后方抄来，就危险了。只有与驻什邡、绵竹的董长安所部取得联络，叫董长安迅速通电起义，并将部队向彭县靠近一步，这样既安全，声势也就更大了。董长安和我是小同乡、拜把兄弟，我写一封信，给一个密电本，你带去找他，定能照办。你去和晋康说一声，天明就动身，顺便到什邡、绵竹叫山防总队夏骑风、刘仕钧、李克刚、李叔尧等起义。”因为代表邓锡侯参加三人小组的陈离也住在省银行彭县分行，乔诚去把陈离叫起，说明缘由，陈离亦认为有此必要，立即同乔诚去找邓锡侯。邓锡侯完全同意，并加派了一个保定军官学校同学吴克雄，一同前往。乔诚又去找中共地下党员洪宝书（当时叫李载之），讲清此行任务，洪宝书亦赞同。

天刚亮，洪宝书即为乔诚和吴克雄二人雇好滑竿上路。他们行至中午，在什邡马脚井场外，就遇见董长安。乔诚当面将潘文华的亲笔信交给董长安，他看了后向乔诚说：“我就去彭县找仲三、晋康和自乾，你到马脚井去找杜镛参谋长。”董长安在怀中取出一个小本子，扯下一篇，写上“关于起义的事，乔诚与我们一个事，一切听他的”交给我。吴克雄与董长安是同学，就一道到彭县去了。

乔诚继续前进，到了马脚井董长安的总部，见到参谋长杜镛，将字条交给杜镛，他见条后极表欢迎，设晚宴款待。乔诚说：“什邡县长李克刚，是我们推荐的原潘文华部旅长，安、绵、什、罗、茂山防总队长夏骑风和绵竹县长刘仕钧、安县县长李叔尧都是我们仲三派去的，我要到什邡、绵竹去叫他们起义。”杜镛说：“我们这里正与孙元良‘比起在’（意指对峙），什邡不能去；董副主任在绵竹驻有一二三师熊顺义部，你去向熊说，董副主任叫他与你联络，就地起义。”杜镛并写了一封信，抄录了手条原文，命熊顺义遵办。晚间，乔诚打电话给什邡李克刚，李克刚含糊其辞地答复：“请暂勿来，有话以后再讲。”当晚杜镛把马脚井的乡长叫来,吩咐说:董副主任有个至亲,有急事要到绵竹,什邡不能通过,你在码头上找个得力兄弟伙,护送前往。

第二天乔诚沿山路绕道李家碾、火烧堰,傍晚到达绵竹遵道乡,即打电话给绵竹县长刘仕钧(王杰),请刘转告熊顺义和夏骑风。夏骑风立即同熊顺义的哥哥熊定一,乘吉普车接乔诚到绵竹。当晚在县政府与熊顺义、刘仕钧、夏骑风会商起义办法。熊顺义说:解放军已到罗江,胡宗南有一个多旅刚退到绵竹南门外,要起义非先驱逐其出境不可。经商定一面部署队伍监视胡宗南军,通知胡宗南军限天明前离境;一面拟好响应刘、邓、潘起义电报,由夏骑风电台发出。会后分头作好驱逐胡宗南军部署,并由熊顺义的一二三师派人通知胡宗南军。胡宗南军接到通知,立即撤离南关,向孝泉和新市镇方面退走。21 日,绵竹正式布告全县起义,和平解放,次日迎接解放军入城。23 日,胡宗南的裴昌会兵团在孝泉起义。乔诚的任务完成后,当天即回彭县向潘文华复命。

21 日,国民党第十九兵团副司令官王伯勋率第四十九军残部在黔西普安地区宣布起义。与此前后,国民党第十五兵团司令官罗广文和陈克非也率部宣布起义。

同日,第二野战军司令员刘伯承、政委邓小平,对被困在成都地区的国民党胡宗南部发出最后正告,号召其放下武器,即时起义,若仍顽抗,即予歼灭。解放军大军从东南北三面逼近成都,胡宗南等部 19 个军、52 个师,完全陷入解放军大包围中。

在起义指挥部的潘文华又曾找陈兰亭(原潘部师长,后升川湘鄂边区绥署副主任)和乔诚去商量说:“我们不能坐等成都解放,应当迅速把徐正刚师、吴宗国、张豫波两个团和潘清洋一个营交由你(指陈兰亭)指挥,配合邓锡侯两个师,向成都发动进攻。蒋军虽多,有解放军东南北三面围攻,已成惊弓之鸟不难将其赶走。我们要先进成都,然后欢迎解放军进城,这样才光彩。”陈兰亭和乔诚向邓锡侯说后,邓锡侯亦同意。遂由陈兰亭在三人小组提出,经解放军军事代表向有关方面请示后,回答说:“进攻计划暂时从缓。”

21 日这一天,刘、邓、潘三将军还专门致函彭县县长刘度,参议长罗雨苍等,告以形势,晓以大义,并勉其无条件响应刘伯承将军为缩短战祸、减少生灵涂炭的号召;要求他们维持地方安宁,保护物资,防止国民党匪特活动等,劝令他们动员彭县地方政府带领各界人士共同起义。

《刘、邓、潘三将军 12 月 21 日致刘度县长的信》全文如下:

彭县刘县长大鉴:

此次文辉、锡侯、文华联名通电,谊在洞鉴之中。今后如何步调一致,如何竭尽所能,早日达成爱国、爱乡、爱人民之伟大使命。兹将今后重要工作竭诚为台端告。(一)北京十一月二十二日中华(国)人民解放军第二野战军司令员刘伯诚(承)将军向川、康、滇、黔四省广播,确为缩短战祸,减少生灵涂炭之号召,吾人素以人民利害为念,当无条件热烈响应。(二)县自卫总队、县警察、县公安人员,分别坚守原有岗位,维持地方安宁,保全物资,以待解放军来时,酌情处理。(三)即由各乡自卫队精选机警人员,专门组织盘查,肖，防止国民党反动派匪谍活动，并多方侦察，供给重要情报。

以上三项，确为目前迫切任务。敬希台端高瞻远瞩，落实执行。地方幸甚，人民幸甚。并盼将各种情况随时见告。专此，即颂正绥。

刘度、罗雨苍等当即应允，由县政府教育科长陈宝麟和县参议员何王必辉草拟响应起义电文，并分别通知境内所属机关、团体负责人、乡镇长、乡民代表主席和工会、农会、商会、教育会、中医师会等的参议员于12月22日在县政府大礼堂开会，同时邀请在彭县的军政人员和民主人士万里（川康绥靖公署副参谋长）、周朗清（一二六师副师长）、强兆馥（二六三师副师长）、潘大逵（民盟）等到会。会议由刘度、罗雨苍主持，万里代表刘、邓、潘三将军讲了关于形势问题、辟谣问题和希望，民盟代表潘大逵进行了动员；罗雨苍宣读了彭县地方拥护起义的《快邮代电》。通过讨论，到会一百余人进行举手表决，并由县长刘度、参议长罗雨苍领衔签名，宣布彭县正式起义。

12月23日，胡宗南集团和成都残匪仓皇逃出成都。刘文辉、邓锡侯、潘文华派出代表并同中共地下党工作人员，安全抵达成都外围的新都、广汉，向贺龙、王维舟、李井泉等报告详情，并对欢迎解放军进入成都提供了建议。

得知成都和平解放的捷报，正在莫斯科出访苏联的中共中央主席毛泽东抑制不住内心的激动，对身边的工作人员说："总司令那三位老乡（意指刘文辉、邓锡侯、潘文华）给了蒋介石当胸一拳，请我们的总司令代表中央复电嘉勉。”

朱德总司令遂在12月24日代表中共中央、中央军委对刘文辉、邓锡侯、潘文华三将军联名起义发来了贺电，对其起义行动表示佩慰和嘉勉。新华社还于29日向全国广播了他们的起义通电。

朱总司令复电如下：

刘文辉、邓锡侯、潘文华诸将军勋鉴：

接读12月9日通电，欣悉将军等脱离国民党反动集团，参加人民阵营，甚为佩慰。尚望通令所属，遵守中国人民解放军总部本年4月25日约法八章与中国人民解放军第二野战军本年11月21日四项号召，改善军民关系与官兵关系，为协助人民解放军与人民政府，肃清反动残余，建立革命秩序而奋斗。

朱　德

1949年12月24日

刘文辉、邓锡侯、潘文华三将军又遵照周恩来的指示和朱德总司令的命令，在刘伯承司令和邓小平政委的领导下，积极配合人民解放军作瓦解国民党军队的工作。

这时，在刘、邓、潘三将军的精心指挥下，起义指挥部的综合小组，一面向四周的国民党军队宣传人民解放军“约法八章”和刘伯承、邓小平发出的“四项忠告”，以及刘、邓、潘彭县起义通电；一面派员四出，积极策动国民党军队起义。

在刘文辉、邓锡侯、潘文华三将军彭县联名通电起义的巨大影响和带动下,国民党军内部开始分化,三将军所属各部纷纷通电响应起义。同时刘、邓、潘三将军又指挥各方面策反力量,争取国民党罗广文、郭汝瑰、曾庆集、李振、裴昌会、陈克非以及川军的董长安、俞孟群、杨汉烈等几十万国民党部队参加了起义。因而加快了解放大西南的进程,使川康人民免遭生灵涂炭,蒋介石在川康的统治最终土崩瓦解。

正如当年参加解放西南战役的人民解放军指挥员之一,成都军区原副司令员陈明义将军后来回忆刘、邓、潘三将军彭县起义的伟大意义时十分动情地说:“彭县起义绝非偶然,这不仅是全国革命形势迅猛发展和人民解放军以雷霆万钧之力挺进西南的大势所趋,更重要的是中共中央和周恩来、刘伯承等同志对川康将领刘、邓、潘进行了长期耐心诚恳的争取团结工作的结果;也是中共四川地下党及各民主党派对他们进行了艰苦的推动促进工作的结果;实为我党统一战线的伟大胜利。

彭县起义,是在我军围歼国民党胡宗南集团及川境其他残敌的紧要关头率先义举。它打乱了蒋介石预谋与我军最后‘川西决战’的部署,动摇了国民党反动当局妄图建立所谓‘陆上基地’的根基。它帮助我军阻截关闭了胡宗南集团逃窜康滇的大门,加快了解放西南的进程,减少了人员的伤亡和城市的破坏,对整个西南战役的速胜,起到了良好的配合作用。”

后来据《中共四川地方史十讲》记载:“解放大西南战役,川康实力派刘、邓、潘三将军的起义,带动起义部队番号达 111 个单位之多,人数 53 万多,占这个地区敌军被歼数 90 万的 60%,此数大大地超过了敌人在辽沈、淮海、平津三大战役起义人数的总和，相当于解放战争其余139个重要战役起义数的85%，其次数之多、单位之众、数量之巨，不仅是中国革命战争所未有的，而且在中外战争史上也是罕见的。如此大规模的起义，对于西南敌军的迅速瓦解，我军的全面胜利，有着重要作用。它极大地减少了军民的伤亡，保护了成都的以及昆明等历史文化名城不致遭受战火的洗劫；对于及早布置春耕生产，稳定西南经济、保证尔后剿匪、征粮、进藏等项工作的进行，都有着重要而深远的意义！”

12月27日，刘文辉派李铁夫、邓锡侯派何翔迥、潘文华派杨尚伦为代表，同车前往新都桂湖公园，向解放军一野贺龙司令员、王维舟副司令员、张经武参谋长等报告在彭县起义及成都的情况，并欢迎解放大军早日进入成都。当即蒙贺、王、张三位首长接见，并决定于12月30日举行解放军入城式。至此，成都宣告和平解放，标志着国民党残余匪首已最后被赶出中国大陆。

12月29日，刘、邓、潘三将军由彭县回到成都，组织维护成都的秩序，迅速稳定成都的局势。

12月30日清晨，近月阴雨连绵的天空顿时放晴，霞光万道，照耀在古老的西南文化名城——成都的上空。晨光中，街头已是人声鼎沸。街道两边，居民和店主们挂起了五星红旗，门上、墙上张贴着“拥护毛主席！”“拥护共产党！”“欢迎中国人民解放军！”“消灭蒋匪军，解放全中国！”等彩纸标语。

总府街、春熙路一带，一大早就摆出许多书摊，出售《中国革命和中国共产党》、《论人民民主专政》等毛泽东主席的著作。因怕战祸而关门或半开半掩的商店，今日都开了门，布置一新，市面生机盎然。

上午8时过，已于前几日宣布起义的原国民党军成都城防部司令曾庆集，派出欢迎专车和随行的两大卡车乐队，前往城北郊驷马桥，代表成都市民负责安排入城式活动。中国人民解放军入城部队的领导人贺龙等和成都市地下党组织领导、市民代表欢集在一起，共商入城式具体事项，拉开了入城式的大幕。

9时整，在初升的太阳金光中，贺龙一声令下，入城式在震天的军乐声、口号声和鞭炮锣鼓声中隆重开始。代表中国人民解放军举行入城式的部队，是第十八兵团第六十军。

在入城部队先头队伍中有一辆灰色小轿车，车头上插着一面小红旗。司机右侧，坐着一位仪表堂堂的将军，他蓄着修饰得很整齐的八字胡，眉宇间透露出胜利的喜悦。他即是统率这支入城部队的最高领导，22年前南昌起义的总指挥，现任西北军区司令员，后任西南军区司令员的贺龙将军。

入城式队伍的最前面是作为前导的中共川西边临委会留蓉工作部的地下党工作者，他们高举着毛泽东、朱德的画像，乘车带路。紧接着是前往参加欢迎仪式的起义将领刘文辉、邓锡侯、潘文华、裴昌会、罗广文、陈克非、董长安、李振、杨良勋等人；中共成都地下工作者领导人以及部分知名民主人士，也分乘七辆吉普车陪同解放军向市区进发。依次便是率部入城的贺龙、李井泉、周士第、王新亭、张祖谅、阎秀峰等解放军将领乘的13辆吉普车和小轿车；紧跟在后面的是军容严整的解放军各兵种的入城部队。

解放军入城队伍的先头是仪仗队，高举着鲜艳的五星红旗，后面是20面红旗飘扬的方队。之后是衔尾跟进的13辆大卡车，第一辆车上载着毛泽东和朱德的巨幅画像；第二辆车上载着军乐队，高奏《义勇军进行曲》等革命乐曲；第三辆车上载的是锣鼓队，欢庆的锣鼓声震天动地；接着的车载着“庆祝四川解放！”“庆祝成都解放！”的黄字大红旗和许多面五星红旗。“八一”军旗簇拥的彩车上，英姿勃勃的解放军指战员高呼欢庆胜利的口号，高唱“解放区的天，是明朗的天”等欢快激昂的革命歌曲。后面入城部队各兵种方队的前后行军序列依次是：装甲兵团、重炮兵团、步兵团、车队、马队、后勤部队、轻便队。入城队伍长达四公里，入城式长达四个多小时。

入城式部队所走过的沿途，由起义的成都城防部队站岗负责治安。成都地下党所组织的四川大学、华西大学和石室、蜀华、协进等37所中学联合筹备的“庆祝解放”宣传队、秧歌队、歌咏队等组织，分四个区在各主要街口开展配合解放军入城式的庆祝宣传活动。入城式第一站簸箕街口左边人行道上，已宣布起义的原成都市市长冷寅东和七八位市中区名绅站在欢迎人群前面，满脸笑容，眼噙泪花，手执五星红旗向着入城的队伍欢呼致意。

玉带桥东口一带站着申新纱厂的二百多名女工的欢迎了队伍，他们一律着白色的帽子和围裙，齐声高唱女大学生昨晚刚到厂中教的《解放军军歌》。行进中的解放军也和唱起来，玉带桥附近顿时群情振奋，歌声连成一片。

国民党中央陆军军官学校的起义师生官兵的欢迎队伍甚为

壮观，他们三千余人分乘50辆大卡车出北较场到市中区，车队排列街道两旁，参加欢迎解放军入城的盛会。他们高唱刚学会的《三大纪律八项注意》等革命军歌，盼望着自己能早日成为这支队伍中的一员。

入城部队途径驷马桥、簸箕街，进北门过北大街、草市街、玉带桥、顺城街、提督街、总府街、春熙路、上东大道、盐市口、东御街、西御街、祠堂街等主要街道，汇集少城公园，然后分驻西、南、北三个较场和皇城四个地方。贺龙、李井泉、周士第、王新亭等将领驻商业街励志社，张祖谅军长率第六十军军部驻北较场原国民党陆军军官学校内。

春熙路一带，各商店的门灯、檐灯，都换成了红色，上面贴着黄色五角星，与满街飘扬的五星红旗和彩旗交映生辉。四川大学师生乘坐的五辆彩色欢迎专车和协进中学生乘坐的彩色欢迎专车沿街欢呼歌唱在这一带。

有组织的三十多个大、中、小学的秧歌队，化装表演队舞动在街头，长达近十公里的入城式线路上挤满三十多万成都市民欢庆的人群，鞭炮纸屑铺满地，歌声、欢呼声、鼓掌声如浪似潮奔腾在市区每条街道，迎接着五万多解放军指战员的入城。

在欢迎的行列中潘文华感到异常兴奋、愉快和轻松，蒋家王朝的压力消失了，眼前虽是冬季的严寒，他却感觉到春日的温暖，自己也迎来了解放和新生。贺龙司令员在欢迎的行列中与潘文华见面时，紧紧握住他的手并爽朗地说："仲三，唐式遵啷个搞起的？蒋介石又不喜欢他，他乱跑个啥？还是只有请你找人把他劝回来算咯？"潘文华高兴地接受贺龙司令员的重托，很快便派董长安去劝唐式遵回来（董与潘、唐都是仁寿县同乡，尤其与潘同是文宫乡人，且是结拜兄弟）。

董长安原是川鄂边区绥靖公署副主任，已率部追随潘文华将军起义。他费尽心血于兵荒马乱中找到唐式遵，不想鬼迷心窍的唐式遵竟大放厥词说："随便哪个朝代灭亡，都有几个孽子、孤臣。你们去当你们的张弘范，我要去当文天祥！"（按：张弘范是投元的宋将）唐式遵用以讽刺董长安用心恶毒。董长安对他劝道："子晋，要当孽子、孤臣你还没有资格，该人家陈诚、胡宗南来当，可惜他们都跑了，还是我们一道回去吧！"殊唐式遵竟闭目塞耳不听，董长安见状，嗟叹而返。

后来这位自命的文天祥，跑到西昌，胡宗南请他一同去台湾，他却权欲熏心要求当四川最后一任省主席，决心带队回川打游击，誓与共产党周旋。后经胡宗南保荐，蒋介石于1950年2月下旬发表唐式遵的四川省主席（原主席王陵基已被俘）。

3月下旬，人民解放军分南北西路进逼西昌，胡宗南、贺国光率残部仓皇撤运海南岛。26日，西昌解放，光杆省主席唐式遵仅率一百余人残余武装逃离西昌，乘车去礼州，弃车步行，经泸沽入越西县境，拟由此回川，欲做最后一任省主席的美梦。27日下午行至越西小山地区，被当地彝民武装和解放军包围，激战半夜，唐式遵当场被乱枪击毙，落得个可耻可悲的下场。俗话说："自古英雄功过是非，在智、愚一念之差耳！智者为英雄，愚者狗屎堆而已。"一贯以愚而诈著称的"唐二瘟"（乡下对唐的称呼），不识时务，必然没有好下场。潘文华受贺龙司令员之托对唐式遵做到最后争取，也算是对昔日同学、朋友的忠诚，仁至义尽了。

第四十二章　有功于人民　不朽千秋

成都和平解放不久,1950 年 1 月 8 日,西南军政委员会在重庆市正式成立,由中华人民共和国政务院总理周恩来提请,经中央人民政府委员会第八次会议通过,由中央人民政府毛泽东主席任命潘文华为西南军政委员会委员。此时此刻,寓居成都植苑公馆的潘文华,心情格外激动,思绪万千:前些日子自己还是国民政府陆军二级上将的旧军人,现在不仅变成了一名光荣的人民战士,还成为人民政府的高级领导人;想起中共领导人周恩来、董必武、王若飞、林伯渠等的长期教诲,想起在嘉陵江畔的阆中川陕鄂边区绥靖公署司令部战斗了几个春秋的钱松甫夫妇;还有哪些冒着生命危险,在他身边工作的中国共产党人唐午园、田一平、郭秉毅、甘树人、明昭等;还有许许多多的民主人士、进步人士,诸如张澜、章伯钧、王昆仑等,是他们与自己同呼吸、共命运,给予自己率部起义的极大勇气;还有那些为配合人民解放军顽强阻击溃退国民党军队而英勇献身的部属官兵;还有川康两省的父老乡亲……为了自己的今天,付出了心血,甚至献出了青春和生命……新生的人民政权来之不易啊!

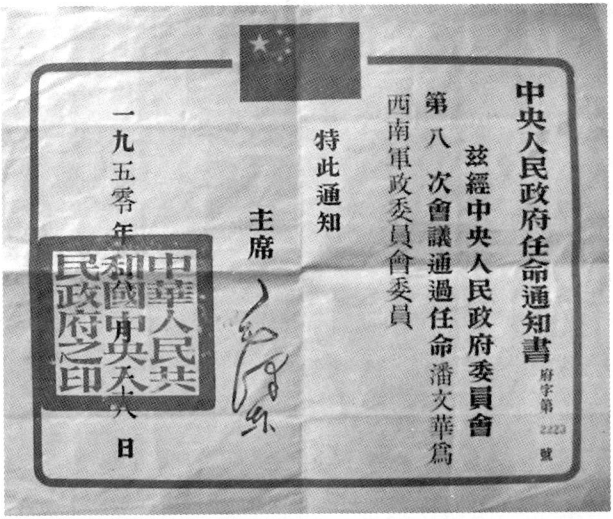
中央人民政府任命通知書
府字第 2223 號
茲經中央人民政府委員會
第八次會議通過任命潘文華爲
西南軍政委員會委員
特此通知
主席
一九五零年六月十八日
中華人民共和國中央人民政府之印

中央人民政府任命潘文华为“西南军政委员会委员”的委任状

新中国刚成立，百废待兴，百业待举，但中国共产党没有忘记在人民解放事业中做出过重要贡献的著名爱国起义将领潘文华。中共中央、中央军委、中共中央西南局、西南军政委员会以及西南军区都十分重视潘文华将军的工作和生活，给他配备了专门的华沙牌轿车和警卫勤务人员。由于潘文华将军抱病战斗在起义指挥第一线，旧病加重，身体每况愈下，因此未去重庆西南军政委员会，而是留在成都边工作边治病。西南军政委员会主席刘伯承和中共中央西南局书记邓小平还亲自关心远在成都的潘文华将军的生活和治疗，使潘文华倍加感动。他情系西南，情怀川康，虽然疾病缠身，但仍然以极大的热情和无比的忠诚，履行着西南军政委委员会委员的职责，为大西南的平叛剿匪，为巩固西南边防建设、为保卫新生的人民政权献计献策。

1950年春节，潘文华将军卧病在床，日理万机的西南军区司令员贺龙得知后，亲自登门探视潘文华将军，到卧室问候，见面就说："我代表中共中央、毛主席和周恩来总理感谢你，我们钱松甫夫妇和秘密电台在你那里几年，这个风险可大啊！但你还是兑现了给周恩来总理的承诺，不简单哟！"贺龙司令员还做潘文华的工作，同他宣传和介绍中国共产党的路线、方针和政策，进一步征求和听取他对西南工作的意见。同时，贺龙司令员非常关心潘文华及其家属子女的生活、学习情况。

贺龙司令员不仅对潘文华将军殷切关怀，对追随他起义的部属和其他起义人员也一样对待。有一次司令部的同志让一位求见的原国民党师长等久了，贺龙很严肃地进行了批评。他说："一个师长，手下有几千人，人家有事求见，叫人家等，这不应该！""这不但对起义将领不礼貌，也是对人民解放事业不负责任的态度。今后参谋长定一个制度，随到随见，开着会也要抽人去见，必要时停下会去见。"从贺龙司令员的一言一行，潘文华感受到了共产党人的崇高风范和人格魅力，他常常情不自禁地对身边工作人员说："得人心者得天下，共产党得天下确是民心所向。"

不久，根据中共中央军委的指示，要把起义部改造成为真正的人民军队，在中共中央西南局、西南军区的直接领导下，西南军区贺龙司令员亲自主持改选整编起义部队的工作。

成都战役结束后，西南地区面临着对大量的起义投诚的国民党部队进行改造的艰巨任务。根据西南军区党委制定的对起义部队"宜集不宜散，宜养不宜赶，集中整编，认真改造，分别对待，逐步处理，使之各得其所，不致散之四方，且不为蒋介石所利用扰乱社会”的工作方针，贺龙司令员认为，要顺利改造起义部队，关键是要做好高级起义将领的工作。由于潘文华等人起义较早，在西南影响大，首先做好潘文华等人的工作，对稳定局势有重要作用。于是，贺龙司令员在百忙中抽出时间，到潘文华家里看望，并开诚布公地同潘文华将军谈心交心，讲解共产党和人民解放军对起义部队和起义将领的政策，还关切地询问潘文华将军的家庭生活情况，使潘文华将军深受感动。

1月11日，人民解放军第十八兵团司令部、政治部在成都电影院召开欢迎成都外围及成都起义军官大会，贺龙司令员登上讲台，向大家问候说：“你们辛苦了！我们欢迎你们。在座的各位同志，从今日起，我和诸位共事了。”贺司令员接着说：“人民解放军对待坚决脱离国民党反动派起义的军官，一向是热诚欢迎的，起义之后，按照人民解放军的制度、原则，经过整编改造，就是人民解放军了；大家应该和解放军紧密地团结起来，要做到推诚相见，然后才能由组织上的一致达到思想上的一致，成为真正的人民军队。”对于起义部队的改造方针，贺司令员指出：“首先要取消国民党特务工作，建立革命的政治工作，即一切为人民服务，一切为士兵服务的政治工作。各起义部队要着手进行革命政治教育，把人民解放军和国民党反动军队对比起来，说明两种军队在本质上的不同：人民解放军是人民的军队，是解放人民、保护人民的工具；国民党反动派的军队是蒋介石集团的军队，是反对人民、压迫人民的工具。起义部队必须把过去由蒋匪领导所养成的欺压人民的恶习彻底改造，迅速建立为人民服务的思想作风，给人民老老实实当勤务员。只有这样，首先从政治上改造为人民军队，然后进行军事整训才有意义。”贺司令员最后一再勉励大家虚心学习，改造自己，使每个人都能成为捍卫祖国的人民战士，为建设社会主义新中国贡献力量。贺龙司令员语重心长地讲了3个小时，然后同到会的潘文华、刘文辉、邓锡侯等高级将领一一握手，使到会人员深受教育。

为了感谢贺龙司令员的关怀，潘文华将军还多次在永兴巷的植苑公馆宴请贺龙司令员。每次想见，贺龙司令员都对潘文华将军以朋友相待，他们毫无拘束，开怀畅谈，潘文华将军备受鼓舞。

1950年1月16日，中共中央还分别给中共中央西南局以及贺龙、李井泉、宋任穷、陈赓等去电，对潘文华及其所部的安排，提出了具体方案。

与此同时，西南军区还指示川东军区派出军事代表负责对潘文华部二三五师的改造整编工作。3月5日，军事代表进驻二三五师部队后，针对二三五师部队官兵受亲共教育较深，成分比较简单，没有什么派系特点，在潘清洲师长的大力支持和配合下，军事代表对二三五师官兵进行了中国共产党的领导、人民解放军的宗旨、性质、三大纪律、八项注意、军民关系和官兵关系的教育，开展了军事、政治、经济三大民主的群众运动。经过几个月的思想改造教育，提高了全师官兵的认识，启发了阶级觉悟，初步树立了为人民服务的思想。在此期间，川东军区领导还亲自做起义将领潘清洲师长的工作，听取他的意见，解除他的思想顾虑，为二三五师的顺利整编打下了良好的思想基础。

4月11日，中共中央西南局书记邓小平在中央人民政府第六次会议上作关于西南工作情况的报告时满怀深情地说:“西南战役之所以获得如此胜利,是由于毛主席领导的正确,全国胜利形势的影响,以及人民解放军的无坚不摧的力量,同时卢汉、刘文辉、邓锡侯、潘文华诸将军于12月9日宣传起义,亦起了良好的配合作用。”邓小平高度评价了刘、邓、潘三将军率部起义的历史作用。

6月20日,潘文华部起义之二三五师与解放军川东军区部混编,原二三五师少将师长潘清洲被任命为中国人民解放军大竹军分区第二副司令员,其他各级军官,也根据量才录用的原则,有的留任或调任,有的入军校学习,有的转到地方工作。总之,都作了妥善安排,各得其所。混编后的二三五师官兵,大部分还奉命出川,参加抗美援朝,保家卫国的战争,涌现出了许多英勇战斗、可歌可泣的官兵。后来,潘清洲还先后担任川东人民行署委员、四川省人民政府委员、第一至第三届四川省人大常委、宜宾专区副专员、第三届全国人大代表、第二、三届四川省政协委员、常委等职。

“路遥知马力,日久见人心。”潘文华通过新与旧、正确与错误的对比,经过自己长期团结川康、联共反蒋的实践,对中国共产党统一战线的认识,越来越深刻,对中国共产党的感情也越来深厚。只是日益病重的潘文华常常长吁短叹:“时逢盛世,只怨自己身体不争气,使自己不能很好地效力国家和人民!”在此期间,朝鲜战争爆发,美帝国主义把战火烧到了鸭绿江边,作为一名老军人,潘文华忧心如焚,他对家里人说:“现在,新中国正处于困难时期,我们的志愿军已跨过鸭绿江、抗美援朝,保家卫国,举国上下，有钱出钱，有人出人，我们也要为国分忧，俗话说，天下兴亡，匹夫有责，我虽然已不能为国效命疆场了，但也要不遗余力，尽自己绵薄之力，我决定为志愿军捐寒衣款两千万元人民币。”

不久，潘文华又动员自己的第七个儿子潘清麒和长孙潘锡鹏参加志愿军，奔赴抗美援朝前线，和朝鲜人民军并肩战斗，共同抗击美帝国主义侵略者。

9月中旬，潘文华病情恶化，被紧急送往华西医院高干病房住院治疗。潘文华住院期间，中共中央西南局、西南军政委员会、西南军区领导刘伯承、邓小平、贺龙、王维舟等十分关心潘文华的病情和治疗情况，特别责成中共川西党委、川西人民行署领导人李井泉具体安排组织专家组，负责为潘文华精心治疗。

10月2日，刘文辉特别又从重庆西南军政委员会赶回成都探望潘文华，在病房中，刘文辉紧紧把住躺在床上的潘文华的手说：“仲三，这次我是专程给你送灵丹妙药——‘红丸’来的，这‘红丸’是西藏活佛所赐，据说炼成一颗‘红丸’丹药需七七四十九天，‘红丸’是采集雪域高原中的藏红花、雪莲花、虫草、红景天等名贵中药材之精华，辅之人工提炼，按藏传秘方配制，具有神奇疗效，可以去病延年。我珍藏多年，不到万不得已不忍用之，你要好好服用。仲三，我们什么大风大浪，激流险滩都闯过来了，现在共产党和人民政府待我们这么好，我们该好好发挥点作用，又可安享晚年啦！”“自乾，你的厚意我心领了，我病已深重，非药物可治了，如此珍贵之药，请你还是留下以救别人吧，何必浪费呢？你莫安慰我啦！”潘文华吃力地说。看到老朋友这般光景，刘文辉哽咽着已说不出话，想到老朋友戎马一生，战胜过多少惊涛骇浪,刚过上安稳生活,却病成这个样子,刘文辉扼腕叹息:苍天不公,天嫉英才呀。

不久,偶染风寒的邓锡侯又专程来到潘文华病房看望,邓锡侯望着憔悴而瘦削的潘文华,抚手说:“仲三,你要有信心,没有啥大不了的,可能是前段时间过度操劳起义所至,静心治疗会好的。你我身体久经沙场,有啥子大问题。想当年,我俩率部出川,迎击日寇,雄姿勃发,何等英雄?目下,大西南才安定下来,人民政府还需要你、我、自乾做很多事情呢!我们三人多少年风雨同舟、患难与共,这点病算个啥?我和自乾都会想法的,没有什么担心的。”潘文华欣慰地说:“晋康,实不相瞒,可能我是不行了,要到丰都城见甫帅去了。时下大西南百废待兴,你们肩上的担子也不轻,你和自乾都要多保重。”完毕,潘文华拉着邓锡侯的手,老朋友坚毅的目光深情相望,两人饱经沧桑的脸上都洋溢着幸福的微笑。

转眼到了10月中旬,潘文华已处于半昏迷状态,中共中央西南局、西南军政委员、西南军区、川西党委、川西人民行署领导先后到医院探视,并指示医疗组专家不惜一切代价抢救治疗。10月17日晨,潘文华病情急转直下,在弥留之际,闻讯赶来的西南军区、川西党委、川西行署领导贺龙、王维舟、李井泉等领导守候在病床旁,潘文华断断续续地告诉身边的领导人:“我走后,我家植苑公馆和其他财产捐给国家,丧事简单些,子孙们不要给政府添负担,都要靠自食其力,听共产党和人民政府的话,永远跟共产党走!”10月17日晨4时,经专家组抢救无效,潘文华因心脏病严重恶化,不幸逝世,享年64岁。

潘文华逝世后，中共中央、中央人民政府、中央政务院、中共中央军委发来唁电云："潘文华将军，川西起义有功于人民，兹闻逝世，至深悼念！"中共中央西南局、西南军政委员会、西南军区也发来唁电。同时，西南军政委员会、川西人民行署、成都市人民政府为潘文华举行了隆重的葬礼，潘文华的遗体覆盖中华人民共和国国旗。

11月16日，为潘文华将军安葬日，中共中央西南局、西南军政委员会、西南军区、川西党委、川西行署领导人贺龙、王维舟、李井泉等亲自为潘文华将军送葬，直到很远很远。

根据潘文华将军生前遗嘱，潘文华将军安葬于成都南郊武侯祠刘湘墓旁，这里距刘湘墓园直线距离仅三百米左右，是一望无际的大片农田，这片农田是潘家私田。由于解放初期成都郊区局势动荡不安，土匪暴乱此起彼伏，所以潘文华将军墓修建得十分简陋，仅为一大圆形土丘，高约二米，直径约三米，四周有围墙，墓园占地五十余平方米，墓碑为汉白玉大理石，上面镌刻有原潘文华司令部秘书郭二老师亲笔书写的红色颜体大字"潘公仲三之墓，一九五〇年十一月十六日"。

潘文华将军之墓背靠西南，面向东北。其墓地与原川军主帅刘湘墓咫尺相望。不知是天意，还是历史的巧合，昔日潘文华追随川军主帅刘湘驰骋沙场，不幸诀别于抗日前线，主帅猝世后，潘文华继承主帅遗志，团结川康，联共反蒋，最后又高举义旗，毅然加入人民的阵营，使川康得以和平保全，可告慰九泉之下的主帅了。现在又到了另一个天堂世界，再与主帅相邻相伴，应该觉得没什么遗憾了。若甫澄公地下有知，也会含笑迎纳这位昔日追随自己的忠臣良将，这对几十年患难与共肝胆相照的同学、知己，在那迷信中的丰都鬼城不知又要开怀聊摆什么了？！

多年后，“文化大革命”爆发，灾难深重的中国人民又遭受了一场史无前例的浩劫。潘文华的家庭也不例外，没有躲过这场厄运，潘家在成都三倒拐的寓所多次被查抄，经所谓无产阶级的造反派多次洗劫后，潘家原来保存的大量图片和文字史料被焚烧，潘家收藏的郑板桥、赵熙、董其昌、吴昌硕、谢无量、张大千、张善孖、徐悲鸿、齐白石、于右任等大量珍贵名家字画和古董也被付之一炬，唯一保存下来的是中央人民政府主席毛泽东任命潘文华为西南军政委员会委员和任命潘清洲为四川人民政府委员的两份任命书。潘文华的长子潘清洲更是被无情地揪斗，戴尖尖帽，剃阴阳头，继而游街示众，身心受到极大摧残。潘文华的第五子潘清洋也被迫东躲西藏，先后逃亡云南、贵州以及四川凉山等地。长孙潘锡鹏在重庆被推下悬崖，导致瘫痪而死，其余子孙大部分上山下乡，有的不得不隐姓埋名。在动荡混乱的年月，潘文华的坟墓又被红卫兵小将从背后挖了个窟窿，幸亏墓碑上没有潘文华的名字，那些历史知识十分浅薄的红卫兵根本不知道：“潘公仲三”就是“潘文华”，只是偶尔间发现了这座古朴幽雅的墓园，便胡乱地进行破坏性挖掘，好在没有什么收获便停了。就这样，“潘公仲三之墓”蒙混过关，没有遭到更大的破坏，也总算苍天有情，使长眠于地下的忠魂得以安宁。

“文化大革命”结束后，春回大地，万象更新。中共十一届三中全会，拨乱反正，正本清源，历史掀开了新的一页。随着共产党统一战线工作的恢复和统战政策的重新落实，共产党和人民政府实事求是地肯定了潘文华的历史功绩，潘文华的子孙先后落实了政策，得到了安排。在共产党和人民政府的培养和教育下，潘清洋(现名潘凌宇)先后任省建设厅副处长、省政协常委，现为省人民政府参事。潘文华的孙辈代表人王宇坤，原名潘锡煜，成长为民革中央委员、省民革副主委、省政协常委、省政协提案委员会副主任、省民政厅副厅长。

到了八十年代初，党和政府有关部门又拨专款对潘文华的墓园进行了较大的维修和扩建，并进行了绿化和实施了保护。现在墓地是牢固的钢筋水泥混合而成，墓地四周是两米多高的水泥围墙，占地达两千余平方米。墓园内绿草茵茵、鲜花满地，松柏挺拔，郁郁葱葱；巨大的玉兰树，更是遮天蔽日。当秋日来临，玉兰花盛开，洁白的花朵挂满树梢，飘落坟头，到处白茫茫一片，雪松苍翠欲滴，整个墓地掩映在鲜花绿树丛中，显得庄严森然。据说成都一环路修建经过这里时还曾为之避让，使潘文华的墓园成为目前市中区至今尚保存完好的四座名墓之一。

九十年代初，国家全面对外开放，原来避走香港，后移居美国的潘文华七姨太张俊携潘文华第八子潘清镛，辗转回到成都，寻根问祖。隔绝几十年，音讯两茫茫，当年国色天香的张俊夫人现已是古稀之年，虽垂垂老矣，但雍容华贵，不失昔日绰约风姿。她怀着极其复杂而又难于言状的心情为丈夫潘文华扫墓，让儿子潘清镛认祖归宗，血浓于水。只可惜的是张俊夫人年事已高，经这趟大陆之行的颠簸，加之为夫君扫墓悲伤过度，回美国不久，便阖然长逝。据张俊夫人的儿子潘清镛说，去大陆扫墓，是了却了母亲几十年的心愿，她老人家总算没有带着什么遗憾走了。倘若潘文华地下有灵，也会感念这位痴情的红颜知己吧。

近年来，大凡正月初二，潘文华的后裔子孙百余人都要从海内外赶往成都，集中会聚。同去潘文华墓园，在供台上，陈列酒肉糖果，然后依辈分长幼列队，点燃香蜡，环绕墓园，焚香敬果，参拜先辈之灵，怀念先辈之功德。虽然他们散居美国、加拿大、巴西以及香港和大陆等地，但同根同祖、同文同种，血脉相连，且都饱受儒家正统思想和历代家风熏染，恪守忠孝之道，仁义之训。故不论何种职业，再忙乎，也不能耽过约定俗成的祭祖时间，这也成了潘家多年来的习惯和规矩了。

改革开放以后，中国进入了全面建设有中国特色的社会主义的轨道，共产党和人民政府始终没有忘记潘文华将军为川康两省和平解放所建立的历史功勋。多年来，每当 12 月 9 日这一天，省委、市委和人民政府都要以不同形式，举行纪念刘、邓、潘

成都建川博物馆前的“中国壮士”群雕广场

三将军彭县起义活动,缅怀三将军的丰功伟绩,教育子孙后代牢记川康和平解放的历史,珍惜来之不易的生活。

屹立在群雕广场上的潘文华将军塑像

2005年9月,在纪念中国人民抗日战争暨世界反法西斯战争胜利60周年的伟大日子里,共产党和人民政府高度赞扬潘文华将军请缨出川、指挥保卫南京前哨战——广德、泗安战役,打响川军出川抗战第一枪的历史功绩。潘文华将军的孙辈代表人物、省民政厅副厅长王宇坤(潘锡煜),还光荣地作为中共四川省委、省人民政府选出的两位抗日爱国名将遗属代表之一,于9月2日从成都飞赴北京,出席3日在北京人民大会堂举行的纪念中国人民抗日战争暨世界反法西战争60周年大会,受到党和国家领导人的亲切接见,并荣获纪念中国人民抗日战争胜利60周年纪念勋章。

千秋功过,由人评说。正如潘文华将军原部属、五十六军参谋长杨续云将军曾赋诗曰:

当年借箸谈后客,重话沧桑已白头。

不独平生知遗憾,如公事业总千秋!

附录一

潘文华将军年谱

清末民初
(1886 年 10 月—1914 年 2 月)

1886 年农历十月十六日,潘文华出生在四川省仁寿县文宫乡龙兴村二组棕树湾一个贫苦塾师家中,取字仲三,属虎,小名文生,绰号潘鹞子。父亲潘在田乃清末一穷秀才,母亲江氏夫人。

1892 年,潘文华还不到六岁,母亲江氏夫人便因病去世。

1893 年起,潘文华在仁寿县文宫场念私塾,识字学习。

1901 年冬月,潘文华的父亲潘在田身患疾病逝世。

1902 年春,潘文华从仁寿县文宫场乡下到成都市华兴街四和春中药铺当学徒打工。

1902 年冬,潘文华成为清末四川新军第三十三混成协的一名勤务兵。

1904 年,潘文华作为军队代表,参加在凤凰山军营召开的全省运动会,在开幕式上出色地表演器械体操,被四川省总督锡良发现，破格提拔为新成立的四川陆军弁目队体操助教。

1908 年，潘文华被特批免试入学四川陆军速成学堂，同时兼任四川陆军速成学堂体操助教。其间，秘密加入同盟会，开始从事反清革命。

1909 年 9 月，潘文华被选调任四川新军第三十三混成协的第一标第二营副排长，随钟颖大军进藏平叛。

1910 年 12 月，潘文华在西藏平叛战斗中，生擒波密王葛朗于白马岗，取得重大胜利，以功先后升任排长、连长。

1911 年，潘文华率入藏新军全连官兵在西藏江孜县城响应武昌起义，宣布起义反正。

1912 年 4 月初，潘文华带领所部义军离藏取道亚东返回四川内地。

1914 年 2 月，潘文华任川军周骏第三师连长，次年升营长。

军阀防区制时期(军阀混战时期)(1915 年 1 月—1936 年 12 月)

1915 年，潘文华在陕南任钟体道师第四十三旅八十六团团长。

1918 年，潘文华的知己同学李挽澜在内江阵亡，潘文华挺身而出，代理旅长，力挽狂澜。

1919 年，潘文华将部队带回四川，驻扎通江、巴中等地，被第七师师长颜德基委为独立旅旅长。

1920 年，潘文华任四川陆军第二军第二旅旅长。

1920年,潘文华任刘湘靖川军第四路司令,靖川军第四师师长。

1921年7月2日,潘文华任四川陆军第二军第四师师长,率部离开巴中,进驻合川。

1923年,潘文华任川东清乡总司令。

1923年7月20日,为挽回军事上失去的劣势,潘文华与杨森、邓锡侯、田颂尧等发出通电,拥戴刘湘出山,推刘湘为四川善后督办。

1923年9月15日,潘文华又任北京政府中央陆军第三十三师师长,驻万县,并奉命举办军官传习所培训干部。旋兼任四川省民政厅厅长、临时财务统筹所总办。

1924年2月14日,北京政府特任潘文华植威将军。

1926年2月8日,潘文华任四川讨贼联军左翼总司令。

1926年2月25日,四川讨贼联军第一路总司令部在万县成立,潘文华被任命为右翼总指挥。

1926年6月,重庆商埠督办公署成立,素有革新重庆之议的潘文华兼任重庆商埠督办公署督办,具体负责重庆建市的筹备工作和重庆市政建设。

1926年12月8日,北伐战争期间,刘湘部易帜后,潘文华就任国民革命军第二十一军第四师师长,旋改任教导师师长,师部驻重庆关庙内。

1927年6月18日,潘文华参加中国国民党四川登记委员会重庆办事处召开的成立大会,拥护清党主张。

1927年11月1日,督办潘文华呈准二十一军军部,将重庆商埠督办公署改组为市政厅，下设财政、公安、工务、民生等局，潘文华任市长。

1928年，“五三”惨案时，潘文华在群众抗日要求下，派人向日本驻重庆领事馆交涉，迫使日本人交换王家沱租界。

1929年，在重庆城区纯阳洞街动工修建菩提金刚塔，主修人是潘文华。该塔系模仿西藏铜佛塔样式，于1932年建成，今古迹犹存。

1929年2月15日，重庆市政府正式成立，潘文华被任命为第一任重庆市市长，任职长达八年。在其任职期间，对重庆市的市政建设有许多重要建树。如开辟新市区，修筑大马路，成立重庆自来水公司，成立重庆市电力公司等。

1929年8月，时任重庆市市长的潘文华当选为重庆大学筹备委员会常委，具体负责重庆大学的建校工作。

1930年7月7日，重庆藏文学院筹备会决议，推潘文华市长兼院长。

1933年7月1日，在“二刘大战”中，潘文华被任命为刘湘部南路军总指挥。

1933年9月，吴玉章来成都不久，即被善后督办公署情报处逮捕，潘文华将军接到赵熙的通知后，立即安派警卫副官秦绍成持他的亲笔信前往刘湘公馆，请得刘湘的手令，秦绍成即刻持手令去东安里将吴玉章接至潘文华公馆，由潘文华将军亲自陪宴并妥善保护。

1934年，潘文华晋升为国民政府陆军中将。

1934年，潘文华指挥三个团的兵力开始修筑成仁公路，翻越二峨山,工程艰巨,全长 99 公里,涵洞二百余个。

1934 年 5 月 27 日,潘文华被任命为四川"剿匪"军总预备军总指挥。

1935 年 1 月 14 日,刘湘派原四川"剿匪"军总预备军总指挥潘文华为四川南岸"剿匪"军总指挥,在泸州设总指挥部。

1935 年 6 月 14 日,潘文华市长遵蒋介石关于军人不得兼任文职的电令,致电刘湘,请辞重庆市市长职务。

1935 年 6 月至 7 月,蒋介石在峨眉山下创办军官训练团,称"峨山军官训练团",这是第一期。团本部下分为三个营,十二个连。每连分为三排,每排分为三班。每班学员十二三人,每排约 40 人,全连约 120 人。营长以军长充任,连长以川军中师长充任,每连又以一个中央军的团长充任排长,以便监视。学员系调自川军团长、营长中的上校、中校、少校人员,并有少数尉级军官参加。班长以川军团长充任。全部配署如下:团长蒋中正、副团长刘湘、教育长陈诚、第一营营长陈之馨(中央某军副军长)、第二营营长孙震(川军四十一军军长)、第三营营长潘文华(川军二十三军军长)。

1935 年夏,潘文华在峨眉山军训团受训,晋升为国民政府陆军上将。

1935 年 9 月,潘文华任四川南路"剿匪"总指挥,总指挥部设在名山县城。

1935 年 10 月,国民政府军事委员会委员长蒋介石任命潘文华为四川第七绥靖区司令官,绥靖区域为隆昌、富顺、泸县、合江、纳溪、江安、古宋、叙永、古蔺 9 县。

1935 年 11 月，川军即奉蒋介石之命一度实行整编，各军一律照现额减少三分之一，潘文华任整编后的第二十三军军长。

1936 年 12 月，潘氏第 24 代孙潘文华主持续修并完成了清乾隆年间的潘氏总谱。

1936 年 12 月 12 日，“西安事变”爆发，消息传至成都，刘湘于当晚召集紧急会议，潘文华、傅常等人主张响应张学良、杨虎城两将军的行动，立即调集军队包围重庆行营和成都军校，但刘湘未采纳这种主张。

抗日战争时期
（1937 年 6 月—1945 年 9 月）

1937 年 6 与 28 日，蒋介石电重庆行营，发表潘文华为川康军事整理委员会委员。

1937 年 7 月，潘文华任川康绥靖公署第五绥靖区司令官。

1937 年 7 月 9 日，川康整军会议闭幕。本月 6 日至 9 日，川康整军会议在重庆召开。参加会议的有川康军事整理委员会主任委员何应钦、副主任委员顾祝同、刘湘，委员邓锡侯、刘文辉、潘文华等十九人。这次会议要求川康军队经过整理，各军缩编三分之一；团以上军官，由中央直接委派；各部队饷金，每月由中央派员点名发放。这些要求由于危及刘湘的根本利益，致使蒋介石与刘湘之间的矛盾，越趋尖锐，会场空气十分紧张。适时卢沟桥事件突然爆发，何应钦应召于 10 日飞南京，整军会议草草收场，仅就川康军队的编制问题达成了协议，潘文华任二十三军军长,辖三个师。

1937 年 8 月 18 日,刘湘约集刘文辉、邓锡侯、潘文华等商讨川军出川抗战问题,经商定出兵十一个师,潘文华率二十三军三个师出川抗日。

1937 年 9 月 1 日,出川抗日川军,经国民政府军事委员会编为第二路预备军,总部设许昌,下分设两个纵队,第二纵队司令刘湘兼任,潘文华为第二纵队副司令。

1937 年 9 月 5 日,川军第二纵队副司令兼二十三军军长潘文华代表出川将士在少城公园十万民众欢送川军出川抗战大会上慷慨陈词:胜则生,败则死。

1937 年 10 月 15 日,国民政府军事委员会改任第二路预备军司令长官刘湘为第七战区司令长官,刘湘兼任第二十三集团军总司令,潘文华为副总司令。

1937 年 11 月 14 日,前敌指挥官潘文华副总司令指挥保卫南京前哨战——广德、泗安战役,打响了川军出川抗战的第一枪。

1937 年 12 月 1 日,第二十三集团军副总司令潘文华在安徽防次就任第二十五军团军团长。

1938 年 1 月 27 日,贺国光偕潘文华、王缵绪等由渝飞蓉,处理川局。

1938 年 1 月,潘文华以其在刘湘部的声望,被公推为武德学友会会长,统率刘湘留川的 5 个师、2 个旅、16 个保安团的武装力量,被任命为第二十八集团军总司令,成为刘湘继承人和"甫系"集团掌门人。

1938 年 1 月 29 日,四川军政各界推举潘文华、邓汉祥等四人为代表，赴行营谒贺国光，陈述川中军政各界不同意张群主川意见。

1938 年 4 月 13 日，第二十八集团军总司令潘文华奉命兼任川康绥靖公署副主任。

1938 年夏，潘文华在成都市永兴巷植苑公馆与中共领导人董必武、林伯渠亲切会晤。

1938 年 5 月 10 日上午 9 时，潘文华率五十六军军长郭文钦、省公路局局长魏军藩等党政官员出席在籍田铺举行的仁籍路通车盛典。午后 1 时，潘文华又率党政官员抵达仁寿县城公共体育场再举行盛大的通车典礼。会后，参加大会的主要人员分乘汽车到文宫场潘公馆下榻，潘文华设家宴款嘉宾，对他们完成仁籍公路建设表示充分感谢。

1938 年 6 月，四川省主席王缵绪委派潘文华二弟潘昌猷担任四川省银行总经理。

1938 年 6 月 13 日，潘文华在四川省政府主持为抗日捐躯的王铭章师长的启灵礼，并挥泪为壮烈殉国的王铭章师长题词。

1938 年 9 月 15 日，国民党军事委员会准予川康绥靖公署副主任潘文华辞第二十三军军长兼职。

1938 年 10 月 19 日，四川省动员委员会举行全体会议，议决潘文华为主任委员。

1938 年 10 月 19 日，四川省政府发表郭松年、潘文华二弟潘昌猷等九人为四川银行董事。

1938 年 12 月 23 日，行政院新任四川大学校长程天放到职，川大师生举行罢教罢课并发出文电反对。四川军政首长潘文华、邓锡侯从中调解，程天放依照川大师生的要求，呈请教育部撤销了该校秘书长孟寿椿的职务并提出了办好川大的保证，乃得接任。

1939 年 1 月 1 日，由川康实力派潘文华、刘文辉、邓锡侯等出资创办的《建国日报》创刊，社长赵星洲。

1939 年 1 月 18 日，国民政府军事委员会发表潘文华任川陕鄂边区绥靖公署主任，晋升为陆军二级上将，绥靖公署设阆中。其长子潘清洲也被任命为巴山警备司令，司令部也设阆中。

1939 年 4 月，潘文华在成都高级幕僚乔毅夫家会晤周恩来，周恩来向潘文华分析了形势，希望他通过川康朋友自身的团结，去促进西南地区力量的团结，共同反对蒋介石消极抗日、压制民主、排斥异己的政策；并表示了共产党在政治上给予支持。

1939 年 5 月，潘文华先后出银元 11.4 万元、在家乡仁寿县文宫场创办的私立文华中学正式建成，并开始招生。潘文华还亲自赠送匾额一幅，横额“国家灵魂”，题联为：“愿天下同文同轨，教诸生立己立人。”

1939 年 6 月，周恩来派唐午园到潘文华部任联络员，潘文华委唐午园为川陕鄂绥靖公署政治部副主任。翌年，唐午园调重庆，又派甘树人来潘文华部，潘文华委以中校秘书，继续担任联络。

1939 年夏，中共中央南方局派董必武、林伯渠、王若飞在重庆曾家岩潘文华公馆，向潘文华、刘文辉分析了国内形势，阐释了抗战必胜，妥协必败的道理。

1939 年 6 月 10 日，潘文华联络刘文辉、邓锡侯策动川军七个师发表驱逐省主席王缵绪通电，并从四面调动军队进逼省垣——成都，蒋介石知众怒难犯，只好将王缵绪撤换，由蒋介石自兼四川省主席。

1939 年 9 月 7 日，潘文华飞赴重庆述职。

1939 年 10 月 7 日，潘文华兼任《华西日报》董事长。

1939 年 12 月 2 日，四川党政军开首次剿匪会，决定清剿全川土匪。同日，川康绥靖公署副主任潘文华宣布，全川总清剿开始。

1940 年 4 月 7 日，潘文华二弟潘昌猷等集资 500 万元，筹组西宁实业公司，发展西康实业。董事长为李光善，筹备主任为傅真吾。

1940 年 4 月 30 日，潘文华、张治中、邓锡侯和孙震四位将军陪同蒋介石、宋美龄夫妇游览青城山，蒋介石题写“上清官”，以资纪念。

1940 年 6 月 16 日，蒋介石以四川省主席身份宣布四川银行增加股金，财政部投资二百万元，改组四川省银行，任命潘文华二弟潘昌猷为四川省银行董事长，任职长达八年。

1940 年 9 月 27 日，蒋介石指定潘文华、刘文辉等为川康经济建设委员会常务委员。

1940 年 11 月 1 日，川康经济建设委员会在成都正式成立，张群代表蒋介石主持会议，潘昌猷等八九十人任委员，潘文华等 10 人任常务委员，蒋介石自兼委员长，张群负责委员会工作。

1941 年，潘文华携同向传义、董长安等在家乡仁寿县投资开办永利纺织厂，后改为仁寿县纺织公司。以县参议长谢碧辉为董事长，乡长杨子清为经理，并将马玉成等中共党员安排进工厂，以合法地位从事革命活动。

1941 年 4 月 20 日，潘文华主持并兼任董事长的进步报纸《华西晚报》在成都正式创刊。

1941 年 5 月 8 日，行政院发表川康实业公司筹备委员会名单，主任委员张群，委员有潘文华二弟潘昌猷等 20 人。

1942 年 2 月 1 日，川康兴业公司在重庆成立，行政院指派张群为官股董事长，卢作孚、邓汉祥等为常务董事，邓锡侯等 9 人为董事，潘文华等 6 人为监事。

1942 年春，潘文华在成都忠烈祠主持第二十九集团军一五〇师少将师长许国璋追悼大会，并题写挽联彰其忠烈。

1942 年 4 月，潘文华约王若飞到重庆山洞潘昌猷别墅密谈，商定双方进一步配合行动的问题。

1942 年 4 月，潘文华同二弟潘昌猷主持合刻宋本《孝经》《金刚经》，恭贺母亲大人 70 寿诞。

1942 年 4 月 29 日，潘文华、刘文辉、邓锡侯联袂赴渝谒蒋介石，请示川康军务。

1942 年 5 月 19 日，重庆临时参议会选举潘文华二弟潘昌猷等三人为国民参政员。

1942 年 6 月，周恩来为争取地方军队团结坑日，保持共产党与友军的联系，经中共中央批准，向潘文华部派钱松甫到川陕鄂边区绥靖公署设秘密电台，与延安直接联系。次年又派去钱松甫的夫人江洪（李淑芳）任译电员。

1942 年 7 月 27 日，国民政府公布第三届参政员名单，重庆市潘文华二弟潘昌猷为参政员。

1942年12月2日,英国议会代表团到成都访问,川康绥靖公署军政首长潘文华、邓锡侯宴请访华团。

1943年1月12日,四川银行在成都召开董事会,决定资金总额为4000万元,选举潘文华的二弟潘昌猷为常务董事,继续担任董事长,甘绩镛为董事,张澜等为监事。

1943年,周恩来在重庆天官府街郭沫若家会见田一平,专题听取汇报有关潘文华的情况。

1944年冬,经民盟中央主席张澜介绍,潘文华、刘文辉在成都慈惠堂秘密参加了中国民主同盟,成为秘密盟员。

1944年12月28日,重庆市临时参政会选举潘文华二弟潘昌猷等四人为国民参政员。

1945年4月23日,国民政府公布第四届国民参政会参政员名单,重庆市潘文华二弟潘昌猷为参政员。

1945年5月29日,国民党当局迫使潘文华辞去成都《华西日报》董事长。

解放战争时期

(1945年9月—1949年12月)

1945年9月,国共在重庆举行谈判期间,中共中央主席毛泽东、中共中央副主席周恩来在张治中公馆亲切会见川黔湘鄂边区绥靖公署主任潘文华。为防备蒋介石派特务进行捣乱,潘文华还派便衣武装人员暗中保护毛泽东主席一行。

1945年9月17日，中共中央毛泽东主席利用在重庆进行国共谈判期间，特举行茶话会，招待在渝产业界著名人士，潘文华二弟潘昌猷、章乃器、范旭东等应邀出席。毛泽东在会上讲述了中国民族工商业的发展道路和中共对民族工商业的政策。

1945年9月27日，川康整军已告完成。刘文辉、邓锡侯、潘文华所部川军共裁减1个师，9个旅，13个团，整编成了军6师，另2个师4个团。被裁之军官，一律纳入“军官总队”听候分别安插。自10月1日起，整编后的部队，一律照新标准待遇配备。

1945年10月20日，国民政府特派潘文华为川黔湘鄂边区绥靖公署主任。傅仲芳为副主任，潘文华部五十六军奉命驻酉阳、秀山、黔江、彭水一带。特派刘文辉为川康绥靖公署副主任，免去潘文华川康绥靖公署副主任。

1945年10月27日，川黔湘鄂边区绥靖公署参谋长一职，由潘文华主任报请郭载民（郭造勋）担任。

1946年1月18日，潘文华在黔江正式就任川黔湘鄂边区绥靖公署主任。

1946年8月18日，民盟中央主席张澜在成都主持闻一多、李公朴追悼大会时，被特务殴打致伤，并受到暗杀威胁，潘文华组织抢救，并派人将张澜接到自己的植苑公馆后院保护起来。

1947年3月12日，原川黔湘鄂边区绥靖公署主任潘文华调任川湘鄂边区绥靖公署主任，并兼任第七绥靖区司令官，绥署设宜昌。

1947年4月，潘文华任国民政府武汉行辕副主任。

1947年秋，陈诚曾面告潘文华，嘱彼主持西康省政，潘文华以体弱病重力辞。

1948 年 5 月 14 日,川省本年度营利事业所得税,财政部规定按去年税额增加 6 倍,预交 6 个月,引起各地商人反对。成都市商会本日举行各业工会联席会议,要求立法院修正该税法。17 日省商联会又举行理、监事会议,反对该法,并致函在南京开会的商界立法委员潘文华之二弟潘昌猷,向立法会议提出修正案。

1948 年 7 月,蒋介石把襄樊解放,康泽被俘的账算在潘文华头上,10 月撤去他川湘鄂边区绥靖公署主任之职,潘文华对蒋介石十分气恼。

1948 年 8 月 4 日,国民政府行政院第十次会议通过决定,特派潘文华为华中"剿匪"总部副总司令,后改任华中军政长官公署副长官。

1948 年 9 月 3 日,省参议会暨川康渝国大代表 154 人闻国防部以潘文华部在襄樊之战中被歼,将潘文华部番号撤销,遂于 8 月 28 日和本日,分电蒋介石和国防部,要求保留潘文华部番号并予补充,以安军心。何应钦、顾祝同、白崇禧分别于本月 6、7 日复电称:潘部残部合编为新十七师,其余番号取消,应勿庸议。

1949 年 1 月至 1950 年初,在国民党军统最后暗杀名单的 87 人中,潘文华排列第 48 名。

1949 年 3 月,周恩来派特使唐午园给潘文华送来《约法八章》。

1949 年 3 月 7 日,国防部调驻宜昌之川鄂边区绥靖公署主任孙震移驻万县,统辖孙元良兵团及潘文华长子潘清洲之二三五师、张则苏三〇一师、张子完三二〇师 3 个师,受重庆绥署指挥。

1949年4月5日，国民政府改重庆绥署为西南军政长官公署，直隶行政院（原隶国防部），任命张群为长官，该长官公署5月1日在渝正式成立，发表潘文华为西南军政长官公署副长官。

1949年6月，潘文华派黄应乾为代表，秘密到香港与张澜、李济深联系。

1949年6月30日，国民党军事当局为加强防守四川的力量，重新调整军事部署，其中要求潘文华长子潘清洲二三五师，沿长江北岸（右接宋希濂部）至万源、城口一线大巴山布防，控制万县第十专区，达县第六专区及汉渝公路沿线，特别注意对长江的设防和封锁。

1949年7月1日，以康渝民众自卫委员在蓉成立，熊克武任主任委员，潘文华等29人为委员，陈古枝为秘书长。

1949年夏间，潘文华的代表黄应乾从香港返回，转达了乔冠华代表中共所提出的关于潘文华起义的方针政策。

1949年8月，周恩来又派特使余述尧送来中国人民解放军总政治部《起义后的四项注意》。这个重要文件，由潘文华将军指派专人印发给各部属暗中传阅，以增强对共产党的信心。

1949年12月1日，蒋介石飞抵成都，即召潘文华、邓锡侯、刘文辉到北较场官邸，商讨保卫西南的作部布署，并要他们先把家眷送往台湾。

1949年12月4日，蒋介石的侍从室主任陈希曾到成都市永兴巷潘文华的植苑公馆，当面送给潘文华飞机票一张，说："蒋总统请你明天飞海南岛，再飞台湾。"

1949 年 12 月 5 日，潘文华抱病冒险从成都西门潜离成都，摆脱蒋介石控制。

1949 年 12 月 7 日上午，中共“留蓉工作部”约集素有联系的川康地方实力派的代表，在成都永兴巷潘文华的植苑公馆召开秘密会议，主要商讨怎样保卫成都的问题，潘文华的代表赵星洲、九十五军副军长杨晒轩、二十四军代表王作斌、联勤部第四补给区司令曾庆集和参谋长王杰、十五兵团三六六师师长谢直和团长马干毅、七十二军副军长卿云灿的代表卿克用等二十余人出席。

1949 年 12 月 9 日，西南军政长官公署副长官潘文华与副长官邓锡侯、西康省政府主席刘文辉在彭县龙兴寺联合通电，宣告所部起义。

1949 年 12 月 10 日，潘文华从灌县到彭县参加起义的领导工作。

1949 年 12 月 13 日，中共中央电告刘（司令员）、邓（政委）：刘文辉、邓锡侯及潘文华通电正转告你们，望注意了解他们的情况电告我们。

1949 年 12 月 23 日，潘文华派出代表同中共地下党工作人员一道去新都、广汉，向贺龙、王维舟、李井泉等报告详情，并对迎接解放军进入成都提供了建议。

1949 年 12 月 24 日，朱德总司令复电潘文华、刘文辉、邓锡侯诸将军，嘉许其起义行动，并嘱遵守中国人民解放军第二野战军本年 11 月 21 日四项号召，为协助人民解放军与人民政府，肃清反动残余，建立革命秩序而奋斗。

1949 年 12 月 27 日,潘文华、刘文辉、邓锡侯通过雅安王少春之电台,向毛主席、朱总司令、刘司令员、邓政委、贺司令员报告他们组成综合小组,策动董宋珩、罗广文、陈克非、李振等部起义及二十四军阻击蒋军的情况。

1949 年 12 月 29 日,潘文华从彭县起义指挥部回到成都,组织维护成都秩序,稳定成都局势。

1949 年 12 月 30 日,人民解放军第十八兵团所部举行隆重的入城式。贺龙、李井泉率部进入成都市区,受到潘文华等起义将领和各界人士、广大人民群众的热烈欢迎。

新中国成立后

1950 年 1 月,成都和平解放后的第三天,贺龙司令员在成都华兴街"颐知时"高级饭店宴请爱国高级起义将领潘文华、刘文辉、邓锡侯,宴席由新津籍著名川菜大师罗国荣、黄子云主厨。

1950 年 1 月 8 日,西南军政委员会在重庆成立,中央人民政府主席毛泽东任命潘文华为西南军政委员会委员。

1950 年 1 月 16 日,中共中央西南局分别给中共中央与贺龙、李井泉、宋任穷、陈赓去电,对潘文华及所部的安排,提出了具体方案。

1950 年春,贺龙司令员在百忙之中亲自做潘文华等将领的工作,向他们宣传中国共产党的政策,征求他们对工作的意见,关心他们及家庭的生活情况。

1950 年初,国家处于困难时期,潘文华为抗美援朝志愿军捐献寒衣款二千万元人民币。

1950 年 3 月 5 日,解放军川东军区派出军事代表到起义之潘文华部二三五师,帮助教育改造该师起义官兵。

1950 年 6 月 20 日,潘文华部起义之二三五师与解放军川东军区部队混编,原二三五师师长潘清洲少将被任命为解放军大竹军分区第二副司令员。

1950 年 10 月 17 日,西南军政委员会委员潘文华在成都因病逝世,终年 64 岁,中共中央发来唁电:“潘文华将军,川西起义有功于人民,兹闻逝世,至深悼念。”由西南军政委员会、川西人民行署、成都市人民政府组成潘文华委员逝世治丧委员会,慎终之典,极为隆重。

2005 年 9 月,在纪念中国人民抗日战争暨世界反法西斯战争胜利 60 周年之际,著名抗日爱国将领潘文华之孙,民革中央委员、民革四川省委副主委、四川省政协常委、省政协提案委员会副主任、省民政厅副厅长王宇坤(原名潘锡煜)作为四川省委、省政府选出的两名抗日爱国将领遗属代表之一,于 2 日从成都飞赴北京,出席 3 日在北京举行的纪念中国人民抗日战争暨世界反法西斯战争 60 周年大会,受到党和国家领导人的亲切接见,并荣获中共中央、国务院、中央军委颁发的中国人民抗日战争胜利 60 周年纪念勋章。

附录二

国民革命军第28集团军战斗序列

第28集团军　总司令潘文华

24军　军长刘文辉,副军长陈光藻(刘文辉集团)

136师　师长唐英

137师　师长陈光藻

56军　军长郭昌明,潘文华(继任)(刘湘集团)

163师　师长陈兰亭

164师　师长彭焕章

95军　军长黄隐,副军长刁世才(邓锡侯集团)

126师　师长谢无圻

新9师　师长杨晒轩

集团军直属

新17师　师长刘树成

新18师　师长周成虎

新28师　非川系部队

川陕鄂边区绥靖公署　主任潘文华　副主任陈兰亭

56 军　军长郭昌明(刘湘集团)

163 师　师长陈兰亭

164 师　师长彭焕章

公署直属

新 18 师　师长周成虎(刘湘集团)

附录三

潘文华将军起义部队团以上主官名单

二三五师

师　长　潘清洲

副师长　何　鸾

参谋长　欧阳鼐生

七〇三团团长　杨　虚

七〇四团团长　张子亚

七〇五团团长　陆方山(先)

七〇五团团长　潘觉民(后)

二六三师

师　长　徐正纲

副师长　强兆馥

参谋长　殷振宇

七八八团团长　黄　华

七八九团团长　吴拒迷

九〇五团团长　周正磷

保安八团团长　吴宗国

保安十一团团长　张豫波

雷、马、屏、峨、沐守备司令　刘树成

副司令　穆瀛洲

团　长　胡国光

团　长　雷鸣川

附录四

刘、邓、潘三将军《告川康民众书》

川康境内各车队、各保安队、各团队、各政府、机关、学校、各人民均鉴：

蒋介石及其爪牙的反动措施，弄得来民穷财尽，满目疮痍。无论哪一阶层都在喊活不出来。而这些余孽，还想在这人尽离心士无斗志的一域中来挣扎。这可算是愚顽已极的。

现在人民解放军已经到临，他们都是遵照毛主席、朱总司令的进军命令及人民解放军的约法八章、刘伯承司令员告西南军政人员的五条广播办理，以解放四川人民为立场，要提早为水深火热的人民得到解放而工作。至于反动派遣谣说解放军要拆散人民的家庭，没收人民的财产，以及抢劫烧杀。这些都是谎话。解放军进入四川，所到之处，确是谨守纪律，爱护人民，所以人民莫不欢欣鼓舞，表不欢迎。

目前，人民解放军，已由青神、洪雅、仁寿、简阳、中江、三台，逼近成都。余孽残部，已陷入包围，崩溃在即。我们早已联名通电脱离蒋政权，在毛主席、朱总司令领导之下，竭诚拥护人民政府，配合解放军消灭余孽残部。今天我们希望于你们的有几点：

一、一切陆空军部队，保安团队，宪兵，警察及地方团队，立即停止反动行为及抵抗行动，就地保护公私财产，暂行维持秩序，听候人民解放军的编组；

二、各级政府、机关、学校，乡镇保甲服务人员、参议员、国大代表、立监委员、望能谨守岗位，照常工作；

三、国民党特务人员，立即痛改前非，停止作恶行为，不咎既往；

四、各地人民谨守秩序，不要脱离生产。

刘伯承司令员是四川人，他很爱护西南人民的，早已提出忠告："凡愿改过自新，不再作恶者，均可不究既往，从宽处理。"并"给予立功自赎之机会"。"如其执迷不悟，继续作恶者，终难逃人民的法网。"对于各级政府人员，"一本宽大政策，分别录用和适当安置。其在接收中有功者奖，破坏者罚"。

其他如朱德总司令、聂荣臻总参谋长，陈毅司令员，吴玉章先生都是四川人，无不爱护川康，希望川康人民不受糜烂。我们函电往还，是很相信他们的。我们生长四川，受川康父老培植数十年，在此紧要关头，总想减少人民的痛苦，安定地方的秩序，早点结束战争，所以通电表示拥护人民政府，并无丝毫权利存在其间，想为我川康父老所共谅的。

人民解放军的全面胜利，就在眼前了。希望各地军政人员，立即把握时机，接受忠告，脱离反动政权，使川康两省早日进入和平建设的途程。

刘文辉、邓锡侯、潘文华

一九四九年十二月十日

主要参考文献

1.《重庆市志》(四川人民出版社,重庆市地方志编纂委员会编著)

2.《四川省志·人物志》(四川人民出版社,四川省地方志编纂委员会编著)

3.《民国高级将领传》(解放军出版社)

4.《四川军阀与国民政府》(四川人民出版社,[美]罗伯特·A·柯白著)

5.《四川统一战线人物录》(中共四川省委统战部编)

6.《抗日战争时期四川大事记》(华夏出版社,四川省人民政府参室、四川省文史研究馆编)

7.《解放战争时期四川大事记》(四川人民出版社,四川省人民政府参事室、四川省文史研究馆编)

8.《回忆四川解放》(四川人民出版社,四川省政协文史资料委员会、成都军区军事百科全书编审室编)

9.《刘湘》(华夏出版社)

10.《川军抗战亲历记》(四川人民出版社,四川省政协文史资料委员会、四川省人民政府参事室合编)

11.《重庆文史资料》(西南师范大学出版社)

12.《国民党刘文辉、邓锡侯、潘文华部彭县起义》(成都军区政治部《最后抉择》编写组)

13.《仁寿文宫中学校志》(1939—1985)

14.《仁寿县志》(四川人民出版社)

15.《重庆简史和沿革》(重庆地方史资料组编)

16.《红军长征过四川》(四川人民出版社)

17.《红军长征在四川的战斗经历》(四川人民出版社)

18.《蓉城在斗争中新生》(成都出版社)

19.《西南义举》(四川人民出版社)

20.《川康将领刘、邓、潘起义亲历记》(成都市政协文史资料研究委员会)

21.《天变川康》(解放军出版社)

22.《川人大抗战》(四川人民出版社)

23.《毛泽东长征在四川》(四川人民出版社)

24.《抗日民族统一战线在西南》(四川人民出版社)

25.《中共四川地方史十讲》(四川人民出版社)

26.《成都军事志》(解放军成都军分区司令部)

27.《四川军阀混战》(四川省社会科学院出版社)

28.《红岩春秋》(中共重庆市委党史研究室)

29.《20 世纪四川全纪录》(四川人民出版社)

后　记

潘文华将军作为四川民国史上著名的军政首脑人物之一，他经历了清末民初时期、防区制时期、抗日战争时期和解放战争时期，他充满传奇的一生见证了四川民国史上的许多重大历史事件，可以毫不夸张地说，他个人的成长史、奋斗史就是四川民国史的一个缩影。由于历史的原因，潘文华将军诸多事迹曾鲜为人知。加之潘文华将军在新中国成立之初便过早去世，又经十年“文化大革命”的浩劫，潘家保存的大量图文资料被查抄焚毁，所以当真正动起笔来要写这样一位举足轻重的历史人物的传记的时候，还是常常感到力不从心，史料匮乏，显得捉襟见肘，一度陷入巧妇难为无米之炊的窘境。好在事在人为，天道酬勤。

早在2004年春节，随七爸潘清麒、六哥王宇坤（潘锡煜）、八哥潘锡仁等潘家几十人，自驾车顶风冒雪前往川北阆中，凭吊潘文华将军原川陕鄂边区绥靖公署司令部遗迹；走访潘文华将军战斗生活了多年的司令部旧址。又费尽周折，在嘉陵江畔华光楼下的古街老宅里访到了90高龄的张大爷，听他老人家津津有味地摆起了潘将军在这里指挥构筑大巴山防线的不少趣闻轶事，只见他无不自豪地说，是潘将军在抗日战争的艰苦岁月，率部来这里构筑大巴山防御设施，阻挡日军从川陕路入川，以防止日寇效仿三国时魏国大将军邓艾偷渡阳平关入蜀那样偷袭古蜀道，侵入四川腹地。听着先辈留下的故事和传说，抚今追昔，往事如烟，心中不胜感怀。

2005年春节，潘家一行几十人，又再行川北，沿石牛古道过剑门，走昭华，达广元，观川陕公路险隘老虎嘴，跨三国时的连云古栈道。真实感受到了先辈在面临亡国亡种之际，受命危难，肩负在此崇山峻岭、雄关要地构设大巴山防御设施的神圣使命，其意义何等重大！

两次川北古蜀道之行，重温先辈抗日之伟业，保川康大后方基地之艰辛，不知不觉开始萌生了动笔撰写《潘文华》的念头。这涌动的念头使自己脑海中时常浮现潘将军留下的那些传奇、那些悲壮、那些豪迈和那些荣光！这种冲动和激情长久难以释怀。

倘若摒弃个人的情愫，以一个地方史志学者的眼光来审视这位曾叱咤风云、指点江山的历史人物，确实可评可说、可歌可颂之处多矣。于是自2005年春天起，便开始谋篇布局，规划写作框架，安排写作进度。同时，确定写作基点和原则，即秉承辩证唯物主义和历史唯物主义的观点，以实事求是、去伪存真的科学态度，以白描的手法，努力让史实成为全书的基本元素，让历史告诉人们，逼真地再现一个北京政府植威将军和国民政府陆军二级上将的风采。

写作指导思想确定后，便着手从浩瀚的文献史料中广泛搜集、挖掘、整理有关潘文华将军的历史资料。自己工作之余，先后查阅重庆市、四川省、成都军区以及成都市的党史、军史、地方史资料文献100余种，综合归纳、分类整理各种图文资料80余万字。还多次前往省、市方志馆和省档案馆查览史料，甚至还查阅了没有完全对外开放的西南军政委员会的档案材料，获得了诸多原始珍贵材料。与此同时，还想方设法采集到了曾追随潘文华将军的原部属留下的许多口碑及文字史料，诸如原二十三军一四四师参谋长林华钧、原五十六军参谋长杨续云、原川黔湘鄂边区绥靖公署参谋长郭造勋、原郭勋祺旅参谋长胡秉璋、原成都市市长乔诚、原潘将军侍从室中共上校参谋田一平、原少将副官处长夏骑风、原警卫副官秦绍成、原侍从室秘书赵星洲等，他们留下的不少“三亲”材料，丰富了传记所需的内容。在编采资料的过程中，著名书画家、篆刻家、八哥潘锡仁还鼎力相助，提供了自己多年收集保存的文献资料。

到8月中旬，传记初稿即将完成时，迎来了纪念中国人民抗日战争暨世界反法西斯战争胜利60周年的伟大日子，党和政府再次高度评价潘文华将军在抗日战争中建立的卓越功勋。2005年8月15日，《成都日报》也在头版刊登了潘文华将军当年指挥保卫南京前哨战——广德、泗安战役的战地老照片。六哥王宇坤（潘锡煌）又于9月3日光荣地出席北京“纪念中国人民抗日战争暨世界反法西斯战争60周年大会”,并获荣中国人民抗日战争胜利60周年纪念勋章。

9月初,潘文华将军的家乡仁寿县委、县政府决定修缮位于文宫场蒋家湾的县级文物保护单位潘文华将军故居,准备在这座始建于民国五年的潘家老宅里设立抗日爱国名将潘文华将军事迹陈列室。同时仁寿县委、县政府还邀请潘家后人回仁寿老家座谈、交换维修故居意见,并决定将正式出版发行《潘文华》,还将《潘文华》列为仁寿县2006年的文化建设工程。潘文华将军家乡的父母与中共仁寿县委书记和仁寿县人民政府主要领导又欣然拨冗作序。接着彭州市委、市政府又决定在龙兴寺设立刘、邓、潘三将军起义陈列室,彭州市委统战部领导专程在成都与潘文华将军后人商讨相关事宜,并征集图文资料。这些令人鼓舞的活动和举措,激励和鞭策着自己不得不挑灯夜战,秉笔勤耕,加快写作进程。

到11月底,《潘文华》三稿终于杀青,自己又赶回成都,先后与五爸潘凌宇(潘清洋)、五婶金萃良、七爸潘清麒、六哥王宇坤(潘锡煜)、八哥潘锡仁、幺姐潘锡晓以及大表哥史正林等潘家几十人座谈、交流、研讨,听取意见,最后补充核实有关史实。

又经修改完善,12月中旬《潘文华》第四稿文字稿和电子稿初步完成。全书除序言、前言、附录和后记外,共由四十二章内容有机构成,各章又可相对独立成篇,采用编年体和纪事本末体相结合的方法。全书30余万字,收录多幅珍贵老照片,客观真实、全面系统地展示了潘文华将军平凡而伟大的一生。

在默默笔耕的一年多时光中，得到了不少亲朋好友的热情鼓励。家中夫人王彬、长子潘帅又给予了坚定的支持和关爱，这些都增强了自己写作的信心和力量。

在写作过程中，还借鉴和参考了重庆市、四川省、成都军区以及成都市的党史、军史、文史、地方志等研究成果。本书的出版又得到了潘文华将军家乡仁寿县委、县政府的大力支持，得到了仁寿县文体局局长吴秉成的具体帮助，在此，特一并表示诚挚谢意！

由于工作条件之局限，史料搜集之困难，时间之仓促，加之水平有限，难免尚存疏漏之处，恳请读者见教。

潘夕潮

跋

在《民盟历史文献》丛书付梓之际，掩卷回首，民盟先贤们的音容笑貌挥之不去，不绝如缕，久久难忘。在编辑此丛书的过程中，我们每每被他们为信仰、为理想奋斗的坚定精神所感召和感动。

人不能没有理想和信仰，一个民族也不能没有自己的理想和信仰。我们的先辈们，正是怀揣民族富强、人民福祉的赤诚之心，身先士卒、鞠躬尽瘁；凭借自身高尚的人文品格和社会良知，与中国共产党团结合作，为中国社会的前途和命运探索了一条新的宪政之路；和平、民主是人类社会的两大主题，也是中国共产党人和各民主党派所共同追求的理想。

如今，面对着他们的拳拳之心和丰功伟绩，我们感叹！赞叹！怀念！更要继承！

《民盟历史文献》在整个创作和出版过程中，得到了来自社会各界人士的关注和厚爱。我们要特别感谢为此丛书孜孜不倦地考证、核实、梳理、完善的各位专家、学者，是他们的认真严谨，才使此丛书能够客观地展现历史的真貌；更要特别感谢中共中央统战部与民盟中央给予我们的鼎力支持和重视，没有他们的指导和帮助，我们不可能完成如此厚重的出版工作任务；还要感谢各省、市、地区的民盟组织，为搜集、挖掘、抢救民盟的历史文献资料做出的不懈努力和贡献；感谢每一本书的作者，是他们的辛勤笔耕和一点一滴的忠实记录，才集成了民盟历史的全貌；感谢为此丛书付出辛劳的编辑以及所有工作人员，感谢你们辛勤的劳动和无私的奉献。

谨以此丛书献给所有伟大的民主革命先驱者；献给为共和国诞生抛洒了智慧和热血的先贤们；献给那一段筚路蓝缕、以启山林的峥嵘岁月。

《民盟历史文献》编委会